JN280056

ポスト・ケインジアン叢書

12

N. カルドア

経済成長と分配理論

理論経済学続論

笹原昭五・高木邦彦 訳

日本経済評論社

Further Essays on Economic Theory
(Collected Economic Essays, Vol. 5)
by Nicholas Kaldor
Copyright ©1978 by Nicholas Kaldor

Japanese translation rights arranged with
Gerald Duckworth & Company Ltd., London
through Tuttle-Mori Agency Inc., Tokyo

Nicholas Kaldor

目 次

凡　　例　　　　　　　　　　　　　　　　　　　　x
まえがき　　　　　　　　　　　　　　　　　　　　1

第1章　資本蓄積と経済成長……………………………31
　　Ⅰ.　序　　論　　　　　　　　　　　　　　31
　　Ⅱ.　古典派思考方法の固有の特徴　　　　　34
　　Ⅲ.　成長均衡の性質　　　　　　　　　　　39
　　Ⅳ.　完全雇用成長　　　　　　　　　　　　41
　　Ⅴ.　新古典派的成長　　　　　　　　　　　47
　　Ⅵ.　貯蓄性向　　　　　　　　　　　　　　52
　　Ⅶ.　競争と完全雇用　　　　　　　　　　　54
　　Ⅷ.　技術進歩　　　　　　　　　　　　　　63
　　Ⅸ.　投資行動にかんする仮定　　　　　　　72
　　Ⅹ.　最終モデル　　　　　　　　　　　　　78

第2章　経済成長の新モデル……………………………95
　　付　　録　　　　　　　　　　　　　　　　123

第3章　限界生産力と巨視経済学的分配理論 ……129
　　　　——サムエルソンとモジリアーニにたいする論評——

　　付録　新パシネッティ定理　　　　　　　　145

第4章　イギリス経済の低成長の原因 …………………155

　付録A　経済成長における製造業の役割　　　181
　付録B　フェルドーン法則　　　184
　付録C　生産性の成長にたいする投資の役割　　　188
　付録D　製造業における生産性と成長――回答　　　191

第5章　地域政策を必要とする事情 …………………203

　「天賦の資源」の役割　　　205
　「累積的因果関係」の原理　　　208
　地域と国　　　215

第6章　国民経済の諸目標の確執 …………………223

　戦後の経済政策の主要な4目標　　　223
　目標値と手段　　　226
　1920年代の回顧　　　230
　静態的局面と動態的局面　　　233
　消費主導型成長と輸出主導型成長　　　236

第7章　均衡経済学の不当性 …………………249

　I.　基本原則的理論と科学的仮説　　　250
　II.　経済理論はどこで道をあやまったか　　　254
　III.　収穫逓増の支配的役割　　　256
　IV.　内生的および累積的変化の定理　　　259
　V.　需要の役割と2種類の「誘発投資」　　　262
　VI.　若干の結論　　　267
　　付録　不可分性と収穫逓増について　　　270

第8章 どこで経済理論はまちがっているか ……………281

第9章 世界経済におけるインフレーションと景気後退 ………295

 第1次部門と工業部門　297

 「伏行性インフレーション」の発生原因　302

 世界的規模の賃金騰貴の歳月——1968年から71年まで　304

 商品価格の暴騰　306

 世界的経済成長のための貨幣的解決策　308

訳　者　注　317

訳者あとがき　355

人　名　索　引　363

事　項　索　引　365

凡　例

1. この翻訳の原書は，Nicholas Kaldor, *Further Essays on Economic Theory* (Collected Economic Essays, Vol. 5), London: Gerald Duckworth & Co. Ltd., 1978, xxix+232 pp. である．
2. 訳文中の「　」は，原則として原文の" "ならびに論文の題名をしめし，また『　』は，著書名や雑誌名をしめしている．
3. 著書名と外来語をのぞく，原書のイタリック部分は，通常の傍点でしめした．また，固有名詞をのぞく原書の大文字ではじまる単語は，白丸傍点を付して区別した．
4. 本文中にでてくる人名と専門用語については，初出のところで原語を併記しておいた．
5. 訳文中の〔　〕は，原文の理解のために訳者が追加した部分をしめす．さらに必要な場合には巻末で「訳者注」として補完した．
6. 原書にある脚注は，本訳書では各章末に注としてまとめた．
7. 原文に記載された書名のうちで邦訳書のあるものについては，その訳書名などを注記した．ただし特別な場合をのぞくと，本訳書中の訳文はこれらの邦訳書中のそれとおなじではない．
8. 本書末尾の「人名索引」は，原書の索引をもとに作成し，項目を50音順にならべかえたものである．また「事項索引」は，読者の便宜を考慮して訳者があらたに作成したものである．

まえがき

　今回の巻には，巨視的経済成長論と〔所得〕分配論の分野に属する一連の論文を収録したが，1960年刊行の，わたくしの論文集にかんしていえば，それらは当初のふたつの巻[1]におさめた論文の続編である．これらの論文を執筆したのはいかなる事情のもとであったか，そしてそれらをかいている過程でわたくしの考えがどれほどたえざる変化に直面し，そのために理論構成をあらたにするごとに再構成の必要性がまたしても生じたことはいかばかりであったか？　そのような点を説明することがこのまえがきの主たる目的である．

　第2次大戦につづく期間はさまざまな意味で経済学の「反動的再編」期であった．1930年代においては（一部は不完全競争論もしくは独占的競争論〔に依拠した批判〕によって，そして一部はケインズ派の巨視的経済学によって）伝統的理論は全面にわたって攻撃にさらされたのであるが，このような感動的な年代につづく戦後期においては，伝統的理論を復活させ，1930年代の知的革命の所産を（たとえ排除できないとしても）隔離しようとするような努力が「主潮」になってしまった．「不完全」市場や寡占の存在にかんしてあらたな認識に到達するにおよんであきらかになったことは，それを伝統的理論の枠組みへ取り込むにはとりわけ困難をともなうという点であった．〔そして〕そのような困難さの結果としてこれらの原理がしだいに無視され，また忘却されて，その後はこのような原理を捨象した一般的経済均衡理論が定型化するにいたったのである．ある経済における全般的な生産水準を拘束しているものは（通常の場合には）需要であって，資源ではない．これがケインズの主要な提言であったけれども，適切な政策手段をうまく活用して完全雇用を確実に持続させ，それによって資源配分にかんする伝統的経

済「法則」を有効にする政府や貨幣当局が存在する，というような想定がおこなわれ，そのためにかれの提言も同様に脇道にそらされてしまった．

　ワルラス流の（ないしはマーシャル流の）微視的経済学にケインズ流の巨視的経済学をむすびつけようとする，このような「総合」にかんしてわかったことは，知的にみればそれが不毛で，見当ちがいである，という点であった．わたくしが本能的，かつ直感的に感じたことはこうである．伝統的な価値論の主要命題の有効性は静態経済学の枠組みのなかにかぎられているのであり，完全市場，完全競争，完全予見，規模にかんして収穫不変というような〔伝統的理論にとっては〕普遍的な法則などによってその枠組みはせまくるしく区画されている．したがって——仮想的な世界ではなくて，実際に目撃できる世界のなかにあっては——経験的に測定可能な概念でうごかされ，検証可能な仮説の形成を目指す巨視的経済学の道具をこのような命題に依拠させたり，あるいはこれをむすびつけようとしても，それはのぞむべくもないのである．

　しかしながらわたくしは〔そのことを〕徐々に会得した．そこで事物にたいする伝統的思考方法からの脱却は歩みをつづけるなかでしかできなかったのである．伝統的な理論モデルの硬直性から脱出し，現実の世界の動き方についてもっと明晰な見識をもちうるためには諸仮定の抜本的な変更が必要であるが，このことをしったのはそのような歩みのなかであった．かくして，わたくしはおなじ幅広い題目を数十年間にわたって叙述したり講義しながら散発的に前進をおこなったのである．

　ふりかえってみると，わたくしの観点にはおおきな変化が 2 回にわたっておきている．「完全雇用」状態になっていることだけが理由で経済が「資源面で制約される」のではない．このことを認識したということが最初の，そしてもっとも重要な変化であった．理論分析が豊潤なものになるためには，経験的に推論可能な「法則」ないしは規範に密接に関連づけられ，確固として基礎づけられなければならない．これが第 2 の変化であった．第 1 次，第 2 次そして第 3 次経済部門間で，態様上の仮定に決定的な差異をもうけるよ

うに配慮しないならば，経済成長の適切な分析は不可能であることをしりえたのであるが，そのようなことはこれらふたつの根因を認識した賜物であった．

体系的な巨視的理論をめざす研究の最初の成果は所得分配にかんする「ケインズ的」理論であったが，1955年に執筆した論文のなかでそれが明示され，またわたくしの論文集，第1巻の最終部分にも再録された[2]．

この論文は産出額中にしめる利潤の分け前にかんして巨視的経済理論を提示しようとするものであった．古典派的利潤概念の場合には利潤は，労働の対価を生存賃金にもとづいて支払ったあとにのこる残余であるとされ，新古典派的概念の場合には「生産要素」としての資本の利用にたいする支払いであり，限界生産力で測定される，産出高にたいする特別な寄与によってさだまるとされていたが，それと対比してみると，わたくしのものはそのいずれともことなっていた．〔つまり古典派の〕そのようなやり方のかわりにわたくしは，利潤が企業家の投資支出によって発生し，利潤の特殊機能が投資資金調達のためにおこなわれる貯蓄（すくなくとも貯蓄の大部分）の準備であることを提示した．リカードやマルクスが強調したごとく，その受領者の場合には消費ではなくて蓄積のために主として利用されるということが利潤のきわだった特性になっている（地代あるいは賃金というような他種の所得とくらべると，この点はいずれにたいしても対照的である）[3]．

わたくしは（あとでのべるような，ほかの人たちと共同して）この考えを（D.G. チャンパーノン Champernowne から数学上の助力をえながら）いっそう体系的なものへと発展させ，十分に一人立ち可能な，経済成長モデルの枠組みをつくりあげた．『エコノミック・ジャーナル』誌 Economic Journal の1957年12月号に発表され，またわたくしの論文集の第2巻に再録された論文がそれである[4]．

3つの基本的な関係（つまり貯蓄関数，投資関数および技術進歩関数）が不断に成長する「定常的」均衡状態をどのように決定するか．この点を明示することがそのモデルの目標であった．将来の販売高や利潤率についての適

応可能な期待に依拠する投資関数とか，まえにのべたような「古典派的」類型の貯蓄関数とかを別にすると，そのモデルのなかの革新的な点は主として「技術進歩関数」であるが，その関数でおこなったことは現実の技術進歩を労働者1人あたりの資本増加率に依存させるということである．技術が資本設備のなかに内蔵され，知識の改善や新資本財の生産がいずれも継続しておこなわれているような世界においては，資本蓄積それ自体に起因する生産性の成長を，技術知識の改善に起因する生産性の成長から分離しようとしても，それは不可能である．「所定の知識状態」をうつしだしている「設計集」のようなものは存在していないのである——いうなれば，コンコルド・ジェット機の製造に必要な知識は，プロペラ機を設計し，発展させた経過のなかにもっぱら内蔵され，必要な新知識習得のための費用はことの性質上〔知識習得費以外の〕ほかの投資〔支出〕項目とは区分されがたいのである．「知識」改善の効果が区別されがたいという認識にはつぎのような含意がこめられている．「生産関数」にそう動きはその関数の「転移」と区別されがたいし，巨視経済学型のもの（〔たとえば〕サムエルソンの「代用生産関数 surrogate production function」^(訳注1)）であるか，各企業ないしは各産業に適用される個別の関数関係をとりあつかう微視〔経済学〕型のものであるかにかかわらず，「生産関数」を所定のものとおく考えはすべて崩壊するし，それにあわせて，「限界生産力」原理を基盤にして生産要素の価格や分配部分を「説明」しようとする理論もすべてそうなってしまうということがそれである．

　このモデルは多くの点で重大な制約をうけていたが，その後に発表し，この巻に再録された諸論文でもっとも顕著な特徴となっていることは，このような制約を克服するための試みがおこなわれているという点である．

　そのなかで最初のもの，つまり「資本蓄積と経済成長」は当初は，1958年に〔ギリシャの〕コルフで開催された経済学者の会議で講演という形式で発表されたが，「新ケインズ派」成長モデルは片やリカードとマルクスの「古典派」モデル（わたくしのみるところでは，それは基本的にはフォン・ノイマン von Neumann の有名な数学的モデルとおなじものである）にたいし

てどのような関係をもっているか，そして片や新古典派モデルにたいしてはどうであるか．このような点を論述することがその講演の主要目標になっていた．〔しかし〕同時にほかのふたつの目的にとっても益するところがあったのである．そのひとつはわたくしの批判をはるかにくわしく展開させることになった[5]という点であるが，「生産関数」法や，（時間が経過してもかわらない）多数の（線型）生産方法が賦与されているような世界から離脱して，時間の経過にともなって技術進歩が継起するとかんがえるやいなや，「生産要素」（広義に定義してもよいし，狭義におこなってもよい）に特定の「限界生産力」をあてがうことは困難になるという点がそれである．（なお，「非線型〔体系〕，とりわけ規模にかんする収穫逓増をかんがえるやいなや」といいかえてもよさそうであるが，その場合には，技術進歩を導入した場合とおなじように新古典派成長モデルは壊滅的な打撃をうける——新古典派の一般均衡論にかんしてもおなじことがいえる[6, 7]．）

　産出能力1単位あたりの投資量は収益率がたかいほど大きくなりやすい（そのために利潤の増大は投資の増大を誘起し，利潤の増大は利潤のいっそうの増大をつぎつぎに誘起する）と仮定したけれども，そのような仮定に起因する不安定性の可能性を理由にして批判がおこなわれる余地をできるだけすくなくするために，あたらしい限定処置を「投資関数」にほどこしているのであるが，これがもうひとつの目的である．1957年〔論文中の〕モデルにおいては投資関数にかんして事実上（ハロッドの方法にしたがって），投資決意は主として産出高の成長率に支配されているけれども，しかし期待利潤率がたかくなれば，投資実行のさいに考慮される危険にたいする補償がそれだけ多くなるし，またいっそう労働節約的な技術の採用が企業家にとって有益なものとなり，それにともなって産出能力1単位あたりの必要投資量が増大する，と仮定されていた[8]．

　1957年モデルにおいては実際にその仮定によって十分に方程式の安定解がえられたのである．しかし賃金と利潤所得のそれぞれにかんする貯蓄性向格差に依存すると説明されている，ある所定の限界水準[9]以下に利潤率変動

にたいする投資の反応度がとどまる，という前提が今度は，そのモデルの安定性にかんして必要になった．そこで，このような意味では〔1957年モデルの〕これらの仮定自体にもとづく制約がいちじるしかった．

　わたくしのコルフ・モデル（1958年モデル）で仮定をかえたのは，1957年モデルで潜在化していたものをいっそう明示的なものにするためであった．つまり典型的企業の活動規模は経済の成長とほぼ歩調をあわせて拡大し[10]，またかかる企業は，自社の販売高とほぼおなじ関係比率を維持できるように自社の産出能力を拡大するようになっていた．この場合には，危険の増大は生産能力の拡大それ自体には関連していない，と仮定するほうが理にかなっている．それに対応する生産能力の増加にもとづいて産出物の生産が増大しても，そのために危険の増大が内包される，というようなことはおきない．逆に，売上高や資本が大きい企業の場合には，小さい企業よりも危険がすくない，とかんがえられる．しかしいっそう機械化された，したがっていっそう労働節約的な生産方法が採用される場合，そのために産出能力1単位あたりの投資の増加が必要になるとすれば，それにともなって潜在的には危険が追加される．さらに，広範な経験的事実にもとづくと，販売高に強力な趨勢要因が作用しているというような場合には（短期的な変動とは別に典型的，ないしは「代表的」企業の販売量は市場規模の成長にともなって定常的に成長するのであるから），売上高中の利潤の分け前ないしは利潤率にはこのような趨勢はなんら存在しない．したがってケインズと同様に，将来の販売高にかんするかぎりでは「現状にかかわる事実はある意味では他とは比較にならないほどに長期期待の形成に関与する」[11]（そのために現在の投資決意は，ハロッドの原理と軌を一にして，販売高の現在の成長率に依拠するようになる），しかし売上高にかんする期待利潤差益や資本にかんする期待利潤率の場合には，将来にむけて計画されるものは現行の率ではなくて，過去のかなりの期間に一般化していた率の平均である．別言すると，投資の「資本集約度」（すなわち産出高1単位あたりの必要投資量）を変動させようとする決意にくらべると，生産設備を変動させようとする決意は現在の事柄にたいし

てはるかに敏感である．なぜならば前者の型の決意は過去の全期間に一般化していた利潤率を反映しており，それにかんしては現在の利潤率は多数の〔決意〕構成因子中のほんの一部にすぎないからである．

「資本蓄積と経済成長」にかんする論文のなかでは，過去の時系列全体にかかわる平均利潤率の代用物として，現存の産出高/生産能力比率を利用した．その後の論文でチャンパーノンが明示したところにしたがえば[12]，利潤率に依存する投資の構成部分が現存の利潤率ではなくて，過去の時系列にもとづいてえられる平均利潤率を反映していると仮定すれば，1957年モデルの枠組みのなかにもっと明示的な形でこの仮定をはるかに容易にくみこめるであろう．投資関数が論理矛盾をおこさないで安定解をもつ範囲はこの期間がながくなればそれだけ拡大する．

この本に再録された2番目の論文，つまり「経済成長の新モデル」はJ. A. マーリーズ Mirrlees と共著の形で執筆されたものであるが，技術進歩は投資をつうじて経済体系に浸透し，したがってある所与の期間に創出される工場や機械のなかにけっきょくは「内在化される」という事実（以前のモデルではそれは潜在化していた）を十分に考慮したという意味で，その論文は以前のモデルをいちじるしく改善させたものになっている．したがって，ひとたび技術が工場や機械のなかに「内在化」されると，（ある所定量の労働力利用とむすびついて）その設備からながれだす生産は時間が経過しても一定水準を維持するけれども，しかしながらそのあとで設置された，技術面で優位な設備と競合するために〔旧設備の〕収益性は逓減すると仮定することによって，その〔新〕モデルでは技術上の陳腐化現象も包含されている．そのために，ある新技術が旧来のものに完全にとってかわるまえには，ながいあいだかかって不断に更新される技術との関係をつうじて新技術それ自体も陳腐化してゆくのであるから，ある所定の時点をかんがえると一連の「技術」の全部にささえられて生産がいとなまれていることになる．一般的には「借入金の皆済期間」（ないしは経費の回収期間）ではかられる，着工中の投

資の収益性（ないしは「存続能力」）にかんして新基準をかんがえようとすれば，それはなおもひきつづいて収益率（それは新建造設備の期待有効操業期間中における毎期の利潤の予想総額を計算基盤として算出される）の期待状況に左右されることになるけれども，前述のような陳腐化があまねく予期されるとすれば，その事実にもとづいて新基準採用の途もひらかれてくる．それゆえにそのモデルのしめすところにしたがえば，つぎのようになる．あるかぎられた数のパラメーターがあたえられると――すなわち必要とされる借入金皆済期間（それは年数ではかられている），物的な資本減耗率（それは放射性物質のような性格をもち，あわせて設備の一定部分が偶発事などのために消滅すると仮定している），ならびに利潤（および賃金）にかんする貯蓄性向とともに「自然」成長率を決定する要因（すなわち人口増大や，技術進歩に起因する生産性の成長，なおその場合〔つまり「自然」成長率の場合〕には資本成長率と産出高成長率は同率である）がそなわっている場合には――重要変数の均衡値はすべて一義的に決定可能になる――その体系から発生する利潤量ならびに産出高中の利潤の分け前（それはまたさまざまな建造期の設備から稼得される全部の準地代の総額である），設備の有効操業期間，投資／産出高比率ならびに毎年，新設備へ配置転換される労働力の割合がそれである．パラメーターに実際的な値をあてはめて方程式の解の値をもとめると現実的な結果がえられるのであるが，そのような事実をふまえると，アメリカのような工業経済の内部関連を説明するモデルの根底が形成される基礎的仮説としてある程度，確信がえられた[13]．

　この系列に属する，つぎの再録論文は「限界生産力と巨視経済学的分配理論」（1966年に公刊）であるが，それは二重の目的をはたそうとしている．〔つまり〕サムエルソン，モジリアーニ両教授の場合には新古典派的論法をつかって，利潤や賃金にかんする貯蓄性向を所与とすれば，所得中にしめる利潤の分け前を決定するものは資本の「限界生産物」であって，産出高にたいする投資の関係のような巨視的経済要因でない，という見解をしめして同

意をもとめようとしたけれども，わたくしがその論文で意図したことの一部はそのような論法にたいする批判であった．しかしこれにはもっと重要な目的があった．利潤からの貯蓄性向は賃金や俸給，ないしは「家計所得」一般からの貯蓄性向とくらべてきわめていちじるしく大きいのであるが，この理由を明確にすることがそれである．これより 10 年もまえに公刊した「択一的分配理論 Alternative Theories of Distribution」ではじめて提示した分配上の定式化はやがてパシネッティ博士[14]によって再構成されたのであるが，そこにふくまれていた，わたくしの理論の解釈はわたくしの心中にあったものとややちがっていた．パシネッティ博士がしめしたことは以下のとおりである．社会がふたつの階級，つまり「資本家」と「労働者」にわかれ，そして「資本家」が（おそらくはかれらが〔労働者より〕いっそうゆたかであるがゆえに）労働者によっておこなわれるよりもいっそう多くかれらの所得を貯蓄する．また労働者の所得が貯蓄の蓄積の結果として増加したときに，かれらの所得が賃金の形態でえられたのか，それとも配当の形態でえられたのかというようなことにかかわりなく，その所得の同一割合を貯蓄する．そうであれば，その〔経済〕体系は傾向としては長期均衡状態にむかうであろう．このような状態のもとでは労働者の配当所得からの特別の消費は賃金からの貯蓄をちょうど帳消しにしてしまい，その結果として，労働者の貯蓄性向 s_w ないしはそのほかのもの（たとえば生産関数の形態）がどうであるかということにはかかわりなく，利潤率はたんに成長率と，利潤中から貯蓄される割合 s_p だけに依存することになるであろう．サムエルソンとモジリアーニ（そしてかれらよりも以前の場合にはミードやハーン[15]）は，この結果がつぎの不等式（わたくしの「ケインズ的」分配理論の場合にはそれが当初の前提であった）に条件づけられていることをしめそうとして苦慮した．

$$s_w < \frac{I}{Y} < s_p$$

かれらはさらに議論をすすめ，このように主張した．労働者が所有権の分け前と，したがって総配当所得中の分け前を十二分に享受する結果として，

（おそらくはそのためにおきた貯蓄率の低下のゆえに）利潤率が上昇し，つぎにはそれが資本/産出高比率の低下をひきおこして，そのためにある所定の成長率のもとで I/Y がもはや s_w を超過しなくなるところまで低下をつづける．そのようなことになった場合には，この不等式は結局，成立しなくなるかもしれない．

　この議論にはいくつかの難点がある．そのなかのもっとも基本的な点についてのべると，企業（そのグループをかんがえている）の資本支出が不十分で労働者の貯蓄（すなわち企業家によって支払われる所得とその所得によって発生する支出のあいだの漏れ）を帳消しにできない（ないしはやっとのことで帳消しにする）ような場合に企業が利潤でどのように経営されるのか，という点について説明がなされていないのである．資本主義組織が機能するのは，企業家の受取額がかれらの支出を上回っている範囲内にかぎられている．そして閉鎖体系であって，政府の赤字支出を無視する場合には，企業家の支出が労働者の貯蓄を超過してはじめてそのようになるのである．企業家の消費支出を，利潤とは無関係にきまる外生変数としてとりあつかうのでなければ，利潤の存在を保証できるものは「カルドア－パシネッティ不等式」（すなわち企業投資が非企業貯蓄を超過する，ということ）だけである[16]．

　サムエルソン－モジリアーニの批判にたいする，わたくしのおもな反論のうちで第2のものは以下のとおりである．利潤の再投下という方法でおこなわれる内部資金の調達とまったくおなじ関係をもとにしてかれらは外部から供給される融資を処理している——つまり〔かれらの場合には〕たまたまそれが安価な資金調達方法である，ということだけで企業は資金調達のやりかたをあれこれと選択する，と仮定されている．しかしながら不確実性の世界では，「もてるものにはますますあたえられる」[訳注2]という聖書の原則が状況を支配しているのである．外部でかきあつめられる調達資金は——それが借入の形態をとるか，株式資本の形態をとるかにかかわらず——留保利潤の代替物ではなくて，その補完物になっており，それによって供給されるものは企業の必要資金額のある一定割合以上にはなりえない[17]．さらに個別企業

は――もとをたどればマルクスによって認識された理由によって――市場で自社の分け前を確保しようとして（また可能ならば，その事態を改善しようとして）事業の拡大をつづけるにちがいないのであるから，企業の所有者の富や心理的な気質とはかかわりなく，利潤を大幅に企業内に留保することこそが企業利潤の不可欠の属性になっている．

社内留保をつうじて株主資本が増加する場合にはその片面で1株あたり収益と配分が増加するが，株価のそのような随伴的増加額は個々の企業の「株価純資産倍率」に依存し，そのもとになった（純）留保利潤よりも大きくなったり，小さくなったりしている．資本利得の形態で株主が手にする利益は支出力の増加を意味しているが，それは独自の性格をそなえている――つまり通常の所得増加の場合とおなじ仕方ではないけれども，消費を追加的に増加させることになる[18]．資本ないしは資本利得からの消費は個人貯蓄を相殺する．そして「新パシネッティ定理」についてかいた，この論文の付録[19]のなかでわたくしは株価水準に論及した．そして傾向的にみてそれがいかにして株式の「株価純資産倍率」を市場でうみだし，その比率にもとづいて，新株発行で資金を調達しようと企業によって決意される企業投資部分に個人の純貯蓄がひとしくなるのはどのようにしてであるか，という点をしめそうとこころみた．これによってパシネッティ博士と，方法はちがいながらも，おなじ結果がみちびきだされたけれども，ミード，サムエルソンそしてモジリアーニによって提示された類の批判にたいしては，それは反証になっている[20]．

成長理論にかんする，一連の理論上の論文は，やや一般的な性格の巨視的経済定理に演繹的な推論をくわえるという方法でうみだされてきたのであるが，そのような論文中の最後のものが〔前述の〕この論文である．それにつづく論文のなかにおいては，わたくしは〔それまでとは〕ことなる方法にしたがった．つまり経験的に観測される事象のなかで探知可能な規則性はどのような種類のものであるかという点を認知しようとつとめ，さらにそのよう

な関係を説明できる特定の検証可能な仮説はなんであるかという点を検出しようとこころみた．このような，〔理論的分析よりも〕もっと実用的な方策に気がついたのは戦時中のことであったが，当時は「〔軍事上の〕作戦計算 operational research」の目的で科学者がそれを使用していた．その方策は（包括的なモデル体系からひきだされるような説明方法[訳注3]を探索しようとしていなかったという点で）適用範囲にかんしてはある意味で〔理論的分析よりも〕謙虚なものになっているけれども，あえて付言すると，直接的な目標は実際的な問題にたいする解答（ないしは解決策）の発見であったという点でいっそう野心的である．

1960年代中頃，わたくしは大蔵省で仕事をしていたが[訳注4]，そのとき，さまざまな国の経済成長率の大幅な格差は戦時中の荒廃，ないしは断層からの回復というような一時的な要因によって説明されがたい，ということがわかった．なぜならば経済の急成長グループ（たとえば日本とかドイツ）は，自国の生産性の戦前水準だけではなくして，おいつこうとおもった，相対的に低成長の国ぐにの一般的な生産性水準さえも凌駕し，その後においてもながらく高度成長を持続したからである．「なぜ成長率がちがうのか」，という点の論説のために研究をおこなっているうちにわたくしは，製造業産出高の成長率と国内総生産の成長率とのあいだにとくに密接な相関関係があることをさとった．その種の関係で示唆されている事柄は，その国の製造業産出高が他の経済部門のそれよりも急速に成長する度合に経済成長が依存している，ということである．経済全体の生産性の成長率と，製造業および非製造業間の雇用構造の変動とのあいだにつよい相関関係があることに関連づけると（〔さらに〕成長率と，雇用および資本の全般的成長とのあいだには相関関係がまったく欠落していることに関連づけると）成長率の大小を説明する鍵は需要要因，なかんずく製造業部門の生産物にたいする需要の成長にもとめられなければならないし，（〔対外的に〕開放された経済においては）それにかんする，もっとも重要な外生的構成要因は輸出需要の成長である，ということがそこで示唆されている．そのなかの後者の仮説にかんしては，輸出成長

率と製造業産出高の成長とのあいだにつよい相関関係がある，ということによって確証をえた[21]．

　この点についての基本的理由は，工業の成長過程で労働力が製造業に吸収されても，農業やサービス業に過剰な労働力が存在しているために，それによって〔製造業以外の〕他の経済分野で生産が減少しない，という点である．過剰労働力は，低所得国ではもちろんのことながら，高所得国においてさえも存在している．したがって，経済の全部門で労働の限界生産物が近似的に同一になるように市場が資源配分をおこなう（すなわち市場が「資源」の配分をパレート最適にする），ということが新古典派の「パラダイム para-digm」[訳注5]になっているけれども，そのような神託のさいたるものはまやかしにすぎない．ある部門（たとえば農業，またはサービス産業のなかのいくつかの業種においては）労働力の真の限界生産物（すなわち労働力の少量の削減に原因する，産出物の減退量）はゼロか，ないしは負値にさえなっているはずである．他方，製造業においては規模にかんして収穫が逓増しているために，労働の限界生産量は平均生産量をいちじるしく上回りやすい——つまりフェルドーン法則 Verdoorn Law の検証のためにつかった回帰方程式にもとづくと，それ〔つまり製造業の限界生産量〕は近似的にいえば2倍にもなっているのである．

　ケンブリッジ大学における教授就任記念講義（1966年11月実施）のさいにわたくしははじめてこのような考え[22]を詳説したのであるが，そのさいにわたくしの関心事となったものは，イギリスの経済成長率がほかの工業国のそれよりもいちじるしくひくい理由にかんして説明をのべることであった．〔まえにかいた〕かかる経験論的発見がきっかけで頭にひらめいた仮説はこのようなことであった．イギリスでは，部門間の収入格差が大幅にとりのぞかれたために，需要に対応して他部門から労働力をひきぬいて製造業を拡大させる仕組みは機能しなくなっており，そのような意味ではイギリスは「経済発展国」のなかでただ1国だけ「経済成熟状態」に到達している．したがって製造業産出高の拡大は労働力の逼迫によって制約されているけれども，

それは他のどの国においてもみられない事柄である．

　あとでわたくしもみとめたことであるけれども，イギリス経済の特別に不良な成績にかんする説明としては，この仮説はまちがっていることが判明した[23]．その後の統計的な研究[24]によってあきらかになったところにしたがえば，わたくしはあやまって，イギリス経済においては「低収入」部門がとりのぞかれた，とかんがえた．ところが経済成長の歳月に製造業の拡大を制約した，深刻な労働力不足は短期的な現象であった．つまり〔労働力不足は〕製造業産出高の長期的な低成長率の原因，というよりはむしろ結果だったのである[25]．そのうえ，(1966年以降に，全般的なデフレ政策はいうにおよばず，選択的雇用税S.E.T.〔訳注6〕をつうじても）労働力不足が緩和されたさいには，もしわたくしの仮説が妥当なものであったとすれば輸出の反動的増大がおきると予期しなければならないのであるが，そのようなことは〔実際には〕みられなかった[26]．

　しかしながら，成長率の決定のさいに製造業が中軸的役割をはたす，という検証結果にかんしては，このような事実によってその重要性は減ぜられなかったが，この点はいく人もの批判者たちの見解とはちがっている．一般に受容された考えにしたがえば，工業面で発展した国ぐには「資源に制約されている」――別言すると，消費者の欲求対象が一揃きまっているならば，そのような国ぐには生産をできるかぎり増大する．しかし資源の再編成によってはそのような生産増大をなしえない．他方，おなじ考えにもとづくと，技術進歩や労働力の成長などに起因する，ある所定の外生的な生産性改善率によっておおかた規定される，ある先決的な率でその経済の「潜在的な生産力」は時間にかかわらず成長するけれども，〔まえにのべた〕経験論的検証結果（それはのちにクリップスとターリングによって確証された[27]）はそのような一般的な考えと一致していない．クリップスとターリングによって算出された回帰方程式[28]のなかでは，工業化された経済の成否は，個人企業の成否の場合とちょうどおなじように，その経済の生産物にたいする需要――ないしは，いっそう厳密にいえば，その生産物に誘引できる需要に依存して

いる．高度に工業化した経済で全般的な生産性，したがって総産出高がどの程度，急速に成長するか，という点をきめるものは製造業の生産物にたいする需要の成長であって，供給面での制約ではけっしてないのである．

その経済の全般的な生産性成長率にかんして，製造業の成長が基幹的役割をはたしている，と認識するにおよんで，わたくし〔の関心事〕はふたたびポスト・ケインズ派の成長・分配モデルの基本的欠陥になっているものへとたちもどるにいたったのであるが，1950年代と1960年代はじめにはこの点にかんして集中的に分析作業をすすめた（これにかんする公表見解のうちでは，1962年に発表した「経済成長の新モデル」中のそれが最新のものである）．これらのモデルはすべて「単一部門モデル」であった——唯一の商品だけが存在すると仮定すれば（資本理論に関連するモデルのいくつかでは実際にそうなっている），意味が正確になるけれどもつまらないものになってしまうのであるが，わたくしはそのような意味でいっているのではない．ケインズの『一般理論』の根底となったモデルは単一部門モデルであった，という意味でそういっているのである．つまり〔かれの場合には〕経済体系の活動を考察するにあたって，生産活動はすべてあたかもおなじ特性を発揮するかのごとくとりあつかわれていた——すなわち，生産が巨大企業に組織化されているような，発展した資本主義経済の典型を考察し，それは資金源を十分そなえているので，そのときどきの「現金流入額」にはある程度かかわりなく，販売や利潤の期待にもとづいて投資決意をおこなうとされていた．（このような最後の仮定，つまり所得は企業の支出決意の結果であって，その逆ではありえないということは，ケインズ経済学をケインズ以前の経済学から区別する決定的な特徴になっている[29]．）成長モデル（それは静態的均衡モデルと区別されている）の事例においてはそれらの仮定の派生的論理として均衡成長率は「自然成長率」（すなわち技術進歩や労働力の成長に起因する生産性の成長〔率〕）によって外生的に（ないしは外生に準じた形態で）きまる，といえる．そしてこれに応じてそのモデルが「完全雇用」を仮定していること——つまり定常的成長状態のもとでは，ある任意の時点の産出高

水準が有効な労働供給量によって制約されている，という仮定も暗示されている．

経済にかんする「ケインズ的」特徴は第2次経済部門，ないしは工業部門にのみ適用できるのである．そしてこの部門が「非ケインズ的な」第1次部門に依存し，食料や原材料のような，〔第2次〕部門の主要な投入物と，同部門の生産物にかんする「部門外〔販売〕市場」の成長をあわせてあてにしていることを念頭におけば，成長過程の本性を十分に理解するためには，農業と工業で構成される2部門モデルが基盤にならなければならないことを認識できるのである．このようなモデルにおいては成長率を支配する絶対的な制約要因は人口成長や，労働節約的な発明の進度ではなく，土地節約的発明の進展状況であり，工業と農業の生産物間の交易条件が所定の大きさである場合には，その状況が「農業の余剰」の成長を決定している．またその場合，両部門間の「均衡」交易条件の決定にあたっては，両部門の成長率が相対的にみて相互にささえあえるような関係をたもつことが条件になっている．このようなモデルにおいては，「ケインズ的部門」の成長率はその部門外に起因する，外生的需要要因の成長によって決定され，それにともなって，完全雇用の仮定を必要としない閉鎖モデルがつくりだされる．

ケンブリッジ大学でその問題にかんして10年間，講義をおこなう過程で，わたくしは徐々にこのような「2部門」モデルの特性を発展させたけれども，新説が十分に円熟したのでなにもつけくわえなくても出版に値するようになった，という感じをどうしてももつことができなかった．そのようなわけで，基本的特性のもっとも重要な部分はいまだに「製図板の〔つまり構想の〕段階に」とどまっていて，いまだに公刊されていない．

しかしながらこのモデルにかんして思考をめぐらし，それが意味するものについて考察をすすめるなかで，つぎの5論文の主要テーマがかたまり，1970年から76年にかけて寄稿したのであるが，これらの論文は本書に再録されている．

「地域政策を必要とする事情」という論文は,「土地依存型生産活動」(農業と鉱業)に妥当する経済学と,「加工型生産活動」(製造業)の経済学にかんしてそれぞれの基本的構造を最初に詳説したものである.後者は規模にかんする収穫逓増〔の原理〕に条件づけられている.ところが前者はある意味ではそうでない[30].そしてこの相違がそれら産業の発展法則,競争や価格形成の性格,国際的(ないしは地域間の)取引などに容易に把握できないような結果をおよぼしている.工業は「循環的,累積的因果関係の原理」に条件づけられている——つまり失敗は失敗をはぐくむのにたいして,成功は成功をつちかうのである.収穫不変という慈悲深い法則のもとでは競争や自由貿易はすべての関係者に恩恵をほどこし,〔労働力の〕自由可動性が欠如していても全般的な収穫均等化傾向[31],すなわち生活水準や成長率の近似化傾向がもたらされる.しかし実際には規模にかんして収穫逓増〔現象〕が存在しているために,事態ははるかに複雑になっている.自由貿易は費用の相対的な格差を縮小するどころか,かえってそれを拡大する.そしてミルの著名な原理〔訳注7〕とは逆に,交易は取引関係者のすべてにかならずしも利益をもたらさない.つまりある人びとには利益をもたらすのに,ある人びとには破滅をもたらすかもしれないのである.近似化傾向のかわりに,乖離傾向をもたらすかもしれない——つまり繁栄地域と沈滞地域間で格差の拡大をもたらすかもしれないのである.

19世紀の第2・四半期までは国際取引の大部分を構成していたものは食料と原材料であった.この点に立脚すればおそらく,リカードやその他の古典派経済学者たちが国際貿易論でえた結論の根拠を説明できる.つまりかれらの結論はあいことなる農業地域間,ないしは農業地域とひとつの工業地域間については適応可能であるけれども,あいことなる工業領域間の取引にかんしては,おたがいに取引している場合であっても,または〔両国以外の〕第3の市場と競合関係にある場合であっても,いずれも普遍的妥当性をそなえていない[32].

「国民経済の諸目標の確執」という論文はイギリス協会 British Association

のダラム大会における会長講演のために用意したものであるけれども，それはイギリスの戦後の経済政策にたいする批判であり，まえにのべた理論上のあたらしい考えと，さらに 1964 年から 68 年までの間の大蔵省在任中にえた経験にもとづいて将来展望をふまえて執筆されたものである．この論文はおそらくはもっと簡潔にかいたほうがよかったのであるが，主要な論点は以下のとおりである．イギリスの経済情勢を 1 国全体としてみた場合，需要不足やそれに起因する失業と低成長の長期的原因は，貯蓄性向が投資機会にくらべて過大だった点ではなくしてむしろ，輸入性向がわが国の輸出能力にくらべて過大だった点である．別言すると，経済運営によって操作する必要性にせまられている当該乗数はケインズ的な「貯蓄－投資」乗数ではなくて，ハロッドの「外国貿易乗数」である[33]．財政政策を政策手段としてつかいながら「適切な需要圧力」を確保することをめざして，イギリスの戦後の経済運営は付加的な消費を発生させるように操作されてきたし，またその結果として「過剰貯蓄」は減少した．「資本の限界効率の崩壊」[34]に起因する不況に対処する手段としてはそのような経済運営は妥当であったといえるであろう．しかし慢性的な失業や，開放経済のもとにおける不満足な長期的成長率を是正する政策手段としては，適切でなかった．なぜならば後者の問題にとって必要なものは輸出入の関係比率に作用する政策手段であって，貯蓄/投資の関係比率ではないからである．

　この論文のなかでは消費主導型成長と輸出主導型成長の区分が導入されたが，これはそれ以来，「衆人に容認される知恵」となった（もっとも，1972-73 年におきた，前者の型〔つまり消費主導型〕のブームをきりぬけようとして，おおげさな企てをおこない，またしても失敗したあとの話であるけれども）．その論文ではまた，消費主導型成長から輸出主導型成長へむけて余儀ない転換を実施しようとするさいに国内でおきる難事が強調されていた．しかし対外的側面にかんしていうと，「管理された変動為替相場制」がひとたび採択可能な政策手段になってしまうと，為替相場の操作による「輸出成長率の目標値」の達成はそれほど困難でないことを証明できる，という見解

があるが，この論文はそれに同調していた．〔だが〕いまになってみると，この点については自分がまちがっていた，とおもっている．〔なぜならば〕1971年以降の出来事をつうじて判明したことであるけれども，わたくしがかんがえていたよりも為替相場の操作は容易でないし，また輸出の〔輸入超過〕差額の成長率におよぼす効果は期待したほどではなかった〔からである〕[35]．

つぎのふたつの論文，つまり「均衡経済学の不当性」と「どこで経済理論はまちがっているか」は当初，ヨーク大学とハーバード大学での特別講義のために準備されたものであるが，対象にしようとした人びとは〔これまでの論文の場合よりも〕いっそう経済理論分野の学生や教員に限定化されている．おおくの大学でおしえられている支配的な経済学は，ワルラス・モデルに依拠した，一般均衡理論のある種の焼き直しであるけれども，市場経済の作用の仕方を理解するうえでそれが適切な知的枠組みを準備できないのはなぜであるか？　この点を論述することがそれらの論文の目標であった．

最初の論文はじつは，ほぼ50年まえにかかれた，「収穫逓増と経済進歩」と題するアリン・ヤング Allyn Young の著名な論文を緻密化したものであるけれども，「収穫逓増法則」がもたらす，市場の操作方式や経済組織の態様にたいする深遠な帰結をはじめて指摘したのはそのヤング論文であった．かれはつぎの点を提言した．刺激を伝達して経済変動をひきおこし，そのことによって——所定の資源量の最適配分を保証するよりはむしろ——専業と分業の領域を拡大して資源をもっと多く創造する．これが市場の主要な機能である．かれはまた，収穫逓増にともなって変動がひきつづいて自動的に発生し，「おのずから累積的に波及する」，と提言した．したがって，諸力が経済に作用して傾向的には均衡状態にむかわしめる，とのべている分析の場合にはいずれも，市場が永続的に変動をひきおこす様式はみすごされているのである[36]．

この考えの緻密化にさいしてヤングが確固として拠り所にした需要概念は，

「供給が少量増加した場合にそれに随伴して，それと交換して入手する，他の商品が増加するという特殊な意味で」，「弾力的」な，ある種の商品にかかわるものであった．かれの考えにしたがえば，いくつかの商品の供給が増加すれば，他の商品の需要増加が誘起され，その見返りとしてかならずやいっそう多くの供給増加が誘起されるけれども，そのようなことはこの条件で保証される．

〔しかし〕通常つかわれている語意にしたがって「弾力的な需要」をかんがえる場合には，それは，収穫逓増の条件のもとで経済進歩が累積的におきるための，必要条件でもなければ十分条件でもない．わたくしがこの論文ではたしたいとおもった主要な点はその点の明示であった．必要なことは以下の点である．供給側におきるにしても，需要側におきるにしても，とにかく当初の変化はなんであれ付加的な投資を誘起する．そして所得の拡大過程で発生した貯蓄によって資金の手当てがおこなわれるようになるまで，貨幣組織ないしは銀行組織をつうじて，そのような誘発投資のための資金調達がかならずや可能になる[37]．

つぎの論文，つまり「どこで経済理論はまちがっているか」は，ヤングが考慮しなかった側面から，一般均衡理論の不当性を考察しようとしたものである．「収穫逓増」はいくつかの〔経済〕活動だけに妥当しているのであって，その他には妥当しない，と仮定しよう．さらに2種類の活動をつうじて——つまり収穫逓増が条件づけられている活動と，それには条件づけられなくて収穫逓減を条件としているか，ないしはそうなっているかもしれない活動をつうじて——相互に補完的な財が生産されている，と仮定してみよう．もし経済活動を2部門，つまり農業と工業に分割したとすれば，これは事実に即している．農業においては生産活動はすぐれて土地依存型であるが，そこではある所定の時点で十分に雇用可能な労働量は土地の稀少性によって制限されている．土地節約的な発明がつけくわわることを考慮にいれればこのような制限は間断なく「除去される」けれども，ある特定時点においてはそのような制約は十分に効力をそなえている．しかしこれにはつぎのような事

柄も内包されている．つまり工業製品と農産物間の価格比率（ないしは交易条件）がきまっている場合には，工業製品にたいする需要や，工業で雇用可能な労働者数が制限される．しかしながら，食料ではかった労働の価格は，〔労働力の〕超過供給というような点にはまったくかかわりなしに，ある水準以下には低下しえないのであるが，そのような事実の含意をたずねると，農産物と工業製品間の価格比率が弾力的となるのはある範囲内だけにかぎられている，という点にゆきあたる．したがって，労働力供給が過剰状態になっている場合をのぞけば，市場均衡の可能性はおそらくありえない．しかし，他の「生産要素」とはちがって，労働には依然として最低供給価格があるから，労働が「自由財」になる，という含意は存在しない．さきの仮定のもとでは，なんらかののぞましい「生産物の複合状態 product-mix」が達成可能であるから，収穫不変の条件のもとで労働（と資本）を農業にもっと移動した場合にもし農業生産を拡大できるとすれば，労働の超過供給をともなう，このような均衡状態はおこりえないのである．それゆえに，一般的な線型仮説，つまりすべての生産方法ないしは生産活動について規模にかんして収穫不変である，ということは，競争状態のもとでワルラス流の「資源制約的」均衡を保証するために必要，かつ十分な条件になっているようにおもわれる．しかしながら，われわれののぞむところは抽象理論をもっと現実と近似したものにすることであるとかんがえるならば，線型〔仮説〕を放棄しなければならない．そこでひとたびそうしたとすると，――どんな理論も第 2 次接近の場合にはそうなるというわけで――理論がいっそう複雑になるかといえば，まったくそうではない．その全構造が木端みじんにくずれさってしまうのである．つまりそのモデルは規模にかんする収穫逓増以上に，収穫逓減もまた受容できないのである．

　この巻に収録されている最後の論文は「世界経済におけるインフレーションと景気後退」であるが，第 2 次世界大戦後の時期に経験したインフレーションのさまざまな側面にかんして，ひとつの説明方法を提示することがその論文の主要な課題であるから，形式上は応用経済学に属する評論といえるか

もしれない．〔しかしあえて〕それをこの巻に収録したのであるが，その訳は農業と工業で構成される「2部門」モデルの特質をいっそう詳細に論説しているという意味で，この論文はまえの論文を補充しているからである．世界経済のさまざまな部門にかんしては市場の性格の相違が決定的な重要性をもっているけれども，この論文はその点を明示している——つまり「需要主導型 demand-pull」インフレーションは主として第1次産品で作動するし，「費用圧力型 cost-push」インフレーションは第2次および第3次部門で作動する．（おもうにそのような分析や結論はおそらく疑いもなく「マネタリスト」派の支持者たちのあいだで論議をまきおこすであろう．かれらの信じているところにしたがえば，各国は自国の「貨幣供給」を規制しそこねたという理由で，自国のインフレーションにたいして責任がある，ということになっているからである．）

このながい「まえがき」を始めてから終りまで，なんとか熟読しようとつとめた読者にたいしてお詫びを申しあげたい．というのはある種の疲労感，ないしは疑念を感じさせたかもしれないからである．〔そこにかかれた研究経過はいわば〕ながい航海であったし，いまふりかえってみると，はじめにおおくの誤りをおかした，とみることもできる．〔しかし〕現時点ではわれわれはもっと確固たる地盤のうえにたっているとかんがえるにたる，なんらかの理由がはたしてあるだろうか？　経済学はなんらかの進歩を本当になしとげたのであろうか，それともまさしくおなじところをぐるぐるまわっているだけなのであろうか？　1950年代における単一部門の「完全雇用」モデルが現在，旧式になってしまったように，1970年代に〔つまり現在〕執筆された最新の論文が，たとえば10年あるいは20年がたつうちに，旧式のものになるであろうか？

このような重大問題にたいして，だれかが好意的な回答をしてくれるはずだ．わたくしは満幅の信念をいだきながらそのようにおもっている．〔わたくしの研究経過は〕根気のいる旅ではあったけれども，たしかな帰結をもた

らしてくれた．そして将来の世代もそのようにおもってくれる，と確信している．理論関係の論文がまえよりもいっそう抽象的で，かつ的はずれなものになってしまったことに対応して——当分のあいだは経済学の状態はまえよりも混沌として，まとまりがなくなるようにおもわれるのであるが——そのかたわらでは政治家や，大衆情報機構という名の世論の仕掛人は古代の陰謀団に逆もどりして，インフレーションや失業の対策ということで，耐乏生活や失業の深刻化を思慕している始末である．

　しかし，1920年代に優勢であったデフレ経済学派の影響力が1935年までのあいだに霧散したのと同様に，前述したような事態はすべて，消滅してゆくようにおもわれる．

　事実，われわれはいまでは，ケインズ革命の余波のなかにいたときよりも，経済操作の問題についておおくの識見をもっている．われわれは統合的なインフレーション理論を開発する瀬戸際にまできている．それをつかえば，一部は商品市場への介入をつうじて，そして工業国の場合には一部は所得政策をつかって，価格安定とむすびついた繁栄の達成に必要な政策手段を案出できるはずである——たしかに所得政策の方法と技術はいまだに揺藍期の段階にとどまっているのだが．収穫逓増を条件づけられている経済部門では「累積的な因果」過程がみられるし，国際収支をまもるために市場の分け前を確保することが重要であるけれども，そのような点についてはまえよりもはるかに理解がふかめられている．末尾にはなったけれども，瑣末でない事柄を付言しておこう．市場のほんとうの機能は資源の配分のごときものではまったくなくて，技術変化や新投資のための刺激を発生させ，かつ伝達させることである，という点についてははるかによく理解されるようになってきている．あらたな合意が形成されれば（やがてそうなるとわたくしは確信しているのであるが），事態の処理方法をしる条件が25年まえよりもはるかにととのっている．見方をかえると，第1次世界大戦前の自由放任の時代や，第2次世界大戦前の古風な干渉主義の時代をのりこえる重要な前進がなされたのである．

この点についてはまえの巻の「まえがき」ですでに説明したことではあるけれども[38]，学問的環境のなかにあっては見解の発展と形成はともども社会的な〔思考〕過程の結果として実現する——つまり人びとは，全体的な観点や関心分野をおなじくしている，仲間ともいうべき人びとから不断の鞭撻や批判をうけているのである．個別の論文や，これまでの諸巻の「まえがき」でとくにご氏名をあげて謝意をあらわした方がたにくわえて，わたくしはフランシス・クリップス Francis Cripps，ウイニー・ゴッドレー Wynne Godley ならびにロバート・ニールド Robert Neild の各氏にとくにお礼を申しあげたい．わたくしは最近においては，そのような方がたから助力と鞭撻を拝受している．

1977年10月

　　　　　　ケンブリッジ大学，キングス・カレッジにて

　　　　　　　　　　　　ニコラス・カルドア

注

1) 『価値・分配論集』 Essays on Value and Distribution および『経済安定と成長』 Economic Stability and Growth 〔中村至朗訳，第2刷，昭和39年，大同書院刊〕．

2) 「択一的な分配理論」 "Alternative Theories of Distribution"，『価値・分配論集』 Essays on Value and Distribution 所収．

3) 主として〔ケインズの〕『貨幣論』 Treatise on Money (1930)，第1巻〔小泉明・長澤惟恭訳，『ケインズ全集』第5巻，昭和54年，東洋経済新報社刊〕中の「寡婦のつぼ widow's cruse」にかんする有名な補足説明[訳注8]を勘案して，わたくしはこの理論を「ケインズ的」分配論とよんだのである．ただしわたくしがしらべたかぎりでは，〔かれの〕『一般理論』 General Theory (1936) のなかには，その痕跡はなんらのこされていない．しかしケインズの戦時下の小冊子，『戦費調達論』 How to Pay for the War 〔中内恒夫訳，『世界の名著』57巻，昭和46年，中央公論社刊〕からわたくしは影響をうけているにちがいない．利潤が貯蓄の準備の役割をはたすことにかんして，この小冊子ははるかに明確な説明をおこなっている．

4) 「経済成長モデル」"A Model of Economic Growth",『経済安定と成長』*Essays on Economic Stability and Growth* (1960), pp. 259-300〔中村至朗訳, 309～58ページ〕. この論文と, 分配理論にかかわる以前の論文にかんしてはいずれもロイ・ハロッド卿 Sir Roy Harrod の先駆的業績 (1948年公刊の『動態経済学序説』*Towards a Dynamic Economics*〔訳注9〕〔高橋長太郎・鈴木諒一訳, 昭和29年, 有斐閣刊〕がそれであるが, この本は, 当初は『エコノミック・ジャーナル』*Economic Journal*, April 1939, pp. 14-33 所収の〔かれの論文〕「動学理論にかんする小論」"Essay on Dynamic Theory"で発表された考えを拡充したものである), および1950年代初期にケンブリッジ大学でジョーン・ロビンソン Joan Robinson とまじえた, たびかさなる討論に負うところが多大である.

5) 後記の31-53ページ〔本訳書の64～87ページ〕〔訳注10〕をみよ.

6) この論集に再録されていない論文,「収穫逓増と技術進歩——ヒックス教授論文にたいする論評」"Increasing Returns and Technical Progress. A Comment on Professor Hicks' Article" (*Oxford Economic Papers*, February 1961, p. 1ff.) のなかでわたくしはつぎのように主張した. つまり, あるひとつの事象を他のひとつから経験的に区別する方途はまったくないのであるから, 技術進歩よりもむしろ「生産規模に由来する収穫」が観察事象の説明要因であるとか, その逆であるとか, いったところで無意味である」(p.3).

7) フォン・ノイマンのモデルが依拠している仮定はもちろん, 既知の線型生産方法の数を所与とおき, それらは時間の経過にかかわらず不変である, という点であるが, そのために収穫逓増と技術進歩はいずれも排除されている. 〔したがって, いまのべたものと〕同類の論難がかれのモデルにたいしても同様にあてはまるのである.

8) これはあきらかに新古典派見解とは正反対である. 新古典派見解にしたがえば, 選定された資本/産出高比率と利子率とのあいだには逆の関係がある, ということになる. しかしながら新古典派見解は (とりわけ) 危険性と不確実性を捨象している. ところが現実には, 不確実性の影響が原因となって, 利潤のなかから投資が控除される期間を短縮することによって, 資本投資の節約が可能になるのである. 後記の xiv ページ〔本訳書の8ページ〕もあわせて参照せよ.

9) 前掲書 *op. cit.* vol. 2, p. 279〔中村至朗訳, 327ページ〕で提示した不等式を参照せよ. 数多くの批判のさいにはこの条件が無視されたが (『レヴュー・オブ・エコノミック・スタディーズ』*Review of Economic Studies*, July 1968, pp. 353-9 所収の K. クボタ「カルドアの成長モデルにおける存立命題と安定命題の再吟味」K. Kubota, "A Re-examination of the Existence and Stability Propositions in Kaldor's Growth Model", および『オックスフォード・エコノミック・ペーパー

ズ』 *Oxford Economic Papers*, March 1969, pp. 56-65 所収の B.T. マッカラム「カルドア・モデルの不安定性」B.T. MaCallum, "The Instability of Kaldorian Models" を参照せよ)，わたくしの覚書にたいする論評のなかで批判者のひとりは明確にこの点を容認している(『レヴュー・オブ・エコノミック・スタディーズ』 *Review of Economic Studies*, January 1970, pp. 1-8 所収のわたくしの覚書「カルドアの解釈にふくまれる，いくつかの誤謬」"Some Fallacies in the Interpretation of Kaldor" および同誌 *ibid.* p. 9 所収の K. クボタ「カルドア覚書にたいする論評」 "A Comment on Kaldor's Note" をみよ)．しかし安定性のために必要な仮定にかんしてその正確な意味を十分に明確化したものは『レヴュー・オブ・エコノミック・スタディーズ』 *Review of Economic Studies*, January 1971, pp. 47-62 所収の D.G. チャンパーノン論文「カルドアの 1957 年モデルの安定性」"The Stability of Kaldor's 1957 Model" だけである．

10) 歴史をふりかえると，製造業の成長にともなって「会社 firms」の数は傾向的にはどちらかといえば減少し，したがって増加しなかった．つまり過去の 100 年くらいのあいだに，大会社傘下への生産集中は傾向的にたかまった——過去の 25 年にかんしていえば，その動きは加速力をともなって作用しているようにみうけられる．このような事実とは対照的に，新古典派理論は結果的にはすべてつぎのように仮定している．個別の会社の産出高は，産業の成長にかかわりなく，おおかれすくなかれ不変のままにとどまる，そして産出高がいかほど増加しても，生産高の増加に対応して産出物を生産する会社の数が増加する〔だけである〕(なお技術変化の結果として会社の「最適規模」が変化するような場合は除外されている．ただしそのような場合には総産出高や需要の変動にかかわりなしにこのような変化がおきることになっている)．これらの仮定のもとでは，投資進度の決定要因としてケインズ型の「投資関数」，ないしは加速度原理の作用をかんがえる余地はまったくなくなる．

11) 『一般理論』第 12 章 *General Theory*, ch. 12, p. 148〔塩野谷祐一訳「雇用・利子および貨幣の一般理論」，『ケインズ全集』第 7 巻，昭和 58 年，東洋経済新報社刊，146 ページ〕．

12) 「カルドアの 1957 年モデルの安定性」，前掲誌 *op. cit.,* pp. 55ff.

13) 後記の 72-4 ページ〔本訳書の 115〜8 ページ〕をみよ[訳注11]．その時点ではしらなかったことではあるけれども，実際にはドイツの経済学者，H.J. ロストフ Rüstow によってかなり以前におなじようなモデルが発表されていた(『自由市場経済下の多数取引の理論』*Theorie der Vollbeschäftigung in der freien Marktwirtschaft, Tübingen, 1951* およびハイデルベルグ大学所管の博士論文，『蓄積と恐慌』 *Akkumulation und Krisen*, a doctorial dissertation in the University of Heidelberg, 1926)．

14) 「経済成長率と利潤率および所得分配の関連性」"The Rate of Profit and Income Distribution in Relation to the Rate of Economic Growth", *Review of Economic Studies*, vol. 29 (1962) pp. 267-79.
15) J.E. ミード「成長経済下の利潤率」J.E. Meade, The Rate of Profit in a Growing Economy", *Economic Journal*, December 1963, またそれとあわせて『エコノミック・ジャーナル』*Economic Journal*, June 1964, June 1965 and March 1966 所収の J.E. ミード，F.H. ハーン Hahn ならびに L.L. パシネッティの，それにつづく回答 Replies, 覚書 Notes そして反論 Rejoinders を参照せよ．
16) この点は H.J. ロストフの著書のなかできわめて明確に強調されている．前掲書 p. xiv の注記を参照せよ．またケインズの『貨幣論』のなかでは，分析全体をつうじてこの点が暗黙の前提になっている．
17) 保有する「資本市場」の発展がどの程度であるかという点にはかかわりなく，すべての国で粗企業投資（資本減耗引当金をふくむ）の 80 から 90 パーセントまでが留保利潤のなかから不断に調達されているのであるが，〔本文でのべた事柄にかんしては〕この点が理由となっている．純投資〔〔つまり〕資本減耗引当金をさしひいた残り〔の投資〕〕でみると，〔資本調達の〕この百分率はおおきくない．しかしケインズが提示した所得生成理論の観点からみると，粗投資だけが重要である．
18) 典型的な利子生活者は資本利得を自分の資産価値の増分としてとりあつかう．そのために資本利得から発生する消費は消費/国富比率には比例するけれども，消費/所得比率には比例しない傾向がある．
19) 後記の 94-9 ページ〔本訳書の 145～51 ページ〕をみよ．
20) エイドリアン・ウッドの『利潤の理論』Adrian Wood, *A Theory of Profit* (Cambridge University Press, 1975)〔瀬地山敏・野田隆夫・山下清訳，昭和 54 年，ミネルヴァ書房刊〕のなかでは，利潤の比率にかんして多少ちがう方法で同種の公式が誘導されている．かれは「株価純資産倍率」を外生的な与件とかんがえている（ただし資本利得からの消費，または資本利得が株価におよぼす効果を考慮していない）けれども，しかし資金調達面の 3 比率（つまり株式保有率，投資資金の外部調達比率，および金融資産の必要対総利用資本比率によって，ある特定の成長率に対応する資金調達のための必要売上利潤が十分に決定されることを提示した．さらに，このような仮定のもとでは，会社の（資金面からかんがえても達成可能な）長期成長率を最大にするような，最適売上利潤が存在することも提示した．
21) 厳密にいうと，製造業の産出高成長と相関するものは製造業の純輸出成長である．しかしながら，ある評価基準が他のそれといちじるしくことなるような場合，すなわち製造業の輸出成長率が製造業の輸入成長率にくらべてはなはだ

しく乖離する場合（たとえばイギリスないしは日本の場合）についてだけ，このような限定が重要になる．

22) 後記の 100-38 ページ〔本訳書の 155～202 ページ〕に（付録をつけて）再録した．

23) 「経済成長とフェルドーン法則——ローソン氏の論文にたいする論評」"Economic Growth and the Verdoorn Law: A Comment on Mr. Rowthorn's Article", *Economic Journal*, December 1975, pp. 891-6 をみよ．

24) R. スリーパー「労働力の転換と選択的雇用税」R. Sleeper, "Manpower Redeployment and the Selective Employment Tax", *Bulletin of the Oxford Institute of Economic and Statistics*, November, 1970 をみよ．

25) 決定的に不足しているのは熟練労働である（機械工業においてはとくにそうである）が，これに反映されているのは需要成長の不十分さと，その結果として招来された，持続的な人員補充の不十分さである．不熟練労働にかんしていえば，好況の年には労働力はサービス部門から顕著に転出し，不況の年には逆に流入した．

26) この仮説にたいしてはイギリスの事実にもとづいてあらかじめ異議を申したてる必要がある．つまり，イギリスにおいては 19 世紀の末期に——1875 年から 1913 年までの 40 年間をつうじて実際に——成長の相対的な低率性がまさしく顕著になったのであるが，そのさいには，町や村のいずれにも多量の潜在失業があまねくみられ，就業の可能性が不十分であったために各期の移民数が高水準になった．その点を考慮すれば，たしかに労働力不足が一役を演じる余地はなかったということになる．（19 世紀の最終四半期以降における，イギリスの低成長率の原因（ないしはすくなくともその原因のいくつか）についての最近の見解にかんしては，つぎの論文をみてもらいたい．「資本主義と工業発展——イギリスの経験にもとづく，いくつかの教訓」"Capitalism and Industrial Development: Some Lessons from Britain's Experience", 本シリーズの第 6 巻，『応用経済学続論』*Further Essays in Applied Economics*, pp. 154ff〔『貨幣・経済発展および国際問題』の訳書名で近刊予定〕をみよ．）

27) T.F. クリップス，R.J. ターリング『先進資本主義経済の成長——1950 年から 70 年まで——』T.F. Cripps and R.J. Tarling, *Growth in Advanced Capitalist Economies, 1950-70*, D.A.E., Occasional Paper No. 40, Cambridge University Press, 1973.

28) 同上 *Ibid.*, p. 30. また後記の 134-5 ページ〔本訳書の 194～5 ページ〕，および『エコノミック・ジャーナル』*Economic Journal*, December 1975, pp. 894 の方程式をみよ．

29) わたくしはさらに，不完全市場と寡占的競争がゆきわたっている，という仮定をつけくわえたい．そのような場合には主導的な会社が費用にもとづいて価

格を決定し，また貨幣賃金水準（それは外生変数としてとりあつかわれる）が費用のもっとも重要な決定要因になっている．（わたくしの知るかぎりでは）『一般理論』が不完全市場の仮定に依存していることをケインズ自身はなんら暗示していない．けれども，ある種の寡占状態がゆきわたっていないとすれば——未就業労働はもちろんのこととして，代表的会社の処分にまかされた未利用設備をともなうという状況のもとで——生産一般が需要によって制限されるのはなぜか，という点の理解は困難である．

30) 古典派の経済学者の説明にしたがえば，実際に，前者は規模にかんする収穫逓減の条件のもとにおかれているが，もし「土地」が農業（および鉱業）に特有な要素であるとみなし，そして「規模にかんする収穫」が，選択可能な用途をそなえた，転用可能な要素という意味の収穫である，と（正確に）定義するならば，その主張はただしい．（この点は後掲論文中の，後記の209ページ〔本訳書の288ページ〕で議論する．）

31) ストルパーとサムエルソンの「要素価格均等化定理」と一致している．

32) 取引の結果としてくい違いが拡大するかどうか，という点は，費用低下の「逆もどり」効果で需要が増加し，そのためにつぎの場面で費用面におなじ程度の大幅下落がひきおこされるか，というようなことなどに依存している．(A.P. サールウォール，R. ディクソン「カルドア方式にもとづく地域別成長率格差モデル」A.P. Thirlwall and R. Dixon, "A Model of Regional Growth-rate Differences on Kaldorian Lines", *Oxford Economic Papers*, July 1975, pp. 201-14 をみよ．）

33) ハロッドの外国貿易乗数が最初にあらわれたのは，1933年に出版された，かれの著書『国際経済学』*International Economics*〔藤井茂訳，全訂新版，昭和51年，実業之日本社刊〕（第6章，第2および第3節）においてであり，したがってケインズの乗数理論よりも3年まえのことであった．金本位制下で外国貿易の仕組みがいかに作動するか．このような点についての説明の重要性を認識した学者はいろいろといるけれども（たとえば P. バーレット・ウォール Barrett Whale がそうである），かれらの説明は雇用の一般理論として提示されたわけではない．そして『一般理論』出版後になると，そのような〔外国貿易乗数〕概念にたいする関心は急速におとろえてしまった．ハロッド乗数を有効にするために必要な基本的仮定は，輸出と輸入の両価格弾力性が所得弾力性とくらべてちいさいという点である——すなわち（国内または国外の）所得水準の変動は輸出ないしは輸入の変動にかんして価格変動よりもはるかに重要な原因になっているという点である．（「貯蓄」の価格が利子率であるとするならば，貯蓄の相対価格弾力性および所得弾力性にかんしてはケインズの乗数理論は同種の仮定によってその基礎をかためていることになる．）

34) ケインズ『一般理論』*General Theory*, pp. 315ff〔塩野谷祐一訳，316ページ以

降〕．

35) 「外国貿易乗数」概念においては，外国貿易の価格弾力性は所得弾力性とくらべて相対的にちいさい，と前提されているのであるが，為替操作によって輸出入の関係（または純輸出）をかえうる，と過信している人びとにたいしては，このような事実はそれこそかならずや警告となるであろう．（この問題にかんしてはひきつづいて『応用経済学続論』〔訳書名『貨幣・経済発展および国際問題』〕の「まえがき」のなかで議論する．

36) ヤングのそれはすぐれた洞察力のひらめき，とでもいえるものであったけれども，学界の想念をよびおこすことには失敗した．しかしそのなかでかれは，「迂回生産」（つまり資本による労働の代替）の促進と，大規模生産の経済性の開発が，ひとつの過程の，あいことなる2側面にすぎない，と主張した．労働者1人あたりの資本量はなにをさておいても市場規模にかかわる事柄であって，労働の価格と対比した場合の資本の価格にかかわっているわけでない．

37) その論文のなかでは，供給の増加は投資を「誘発」できるのであって，需要の増加ばかりがそうするわけでない，と提言した．もっと包括的な見解にしたがうと，実際に，あらゆる投資は需要曲線上の移動，ないしは供給曲線上の移動のいずれかの結果である，とかんがえることができる．なぜならば，大ざっぱにのべると，後者〔つまり需要曲線ないしは供給曲線上の移動〕は技術変化によって誘起される投資をすべて包含しているとみなしうるからである．

38) 『経済安定と成長』*Essays on Stability and Growth*, p. 14〔中村至朗訳，15 ページ〕．

第1章　資本蓄積と経済成長[1,2]

I. 序　論

　理論モデルを成立させているものは，さまざまな諸量または諸力間の因果的相互関係とそれらが相互に反応しあう連鎖関係にかんする一定の仮説である．任意のモデルの基本的要件としてわれわれのすべてが同意している事柄は，それによって経済過程の固有の諸特徴が実際に経験しているように説明されなければならない，という点である．モデルを作動させようとする場合に，研究対象として設定された経済諸変数の動きの主因となっている諸力の影響をはじめから除外してしまうような抽象がおこなわれたとすれば，それはまちがっている．またその理論によって，現実にわれわれが観察するものと逆行する結果へとみちびかれることに気づいた場合に，モデル外の事柄であると仮定した残余の諸要因の補整的（または補整的以上の）影響にこの逆行的な動きを帰因せしめるようなこともまちがっている．資本蓄積と経済成長の問題を取り扱う場合に，われわれはあまりにも容易に始めから「知識状態が所与である」（すなわち技術進歩が欠如している）とか，「不確実性」が欠如していると仮定しがちであるし，またこれら2要因（つまり技術進歩と不確実性）は理論的な予測と記録された経験的事実間のくい違いにかんして責をおっているにちがいない，といって自己満足しやすい．事象の解釈にさいしてはこの種の理論はかならずや，まったくとるにたらないほどの価値しかもっていないにちがいない．

　どんな理論もかならず抽象にもとづかなければならない．だが，抽象の選

択類型は真空 vacuum のなかできめられるわけでない．つまりそれは，経験にしたがって記録された経済過程の固有の諸特徴に適合しなければならないのである．それゆえ理論家は，特定の理論的思考方法をえらぶにあたっては，自分の問題に関連しているとおもわれる事実の集約から出発すべきである．統計学者が記録しているように，事実はつねに数おおくの障害と制約にさらされており，またそのために正確な集約は不可能である．私見にしたがえば，そのような理由のために理論家はこだわらずに，事実についての「定型化された stylised」見解にしたがって，かんがえはじめるべきである——つまり，個別の些細な点を無視して全般的傾向に注意を集中し，「仮定法 as if」の方式で考察すべきである．つまり，そのように集約された事実，または傾向の歴史的確度，あるいは充足性という点にはかならずしもとらわれずに，「定型化された」これらの事実を説明できるような仮定を樹立すべきである．

資本主義社会の経済変動や経済発展の過程にかんしては，つぎのような「定型化された事実 stylised facts」を理論モデルの構築の出発点として提案したい．

(1) 生産の総量と労働生産性は趨勢的には一定の率で持続的に成長する．つまり生産性成長率の低下傾向についてはなにも記録されていない．

(2) この点と関連づけて資本にかんしてどの統計的測定法がえらばれようとも，労働者1人あたり資本量は持続的に増加する．

(3) すくなくとも「発展した」資本主義社会にかんしては資本利潤率は安定しており，優良債券の利回りによって表示される「純」長期利子率よりもこの利潤率は大体のところではたかい．フェルプス・ブラウン Phelps Brown およびウェーバー Weber[3]にしたがえば，イギリスの利潤率は1870年から1914年までの期間においてはおおよそ $10\frac{1}{2}$ パーセントであっていちじるしく安定しており，年次別変化率は $9\frac{1}{2}$ から $11\frac{1}{2}$ パーセントの範囲におさまっていた．いくつかの公的機関によれば，おなじような長期的安定性がアメリカでも観察されている．

(4) 長期的にみると資本‐産出高比率は安定している．もし能力利用度の

第1章 資本蓄積と経済成長

違いが考慮にいれられるならば，上向きまたは下向きのいずれの方向にかんしても，すくなくともはっきりとした長期的趨勢はみられない．その含意となっている，ないしはそこに反映されている事柄は，生産成長率の百分率と資本ストック成長率の百分率とがほぼ一致しているということである——すなわち，経済を全体的にかつ長期的にみる場合には，所得と資本は傾向的には同率で成長する，ということである．

(5) 所得中の利潤の分け前と産出高中の投資の割合のあいだにはたかい相関関係がある．つまり投資係数（産出高中の投資の割合）が不変であるような社会や時期，あるいはそのいずれかの場合においては利潤の（および賃金の）分け前は安定している．たとえば，フェルプス・ブラウンとウェーバーの発見にしたがうと，イギリスにおいては投資係数，利潤の分け前および賃金の分け前は長期的には安定しており，さらにそれとあわせてこれら諸量の（感知可能な）短期変動間には高度な相関関係がある[4]．もちろん，賃金の分け前の安定性は，（平均）生産性成長率に実質賃金増加率が比例していることを意味している．

(6) 最後に，社会がことなれば労働生産性成長率や総生産高成長率に多少の相違がみられるけれども，（急成長中の経済の場合でも）偏差は2から5パーセントの範囲にとどまっている．そのような偏差は投資係数や利潤の分け前にかんする，対応的な偏差と関連しているけれども，相対的分け前の不変性や資本－産出高比率の不変性にかんする上記の命題は成長率のことなる国ぐににもあてはまる．

これらの「事実」のどれにかんしても新古典派理論の理論構造による「説明」は妥当性をそなえていないのである．限界生産力説，それとボェーム・バヴェルクやその信奉者たちの資本理論にもとづけば，資本蓄積にともなって利潤率は持続的に低下すると予期されるかもしれないけれども，利潤率が安定しているとは予期されないであろう．（この点にかんしていえば主張の理論的根拠はことなっているとはいえ，古典派理論も新古典派理論も，おなじ結論に到達している——アダム・スミス，リカード，マルクスは，ボェー

ム・バヴェルクやヴィクセルと同様に，経済進歩にともなって利潤率が不断に低下する，と予言した.）同様に，新古典派的思考方法にもとづけば，資本蓄積にともなう収穫逓減を予期することになるけれども，その含意となっている事柄は，資本－労働比率の上昇と歩調を合わせて資本－産出高比率が不断に上昇するということである．また産出高にたいする投資の（あるいは所得にたいする貯蓄の）比率がある所与の大きさであるとすれば，労働生産性成長率は逓減すると予期されるであろう．結局のところ，投資の進度の変動とむすびついた利潤の分け前の変動にかんしては，すくなくとも限界生産力説にもとづくかぎりでは説明不能になるのである——もし，投資水準の変動は原因的な要因であり，また利潤の分け前の変動は結果的な要因であってその逆ではありえない，と仮定すればそうなるし，わたくしの信ずるところにしたがえばそのように仮定せざるをえないのである．

　本稿でのわたくしの目的は，すくなくともこれらの「定型化された」事実のいくつかを説明できるような，所得分配と資本蓄積のモデルの提示である．ボェーム・バヴェルクやヴィクセルの新古典派モデル，あるいはコブ－ダグラス型の生産関数から出発する理論よりも，リカードやマルクスの古典派的思考方法や，それにくわえてフォン・ノイマン von Neumann の一般均衡モデルにいっそう類似しているという意味で，そのモデルは資本蓄積問題にかんする支配的な思考方法とは相違している．〔また〕ケインズ的所得発生理論の基礎理念を内包し，またそれを出発点としたハロッドやドーマーの有名な「動学方程式」を採用しているという意味で，このモデルは古典派のそれとも相違している．

II. 古典派思考方法の固有の特徴

　新古典派理論と対比した場合に古典派モデルの特質になっている事柄は，それらのモデルにおいては資本と労働が競争的または代替的要素としてではなくて，あたかも補完的要素であるかのごとくとりあつかわれている，とい

う点である．もちろんリカードは，資本が労働にたいして補完的につかわれるだけでなくて代替的にもつかわれるということを熟知していた——それゆえに「リカード効果」[5]として有名になったのである．これによって論証されることは，労働1単位あたりでみると賃金の上昇にともなって傾向的にはよりおおくの機械が採用される，という点である．なぜならば，労働〔者〕の手にわたる産出物の分け前がなにがしか増大した場合に，それにともなって機械の価格が労働〔の価格〕とくらべて低下するからである——ただし，リカードは分配または成長理論においてはこのような代替局面に重要な役割をなんらあたえなかった．分配理論にかんするかぎりでは，労働1単位あたりの資本量は各産業にとっては所与であるとみなされていた（またそれと同様に，さまざまな産業間の労働の配分もその体系の「構造的要件」によってきめられている，とみなされていた）．これら2要素のなかのひとつ，つまり労働の手にわたる分け前の総額はその供給価格によって決定されるのにたいして，もうひとつ〔つまり資本〕の分け前はその残余になる，と仮定することによって賃金と利潤間の分配問題をときあかそうとした（なお地代の分け前はあらかじめ控除されているのであるが，それは〔賃金と利潤間の〕この分割にはまったくかかわりなしにきまる〔とかんがえられている〕）——〔この場合〕利潤の分け前はたんに1人あたり産出高（地代控除後の大いさ）と1人あたり賃金間の差額であるが，後者は一定値であって，労働人口をもっぱら不変状態に維持できるような，労働の「自然価格 natural price」に支配される，と処理されている．

利潤にかんしてはその大部分が貯蓄され，投資されると仮定しており，他方，賃金は消費されると仮定してきたから，所得中の利潤の分け前はまた総生産中の投資の割合と資本蓄積率を決定する．つぎには，資本蓄積率が労働力雇用増加率を決定する（雇用は資本と同率で増加すると仮定されてきたから，労働1単位あたり資本量に重大な変化が生じる余地はなんらなかった）．ただし労働のこのような追加分がどこからうみだされるかという点についてはあまり厳密に探究されることはなかった．たとえば低開発国における余剰

人口という形態で，無限の労働予備軍が存在しているとか（マルクスがこのんで支持した仮定），あるいは人口増加率自体が労働需要の成長率によって決定される（リカードがこのんで支持した仮定）というような仮定にかんしていえば，これらはそのモデルと整合している．

フォン・ノイマンの一般均衡モデルは[6]，各商品にかんして生産工程の選択という点を明示的に考慮しているとか，またリカードは自然資源の不足による収穫逓減にひじょうに重要な役割をあたえたけれども，フォン・ノイマンのモデルではそれが捨象されているので，論理の精緻さという点については水準がことなっているけれども，かれのモデルは実質的にはリカードやマルクスの古典派的思考方法を変形したものである．労働者の生存費できまる実質賃金のもとで労働を無限に増大できるし，また利潤はすべて貯蓄され，かつ再投資される，と仮定している点にかんしては，フォン・ノイマンもおなじである．これらふたつの仮定によって，かれは経済問題を完全に循環過程としてとりあつかえるようになっているのであるが，そのような循環過程のもとでは生産工程の産出物はつぎの期には同時的に生産工程の投入物になる．ところでこのように処理するためには労働ではなくて，労働によって消費される商品を生産工程の投入物としてとりあつかい，また残存耐久設備が単位生産工程内の投入物の一部であると同時に，産出物の一部でもあるとして処理するようにすればよい．フォン・ノイマンの関心事は，これらの仮定にもとづいてつぎの諸点を論証することであった．つまり平衡的成長均衡がつねに存在するが，その特徴は価格を正値にたもちながらすべての商品の生産が比例的に拡張するという点である．しかも（完全競争と，各生産方法について規模にかんする収穫不変を仮定すると）「技術面の可能性」（所与の「技術面の可能性」のなかのひとつが実質賃金によって形成される）を所与としたときに達成可能な最大値がこの拡張率であり，またその大いさは，実際に使用される各生産方法で収得される利潤率（＝利子率）とひとしくなるであろう[7]．

ハロッド－ドーマーの有名な方程式は，その他のモデルと同様にリカー

ド・モデルやフォン・ノイマン・モデルにかんしても適用できる[8]。（諸要因のうちでどれを従属変数としてあつかい，どれを独立変数としてあつかうかによって）多様な解釈が可能であるけれども，資本‐産出高比率 $v (\equiv K/Y)$ [訳注1]がさだまっているとき[9]，所得に占める貯蓄（および投資）の分け前 (s) が結果的には資本成長率 (G_K) に移換されるという公式，つまり，

$$G_K = \frac{s}{v} \tag{1}$$

が基本になっている．それを，

$$s = \frac{I}{Y} = G_K v \tag{1a}$$

とかきあらわすことも可能である．

さらにそれは，$s=P/Y$ のとき，すなわちすべての利潤が貯蓄され，すべての賃金が消費されるときは，

$$\frac{P}{Y} = G_K \frac{K}{Y}$$

になる．

しかし，

$$\frac{P}{K} \equiv \frac{P}{Y} \cdot \frac{Y}{K}$$

であるから，〔前々式を勘案すれば〕

$$\frac{P}{K} = G_K \tag{2}$$

になり，資本利潤率は資本成長率とひとしくなる．

リカードやフォン・ノイマンにかんするかぎり，じつはここで物語は終りになる．というのは，追加的労働を経済体系内に導入できる速さ speed にかんしてはかれらはなんらの限度も導入していないし，その結果として雇用成長率，したがって所得成長率は完全に資本成長率によって決定されるからである．しかしながら，労働供給は究極的には無限大にまで増加できるとしても，単位時間あたり人口増加率，そしてまた雇用増加率に最大値が存在して

いて，その大いさは生物学的あるいは制度的諸要因によって決定される，と想定してみよう．雇用量を L でかきあらわすと，このような仮定によって別の方程式，つまり，

$$G_n = l, \quad ただし \ l = \frac{1}{L} \cdot \frac{dL}{dt} \tag{3}$$

がもとめられる．その場合には G_K だけでは生産成長率を決定できないのであるから，あきらかに $G_K > G_n$ のときにはリカード－マルクス－フォン・ノイマン・モデルは作動しない．

しかしながら，発展する経済のもとでは，労働の潜在的能力は〔労働者の〕人数の増加だけではなくて，技術進歩にもとづく労働生産性の上昇によっても増大する．それゆえ，技術進歩を考慮すれば，

$$G_n = l + t, \quad ただし \ t = \frac{1}{Y/L} \cdot \frac{d(Y/L)}{dt} \tag{3a}$$

となるが，これはハロッドの「自然 natural」成長率の公式である．

ハロッドの理解にしたがえば，かれの「保証成長率 warranted rate of growth」が「自然率 natural rate」にひとしい場合にのみ，すなわち，

$$G_K = G_n$$

換言すれば，

$$\frac{s}{v} = l + t$$

の場合にのみ，平衡的成長均衡 balanced-growth equilibrium が考慮可能になる．しかしながら，s, v, l および t はすべておたがいにはなればなれにきまり，相互の関連という面からみれば〔他がかわっても〕不変であると仮定していたのであるから，かれの理論でそのような等式がなりたつのは幸運な偶発事の結果でしかないであろう．さらにかれはこのようにかんがえた．s/v と $(l+t)$ のあいだにどのような不一致がおきても，不均衡を誘起する累積的な力がかならずひきおこされる．その結果として，定常的成長にともなう移動均衡がたとえ一時的に達成されたとしても，それは必然的に不安定にならざるをえない．

しかしながら，これらの変数は相互に〔他がかわっても〕不変という関係になっているわけでなく，それらの変数間に一定の相互依存関係が存在することを認識すれば（そうしなければならないのである），問題はただちにまったくことなった局面を展開する．それゆえに，あとでその点を論証するつもりでいるけれども，所得から貯蓄される割合 s は $(l+t)$ からけっして独立していないし，生産性増加率 t も資本蓄積率 s/v から独立していないのである[10]．

III. 成長均衡の性質

これらのさまざまな要因の役割を明示するためには，いくつかの作為的な仮定にもとづくモデルから話をはじめ，それらの仮定がいっしょになって，成長均衡の問題にたいしてもっとも単純な解をうみだすようにしておくのが上策であろう．あとになると，いま説明したものとは逆の順序で，これらの仮定をひとつずつ（つぎに列記する第1番目の仮定は例外である）除去していくであろう．本稿の「基本モデル」にそなえられた6つの重大な仮定は以下のとおりである．

(1) ある特定の生産方法については規模にかんして収穫不変である．つまり〔生産規模を〕拡大しても自然環境は限界をまったく課さない（ここでは，生産要素は資本と労働，つまり K と L のふたつであり，そして所得は利潤と賃金，つまり P と W の2種類である）．

(2) 技術進歩は欠如している——すなわち時間が経過しても，さまざまな商品の産出高を生産の投入係数に関連づける関数は変化しない．

(3) 競争が一般的原則になっている．つまり市場取引が終結する時点では生産の主要費用との関連で商品価格がきまる．雇用がおこなわれるさいには，資本は同一の利潤率を稼得し，また労働も同一の賃金率を稼得する．

(4) 利潤はすべて貯蓄され，賃金はすべて消費される．設備財（または「投入財 input goods」）と賃金財（つまり「消費財」）間の産出高の区分は，

利潤と賃金間の所得の区分と共通している．

(5) 設備財と賃金財の生産においてはいずれも資本と労働（または商品投入量と労働投入量）間に厳密な補完性が存在する．したがって賃金財の生産にかんしてそれぞれ1種類の「設備財」が存在し，また消費のさいにはさまざまな種類の賃金財は補完的である．

(6) 賃金財で評価した賃金が不変であれば，労働供給は無限である[11]．

これらの仮定のもとでは，資本ストック成長率 G_K が経済成長率 G_Y を決定するであろう．そして G_K はつぎには貯蓄される産出高の割合 s と資本‐産出高比率 v に依存する．貯蓄される産出高の割合が決定されるさいには，生存費によって決定される，ある最低水準，つまり，

$$w = w_{\min} \tag{4}$$

以下には賃金率は低下しえない，という点が条件になる．その結果として，1人あたり産出高が生存賃金を上回る超過分によってのみ利潤の分け前は決定されることになる．1人あたり産出高 (O)[訳注2]，資本‐産出高比率 (v)，したがって1人あたり資本は，技術的にきまる所与の定数である．またそれにくわえて，ある任意の時点 $t=0$ における総資本量も既知とかんがえられる．

これらの仮定によって，形式的にはつぎのようなモデルが導出される．まえに採用した表記法をもちい[12]，また労働者1人あたり産出高を O であらわすと，6つの関係式で構成される体系をえる．そのうちの4つは仮定をあらわし，ひとつは定義にもとづく恒等式，そしてもうひとつの方程式は均衡条件式になっている．

$$\left.\begin{array}{l} O(t) = \bar{O} \\ v(t) = \bar{v} \\ w(t) = w_{\min} \\ s(t) = \dfrac{P(t)}{Y(t)} \end{array}\right\} \text{つねに } t \geq 0 \text{ である}$$

(i)
(ii)
(iii)
(iv)

第1章　資本蓄積と経済成長　　　　　　　　　　41

$$P(t) \equiv Y(t) - w(t)L(t) \qquad \text{(v)}$$

$$s(t)Y(t) = \frac{dK(t)}{dt}, \quad \text{つねに } t \geqq 0 \text{ である} \qquad \text{(vi)}$$

初期値があたえられれば，これらの関係式によって十分に6つの基本的変数，つまり $O(t)$, $v(t)$, $s(t)$, $P(t)$, $Y(t)$ および $w(t)$ が決定される．(vi)および(ii)によって，

$$G_Y = \frac{s(t)}{\bar{v}} \text{ または } \bar{v} G_Y = s(t)$$

がもとめられる[訳注3]．

(v)から，

$$\frac{P(t)}{Y(t)} = \left[1 - \frac{w_{\min}}{\bar{O}}\right]$$

がみちびかれ，したがって利潤の分け前は t から独立している．そこで，(iv)により，$s(t)$ もまた t から独立しており，したがって，

$$G_K = \frac{s}{\bar{v}}$$

$$G_K = G_Y$$

$$\frac{P}{K} = G_K$$

$$\frac{P}{Y} = G_K \bar{v} \qquad \text{([以上はモデル] I)}$$

になる．

IV. 完全雇用成長

わたくしが導入しようとする最初の修正は仮定(6)，すなわち無限の労働供給という仮定の除去である．出生率によって決定される，ある最大人口成長率 λ が存在する，と想定してもよさそうである．そうすれば（技術進歩を捨象すると），長期的な「自然成長率」はこの最大人口成長率によって決

定されることになる．それゆえ，

$$G_n = \lambda$$

になる．

さらに，もし初期時点で，

$$G_K > G_n$$

すなわち，わたくしの既発表モデルの条件によって決定されるような資本蓄積率が最大人口成長率を上回っていると想定すれば，あてにできる非就業労働予備軍が存在するかぎり，経済は G_K の率で成長できる．しかし，経済はそれこそ λ よりもたかい率で成長しているのであるから，おそかれはやかれ資本蓄積は労働供給をおいこすにちがいない．マルクスによれば，これはまさしく恐慌につうじる状況である．労働予備軍がつかいつくされた暁には，有効利用の途をさがしもとめる資本量はそれを利用するために使用可能な労働者数よりもおおきいであろう．それゆえに労働にたいする需要は労働供給を超過する（または超過する傾向がある）だろう．資本家たちのあいだでは競争がおこなわれるので，このことが原因となってやがては賃金が上昇して利潤は一掃され，その結果として，資本蓄積が十分に減少するために労働予備軍が修復されて利潤がとりもどされるまで，このようなことがつづく．

しかしながら，この状況がなにゆえ恐慌をともなわなければならないのか，という点については本来的な理由はなにも存在しないのである．つまり蓄積を維持するためには労働予備軍の持続的存在が必要であるという仮定からはそのような結論はでてこないのである．事実，賃金率がもっとたかくて利潤の分け前がもっとすくなくなるような，さらに資本蓄積率がそれに対応してひくくなって，労働供給の増加率を超過せずにひとしくなるような，適切な平衡的成長均衡はそのような状況のなかでなぜもたらされないのか．これについてはなんらの理由も存在しないのである．（商品で表示された）賃金がいかほど増加しても所得に占める利潤の分け前は低下し，また利潤の分け前がいかほど縮小しても資本蓄積率は，したがって労働に対する需要の増加率は低下する．こういうことを留意しておきさえすれば，あとは必要なことが

なにもない．それゆえ，その状況は平衡的成長均衡へと誘導されるであろう．このような均衡のもとではある任意の時点 $t=0$ における雇用はその時点での労働人口の大きさによってきめられることになるし，またその場合の人口成長率 λ も所与の大きさになる．

以上のようにすれば，7つの関係式で構成される代替的モデルがえられることになるけれども，そのような関係式のうちで4つは仮定の定義式，1つは前と同様な恒等式，そして2つは均衡条件式である．それにくわえて，t 時点の利用可能な最大労働量に記号 $L^*(t)$ をもちいれば，関係式はつぎのようになる．

$$L^*(t) = L^*(0)\,e^{\lambda t} \quad\quad\quad\quad\quad\quad\quad\quad\quad\quad\quad\text{(i)}$$
$$v(t) = \bar{v} \quad\quad\quad\quad\quad\quad\quad\quad\quad\quad\quad\quad\quad\text{(ii)}$$
$$O(t) = \bar{O} \quad\quad\text{つねに } t \geqq 0 \text{ である} \quad\quad\quad\text{(iii)}$$
$$s(t) = \frac{P(t)}{Y(t)} \quad\quad\quad\quad\quad\quad\quad\quad\quad\quad\quad\text{(iv)}$$

$$P(t) \equiv Y(t) - w(t)L(t) \quad\quad\quad\quad\quad\quad\quad\quad\text{(v)}$$

$$s(t)Y(t) = \frac{dK}{dt} \quad\quad\quad\quad\quad\quad\quad\quad\quad\quad\text{(vi)}$$
$$L(t) = L^*(t) \quad\text{つねに } t \geqq 0 \text{ である} \quad\quad\text{(vii)}$$

ただし，つぎの不等式，

$$w(t) \geqq w_{\min}$$

によって条件づけられている．初期条件があたえられれば，それらによって7つの基本変数 $O(t),\ v(t),\ s(t),\ P(t),\ Y(t),\ w(t)$ および $L(t)$ を十分に決定できる．

〔つまり〕(i) と (vii) 〔および (iii)〕から，

$$G_Y = \lambda$$

になる[訳注4]．

(vi) 〔および (ii)〕から $s(t) = \lambda v(t)$ になる[訳注5]．そこで，(i) と (ii) によ

って $s(t)$ は t にかかわりのないものになる．したがって(iv)を考慮すれば,

$$G_K = \frac{s}{\bar{v}}$$

$$G_K = G_Y \text{〔訳注6〕}$$

$$\frac{P}{Y} = \lambda \bar{v}$$

$$\frac{P}{K} = \lambda$$

をえる〔訳注7〕．

また，(v)〔および(iii)〕により，

$$w(t) = (1 - \lambda \bar{v}) \bar{O}$$

になるけれども〔訳注8〕，その場合にはさきにしめした不等式〔$w(t) \geq w_{\min}$〕が条件になっている． （〔以上はモデル〕II)

両モデルとも1人あたり産出高と1人あたり資本は（時間がたっても）不変であるけれども，このモデルでは（v は所与であって，ここでは技術的にさだまる定数とみなされているので）資本利潤率と所得中にしめる利潤の分け前は λ，つまり人口成長率によって一義的にきめられ，人口成長率はここでの仮定のもとではそれだけで一様な経済拡大率を決定するのであるが，この点がこのモデルとまえのモデルの相違点になっている．均衡賃金 w が存在するけれども，それは利潤の分け前を λv に縮小させるに必要な額だけ生存賃金 $w_{\min}$ を超過しているであろう．しかし類似しているようにみえるけれども，この第2のモデルはリカード的（またはマルクス的）モデルとは逆である．というのはここでは，利潤総額は（外生的に与えられた）平衡的成長率を規定する要件によって独立的に決定されるので，生存賃金を控除したあとの残余を形づくっているのは利潤ではなくて，賃金が利潤を控除したあとの残余の分け前を形づくっているからである[13]．

リカードは『原理』 *Principles* のなかのさまざまな個所で散発的に，資本蓄積が人口を追い越すか，あるいはその逆であるとき，賃金が「労働の自然

価格」以上に上昇するか,あるいはそれ以下に下落するかもしれない,との
べた.だが,過剰な蓄積率あるいは不十分な蓄積率によってもたらされる賃
・・・・・・・・
金の上昇,あるいは下落それ自体によって利潤の分け前の変化をつうじて資
・・・・・・
本蓄積率が変化し,またそのことによって資本蓄積率に労働供給の増加度合
との調和を維持せしめるための調整機構がそなえられるであろう——すなわ
ち労働にたいする需要が増加しても供給の増加との調和を維持せしめるよう
な「均衡」賃金水準が存在する.このような内包的な結論にかんしては(い
くつかの個所で論述の間際まではいったようにみえるけれども)それをみち
びきだすにはけっしていたらなかった.(もしかれがある程度,そのような
点を強調したとすれば,マルクス経済学派にしても正統派にしても,その後
の経済学の発展はむろん違った方向をたどったかもしれない,といわざるを
えないであろう.)

　過剰蓄積にともなって労働不足による恐慌が誘起されるような場合には,
利潤がすべて一掃されるまでは賃金の上昇をくいとめがたい.これがマルク
スの見解であるけれども,その場合にはあきらかに,時間が経過しても労働
・・
供給が不変であると仮定されている.もし人口が増加していれば,労働供給
成長率におうじた蓄積率を準備するような水準以下には利潤は低下しがたい
であろう.それにひとたび「完全雇用」が達せられた(すなわち,「予備軍」
がつかいつくされた)としても,賃金が労働の生存費から乖離して,あたら
しい均衡水準にきまるはずはないと主張できる理由はなにも存在しないので
ある.

　この成長モデルにも,またほかの成長モデルにも他のもうひとつの重要な
暗黙の仮定があるが,それを便宜上,この段階で導入してもさしつかえなか
ろう.資本主義経済において投資と蓄積が持続するためには,(リカードの
言葉によれば)資本家たちにたいして「かれらの労苦と,自分の資本を生産
的に使用するさいにかれらが必然的にかならずや遭遇する危険にかんし
て」[14]すくなくとも必要最低限度の補償をおこなえるほどに利潤率は十分た
かい,ということが前提となっている.それゆえに成長均衡は,

$$\frac{P}{K} \geqq r + \rho \tag{5}$$

という式でかきあらわせるような，もうひとつの条件にさらに依存している．すなわち，このモデルで決定される利潤率（現在の仮定のもとではたんに λ できめられるのであるが）は，優良証券で構成される金融資産にたいする「純」利子率〔r〕と，富の生産的使用にともなう危険に対処するために必要とされる追加的割増料〔ρ〕の合計よりも小さくはなりえない，という条件に依存している．

純長期利子率にはそれ以下には下落しえない最低水準があるということ，また現金（または現金にたいして密接な代替物になりうるような，その他の短期金融資産）の保有の場合と比較したときに，長期債券の保有の場合にかんがえられる非流動化の危険にたいして必要な最低限度の補償によってその最低水準が決定される，ということはケインズ以後は周知の事実になっている．また（この点は経済学文献のなかでこれまで強調されることがはるかにすくなかったところであるけれども），企業の研究開発面の直接的資本投資に関連する危険（それは非流動化の危険でもその他の危険でもかまわないが）は優良証券のような長期金融資産の保有にともなう危険よりも量的にいちじるしく重要である，ということも周知の事実になっている．（たとえば，アメリカにおいては固定資本（つまり工場や設備）への企業投資に対応して取得される利潤率は，「純」長期利子率が約4パーセントであるときには，通常は税込みの粗計値で20パーセントであって，〔税引き後の〕純計値でいえば10パーセントである，とかんがえられている．）

流動資本（通常の慣例にしたがえば，それは企業の「流動資産」の一部としてとりあつかえる）にたいする投資の（期待）限界収益もまたおそらくは（純）短期利子率よりいくらかたかいけれども，そのような期待収益は貨幣利子率とほぼ一致している．技術進歩が存在せず，またすべての利潤が貯蓄され，かつ再投資されるような経済において，利潤率（それは人口成長で決定されるような値である）が上記の条件をみたせるほどにたかい，どこかの

水準に近接しているかというと，実際にはとうていそうはかんがえられない．もしもそのようにならないとすれば，経済が永続的な停滞におちいるであろうということを意味しないにしても，この場合には移動成長均衡は存在しえないであろう．〔そして〕蓄積はなおも周期的に勢をましながら進展し，かぎられた期間内に趨勢的成長率をこえるほどに急成長するかもしれない．

ここで，まえに設定した，単純化のためのさまざまな仮定を緩和することが必要である．〔しかし〕あとでみるように，技術進歩〔の仮定〕に到達するまでは，これらの仮定はどれもここでの結果に重大な相違をもたらさないであろう．

V. 新古典派的成長

資本と労働間の補完性が固着的であるとするかわりに，1人あたり資本量がことなる（すなわち「商品」と「労働」という投入物間の比率がことなる）生産方法の選択をおこなうと仮定することによって，可変的な〔代替〕比率を考慮にいれても差し支えないであろう．たとえば1人あたり産出高 O（$O \equiv Y/L$）は，1人あたり資本 K/L の関数になるであろうが，もし労働と資本にかんしてともに生産関数が1次同次であれば，前者〔Y/L〕は後者〔K/L〕に比例して増加するのではなくて，それよりも小幅になるであろう．それゆえ，

$$O \equiv Y/L = f_1(K/L) \tag{6}$$

になる．ただし $f_1' > 0, f_1'' < 0$ である[訳注9]．

任意のある時点で個別の企業家の裁量で処理可能な資本量が制限されていると仮定すれば，利潤率を最大にするような，1人あたり資本量が採用されるであろう．また商品表示の賃金がたかくなればこの1人あたり最適資本量はさらにいっそうおおきくなるであろう．それゆえ，

$$K/L = f_2(w) \tag{7}$$

になる．ただし $f_2' > 0, f_2'' < 0$ である．

(7)と関連づけてみると，(6)からはまた，賃金率がたかくなれば，「選択された」生産方法にかんする資本－産出高比率はさらにいっそうおおきくなるであろう，という含意をうかがえる．それゆえ，

$$v \equiv \frac{K}{Y} = f_3(w) \tag{8}$$

になる．ただし $f_3'>0, f_3''<0$ である．さらに，資本－産出高比率がたかくなれば，1人あたり産出高もおおきくなるであろう．そこで，

$$O = f_4(v) \tag{9}$$

といえる．ただし $f_4'>0, f_4''<0$ である．

それゆえ，賃金が上昇するにつれて（それにともなって完全雇用へ接近し，蓄積率が減速するので），v も同様に上昇するであろう．つぎには，ある所定の産出高成長率のもとで産出高中にしめる投資の割合 (I/Y)，したがって利潤の分け前はそのために増加するであろう．またそれにともなって商品表示の賃金の上昇が減速させられるかもしれない．ただし v の上昇にともなって利潤の分け前とともに，1人あたり産出高も増加するであろうから，かならずそうなるわけではない．しかしながら，収穫逓減の仮定，つまり $f_1''<0$（この点については，あとで論説するつもりであるけれども，この場合にはどのような技術進歩も存在しないという仮定とほとんどおなじ意味になる）がおかれているので，投資比率と利潤の分け前が増大してもそれによって，v の持続的増加にともなう資本成長率の持続的な低下を十分には阻止できないであろう．それゆえ，この方法は1人あたり資本を増加させていっそう労働節約的な技術を採用しようとするものであったけれども，資本成長率が労働供給の増加率 λ に十分にちかづけば，それは終息してしまうであろう．これからあとは平衡的成長均衡が再現して，技術も1人あたり資本も変化せず，一様な拡張率 λ で経済体系が進展することになるであろう．

かくして，生産方法の選択〔という仮定〕を導入して労働にたいする資本の代替をみとめるということは，モデルⅠの均衡（この場合には G_Y は G_K によって決定される）とモデルⅡの均衡（この場合には G_Y は G_n によって，

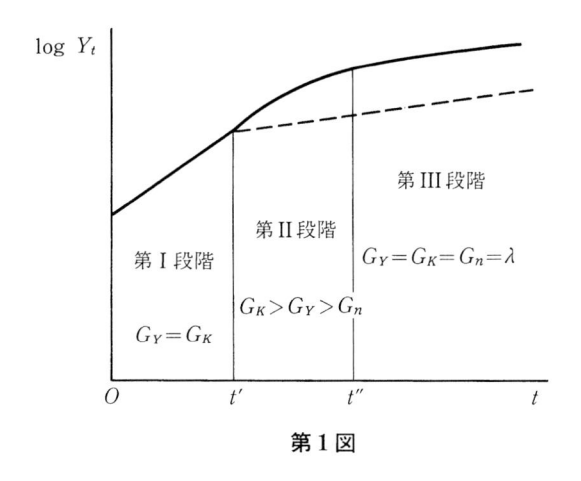

第1図のグラフ：縦軸 log Y_t、横軸 t。第I段階（O から t'）：$G_Y = G_K$。第II段階（t' から t''）：$G_K > G_Y > G_n$。第III段階（t'' 以降）：$G_Y = G_K = G_n = \lambda$。

第1図

G_K は G_Y によって決定される）のあいだに，

$$G_K > G_Y > G_n$$

という条件によって特徴づけられるような中間段階が存在する，という意味になるであろう．すなわち，この場合には人口の成長によって決定される自然〔成長〕率よりも現実成長率はおおきく，また資本蓄積よりもちいさいであろう．換言すれば，資本の成長率は産出高のそれよりもたかく，しかも後者は減衰傾向をたどるであろう．産出高（Y_t）を縦軸に（対数目盛で）目盛り，時間を横軸に目盛った図形（第1図）をもちいれば，以上のような論旨で導入された差異を一番うまく表現できる．$t=0$ 以降は $G_Y = G_K$ という状態をともないながら無限の労働供給をそなえて経済が成長均衡をつづける．また賃金が最低生存水準にあるとき，G_K は所得にたいする貯蓄の比率によって決定されると仮定してみよう．さらにまた，労働予備軍が t' 時点でつかいつくされ，それ以降は多少とも労働節約的性格をもった「技術」の選択がおこなわれなかったために賃金がただちに上昇し，その結果として，蓄積率が $G_n = \lambda$ にひきさげられるような水準まで利潤の分け前は削減され，かくしてこのような，まえよりもひくい率で成長する，あたらしい平衡的成長均衡に経済体系が到達すると想定してみよう．しかしながら，もし労働1単

位あたりの使用資本をもっとおおく使用して1人あたり産出高を増加させる可能性が技術的に存在していると仮定すれば，その移行は漸進的なものになるであろう．労働人口の成長と労働1単位あたり資本量の増加という要件がともにあたえられるならば，賃金はもうすこし漸進的に上昇し，蓄積も（一時的には）よりたかい率に維持されるであろう．しかし，この段階中は一貫して生産成長率は減衰傾向をたどるであろうし，しかもそれはいつも資本蓄積率よりもちいさいであろう．そこである点（図では t'' で提示されている）では平衡的成長均衡が再現するであろう．蓄積率が減退して人口成長率と一致するような点まで賃金が上昇したときに，このようなことがおきるであろう．そしてこれ以降は経済は同率で一定な成長率に到達するけれども，その大いさをさだめているものは λ である[15]．

f 関数で表示される，生産方法の選択範囲がきめられていれば，労働者1人あたり産出高と資本 - 産出高比率のあいだには（前記の方程式(9)であらわされるような）一義的な関係が存在し，また資本 - 産出高比率の期待値と資本利潤率のあいだにも一義的な関係が存在している，といえる．それゆえ平衡的成長均衡（この場合には現実の資本 - 産出高比率は期待比率と一致している）にかんして，さらにつぎの関係がえられる．

$$v = \phi\left(\frac{P}{K}\right) \tag{8a}$$

ただし $\phi'<0,\ \phi''>0$ である．

これらの関係を同様な形式でかきあらわせば，このモデルは〔以下のような〕7つの関係式によって特徴づけられるが，そのうちの3式は均衡条件式である．

$$L^*(t) = L^*(0)e^{\lambda t} \tag{i}$$

$$\left.\begin{array}{l} O(t) = f(v(t)),\ f' > 0,\ f'' < 0 \\ s(t) = \dfrac{P(t)}{Y(t)} \end{array}\right\} \text{つねに } t \geqq 0 \text{ である} \tag{ii}$$
$$\tag{iii}$$

$$P(t) \equiv Y(t) - w(t)L(t) \tag{iv}$$

第1章 資本蓄積と経済成長

$$s(t)Y(t) = \frac{dK}{dt} \quad \text{(v)}$$

$$\left.\begin{array}{r}L(t) = L^*(t) \\ v(t) = \phi\left(\dfrac{P(t)}{K(t)}\right)\end{array}\right\} \text{つねに } t \geqq 0 \text{ である} \quad \begin{array}{c}\text{(vi)}\\ \\ \text{(vii)}\end{array}$$

ただし,$\phi'<0, \phi''>0$ であり,不等式,

$$w(t) \geqq w_{\min}$$

$$\frac{P(t)}{K(t)} \geqq r+\rho$$

でしめされるような条件に制約されている.

まえのモデル II でもちいたものと同様の論証をおこなえば,つぎの結果を導出できる.

$$G_Y = \lambda$$

それゆえ(v)にもとづくと,$s(t)/v(t)$ は t から独立している.(iii)にもとづくと,$P(t)/Y(t) = \lambda v(t)$ になる.そこで,

$$\frac{P}{K} = \lambda$$

をえるし,また(vii)をもちいれば,

$$\frac{P}{Y} = \lambda \phi(\lambda)$$

をえる. (〔以上はモデル〕III)

モデル II に対応する方程式と比較すればわかることであるけれども,資本‐産出高比率が利潤率に依存しているような「生産関数」を導入しても,均衡成長率,あるいは資本利潤率に影響がおきないであろう.しかし,ある所与の成長率に対応する利潤の分け前,したがって貯蓄係数 s の場合には,そのことによって影響がおきるであろう.というのは,λ と $\phi(\lambda)$ が相互に逆相関の関係になっており,つまり λ の値がおおきくなれば,$\phi(\lambda)$ の均衡値はひくくなるからである.関数 $\phi(\lambda)$ にかんしては,その弾力性が 1 であって値がかわらないような特殊ケースにおいては(すなわち,成長率と

利潤率が倍増すると資本-産出高比率は2分の1になるというような場合などには），成長率と資本利潤率がいかようにかわっても投資係数 $\lambda\phi(\lambda)$ は不変であろうし，またその意味で，利潤および賃金の分け前は生産関数の係数によって一義的に決定される，といえる．しかし，ϕ 関数の弾力性が1であって変化しないという仮定は，生産関数が1次同次であるという仮定に内在しているというわけではけっしてなく，また事実，任意の1要素がなくてすまされるところにゆくまでのあいだに限界があるというような事例にかんしては，いかなる場合にもそのような仮定は成立不可能である．もし，妥当な範囲内で，この関数の弾力性が1より幾分ちいさければ，利潤の分け前はおもに経済成長率に依存し（利潤や賃金にかんする貯蓄性向にも依存するのであるが，それについてはあとで論説する），またほんのわずかな程度ではあるけれども，技術的要因，すなわち資本と労働間の限界代替率（これは ϕ 関数の弾力性を決定する）にも依存するであろう[16]．

VI. 貯蓄性向

ここにいたれば第4の仮定，すなわち，利潤から消費がなにもなされず，また賃金から貯蓄がなにもなされないという，「古典派」モデルではいつも暗黙のうちにもうけられた仮定を緩和することができる．〔つまり〕利潤が消費支出のひとつの源泉であるという事実と，賃金が貯蓄のひとつの源泉であるという事実をともに考慮にいれることができる[17]——利潤から貯蓄される割合は賃金（およびその他の約定所得）から貯蓄される割合よりもかなりおおきいと仮定することがゆるされるならば，それは可能である．この仮定は経験的証拠によってもまた理論的考察によっても十分に妥当性をもちうる．たとえば，アメリカの統計資料によれば，粗（会社）利潤中からの粗貯蓄は70パーセントと見積もりうるのにたいして，個人所得（非法人企業のそれをのぞく）中からの貯蓄は約5パーセントでしかない．その他の国ぐにからえられる統計的論証資料においてもきわめて類似した結果がえられる．理論

第1章　資本蓄積と経済成長

的根拠にもとづけば，企業利潤にかんする貯蓄性向は賃金や俸給所得にかんするそれよりもおおきい，と予想できる．なぜなら，(i)余剰所得は大体において不確定であって，また毎年かなりの変動にさらされ，(ii)個別企業の所有者がおこなう資本蓄積はその企業の成長と密接に関連しているからである．つまり企業の借入能力は制約されていて，その企業の自己資本のある割合にとどめられているので，その企業の経営規模が成長するさいには後者の成長は必要な前提条件となるからである．この点をさておいてもケインズ的考察にもとづけば，完全雇用または完全雇用に近似する状況のもとで，資本主義組織を安定せしめているものはまさしく貯蓄性向のこのような相違である，と主張できるであろう．というのは，もしそれらの〔貯蓄性向の〕相違が存在しなかったならば，価格を上昇させる偶発的な需要増加があると，それがいかようであっても，累積的傾向がひきおこされるからである．つまり価格上昇は「約定」所得から「余剰」所得への購買力移動を意味しているけれども，そのために実質単位であらわされた有効需要が縮小する範囲内でのみ，不均衡を除去できるからである．

もし利潤が貯蓄される割合を α，賃金が貯蓄される割合を β であらわせば，

$$I = \alpha P + \beta W \tag{10}$$

であり，〔したがって，〕

$$s \equiv \frac{I}{Y} = (\alpha - \beta)\frac{P}{Y} + \beta \tag{10a}$$

および，

$$\frac{P}{Y} = \frac{1}{\alpha - \beta}\frac{I}{Y} - \frac{\beta}{\alpha - \beta} \tag{10b}$$

がもとめられる[訳注10]．ただし $1 > \alpha > \beta \geq 0$ である．

もし，第1次的接近法として，βW がゼロであると仮定すれば，〔モデルIIIの〕(iii)式が〔ここでは，〕

$$s(t) = \alpha \frac{P(t)}{Y(t)}$$

になっている点をのぞくと，均衡関係式はいぜんとしてモデル III とおなじであろう．

このような修正は，均衡においては，

$$\frac{P}{K} = \frac{\lambda}{\alpha}$$

$$\frac{P}{Y} = \frac{\lambda}{\alpha} \cdot \phi\left(\frac{\lambda}{\alpha}\right)$$

であるということを意味している． （〔以上はモデル〕IV）

換言すれば，この場合には利潤が貯蓄される割合の逆数倍だけ，資本利潤率は成長率を上回るであろう．同様に，ある所与の成長率のもとで P/K の増大が v を，したがって投資 - 産出高比率を低減させないかぎり，所得中にしめる利潤の分け前も拡大するであろう．

VII. 競争と完全雇用

仮定(3)，すなわち競争の一般的原則の含意を吟味するまえに，ここでえた結論をケインズ的分析手法と一致する言い方に変形させていただく．これまでは，ある1時点の生産水準は有効需要ではなくて利用可能な資源の不足によって制限される，と仮定してきた．その意味はこうである．モデル I の事例ではそれは資本量（すなわち物理的能力）によって制限され，モデル II の事例では利用可能な労働供給によって制限されていた．それゆえ，「ケインズ的」意味であらわすと，両事例の均衡は「完全雇用」下のそれである．モデル I の事例においては，生存賃金を支払ったあとに残存する「余剰」こそが蓄積率を決定する，と暗黙裡に仮定されていたが，それをつうじて前述の事柄がたしかなものになる．モデル II の事例においては，労働供給の増加率を所与とした場合に，その結果としてあたらしい投資機会が発生するということによって単位時間あたり投資需要が別個に決定されるけれども，そのさいには実質単位ではかった賃金水準，したがって利潤の分け前は，利潤

からの貯蓄がそれを必要とする投資の進度とちょうどひとしくなるようにきまると仮定されているのであるが，このような事実をつうじて前述の事柄がたしかなものになる．この後者のモデルにおいては，事実上は「ケインズ的な」モデルが仮定されているが，この場合には投資は独立変数で，貯蓄は従属変数である．ただし，その調整過程は労働市場で作用する諸力をつうじて，ケインズ的方式ではなくて，古典派的方式でおこなわれる，と仮定されている．投資にたいする貯蓄の超過分は労働供給にたいする労働需要の超過分となってあらわれる．このために賃金上昇が誘起されるが，その結果として利潤，したがって貯蓄が縮小し，またそれゆえに労働需要の増加率が逓減してしまう．したがって，資本蓄積の結果としてもたらされる労働需要の増加率は労働供給の増加率と歩調を合わせ，そのために労働市場をもっぱら均衡状態のままに維持せしめうるような，ある特定の実質賃金が存在することになる．

ただし，均衡化の仕組みをこのような仕方でながめざるをえないというわけではない．すなわち，労働市場ではなく，商品市場で作用している調整力をつうじて，「ケインズ的」方法で均衡化過程を同様に記述できるであろう．ケインズ体系においては，労働市場で労働需要が超過した場合におこりうることは実質賃金ではなく，たんに貨幣賃金の上昇だけである．なぜなら貨幣賃金の上昇は，他の事情にしてひとしければ，貨幣需要を，したがって物価をおなじ割合で上昇させるからである．（1人あたり産出高が所与と仮定されるとき）実質賃金の動きを説明しようとする場合には，商品市場に注目して，商品の需給にたいする均衡条件を吟味することが必要である．（事前的）貯蓄と（事前的）投資間の均衡は商品市場で作用する力をつうじて確保される，という点を提示したことがケインズ理論のもっとも重要な特徴である．投資が貯蓄を超過する場合には，商品にたいする需要は供給を超過するであろう．このために，供給の拡大とか（「ケインズ的」失業が一般化している状態，したがって短期間の最大量よりも〔現行の〕生産高がちいさいような事態を仮定すると，そうなる），あるいは費用とくらべて価格が上昇すると

いう事態(ケインズ的意味の「完全雇用」,すなわち供給が物理的隘路によって制限されていると仮定すると,そうなる)のいずれかがひきおこされるであろう.商品にたいする需要の増加は両方の場合に貯蓄の増加をひきおこすであろう.すなわち第1の事例にかんしていえば,費用にたいする価格(または賃金にたいする利潤)の関係値がある所与の大いさであるとすれば,貯蓄は実質所得の増加関数になるからであり,第2の事例にかんしていえば,費用とくらべて価格が上昇するということは,利潤の上昇と(実質単位の)賃金の減少がおこり,そのために貯蓄が増加するということを意味しているからである.ケインズは,1930年代の大不況の最中に『一般理論』*General Theory* をかいたが,そのさいは過少雇用の事例に注意を集中し,一般雇用水準の変化をつうじて作用する,貯蓄と投資の均等化の仕組みをおもいついた.しかし(1920年代末にかかれた)前著の『貨幣論』*A Treatise on Money* で記述された仕組みは,産出高と雇用を所与としたうえで,費用にたいする価格の関係が決定されるというものと本質的には同類であった[18].

この過程の性質を説明するために,くわえて,費用にたいする価格の関係を所与として,雇用水準を決定する条件ではなくて,貯蓄と投資を均等化させる力が完全雇用のもとで価格-費用の関係を決定する条件について分析をすすめるために,昔ながらの方法にしたがって「代表的企業 representative firm」を使用させていただくが,それは経済全体の縮尺模型のように行動する,と仮定されている.換言すれば,「代表的企業」の産出高の変化のなかには総生産のそれとおなじものが反映され,またその企業は総雇用労働力のなかの一定部分を雇用している,と仮定する.

短期にかんしては平均主要費用の低下を無視する.また,第2図の曲線 *APC* および *MC* でしめされているように,生産能力の最適利用が達成されるまでは平均および限界主要費用は一定であるけれども,それをこえると上昇を開始すると仮定しよう.代表的企業は完全に垂直統合されており,その結果,企業の平均および限界主要費用は労働費用だけで構成される,と仮定する.(貨幣賃金率は所与と仮定されている.)そしてさらに不完全競争状態

第1章　資本蓄積と経済成長　　　　　　　　　57

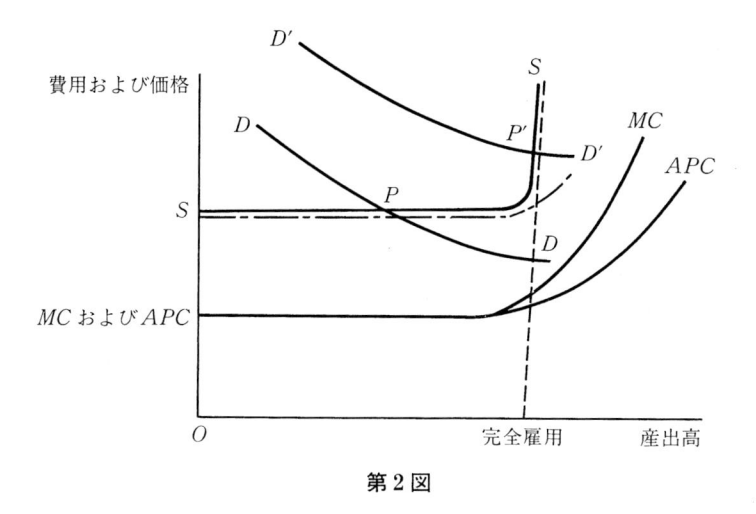

第2図

　下の「発展をとげた」経済に適合できるようにするために，実際に隘路となって生産の上限を画するものは物的能力よりも労働である，と仮定する．すなわちこの場合には利用可能な労働力を十二分に雇用できるだけの生産能力が存在しているのである．〔代表的〕企業は総雇用の一定部分をやとっているのであるから，完全雇用状態であることがしめされたところ（第2図においては破線で図示されている）よりも多量の生産を単位期間内におこなうことはできない[19]．

　最後に，需要の状態がどうであったとしても，〔代表的〕企業は主要費用にぎりぎりの水準まで価格引き下げを強要されるようなことはない，と仮定しよう．すなわちこの場合には，競争がおこなわれてもけっして消滅しえないような，ある大きさの最低売上利潤が存在するのである．この最低売上利潤を「独占度 degree of monopoly」，または「市場の不完全度 degree of market imperfection」と呼称できるが，しかしながら，それにもとづいてかならずしも（費用と関係づけて）価格が設定されるわけではないという点を勘案すれば，それはたんに価格にたいして下限を設定したにすぎないということになる．（第2図においては，産出高1単位あたり主要費用水準を所与とした

場合にその最低価格を1点鎖線でしめしている.）競争の強度がおおきくなれば，この最低売上利潤は低減するであろう．

　市場の不完全度できまる，ある最低水準以下には価格は下落しえないという仮定と，完全雇用〔水準〕によってきまる，ある最大限度を生産は超過できないという仮定にもとづけば，周知のような逆L字型の短期供給曲線（第2図の曲線 S-S）がえられる．すなわちその曲線はある点までは水平であり（供給価格が最低売上利潤にもとづいて設定される場合にはそうなる），それをこえるとほとんど垂直になる（生産が完全雇用によって制約されるときにはそうなる）．

　ここで，ケインズ的需要関数を導入できるが，それは各産出高水準に対応する需要価格をしめしている——すなわちそこにしめされているものは，ある特定の産出高（および雇用）に対応する，価格の主要費用超過分であるけれども，それによって実質単位ではかった有効需要はそのときの産出高とひとしくなる．（ここでの仮定にもとづけば，価格の主要費用超過分はもちろん，産出高中にしめる利潤の分け前とおなじになる．）投資 I は，産出高が変化してもかわらないような独立変数であると仮定すれば，マーシャル流の需要曲線とまったくおなじように，この需要曲線は左から右にかけて低下していくであろう．また周知のような乗数にかんする公式にしたがえば，その方程式は，

$$D = \frac{1}{(\alpha-\beta)\frac{p-c}{p}+\beta}I \tag{11}$$

になるであろう．ただし，D は実質単位ではかった需要の総計，$(p-c)/p$ は販売価格にたいする売上利潤〔の割合〕（代表的企業にかんしていえば，これは所得中にしめる利潤の分け前 P/Y とおなじである），I は投資総額（同様に実質単位で表示），そして α と β はそれぞれ利潤と賃金にかんする貯蓄係数をあらわしている．I が高水準であれば，また係数 α と β がひくければ，曲線の位置はたかくなる．格差 $\alpha-\beta$ がおおきければ，曲線の弾力

性はおおきくなる．もし $\beta=0$ であれば，曲線は APC 曲線に漸近的に接近する．もし $\alpha=\beta$ であれば，曲線は垂直の直線になる．

この〔両線の〕交点によって過少雇用均衡（$D-D$ 線によってしめされているように，供給曲線の水平部分の交点 P で需要曲線が交差するときにそうなる）ないしは完全雇用均衡（$D'-D'$ 線によってしめされるように，交点 P' で交差するときにそうなる）のいずれかがおこりうるのであるが，そのようなことは両曲線の相対的な位置関係に依存している．前者の事例においては，産出高水準は需要関数のパラメーター（貯蓄‐投資の関係）によって決定されるのにたいして，価格‐費用の関係（所得分配）は市場の不完全度によって独立にきめられることになるであろう（労働の平均生産力は不変であると仮定されているので，限界生産力はこの事例ではなんらの役割もはたさない）．後者の事例においては，産出高は独立に決定され，また需要関数によって，すなわち，貯蓄‐投資の関係によって決定されるのはまさしく価格と費用の関係である[20]．

しかしながら，ここでの需要曲線はこれまでは，産出高が変化しても単位期間内の投資は不変である，という公準に基礎づけられてきた．投資需要を支配するのは実際には産出高の成長率である．さらに，経済の自然成長率にもとづく産出高の成長率にくわえて，短期的には，失業水準の変動を反映する産出高の変動にともなって投資も変化するであろう．しかしながら，能力利用度のもとで正常利潤率の達成が可能になる場合にのみ，換言すれば投下資本にたいする「正常」利潤をふくめて総費用を償還できるか，またはそれ以上のものがえられる場合にのみ，このような「誘発」投資が作動を開始するであろう．

第3図において，曲線 ATC は平均総費用（「正常」利潤をふくむ）をしめしており，また点 N（曲線 ATC が $S-S$ 曲線と交差している点）は，現存の資本設備にもとづいて〔ちょうど〕「正常」利潤がもたらされるような生産水準をしめしている．N をこえて生産がさらにすこしでも増加すれば，生産能力にたいする追加分という形で投資が「誘発」されるであろう．また，

費用および価格

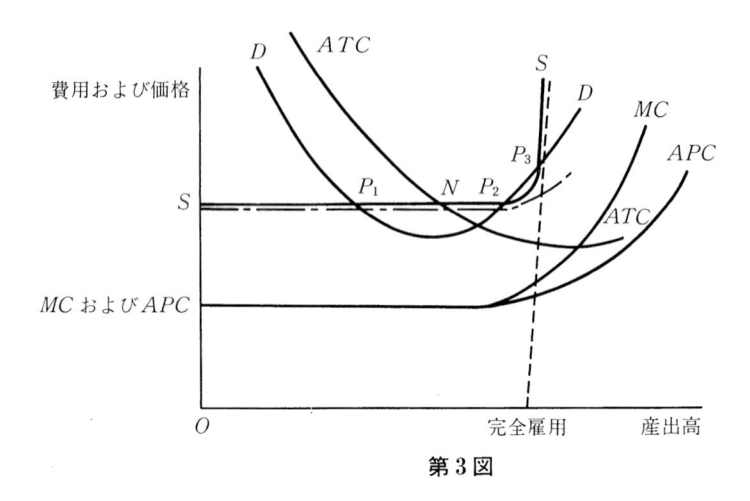

第3図

所得分配がある所定の大きさであったとすると、産出高の増加に関連する投資の増分は貯蓄の増分を超過するであろう、と想定するほうが理にかなっている。それゆえ、貯蓄‐投資の関係はU字型の需要曲線をもたらすであろう。つまり N （その場合には誘発投資はゼロである）にいたるまではその曲線は低下し[21]、N の右側では（その場合には誘発投資は正値である）上向きに傾斜するであろう。第3図にしめされているように、これにともなって P_1, P_2 および P_3 というような、複数の均衡状態が発生するが、そのうちの P_1 と P_3 だけが安定的な状態であり、それにたいして P_2 は不安定である（なぜならば、需要曲線が供給曲線と下方から交差する P_2 では、いずれの方向であってもわずかに移動すれば、累積力がひきおこされて、P_2 が P_1, または P_3 のいずれかに到達するまでつづくからである）。

誘発投資がゼロであるような不況状態のもとでのみ、過少雇用均衡は安定的である、と推論できる。

また、移動成長均衡が過少雇用均衡であるとはとうていかんがえられない、という推論も可能である。このような均衡の場合にはかならず、生産能力は成長しているのであって、したがってこの場合には誘発投資は正値であり、

それゆえに $D\text{-}D$ 曲線は下方ではなくて，上方に傾斜している．だからここで仮定されているものは P_1 型の均衡ではなくて，P_3 型のそれである．このような状況のもとでは，売上利潤は最低水準を上回っていなければならず，また所得分配は傾向的には，産出高中にしめる投資とおなじ割合で所得中から貯蓄がうみだされるようなものになるであろう．

　平衡的成長均衡においては，投資水準ももちろん経済成長率に適合する蓄積率，換言すれば（モデル II にかんしていうと）$(\lambda v)Y$ に照応しなければならない．これはかならずしも（短期）需要曲線上の点 P_3 に反映される単位期間あたり投資ではない．かりにそうでないとしても，産出高と関連しながら生産能力が変化する（図上では N 点が移動する）という形態で調整がおこなわれ，現実産出高が N を超過する結果として「誘発される」投資の変化によって，誘発投資の大いさは十分に $(\lambda v)Y$ と均等化させられる．

　さらにつぎのようにもいえる．つまり，貯蓄性向が所与の場合には，単位期間あたり均衡投資にもとづく売上利潤が $S\text{-}S$ 線の水平部分の高さにしめされる最低売上利潤よりもたかい場合にのみ，移動成長均衡は可能になる．しかもその場合にはこれを保証できるような競争が十分におこなわれていなければならない．かりにそうなっていないとすれば，P_3 点は $S\text{-}S$ 線よりも下方に位置するであろうし，またこのような事例においては P_1 型のそれが考慮可能な唯一の均衡であって，この場合には，まえにのべたように，誘発投資がゼロであって，人口成長とかかわりなしに，産出高水準も時間の経過にもかかわらず定常状態をつづける．ある経済の成長潜在力（これはその経済の「自然」成長率によってしめされている）が現実の成長となって実現するのは，「ケインズ的」完全雇用状態のもとだけである．

　それゆえに，ここのモデルにたいしては下記のような，もうひとつの制約条件（市場の不完全度を反映する最低売上利潤を m とする），

$$\frac{P}{Y} \geq m \tag{12}$$

を付加しなければならない．モデル II でおこなったように $P/Y = \lambda v$ と仮

定する場合には，これを，

$$m \leqq \lambda v \qquad (12\mathrm{a})$$

とかきかえることが可能である．

　もしこの条件がみたされなければ，経済は停滞状態におちいるであろう．

　これまでは限界生産力に言及しなかった．均衡実質賃金が労働の短期限界生産物を超過できないことはあきらかである．というのは，もし超過したとすれば，完全雇用状態は達成されないからである．ここでの仮定，つまり平均主要費用曲線の水平部分（あるいはそれにきわめて近接したところ）までの範囲以内に完全雇用状態があるという仮定のもとでは，このことによってなんらの制約条件も課せられない．というのは生産性が不変であれば，労働の限界生産物はその平均生産物と均等になるからであり，したがって均衡賃金が1人あたり産出高よりもひくければ，そのかぎりでは（つまり，利潤の均衡的分け前がプラスであれば，そのかぎりでは），その条件はかならずみたされるからである．しかしながら，われわれの結論を一般化するために，(短期的な) 収穫逓減の事例も考察範囲に包含しようとすれば（この場合には第2図および第3図中の完全雇用線は平均主要費用曲線にかんしては，その後者の線が上昇し，また限界費用が平均主要費用を超過しているところで交差する），賃金の分け前が労働の限界生産物を超過できないという論点にくわえて，もうひとつの制約条件を導入することが必要になる．K の値を所与として，産出高と雇用（雇用量を L であらわす）間の短期的関係を，

$$Y = \psi(L)$$

と表記すれば，〔制約〕条件は，

$$\frac{W}{Y} \leqq \frac{L\psi'(L)}{\psi(L)} \qquad (13)$$

になる．ただし $\psi'>0$, $\psi''<0$ である．

　モデルIIの条件のもとでは，$P/Y=\lambda v$ であるから，上式はまた，

$$\frac{\psi(L)-L\psi'(L)}{\psi(L)} \leqq \lambda v \qquad (13\mathrm{a})$$

という形にかきあらわしうるであろう[訳注11]．すなわち，利潤の均衡的分け前は「動態的」条件によって決定されるけれども，労働の平均生産物が限界生産物を超過する大いさよりもそれはちいさくなりえないのである．しかしながら，（労働供給と関連づけてみると）経済体系は傾向的にはこの条件を十分にみたしうるだけの過剰能力を発生させるであろう，と仮定できる．

これらふたつの制約条件，つまり(12)および(13)式は，(5)式でしめされた制約条件をふくめて，追加的というよりは代替的なものであって，しかもそれらのうちで高水準のものが適用されることになるであろう．なぜならば，教科書のなかでは，個別企業が所与のある限界収入表にもとづいて短期的に利潤極大化をおこなった結果が「最適」独占利潤である，とされているけれども，(12)式中の最低売上利潤はそれとおなじものではないからである．売上高にたいする最低売上利潤にかんするマーシャル的概念，つまり生産者が「市場をそこなうことをおそれて」[22]それ以下の利潤の容認を拒否する，という大いさとそれは酷似しているが，ただし生産者間の競争がはげしくなれば，それはひくくなる傾向がある．最低売上利潤それ自体は平均生産費と関連しているが，限界費用にかんしてはそうではない．また利潤の分け前の低下にかんして障害ともなっているのであるから，平均主要費用にたいする短期限界費用の超過分によって設定される技術的な障壁とともに，それは二重〔の制約条件〕になっている．

VIII. 技術進歩

さてここで「単純化」のための仮定中でもっとも重要なもの，すなわち技術進歩の欠如という仮定の除去にたちむかわねばならない．移動成長均衡には，労働者1人あたり資本量の連続的増加と歩調を合わせて，労働生産性の連続的増加も内包されているのであって，労働人口の持続的増加だけがふくまれているわけでない．ただし（資本財の技術的特性がたえず変化し，新種の財がたえず出現して他財が消滅しているような世界では）資本数量の尺度

については信頼できるものがなにもないために,「資本量」概念そのものに正確さが欠落しているのである.「所得」とか「資本」といった用語は正確な意味をなんらもちあわせていない.それらは本質的には会計学上の数値であって,事業計画上の計算の基礎として役立つにすぎない.ある物価指数で表示すれば貨幣が安定的な価値をもつと仮定しても,そのことによって,「所得」や「資本」を実質的な大いさで考察できるのはせいぜいかぎられた意味においてであって,正確に定義できるというわけではない[23].

正統派理論はこれらの問題を伝統的な分析用具の概念をつかって処理しようとこころみている——1次同次の生産関数とか,それとあわせて,知識状態の変化にともなってこの関数がたえず上方または下方に転位する,という仮定がそれである.第4図に描かれたように任意の1時点 t においては,生産性逓減にかんする一般的仮説に準拠する一義的な関係が資本と産出高間にあり,しかもこの関係は時間の経過にともなってたえず転位すると仮定されている.「中立的」技術進歩にかんする仮定の意味は,原点からの任意の放射線にそった関数,f_t,f_{t+1},f_{t+2} などの接線の勾配が不変のままにとどまるような方式で生産曲線が転位する,ということである.時間の経過にもかかわらず利潤率が一定ということを,成長率および資本・産出高間の関係が一定ということと両立せしめるためにはこの仮説が必要である(なぜならば資本利潤率は生産関数の勾配とのあいだに一義的な関係をもっているからである).

しかしながら,この手法はいくつかの点で基本的にあやまっている——技術進歩がその種のなんらかの厳格な原則にしたがうはずだという点については本来的に蓋然性がないのであるが,このことをまったく除外してもそのようにいえる.

(1) 第1に,その生産関数にかんしては,任意のある時点に存在する資本ストックは所与の資本-労働比率のいずれにも完全に適合している,と仮定されている——すなわち,その生産曲線上の連続する点のそれぞれにかんして設備財の特定の組み合わせが存在し,隣接する,どこかの点と関連する組

第1章 資本蓄積と経済成長

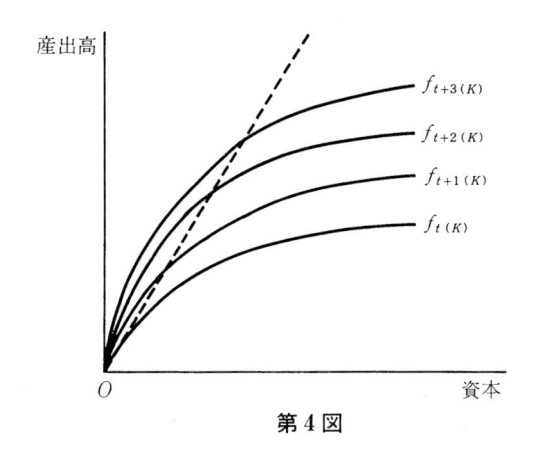

産出高

$f_{t+3(K)}$
$f_{t+2(K)}$
$f_{t+1(K)}$
$f_{t(K)}$

O　　　　　　　　　　資本

第4図

み合わせとそれはことなっている，と仮定されている．（労働を資本で代替することは異種の設備の使用を意味するのであって，たんに同種の設備の利用量を相対的に増大することではないという場合には，「技術進歩」がなくても上記のようにいえるであろう．）それゆえに，この曲線上の，連続する諸点は長期の択一的定常均衡状態をあらわしており，既定のある天賦の資本状態（すなわち，所与のある資本‐産出高比率）が十分に長期にわたって不変のままにとどまりつづけ，これと資本財の現実の組み合わせがもっとも効果的に適合する場合においてのみそのうちの，ある状態が現実に達成されるであろう．かくして，その生産曲線によってある種の境界が提示されているが，これは，特定の各資本「量」に対応する最大産出高，すなわち生産組織全体がそれぞれ特定の蓄積状態に完全に適合していると仮定した場合にかんがえられる最大の産出高をしめしている．資本蓄積過程が連続しているような経済のもとにあっては，このような境界線はけっしてえられない——なぜならば，任意のある時点においては資本財の現実の組み合わせはさまざまな蓄積状態に適合する品目から構成されているし，また特定のある資本「量」に対応する産出高はその数量と関連する均衡（または最大）産出高よりもちいさくなるからである．（知識状態が不変であるとしてもそうなる．なおこ

の仮定の意味についてはどのようにかんがえられても差し支えはない．）連続的な長期定常均衡状態になっていないような社会においては，産出高が資本と労働の一義的な関数になるとはかんがえられないし，また経済体系はその曲線にそってではなくて，その内側を移動するのであるから，生産関数曲線の勾配は，価格形成過程と関連づけられえないのであるが，このことをたんに別の言葉でのべると，前述のようになる．

　(2) 第2に（しかも第1の点とはまったく別個の事柄として），たえず上方へ転位する曲線が存在するという仮定には，労働（あるいは土地）のような，第2の生産要素とまったく類似の方法で技術進歩がその関数のひとつの変数としてとりあつかわれる，という意味がふくめられている．このことは，つぎの点を考慮すれば，明白になる．つまり技術知識の増大と労働力の定常性を仮定するかわりに，技術知識の定常状態と労働力の増加を仮定しても，（1次同次の関数という仮定のもとでは）その曲線の転位はおそらくはまったくおなじ性格のものになるのである．原点からの，ある放射線にそって曲線が所与の率で転位するという点は，ある所与の率で「知識」状態が向上するということに由来しているけれども，労働供給がおなじ比率で増加するということからもまったく同様なことをいえるであろう．しかし労働とはちがって，知識状態は数量化可能な要素ではない．知識状態が所与，ないしは不変ということはたんに暗示的にしか定義できないのである．つまりあいことなる2時点の，あいことなるふたつの状態を比較しようとする場合には，曲線上の移動による変化を曲線の転位による変化から分離しようとくわだてても，そのための実行可能な手段はなにも存在しないのである．このような分離をこころみようとする手法はいずれも正真正銘の循環論法にすぎない．つまり（関数が1次同次とするだけでなく——こともあろうに！——コブ－ダグラス〔型生産関数〕流の弾力性一定の関数である，という仮定を付加して）曲線の勾配によって所得中の利潤の分け前が決定されると想定しているので，利潤の分け前は曲線の勾配の指標であるとみなされ，それゆえにのこりの部分は曲線の転位のせいとされてしまっているのである！　そのあとに

おきたのだから，それが原因だ post hoc ergo propter hoc, 〔という類の短絡の誤り〕がこれ以上うまくあてはまる例はほかにはないであろう．

(3) その曲線の連続的な転位にもかかわらず，限界生産力原理にしたがって，曲線の勾配が利潤の分け前を決定すると仮定する場合には，もちろん，転位の原因となった生産要素自体がおなじ原理にしたがって報酬をえる，ということが仮定されている．なぜなら，総生産物はいっしょにもちいられた全要素の限界生産物でうめつくされているからである．たとえば労働量がある率で増加したことにその曲線の転位は由来するというような場合には，この条件をみたしうる．なぜなら，曲線の転位による生産物の増加部分はあきらかに賃金の形態で労働に帰属させられるからである．しかし知識は，測定されるとか，あるいは排他的に所有されるとか，あるいは売買できる計量可能な要素ではないから，それ自身の限界生産物をうけとりえないのである．それが存在しているためにほかの生産要素に私的生産物と社会的生産物間の乖離をひきおこすような，稀少で，私物化不能な，別の生産要因（漁業の場合についていえば海のようなもの）とそれは類似している．われわれがのぞめばどんなものにも自由に「生産要素」としての役割を賦与できるわけではない．つまり，生産関数の変数は真の投入物でなければならないのであり，1次同次の生産関数という仮説からの乖離をひきおこすとかんがえられる，太陽とか，海とか，知識状態というような，漠とした「背景のような要素」を変数としてはならないのであるが，前述の話はその点をたんに別の言い方でのべたにすぎない．技術知識が時間の経過にともなって増加しているような場合には，真の変数である資本とか労働にかんしては，生産関数は1次同次ではなくて，もっと高次の関数になるであろう[24]．それゆえ，諸生産要素の限界生産物の合計は総生産物を超過するから，要素の報酬がそれらの要素の限界生産力にしたがって配分される，と仮定すれば，妥当性を欠くことになる．労働量を所与として，ある所与の割合で資本が増加する結果として産出高がおなじ割合で増加する場合には，資本の「真の」限界生産物はそれだけで総生産物をみたしきってしまうであろう[25]．このために，生産性がなん

らかの理由で逓減しないときには，生産性逓減の仮説から導出された公準（前記の方程式(8a)で提示された関数 $v=\phi(P/K)$ のようなもの）はどんなものも妥当性をもたない．資本が蓄積されても生産性が不変か，または逓増するということが既定の事実となっていれば，利潤の分け前は資本の限界生産物よりもかならずちいさくなければならず，また所定の資本‐産出高比率が特定の利潤率と関連しなければならないとか，あるいは実際のところ，両者がなんらかの技術的要因のために相互に関数関係をもっていなければならない，という理由はなにも存在しないのである．

　(4)「知識」状態の変化にもとづく生産関数の転位の進度は（年譜上の）時間から独立した関数としてとりあつかえるわけではなくて，むしろ資本蓄積の進度それ自体に依存しているので，前述のことにもましていっそう複雑になってくる．改善された知識は，すべてではないにしてもその大部分が新規設備の導入をつうじて経済内部に受容されるから，曲線の転位の進度自体が曲線上の移動の速さに依存するであろう．そのために前者を後者から分離しようとどんなにこころみても，ますます無意味なものになってしまう[26]．

　せいぜいのところ，技術改善の進度は資本蓄積率に依存するであろうから，所定の期間内に技術上の変化を吸収できる能力にはいかなる社会においても限界がある，といえるだけである．それゆえに，産出高の増加が資本の増加と比較しておおきいか，それともちいさいかという点は，知識状態または知識向上の進度ではなくて，革新を誘起し，経済組織に新機軸を受容させる能力と比較した場合の，資本蓄積の速さ〔がどのようになっているかという点〕に依存するであろう．生産を支配する人びとが「起動性にとんでいる」とそれだけ熱心に〔技術上の〕改善を追求するようになり，さらにかれらがあたらしい着想の採用や，物事を遂行する新方式の導入に敏速であれば，それだけ（1人あたり）生産高はますます急速に上昇するし，また採算をとりながら維持可能な資本蓄積率もますます高水準になるであろう．

　わたくしの考えにしたがうと，「技術進歩関数 technical progress function」をつかえば，これらの仮説を具体的に表現できるのであるが，その関数にお

いては資本増加率と産出高増加率間の関係が仮定されており，また1人あたり資本を増加させる効果はもちろんのこととして，知識や技能を不断に改善する効果が内在化されている．ただしある効果を他のそれから分離しようとするような試みはなんらおこなわれていない．

収穫逓減の特徴があらわれているところは，この「技術進歩関数」の形状と位置である．もし（第5図〔のように〕）縦軸に百分比表示の1人あたり産出高成長率 $\dot{O}/O$ をとり，横軸に百分比表示の1人あたり資本成長率 $\dot{k}/k$ をとれば〔ただし $k=K/L$ である〕，この曲線は縦軸と正値の位で交差するであろう[訳注12]（なぜならば，たとえ1人あたり資本が変化しなくても，〔技術上の〕改善がある程度はおこなわれるからである）．ただしそれは上方にむけて凸型をしており，ある点で最高値に到達するであろう——つまり蓄積率を増加しても産出高成長率はそれ以上増大しないような最大値がいつも存在するのである（第5図〔を参照せよ〕）．その意味は，蓄積率が相対的にちいさいか，またはおおきい場合に，（1人あたりの）資本の増加によって産出高にかんして収穫逓増か，ないしは収穫逓減がもたらされる，ということである．もし蓄積率が $0p$ よりもちいさければ，産出高は資本よりも急速に増加するし，逆の場合には〔つまり $0p$ よりおおきければ〕反対になるであろう．

その曲線の高さは社会の「起動性 dynamism」をあらわしているのであるが，それは発明能力と，変化や実験にたいする敏速性の双方を意味している．ところが，その曲線が凸状をえがくという点は，未開発の着想（その着想は新旧いずれであっても差し支えがない）が幾分なりともまだ十分に利用可能であるということ，しかも最初に開発されるものはつねにもっとも収益性のたかい着想である（つまり，それらの着想〔の実用化〕のために必要な投資と関連づけた場合に産出高をいっそう増大させるようなものである）ということをあらわしている．あるものは旧来の着想であり，あるものは斬新な着想であるけれども，実施にうつされる技術上の改善のほとんどは双方を内包しているのである．知識が不断に改善され，そこで，もし万事を新規にはじ

第5図

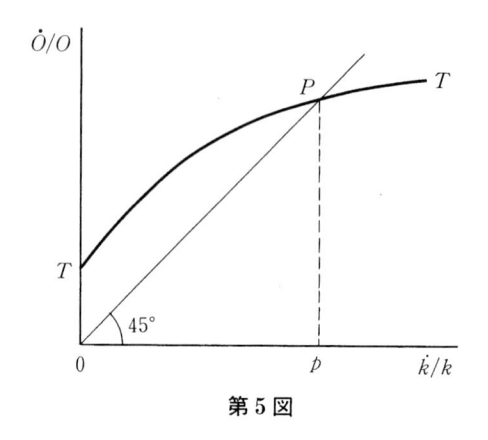

めるとした場合に選考される最新の技術そのものとくらべれば，実際に利用される技術はいつもたちおくれているような世界をかんがえると，〔着想のなかから〕純粋に新規な構成要素を分離しようとしても，それは不可能である．資本蓄積の進度がはやまれば（そして技術改善の進度がはやまれば），生産性増大の進度もはやまるが，後者の成長は前者の成長にたちおくれるであろうし，またある点をこえると，資本蓄積率の増大が「生産的」である，というような事態は終息してしまう——つまりそれ〔すなわち資本蓄積率の増大〕によって生産性成長率をさらにひきあげようとしても，もはや不可能になってしまう．

したがって，技術進歩率はただのひとつではない——成長率をひたすら一定のままに保持せしめうるような〔技術進歩〕率がただひとつ存在するというようなことはありえないのである．このような一連の〔技術進歩〕率が全体にわたって存在し，その序列は資本蓄積率の相対的な大小関係に依存している．

この分析によれば，資本主義経済において，資本蓄積率と生産成長率の相対的な大小関係の原因はその経済の「技術上の起動性」であって，それは，技術進歩曲線の高さ，ないしは位置によってしめされる．低成長経済である

第1章　資本蓄積と経済成長

か，高度成長経済であるかにかかわらず，いずれの場合も，長期的な利潤率
・・
低下傾向は存在しないし，また産出高と比較して資本が連続的に増加すると
いうような長期的傾向もなんら存在しないのであるが，この理由を説明して
くれるものがそれ〔つまり起動性〕である．技術上の起動性の低水準な経済
においては，蓄積率と生産成長率はいずれも相対的にひくいであろう．しか
し〔高低の〕いずれの場合においても，成長は定常的な率を持続できるので
あって，収穫逓減におちいり，したがって静態的な状態へ漸進的に接近する
という必然的な傾向をともなっているわけではない．

　この関数が縦軸を正値の領域で交差するという仮定（すなわち，たとえ1
人あたり資本が不変のままにとどまるとしても，1人あたり産出高成長率は
なんらかの正値の大いさになるであろうという仮定——たとえ単位期間内の
投資がゼロであっても，損耗した資本の更新をつうじて，新技術，あるいは
新型設計が，ある進度で注入されるという事実や，投資をまったく必要とし
ないような〔技術上の〕改善がつねになにがしかおこなわれているという事
　　　　　　　　・・・・・・・
実を勘案すれば，この仮定は妥当なものとかんがえられる）およびその曲線
は上方に凸型をなしているという仮定にもとづけば，その曲線と，原点から
ひかれた45度の放射線とまじわる特定な点がかならず存在していることに
なる——つまりこの点〔第5図の P）においては産出高成長率は資本成長
　　　　　　　　　　　　　　　　　　　　　　　　　　　　・・・・
率とひとしくなる．その点では，「中立的」技術進歩のすべての条件がみた
されている．すなわち，成長率が一定，所得分配面の分け前が一定，そして
資本利潤率が一定であれば，資本－産出高比率は一定のままにとどまるであ
ろう．

　本稿のモデルを「完結 close」させるためには——すなわち当初，「定型化
された事実」で要約された，成長過程についての経験的特徴の説明が可能に
なるようなモデルを作成するためには——そのような点が存在するというこ
とだけでなくて，資本主義組織においてはこの点に収束する傾向が存在する
し，またかかるがゆえにその点は長期均衡成長率をあらわしており，しかも
曲線の転位による位置の変更などによって均衡成長率の再起力がひきおこさ

れるという意味で，その点は安定的でもある，ということがしめされなければならない．

　技術進歩関数を所与とした場合に，「中立的進歩」の条件をみたすような特定の蓄積率に収束する傾向があるという仮説にかんしては，もちろんそれを妥当なものとかんがえさせるような先験的な論拠があるわけではない．つまりそれは経験的証拠に基礎づけられなければならない——ということはすくなくとも，他の代替的な仮説をつかったのでは説明の困難さがましてしまうような諸事実と関連づけた場合に，〔ここでの〕仮定はそれらと矛盾していない，と論証できるということを意味している．生産成長率が一定である（それゆえに技術進歩率が増大もしなければ減退もしない）ような時期においては資本‐産出高比率は傾向的には一定になる．それにたいして，成長が加速されるような時期においては資本‐産出高比率は傾向的には減少し，逆の場合は逆になる．このようなことを統計家が承認したと想定してみよう．この場合には，経済組織が傾向的には P にむかうという仮説は支持をえるであろう．つまり成長率や，資本‐産出高比率の動向の移り変わりは，この場合は技術進歩の不均整な発生という論法で説明されるはずである——すなわち，技術進歩関数の転位という論法によって説明できる．他方，これらの諸量間にはなんらの相互関係も存在しないし，そこで定常的成長の時期はまさしく産出高にたいする資本の比率の恒常的な減少か，恒常的な増加に関連していそうである，という点について統計家が同意したとすれば，経済組織が傾向的にはその曲線上のある点にむかうという仮説はこのことによって支持をえるであろう——産出高と資本のある均衡成長率〔にかんする点〕がそれである．なおその点はかならずしも両成長率が均等になるようなところではない．

IX. 投資行動にかんする仮定

　いずれにしても，均衡解をえるためには——換言すると，経済組織が傾向

第1章　資本蓄積と経済成長

的にむかうような，産出高と資本のある特定の均衡成長率は存在すると主張するためには，企業家行動に基礎づけられた「投資関数」の導入が必要である．資本蓄積率が社会の貯蓄性向に依存するということは不可能であるし（なぜならば後者は従属変数であって，利潤の分け前，したがって投資の分け前に依存しているからである），「自然成長率」の必要条件に依存するということも不可能である（なぜならば自然成長率のふたつの構成要素のなかの，すくなくともひとつ，すなわち生産性成長率は従属変数であって，資本蓄積率，したがって投資の分け前に依存しているからである）．そこでモデルを完結させるためには，企業家の投資決意を描写するような，独自の関数を導入することが必要である．投資関数についてはさまざまな代替的な仮定が存在し，それらからはあいことなる結果が導出されている．しかし，企業家行動についての知識が完備しているから，他の仮定を優位させてある特定の仮定を排除する，と言明することは現段階では不可能である．それゆえたしかに不十分な方法ではあるけれども，最終的には，その仮定によってうみだされた結果が他の代替的な仮定の場合よりも経験的事実とうまく合致しているという点にもとづいて，仮定の選別をおこなわざるをえない．

(1) それは当初はカレツキ Kalecki[27]によって提示されたものであるけれども，企業家によって負担される主観的危険は資本蓄積率の増加関数である（あるいは，カレツキがのべたところにしたがうと，単位期間あたりの投資決意は予想利潤率と利子率間の差額の増加関数である），という仮定がかんがえられる．この仮定にもとづけば，市場利子率を所与とすれば，どっちみち資本蓄積率は資本利潤率の単価関数になる．また平衡的成長均衡の状態においては，後者は成長率の単価関数であるので，そのために期待蓄積率は成長率の単価関数になる．第6図[訳注13]の曲線 I-I にはそのような「投資誘因」関数が図示される．この曲線の高さには（すなわち，その曲線が縦軸と交差する点には）市場利子率がうつしだされており，他方，その曲線の勾配には限界危険の逓増〔状況〕がうつしだされている．この公準のもとでは，所与の資本蓄積率によってもたらされる経済成長率と，企業家たちに資本を

第6図

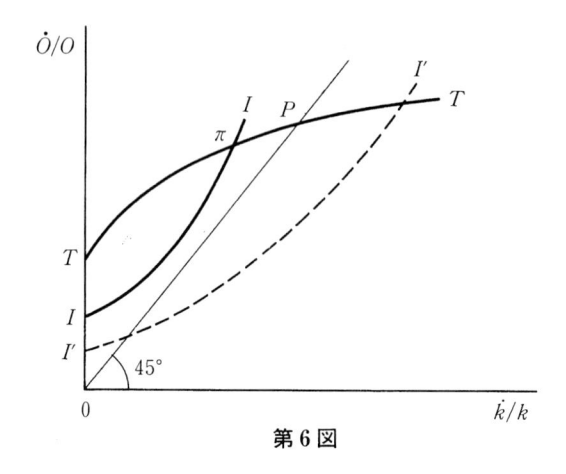

$\dot{O}/O$ 縦軸、$\dot{k}/k$ 横軸、T, I, P, I', π のラベル、45°

特定の率で蓄積せしめるために必要な経済成長率と一致する点 π で，均衡状態がえられる．この仮説にもとづけば，均衡成長率が $T\text{-}T$ 曲線上のどこかに存在することは可能であり，その点は，(多様な蓄積率に起因する成長率を支配する) 技術進歩関数と関連しながら，(投資誘因を支配する) 危険選好関数の位置だけに依存している．したがって，もし π が P の左側にあれば，均衡成長率は資本－産出高比率の不断の低下を内包しているであろうし，もし π が (第6図の破線 $I'\text{-}I'$ によって図示されているように) P の右側にあれば，均衡成長率は資本－産出高比率の不断の上昇を内包しているであろう．時間の経過にかかわらず両方の事例において成長率は一定であるけれども，第1の事例では均衡は所得中にしめる利潤の分け前の恒常的低下を内包しているし，第2の事例では利潤の分け前の恒常的上昇を内包しているであろう．それゆえこの仮説によれば，P にみられる「中立的」な位置はたんに偶然の結果として達成されるにすぎないであろう——$I\text{-}I$ 曲線が〔たまたま〕P 点で $T\text{-}T$ 曲線と交差するということがそれである．

(2) それと択一的な関係になっている仮定は，わたくしの論文「経済成長のモデル」[28]で提示したものの変種であるけれども，その場合には，投資決

意それ自体の大いさではなくて，産出能力と予想産出高間の関係を一定に維持するために必要な大いさにたいする投資の超過部分に危険逓増の原理 the principle of increasing risk が適用させられている．販売量が増大しているときはいつでも，販売量の成長に呼応して生産能力を拡大させようとつとめ，そのために必要な額だけ企業家は事業への投下資本をとにかく増加するであろう——なお事業規模のちいさい場合と比較すると大規模な事業の場合には，それに随伴する危険がおおきいというようなことはありえないし，またもし使用資本成長率の引き上げが総売上高成長率の引き上げと歩調をともにして進行しているのであれば，使用資本成長率の引き上げが危険の増大を随伴するということもありえない．それゆえ，もし現実の販売量が g の率で増大しているとすれば（その場合には，g は第6図中の T-T 曲線上のある特定な点であるかもしれない），われわれは，「加速度原理」にしたがって，産出高の成長自体がそのような生産成長率の維持に必要な投資を十分に「誘発する」のであって，予想利潤率の上昇は必要でない，と想定してもよいかもしれない．このような「誘発投資」にかんするかぎりでは，その曲線上のどのような特定の点も均衡点になりうるであろう．しかし，もし産出高と資本のある特定の成長率に内包されることが投資家の心中に利潤率上昇の期待をいだかせるということであれば，その率によって蓄積率の加速化が誘発され，したがってそれが原因となって経済組織は（曲線上を）右へ移動することになるであろう．もし〔逆に〕その率に利潤率低下の期待が内包されているというのであれば，そのために経済組織は〔曲線上を〕左へ移動することになるであろう．

　企業家の心中の予想利潤率はふたつの事柄にもとづいている．産出高1単位あたりの必要資本量と，産出高1単位あたりの期待売上利潤がそれである．もし全貯蓄が利潤からうまれる（すなわち $\beta=0$）と仮定すると，その場合には蓄積率と成長率が一定であるときめられていれば，産出高1単位あたり資本が一定であるか，上昇あるいは下落しているかということにはかかわりなしに，実現される資本利潤率は時間の経過にかかわらず一定であろう（な

ぜならば，資本‐産出高比率の下落はそれに対応する，産出高中にしめる利潤の分け前の下落によっていつも相殺されるであろうし，また逆の場合は逆になるからである）．しかし現行の，投資にかんする予想利潤率が現存資本にかんする実現利潤率とおなじになる，と仮定するわけにはゆかない——正確にのべると，一連の将来産出高をうみだすために必要な資本は一連の現行産出高をつくりだすために（歴史的時間のなかで）投下された資本量よりもちいさいので，予想利潤率がたかくなるであろう．また，新投資にかんする予想利潤率は今後の期間に実際に日の目をみる利潤率とおなじになる，とは仮定できない．なぜなら，後者の大いさはそれ自体，企業家によって現時点でおこなわれる投資決意に依存するからである．そこで，ある特定の蓄積率のもとで，〔技術〕進歩の趨勢が原因となって，産出高1単位あたりに必要な資本量が持続的に低下する場合には，もし Y/K の上昇がそれに対応する P/Y の下落によって相殺されれば，

$$\frac{P}{K} \equiv \frac{P}{Y} \cdot \frac{Y}{K}$$

は一定のままにとどまるであろう．もし K/Y の低下にかんして，それに対応して I/Y は下落する，換言すると，それにともなって生産能力拡大の進度に変化はおきない，という含意がふくまれていれば，前述のことがおきるであろう．しかし，もし売上利潤がこのように結果的には下落すると予見されなかったか，ないしは十分に予見されなかったとすれば，Y/K の上昇は予想利潤率の上昇期待を内包し，そのために，P/Y の下落が全般的に発生することは投資の進度の増加によって，さまたげられるかもしれない．これが実情であって，したがって経済の動きや最終均衡の性質は企業家の期待の性質と無関係には予測できないのである．「静態的予見 static foresight」（すなわち現存の価格，費用および産出高水準を将来へむけて投影する）という仮定にもとづけば，「完全予見 perfect foresight」の仮定の場合とはことなる結果が誘導される．そのうえ後者の仮定の場合には実際に日の目をみる期待はけっして一義的なものではありえないので，状況は未定のままにとり

のこされてしまう．2種類（つまり静態的予見と完全予見）の仮定の結果が一致するのは（P 点における）「中立的」均衡の事例の場合だけである．

　期待はかならずや過去の経験にもとづいており，またそのような意味で，「完全〔予見〕」型よりはむしろ「静態的〔予見〕」型に属している．くわえて，将来への投影法がごく最近の過去の出来事にもとづいているか，それとももっと長期の時間的経過のなかからえられた平均的な経験にもとづいているかということによって，期待は「弾力的」であるとか，あまり「弾力的」でない，と定義できる．その周辺で短期的変動がくりかえされるというような類の，ある種の規範的仮定は過去の経験によってあまり論証されていない．換言すると，過去の変動がひとつの趨勢に支配されたということであれば，期待はそれだけ弾力的となりそうである．そのため，事業面の期待は売上高にたいする利ざや率よりも販売の数量にかんしてはるかに弾力的となりそうである．すなわち，事業の営利計算の基礎として採用される，販売量1単位あたりの売上利潤にかんしては，将来の期待は，ごく最近の期間内だけにえられた経験よりも，ある種の標準，または規範を反映しそうである．このような点を勘案すれば，生産が資本ストックよりも急速に増大しているような状況のもとでは，予想利潤率は実現された利潤率とくらべて相対的に上昇するし，またこれに対応して蓄積率が加速されれば，生産成長率，および実現された利潤率も同じように上昇するであろう，と想定することにかんして，もうひとつの論拠をえることができる．

　それゆえに，産出高と資本が両者ともおなじ率で成長し，したがって総売上高にたいする利潤の差economics率が一定である場合に，資本利潤率が一定のままにとどまるような位置にむかって経済組織は傾向的にはうごいてゆくのであるが，(i)生産が資本ストックよりも急速に増大しているようなときにはいつも，現存資本にかんする現時点の実現利潤率よりも投資にかんする予想利潤率はたかいであろう，また(ii)予想利潤率の上昇が原因になって，定常的成長状態にとって必要な量とくらべると相対的に多量に単位期間内の投資が増加する，そして逆の場合は逆になると想定するならば，前述の事柄は妥当

性をもつ，といえる[29]．

X. 最終モデル

そこで，この〔論文の〕最終モデルにかんしては，その均衡関係を下記のように説明できる．基盤になっているものは3つの関数であるが，そのうちの最初のものは，前記の方程式(10)の系統に属する貯蓄関数であって，

$$\frac{S}{Y} = (\alpha-\beta)\frac{P}{Y}+\beta \qquad (10a)$$

という形式でかきあらわせる．ただし，$1>\alpha>\beta\geqq 0$ である．

第2のものは，労働者1人あたり産出高成長率 (G_0) と1人あたり資本成長率 ($G_K-\lambda$) 間の関係をしめす技術進歩関数であるが，（便宜的に線型方程式をもちいるとすれば）[30]下記のような形式でそれをかきあらわせる．

$$G_0 = \alpha'+\beta'(G_K-\lambda) \qquad (14)$$

ただし $\alpha'>0,\ 1>\beta'>0$ である．

第3のものは既述の仮定にもとづく投資関数であるが，それにしたがえば，投資はふたつの項の結合体になる．その方程式の最初の項は前期の産出高[訳注14]の変動によって誘発される投資量と関係しており，またこの投資は t 期の産出高の成長と $(t+\theta)$ 期の産出能力の成長をひとしくさせるようなものになる，と仮定されている．(14)をみればわかることであるけれども，産出能力を G_0 だけ増加させるために必要な，労働者1人あたり資本蓄積率 $(G_K-\lambda)$ は，

$$\frac{G_0-\alpha'}{\beta'}$$

にひとしいのであって，G_0 とは（かならずしも）ひとしくない．しかも，

$$G_K \equiv \frac{I}{K}$$

であるから，$(t+\theta)$ 期の単位期間あたり誘発投資，つまり投資方程式の最初の項は次式，つまり，

第1章 資本蓄積と経済成長

$$(G_0(t)-\alpha')\frac{K(t)}{\beta'}+\lambda K(t)$$

にひとしくなる〔訳注15〕.

投資方程式中の2番目の項は予想利潤率の変化に依存しているが，売上高にたいする期待利ざや率〔訳注16〕にかんする仮定（すなわち，$\dot{P}/\dot{Y}$ の期待値は過去の〔P/Y にかんする〕平均値にもとづいているという仮定）をふまえれば，それは $\dot{Y}/\dot{K}$ の時間的変化〔率〕の増加関数になる．この後者の関係は便宜上，線型であると仮定すれば，〔投資〕関数全体をつぎのような形式で表示できる〔訳注17〕.

$$I(t+\theta) = \left\{(G_0(t)-\alpha')\frac{K(t+\theta)}{\beta'}+\lambda K(t+\theta)\right\}+\mu\frac{d}{dt}\left(\frac{Y(t)}{K(t)}\right) \quad (15)$$

ただし $\mu>0$ である.

この方程式中の最初の項にもとづけば，ある所与の産出高成長率のもとでその産出高成長率を十分に保持できるような投資量がえられる――すなわち，〔その投資によって〕T-T 曲線上のある特定な点に経済組織を十分に保持できる．また，

$$G_Y > G_K$$

であれば，その式の2番目の項は正値であり〔訳注18〕，それゆえ〔最初の項にかんする説明をかんがえあわせれば〕G_K は時間の経過にともなって増加する，ということも容易に理解できる．〔ところが〕(14)にしたがえば，G_K が増大すると，G_Y がたかまる．ただし比例的増大の場合より低率であるので，したがってそれにともなう2番目の項の逓減と同時並行的に，最初の項〔の増加〕に呼応して投資のいっそうの増加が誘導されることになる．それゆえ，どのような初期状態（それについてはある初期時点 $t=0$ における K, L および O の所与の値と定義している）から出発しようとも，方程式(15)中の2番目の，$d(Y(t)/K(t))/dt$ に依存する項がゼロとなり，したがって，

$$\frac{dv(t)}{dt}=0 \quad (16)$$

になるような状況へと，この過程はしだいに誘導されてゆくであろう〔訳注19〕.

それが意味しているところは，

$$G_0 = \frac{\alpha'}{1-\beta'} = \gamma' \tag{17}$$

であり，また

$$G_Y = G_K = \lambda + \gamma' \tag{18}$$

になるということである[訳注20]．

それゆえに，このモデルも，まえのモデルと同様に，移動均衡状態をもたらすのであるが，その状態のもとでは成長率，資本－産出高比率および所得分配面の分け前は時間の経過にかかわらず一定である——主要な相違点は，労働者1人あたり産出高，労働者1人あたり資本および労働者1人あたり賃金がもはや一定ではなくて，生産性の均衡成長率 γ' にしたがって上昇するという点である．しかしながら，完全均衡モデルを説明しようとすれば，これらの仮定はまだ不十分である．モデルIIIやIVにくみこまれた方程式(8a)にかわるような，v にかんする技術方程式はここにはすでにないので，v の実際の値は未決定のままにのこされてしまう，ということがその理由である．均衡状態においては v が一定であろう（なぜならば(16)で提示したように，この点は方程式(15)においては黙認事項になっているからである），ということがこのモデルから導出できる唯一の内容である．しかし，〔見方をかえれば〕v がどのような特定の値であっても，このモデルはそれと矛盾しない——別言すると，それどころか，もし v はある特定時点でなにがしかの初期値を保有し，そのあとにつづいて，最終均衡までの一連の段階のなかで結果的に変動したと仮定すれば，このモデルにおいては v はたんに歴史的に決定される，といえるかもしれない．

そこで，モデルを完結させるために，さらに2つの変数と3つの追加的な関係式を導入することにしよう．これらは厳密な意味でいえば「ケインズ的」である——なぜならば一方においてはケインズ的体系では投資誘因は貯蓄性向から独立しているけれども，モデルの反応機構を確実にそのような体系に準拠せしめるためには前述のものが必要になるからであり，また他方に

おいては，流動性選好と，危険負担の回避を基盤とする，利子率と危険資本についての供給価格にかんするケインズ的概念がそこに内包されているからである．

もし富の生産的使用にともなう危険と，流動性にたいして支配的な利潤率が・す・く・な・く・と・も必要な補償をおこなえるほどの高さでなければ，持続的な資本蓄積は進展できないのであって，そのような意味では，不等式，

$$\frac{P}{K} \geqq r+\rho$$

はモデルの必要境界条件であるが，このことについては前記の(5)[31]と関連づけてまえに主張した[32]．しかしさらに考察すると，投資方程式(15)が妥当するためには，方程式(5)を境界条件としただけでは十分ではない，といえる．なぜならば，投資支出が産出能力の増加に必要な大いさに（つまり「加速度原理」によってさだめられる大いさに）制限されるとか，または特定期間の予想利潤率がある所与の大いさだけ増加した結果としてえられる大いさに制限されるであろうという想定にかんしては，P/K が危険資本の供給価格よりもたかいかぎり，なんらの理由も存在しないからである．事実，もし利潤率が実際に危険資本の供給価格と一致しなければ，各期間の投資が当該期間に発生する・あ・た・ら・し・い投資機会に制限されるであろう，という仮定はなにびとにとっても不可能である——なおそれは恒常的成長下の均衡にとって必要な仮定である．したがって，方程式(5)は均衡条件式，

$$\frac{P}{K} = r+\rho \tag{19}$$

と置換されなければならない．

第2の関係式は利子率 r の動きにかんするものである．そしてこの点にかんしてはつぎのように仮定して，伝統的なケインズ方式にしたがうことにしたい．すなわち，長期金融資産の保有にともなう危険割増料で決定される最低水準（$\bar{r}$）があって，それ以下には低下しえないということが条件となっているけれども，利子率は流動性選好関数および貨幣政策（それらを要約

すると，関数 $\pi(M/Y)$ になる，ただし $\pi' \leqq 0$ であって，M は実質貨幣数量である）ないしはそのいずれかによって決定される，ということがそれである．それゆえ，この関係はふたつの択一的な形態，つまり，

$$r \gtreqless \bar{r}$$
$$r = \pi\left(\frac{M}{Y}\right) \tag{20}$$

で表示できる．ただし後者の場合には $r > \bar{r}$ である．

第3の関係は ρ の動きと関連しているが，先験的な根拠にもとづけばこの方程式を十分に論証できるけれども，現在は経験的根拠にたいする論証のために利用可能なものが十分でないので，ここではむしろ試論のつもりでその式を提示しておく．それは以下のような考察にもとづいている．

(1) 第1に，本稿のまえの部分で説明したように[33]，ある所与の利子率のもとで，ある種の特定な投資の誘因をそなえるために必要な最低利潤率は，その投資が危険（または「非流動的」）であるとかんがえられれば，それだけたかくなるであろう，と仮定してもよさそうである．

(2) 第2に，この点についてもまえに主張したのであるが[34]，「固定資産」（工場や設備など）への投資は，金融資産あるいは運転資本への投資よりもはるかに危険，ないし非流動的である，とかんがえられる．

(3) 第3に，流動資本の回転期間は生産技術の変化にかかわらず一定（あるいはほとんど一定）であり，その結果，流動資本は産出高にたいしてつねに線型の関係になっており，それゆえ流動資本にたいする固定資本比率が幾分なりとも増加すればそれにともなって資本－産出高比率は増加する，と仮定してもよいであろう．

(2)と(3)の結論をまとめると，資本－産出高比率（使用資本には固定資本と流動資本の双方をふくむ）がたかいと，ある所与の利子率にかんしては最低利潤率もたかくなることが必要になる，と推論できる．それゆえ，現実の利潤率がこの最低利潤率とひとしくなるような蓄積段階に到達したような場合には，資本－産出高比率は利潤率と一義的な関係をもつようになるであろ

う.ただし,まえにのべたように,各期の現実の投資が当該期間中の「新規の」利用可能な投資機会によって(λ と γ' をつうじて)制限されるのは,これらの条件下だけである.

　固定資本を F,そして流動資本を C,流動資本の回転期間を k,両種の投資にかんする限界危険割増料をそれぞれ ρ_F と ρ_C 〔訳注21〕,また全投資にかんする限界危険割増料を ρ と表記すれば,その結果としてつぎの追加的な仮定と関係式がえられる.すなわち,

$$K \equiv F + C$$
$$C = kY$$
$$v \equiv \frac{K}{Y} \equiv \frac{F+kY}{Y}$$
$$\rho_F > \rho_C$$
$$\therefore \rho \equiv \frac{\rho_F F + \rho_C kY}{F + kY} = \xi_1\left(\frac{F}{Y}\right)$$
$$\rho = \xi_2(v) \tag{21}$$

である.ただし $\xi_2' > 0$ である.

　新古典派モデルでは方程式(8a)は v を決定する式になっているが,(21)にしめされた関係式はそれとは逆の仕方で作用しているので,注意をひくであろう.なぜなら,(8a)の場合には,ϕ' はマイナスであって,プラスではないからである.

　すでにかなりくわしく論述したのであるが,技術進歩が持続的な過程であり,また産出高を資本ストックに関連づける一義的な関数としてはどのようなものも存在しない場合には,方程式(8a)の仮定はもはや保持しがたいのであるが,そのような場合には,所得中からの利潤の多様な分け前や多様な資本利潤率については,成長率の決定要因に依存させながら,それをある所与の資本‐産出高比率と関連づけることは可能である.方程式(21)が妥当するときには,方程式(8a)は保持できない——貨幣利子率が「貨幣的」要因によって決定され,またそれ以下には下落しえないような利子率の最低水準

があると仮定してモデルの枠組みをつくれば，とにかくそうなるのである[35]．

ここにいたれば，型通りの仕方で最終モデル V を説明できる．それには 10 本の方程式と 10 個の変数がふくまれている——つまり $Y(t)$, $O(t)$, $L(t)$, $P(t)$, $v(t)$, $s(t)$, $w(t)$, $G_0(t)$, $\rho(t)$ および $r(t)$ がそれである．ひきつづいて単純化のために，β がゼロである（つまり賃金からはなんらの貯蓄もおこなわれない）と仮定する．また貨幣利子率を一定と処理することによって，関係式(20)をもっと簡単なものにする．また分析の途中であらわれた，さまざまな境界条件（それについては(21)と表示した関係式に内包された，もうひとつの方程式もふくめて，前掲の方程式(4)，(12)および(13)を参照せよ）もすべて導入する．

仮定

$$L^*(t) = L^*(0)\,e^{\lambda t} \tag{i}$$

$$G_0(t) = \alpha' + \beta'(G_K(t) - \lambda) \tag{ii}$$

$$s(t) = \alpha \frac{P(t)}{Y(t)} \tag{iii}$$

$$\frac{dv(t)}{dt} = 0 \tag{iv}$$

$$r(t) = \bar{r} \tag{v}$$

$$\rho(t) = \xi(v(t)),\ \xi' > 0 \tag{vi}$$

なお上式では，つねに $t \geqq 0$ である．

恒等式

$$P(t) \equiv Y(t) - w(t)L(t) \tag{vii}$$

均衡条件

$$s(t)Y(t) = \frac{dK(t)}{dt} \tag{viii}$$

$$L(t) = L^*(t) \tag{ix}$$

$$\frac{P(t)}{K(t)} = r(t) + \rho(t) \tag{x}$$

なお上式ではつねに $t \geqq 0$ である．ただし，不等式，

(a) $\quad w(t) \geqq w_{\min}$

(b) $\quad \dfrac{P(t)}{Y(t)} \geqq m$

(c) $\quad \dfrac{W(t)}{Y(t)} \leqq \dfrac{\dfrac{dY(t)}{dL(t)}L(t)}{Y(t)}$ 〔訳注22〕

(d) $\quad \rho_F + \bar{r} > \dfrac{\lambda + \gamma'}{\alpha} > \rho_C + \bar{r}$ \hfill (V)

が前提条件となっている．

容易にわかることであるが，もしその解が境界条件(a)-(d)によって示された限界内にあれば，上記の方程式によってひとつの確定した体系がえられる．(ii)および(iv)によって，

$$G_0 = \dfrac{\alpha'}{1-\beta'} \equiv \gamma' \ \text{（そのように表示しておく）}$$

がもとめられる．それゆえ，(i)および(ix)によって，

$$G_Y = \lambda + \gamma'$$

になる．しかし，(viii)により〔訳注23〕，

$$G_Y(t) = \dfrac{s(t)}{v(t)} = \lambda + \gamma' \equiv N \ \text{（そのように表示しておく）}$$

になる．(iii)，(v)，(vi)および(x)により，

$$\dfrac{P(t)}{K(t)} = \dfrac{s(t)}{\alpha v(t)} = \dfrac{N}{\alpha} = \bar{r} + \xi(v(t))$$

になる．それゆえ，$v(0)$ についての最後の等式をとくことによって，体系内の残余の未知数をすべてもとめることができる．

もし不等式(a)が妥当しなければ，P/Y はその均衡水準以下におしさげられ，したがって蓄積率と成長率はまえにしめした率よりもちいさくなるであろう．しかしながら，自然資源の有限性に起因する収穫逓減を捨象し，くわえて持続的な技術進歩を仮定して，その結果，$G_0(t)$ が時間の経過にともなって上昇すれば，そのかぎりでは，遅かれ早かれこの不等式がみたされる

点に到達するにちがいない[36]．

他方，もし不等式(b), (c)あるいは(d)のうちでどれかひとつがみたされなければ，P/Y はその均衡値よりもおおきくなり，また完全雇用成長均衡は不可能になるであろう．(c)にかんしては，この条件をみたせるような，ある程度の過剰能力（つまり産出能力と完全雇用労働供給間の，ある種の関係）がつねに存在し，またもし当初はそうでなかったとしても，過剰能力の必要量が傾向的にはその体系下で発生する，と仮定できそうである[37]．しかしながら，平衡的成長均衡の達成にとって条件(b)あるいは(d)が真の障害になることがありうる[38]．そのような場合には，体系は安定的な率で成長できない．しかしながら，そうだとしても，経済が恒久的な停滞におちいる，というわけではない．停滞の期間中，投資機会は（持続的な技術進歩や人口成長のために）累積していくので，かぎられたある期間内に，体系が $(\lambda+\gamma')$ よりもいくらかたかい率で成長することは可能であり，かくして $P(t)/K(t)$ にかんして必要な値がうみだされるであろう．

最後にのべておくが，もし条件(d)がみたされなければ，定常的な成長率は仮定された利子率 $\bar{r}$ と両立しえない．〔そのような場合については〕2つの事例がかんがえられる．もし $(\lambda+\gamma')/\alpha > \rho_F + \bar{r}$ であれば，均衡のためにはもっとたかい貨幣利子率が必要になる．もし $(\lambda+\gamma')/\alpha < \rho_C + \bar{r}$ であり，また貨幣利子率がすでにその最低水準になっていれば，均衡にとっては貨幣賃金の，ある程度の増加率が必要になるが，実質利子率を妥当な値にひきさげられるような価格水準の上昇率を可能にするものがそれである．

このモデルで仮定された，すべての関係式にかんしていえば，たぶん，(vi)および不等式(d)によって表示されたものにはもっとも疑問がのこる．しかしながら，(x)でしめされた条件，つまり利潤率は危険資本の供給価格とひとしいという条件が成長要因，つまり λ と γ'，および α によって別個に決定される利潤率と両立するためには，ρ が v の変数であるという仮定は〔それを可能にする〕唯一の仮定である，と論証できる．もし貨幣利子率が独立に決定されると仮定すれば，ただそれだけをとりあげると，方程式

(x)はモデルの残余部分と両立できなくなる．しかしまえに指摘したように，ρ_F が ρ_C よりもいくらかたかいということ（あるいは，それと択一的ではあるが，ρ_F それ自体が固定資本－産出高比率 F/Y の増加関数であるということ），またその結果として，資本－産出高比率がいっそうたかい産業や経済，またはそのいずれかで利潤率はいっそうたかい，ということについては，論証のために利用可能な経験的証拠がもっとたくさんあらわれるまでは，(vi)で提示した関係式を試論的な提言以上のものとして提示するつもりはないし，またもっとすぐれた代替的仮定が発見されれば，よろこんで(vi)の仮定を放棄してそれを支持させていただくつもりである[39]．

注

1) 本稿は，1958 年 8 月にコルフ Corfu で開催された国際経済学会 International Economic Association の会合のために準備され，また，F. ルッツ編『資本の理論』 *The Theory of Capital* (ed. F. Lutz), London, Macmillan, 1961 にも掲載された．
2) モデルを代数式で説明する点にかんしては，筆者は L. パシネッティ Pasinetti および F.H. ハーン Hahn から助力を拝受している．
3) 『エコノミック・ジャーナル』 *Economic Journal*, 1953, pp. 263-88.
4) 前掲論文 *Op. cit.*, Fig. 7.
5) 『経済学および課税の原理』 *Principles*, ch. i, sec. v 〔『リカードウ全集』第 I 巻，堀経夫訳，昭和 47 年，雄松堂刊，第 1 章，第 5 節〕．
6) 『レヴュー・オブ・エコノミック・スタディーズ』 *Review of Economic Studies*, 1945-6.〔このモデルは〕当初は 1932 年のプリンストン大学・数学セミナーのために準備されたものである．
7) フォン・ノイマンが関心をもって証明しようとした点はたんに，そのような均衡解の存在であった．その後，ソロー Solow とサムエルソン Samuelson は（『エコノメトリカ』 *Econometrica*, 1953 において），ある種の仮定を付加したうえで，この均衡解が「一般的にも」また「部分的にも」安定的である，と論述した――すなわち，初期条件の所定の組み合わせがどんなものであってもしだいに平衡的均衡成長へ接近し，しかもそれがなんらかの理由のために攪乱されようともおのずからもとにもどるであろう，というのである．
8) フォン・ノイマンは各期末の残存設備を産出高の一部としてとりあつかえる

ように定型化しているのであるが，そのさいには，Yがその期の粗産出高として定義される場合においては（そのときはK_tとY_{t-1}はおなじになるから）vは$1/1-g$になるけれども，もしYが純産出高として定義されれば（賃金支払額は生産過程で消費される商品の一部を形成しているので）sは1であり，その結果として，純産出高/資本比率は資本ストックの成長率gにひとしくなる．しかしながら，そのモデルの枠組みのなかでは，通常のやり方にしたがってYが利潤と賃金の合計であるというように定義できる——その場合には，（平衡的成長状態における）産出高−資本比率は（いま定義したような）純産出高にたいするYの比率（すなわち，賃金と利潤の合計が利潤を超過する比率）をその体系の純拡張率に乗じたものにひとしくなる．固定的な実質賃金と平衡的成長経済の要件によってさだめられた率で単位期間あたり雇用量が拡大する可能性を与件とすれば，（所定の賃金のもとで，しかも利用可能な生産方法が所定の範囲にとどまるとして）その体系の拡張率が最大になる場合に，利潤にたいする賃金の比率それ自体は労働と非賃金商品の相対的な投入度合によって決定されることになる．

9) モデルを正式に提示する場合以外については，時間記号〔つまり(t)〕を省略する．

10) 上記の方程式では，一般的に受け入れられている記号の使用法にしたがって，労働成長率をl，1人あたり産出高成長率をtで表示した．しかしながら，本稿のほかの部分では，最大人口成長率をλ，生産性成長率をG_0で表示するが，tという〔アルファベット〕文字は時間を表示する記号としてのこすことにする．

11) これら6つの仮定は（〔そのなかの〕(5)をのぞくと）フォン・ノイマンのモデルの基底にある仮定とおなじである．つまり，それらは（(1)をのぞくと）リカード理論の暗黙の仮定と実質的にはおなじである．またマルクス理論にかんしても同様なことがいえる（〔ただし〕もちろんその「動態的」側面については，仮定(2)とおそらくは(5)を論外におかなければならない）．

12) そこでの表記法〔にふくまれる定義〕を要約すると，つぎのようにかきあらわせるであろう．すなわち，

$$G_K = \frac{dK}{dt} \cdot \frac{1}{K} \quad G_Y = \frac{dY}{dt} \cdot \frac{1}{Y} \quad v = \frac{K}{Y} \quad O = \frac{Y}{L}$$

である．なお，記号K，Y，L，wおよびsであらわされているものはそれぞれ資本ストック，産出高（または所得），雇用労働量，労働者1人あたり賃金，および所得中の貯蓄の比率である．

13) この状況は，まえにものべたように，フォン・ノイマンのモデルとも両立できないのであるが，そのモデルにおいてはその率がなんであったとしても，労

第1章 資本蓄積と経済成長   89

働の有効供給量を必要な成長率で増加できる,と暗々裡に仮定されていた.しかし,もしフォン・ノイマンのモデルに(労働によって消費される財のかわりに)労働を「商品」のひとつとして明示的に導入し,また労働以外の他商品の潜在的な最大拡張率よりもひくい,自生的な率で労働供給が成長すると仮定すれば,同様の結論がえられるであろう.なぜならば,均衡価格体系のもとで「選択された」全生産方法で収得される利潤率が均等化されると,この場合には,他商品ではかった労働の価格によっておそらく,(労働以外の他の)商品生産によって収得される利潤率が低下し,労働の拡張率とひとしくさせられるからである.

14) 〔リカード〕『経済学および課税の原理』*Principles*, Sraffa edition, p. 122〔堀経夫訳,前掲書,143ページ〕.
15) 本稿の3段階のうちではその第1段階を「古典派的」段階,第2段階を「新古典派的」段階(なぜならば1人あたり資本と,資本-産出高比率の増加,および成長率と利潤率の低下によってそれを特徴づけられるからである)とよべるのであるが,第3段階にかんしては,あとで説明する理由にしたがえば,それを「ケインズ的」段階とよべそうである.
16) 事実,高成長経済においては資本-産出高比率は低成長経済のそれよりもちいさいとか,あるいは1人あたり資本量のおおきい経済とくらべれば,その量が相対的にちいさい経済においては資本-産出高比率がちいさくなるということがいわれているが,このような推測にかんしては,それを支持する経験的論証資料がほとんどないのである.もっともこの点については,あとで論述するように,資本と労働間の代替性の欠如ではなく,ϕ関数にかんしておこなった,技術進歩をまったく捨象するというような仮定の非現実性が理由になっているのである.
17) ここでは,単純化だけのために,利潤と賃金の双方にかんする貯蓄関数が線型(ゼロの定数をもつ)であり,その結果,平均〔貯蓄〕性向と限界〔貯蓄〕性向がひとしい,と仮定している.もしこれが事実でないとすれば,限界〔貯蓄〕性向に違いがあらわれるであろうが,その点は理論的には重大である.
18) 『貨幣論Ⅰ』*A Treatise on Money*, London, 1930, vol. I, p. 139〔小泉明・長澤惟恭訳,『ケインズ全集』第5巻,昭和54年,東洋経済新報社刊,142ページ〕.
19) 失業がひじょうにすくない時期においてさえも,生産能力が2ないし3交替制で利用されるということは相当に稀有であるけれども,そのような事実にてらしあわせれば,「発展した」資本主義経済においては利用可能な労働力の雇用にかんして物的能力があまるほど存在するという仮定は経験的にも立証されている.また共存している物的設備の生産効率の度合がことなっているにもかかわらず,雇用が短期的に増加した場合に労働生産性の逓減がみられないので

あるが，その点を単独で説明できるものは，不完全競争の条件のもとでかなりの予備的生産能力が存在しているという点である．
20) さらにつぎのようにもいえる．つまり β（賃金にかんする貯蓄〔係数〕）がゼロか，ないしは無視しうるほどの大きさであるかぎり，過少雇用均衡は必然的にある程度の市場の不完全性を前提にしている．なぜならば，もし競争が完全で，最低売上利潤がゼロであったとすれば，需要曲線と供給曲線の交点は必然的に後者の垂直部分に位置するからである．
21) N 点にいたるまでは，そのときの活動水準とは無関係な「独立」投資が存在しているか，さもなくば，貯蓄関数の定数が負値であるために所得と雇用の正値の水準のもとで貯蓄がゼロになってしまう．このようにして需要曲線の位置が決定されるとかんがえてもよい．
22) 『経済学原理』 Principles (8th ed.), Book V, ch. 5, pp. 374-6 〔馬場啓之助訳，III，昭和 41 年，東洋経済新報社刊，68～70 ページ〕．
23) 技術進歩関数が一定になっている，フォン・ノイマン型の平衡的成長均衡モデルにおいてはこのような問題は発生しない．財の技術的特性，それらの相対的構成や相対的価値は時間の経過にもかかわらず不変のままにとどまる，つまり財の実際的な数量を別とすれば万事がおなじであり，またそこには集計にともなう問題がなにも存在しない．このようなことがまさしくその理由である．
24) n 個の変数をふくむ関数がどんなものであっても，暗々裡に意味をさだめた変数をもうひとつ追加すれば，$n+1$ 個の変数をもつ 1 次同次の関数に転換できるが，これは周知の妙法である．しかし，サムエルソンが指摘したように（『経済分析の基礎』 Foundation of Economic Analysis, p. 84 〔佐藤隆三訳，昭和 42 年，勁草書房刊，88～9 ページ〕），そのような手法はいずれも不当である．なぜならば，要素の報酬はこの拡張型関数の偏微分と一致しないからである．
25) 新古典派的思考方法の支持者たちは，この場合の生産増加は資本量の変化だけに起因するものではない，と主張するかもしれない——つまりは「要素」としての資本の数量の変化と，資本増加の発生時間中におきると推測される「知識状態」の転位との複合的結果がそれである，と．しかしまさしくそれが問題である．つまり，資本蓄積は当然，時間の経過を必要とするし，無時間的な思考方法では認識不可能な事柄であるから，曲線上の移動は曲線の転位から分離不可能である．実際に，曲線の転位をぬきにして「曲線」の存在を仮定することは不当である．なぜなら，この「曲線」の匂配を確認できる方法はどのようにかんがえてもなにもないからである．
26) 技術進歩にともなってつねに「生産関数」が転位するという仮説にたいしては前記のような非難があるけれども，あらゆる種類の固定設備の特性と構成状態を所与とみなすような，雇用と産出高間の短期的関係についての仮定にかん

しては，これを無効にするものはそのなかにはなにもない．この（前記の方程式(13)および(13a)で採用された）短期的生産関数が意味していることは，ある所与の雇用量にかんして一定の「限界生産物」を労働に帰属できるという点であるが，（資本に帰属させられる「利子 rents」が残余である，つまり労働の平均生産物と限界生産物間の差額であるときには）それがまえにのべたように，産出高中の賃金の分け前の上限を設定する．しかしながら，収穫逓減が支配しており，そのために生産の増加と関連して比例的雇用増加以上のものがおきる場合にのみこの制限が意味をもつにすぎない——収穫不変ないしは収穫逓増の場合には，労働の限界生産物は平均生産物にひとしいか，またはそれを上回り，したがって前者は所得分配面の分け前を決定する支配的要因になりえないのである．労働が完全に雇用されているときに，収穫逓減が支配するか，いなかという点は主として，現存資本ストックで提示される産出能力とその利用度に依存するであろう．不完全競争の状態のもとでは，完全雇用状態のもとで達成可能な産出高と関連づけてさえも，かなりの量の予備的能力を代表的企業が保持しているが，そのような想定は「利潤極大化行動」と完全に両立可能である．

27) 「危険逓増の原理」"The Principle of Increasing Risk", *Economica*, 1937, p. 440.
28) 『エコノミック・ジャーナル』*Economic Journal*, 1957, p. 604. その論文中で提示した「投資関数」の形式にたいする批判は的をえていた．ミード Meade 教授，ハドソン Hudson 氏などの方がたがまえの説明にかんして提起された反論にたいして，本稿の説明が回答になるようにねがっている．
29) 現在の成長モデル（当初の見解は『エコノミック・ジャーナル』*Economic Journal*, December 1957 に掲載され，『経済安定と成長』*Essays on Economic Stability and Growth*, pp. 259-300〔中村至朗訳，昭和 39 年，大同書院刊，309～57 ページ〕に再録された）においては，（なによりも）実現された利潤率の対前期変動状況に現行の投資を依存せしめるような投資関数が仮定されていた．〔しかしながら〕投資誘因が予想利潤率には依存するけれども，現存資本によって収得される現実の利潤についてはそうではないという事実や，期待の問題をすべてさておくとしても，新投資（すなわち，将来の単位あたり産出能力のために必要な投資量）にかんする資本の「生産性」が（技術進歩などのために）現存の資本 - 産出高比率とことなるときにはいつでも，予想利潤率は実現される現行利潤率とことなるという事実を考慮しなかったという点で，前記の〔当初〕見解は不満足なものであった．
30) ミード教授，ハーン氏，その他の方がたはこれまでわたくしに以下のように指摘してきた．技術進歩関数が特定の時間あたり転位進度をそなえた生産関数になるように積分をすることは一般的にはできないにしても，積分をおこなって(14)で提示されたような線型の技術進歩関数にすることは可能であり，した

がって，
$$Y_t = Be^{at}K_t^{\beta} \tag{14a}$$
をもとめられる．しかし（Y_tとK_tが労働1単位あたり産出高と労働1単位あたり資本とかんがえられて〔いてそこがことなって〕いることを念頭におきつづければ）それはコブ－ダグラス関数とおなじものになりそうである．しかしながら，技術進歩関数の積分にかんしてスタンフォード大学の宇沢弘文が指摘したように，積分定数$B=B(Y_0, K_0)$は初期の資本量K_0と初期の産出高Y_0に依存する関数であるが，他方，
$$Y_t = f(K_t, t) \tag{14b}$$
というような型の生産関数の場合には，その関数は初期条件からの独立性を必要としている．

　その点をさておいても，コブ－ダグラス関数を特殊な事例としてふくむような，(14b)型の総体的な生産関数には，その含意として，ある所与の時点において，資本ストックの稼働期間別・産業別構成にかかわりなしに，集計量K_tおよびL_tによって産出高Y_tが一義的に決定される，という仮定がふくめられている．しかしながら，ある経済の技術進歩がその経済の資本蓄積率に依存するときには（換言すれば，技術改善の利益を享受できるまえに技術改善がかならず新設備に内在化されるような場合には），前記のような関数上の関係はまったく存在しない．資本，労働および産出高間の関係を記述するためには，
$$Y_t = \phi(A_t) \tag{14c}$$
というような形態の関数を必要としている．なおA_tに特化されているものはもちろん，（多商品型の世界における）産業・企業間の資本・労働双方の分布状況であるけれども，資本の稼働期間別分配状況もそれにふくまれている．ϕ関数は1次同次ではないし，その弾力性は一定でもないので，この場合には，線型の技術進歩関数にかんする仮定はそれと完全に両立可能である．稼働期間別・産業別分布状況は過去の歴史にかかわる事柄であって，短期においてはそれらはもちろんあらかじめきまっている．しかし技術進歩をともなう長期成長均衡においてさえも，A_tをK_tやL_tの一義的な関数として取り扱うことは不可能であろう．なぜならば，それはλにも依存するし，（進歩率がことなれば，陳腐化発生率も多様になる点を考慮すれば）γ'，すなわちG_0の均衡値にも依存するからである．

31)　原書，15ページ〔本訳書46ページ〕．
32)　この条件をもっと正確に説明しようとすれば，一方では期待平均短期利子率と，期待平均短期利子率を上回る長期利子率の付加率のあいだで区分をおこない，また他方では直接的な投資に包含される，追加的な貸手・借手の危険と投機上の危険などのあいだで区分をおこなって，それらの構成要素に照応するよ

うに $r+\rho$ をもっと細分化しなければならないであろう．しかし本稿の目的にてらしてみると，そのようなことは必要でない．
33) 原書，40-2ページ〔本訳書73〜6ページ〕．
34) 前項とおなじ．
35) （フィッシャー流の）「実質」利子率が他の要因と適切な関係になるような，貨幣価格水準の適切な動きを考慮すれば，ふたつの式をたがいに両立できるのではないか，と主張されるかもしれない．しかし，価格水準の動きは（生産性の変化 γ' と比較した場合の）貨幣賃金の動向に依存しているが，この要因を逆にその他の変数の関数として処理することは不可能である．
36) しかしながら，収穫逓減を考慮すると，（λ，α' および β' の相対的な値に依存しながら）λ に起因する $G_0(t)$ の低下が γ' に起因する $G_0(t)$ の上昇によって正確に相殺されるような点に，換言すれば，時間的経過のなかで $G_0(t)$ および $w(t)$ の定常性が均衡の必要条件となるような点に平衡的成長均衡が必然的に定着するであろう，とかんがえられる．（このような事例はおおくの低開発諸国に妥当するようにおもわれる．）
37) 原書，28ページ〔本訳書61ページ〕．この場合には代表的企業の投資行動はもちろんのこととして，新規企業の流入・流出をつうじてもそのような反応機構が作用する，と仮定できるかもしれない．
38) これらのふたつの制約条件はあきらかに択一的であって，そのうちでたかい値のほうが適用されるであろう．
39) 前記の理由にもとづけば，カレツキの仮定，つまり，
$$\rho = \theta(G_K) \text{（ただし } \theta'>0 \text{ である）}$$ [訳注24]
は，現行モデルの前後関係のなかでは方程式(15)にたいする代替的仮定として役立つ．しかし，わたくしの考えにしたがうと，そのような事実を別とすれば，この仮定は方程式(21)にたいしては役立たないし，したがってモデルを完結するのに十分でないという理由で，代替的仮定としてはいっそう不適当である．

第2章　経済成長の新モデル[1]

1. 経済成長にかんする「ケインズ派」モデルを提示することがこの論文の目的である。〔その点にかんしては〕共著者のひとり〔つまりわたくし〕は3点の既刊論文[2]のなかで試論を発表しているけれども、〔そのような〕かつての見解を改訂したものがこれである。この新説が以前の論説と相違する、主要な点は以下のとおりである。

(1) このモデルはつぎの事柄をいっそうはっきりと理解させるようなものになっている。技術進歩は新設備を創設することによって経済体系内に導入され、新設備の創設はそのときどきの（粗）投資支出に依存している、ということがそれである。したがって「技術進歩関数 technical progress function」は、工員1人あたり粗（固定〔資本〕）投資の変化率と、新規に設置された設備の労働生産性の変化率にかんする関係を表示するものとして、定義しなおされている。

(2) 工場・設備はある特定の「建造期 vintage」をそなえているが〔訳注1〕、その後の期日に設置される、いっそうすぐれた性能をそなえた〔新〕設備と競争する結果として、その〔在来〕設備の収益性は時間の経過にともなって連続的に減少するにちがいないので、そのような事情に起因する陳腐化を、今回のモデルは明示的に考慮している。そしてこのような持続的陳腐化は企業家によっておおよそのところは予見され、かれらはそれを考慮して投資決意をかためる、と仮定されている。そのモデルではさらにつぎの事柄が仮定されている。工場・設備の物的耐用期間が有限であるか、そうでないかにか

かわらず，その実効耐用期間は，陳腐化率を支配する経済的諸要因の複合物によってきまるのであって，けっして物的摩損によってきまるわけではない，ということがそれである．

(3) 投資決意に関連する，不確実性にたいする投資家の態度についてはあとで行動上の仮説を説明するけれども，まえのモデルで設定した仮説とくらべてみると，上述の仮定にともなって重要な点が相違することになる．

(4) 現存設備ストックのある部分は物的要因（つまり事故や火災，あるいは爆発事件など）によって毎年，消滅するが，今回のモデルではそのような事態も勘案している．そしてそのために〔前述の〕陳腐化にくわえて，ある種の「放射性物質型 radioactive」物的減価が発生するようになっているのである．

(5) 技術進歩と陳腐化が連続する場合には「資本ストック」を測定する手掛りはなにもない（つまり過去に支出された費用 historical costs をつかって残存資本設備を測定することは妥当性をかく．〔なぜならば〕物的摩損などにともなう出費とはちがって，陳腐化にともなう経費は利潤の分け前や成長率などに依存しており，したがってほかのすべての関係ときりはなしたのでは，それを決定できない．それゆえに過去に支出した費用から既発の陳腐化引当金額をひくという方法で残存資本設備額を測定するといったのでは，疑問のはぐらかしになってしまうからである）．そこで今回のモデルでは，体系内の変数として資本量，およびその派生物の資本蓄積率という概念をつかわないようにしている．つまりこのモデルはそのときどきの粗投資の大いさ（すなわち単位時間あたりの粗（固定）資本支出）とその変化率だけに対応して作動しているのである．他方，〔総〕所得とか，1人あたり所得などというような巨視経済学的概念についてはひきつづいてそれらをつかっている．

2. つぎにのべる主要な特徴にかんしては，今回のモデルとまえのモデルは類似している．

第2章　経済成長の新モデル　　　　　　　　　97

　(1) すべての「ケインズ派」経済モデルとおなじように，つぎの点が仮定されている．「貯蓄」は受動的である，つまり投資水準は企業家がくだす投資決意量に依存しているのであって，貯蓄性向からは独立している．つまり（すくなくともある限界内，ないしは「境界 boundaries」内においては）利潤や所得の発生機構をつうじて貯蓄が十分につくりだされ，企業家が着手しようと決意した投資と釣りあうようになっている．このような経済がそこで前提とされているのである．

　(2) このモデルに関連する経済は孤立経済であって，ここでは技術進歩は外生的要因によって決定され，連続的におきる．そして労働人口増加率は定常的である．

　(3) このモデルでは，投資は主として生産の成長それ自体によって誘起され，またその基礎的条件として成長均衡 growth-equilibrium のもとでは完全雇用状態がかならず持続する，と仮定されている．労働供給が制約されない状態のもとで作動する，（加速度因子と乗数の複合作用によって決定される）純粋に「内生的な」成長率は「自然成長率」，つまり「潜在的労働 labour potencial」の成長〔率〕（すなわち労働力成長率と（平均的な）労働生産性成長率との合計）とくらべて幾分たかい，というような場合に上述の事態がおきるであろう．〔つまり〕労働力過剰と過少雇用が既定された，ある状態から出発したとすれば，そのような場合には，内生的要因によって決定される成長が持続する過程で，おそかれはやかれ完全雇用がかならずもたらされる．そしてひとたび完全雇用が支配的状態になると，持続的成長の内部では「加速度因子－乗数」型の作動機構が（利潤の分け前の変化と，さらには需要の準外生的成長率をつうじて）自然成長率に「くくりつけられる」ことになるのである．

　3. 完全雇用が持続する状態のもとで経済全体の投資決意量を支配しているものは，新設備への「人員配置」のために利用できる，単位時間あたりの労働者数，ならびに工員1人あたりの投資量であろう．〔さらに〕つぎのよ

うに仮定してもよいであろう．つまり不完全競争市場で事業をいとなむ企業家の場合には，各人は自分自身の事業が到達できる最大成長を目標にする（あとで説明するけれども，〔その場合の〕条件として利用資本の収益率は満足できる大いさに維持されていなければならない），そしてそのような理由にもとづいて，〔従来からの〕市場において自社の分け前を増加するか，ないしはほかの〔新規〕市場へ侵入して，自社の販売力増大の好機をきりひらくために，かなりの過剰設備量をすすんで保有しようとする．このような仮定がそれである．しかしながら，単位期間あたりの粗投資〔にともなう必要労働者数〕が新設備への「人員配置」のために利用可能な労働者数を超過しているような場合には，〔人員不足のために〕設備過剰の度合はしだいに増大するにちがいない．したがって産出能力と〔現実の〕産出高間の，のぞましい関係がどうであれ，ある点にいたれば新設備稼働のために利用できる労働者数の影響力はおそかれはやかれ（加速度因子の作動機構をつうじて）その経済の投資決意量を左右するほどのものになるであろう[3]．

ある既定の建造期の設備は労働にたいして「限定的な limitational」関係をもっている，と仮定する．すなわち既存設備との関連で雇用された労働者にかんしては，その数を減少しても労働生産性を増加できないと仮定する（もっともこのような労働者数の減少に随伴して，労働にかかわる主要費用にたいする間接費の割合が上昇するようになるので，かかる処置によって逆に生産性は減少させられるかもしれない）．この仮定は，ある建造期の設備が稼働をつづけるためには，あるきまった数の労働者が必要になる，ということを意味しているわけでない．〔このような〕後者の事例の場合には，「固定的な〔労働－資本〕係数」だけではなくて，それにくわえて工場・設備の完全な不可分性も仮定されている．

新設備の稼働のために単位期間内に利用可能な労働者数を n_t，産出期間 t をそなえた機械にかんする，工員1人あたりの投資量を i_t，そして固定資本にたいする粗投資を I_t と表記すれば，

第 2 章　経済成長の新モデル　　　　　　　　　　　99

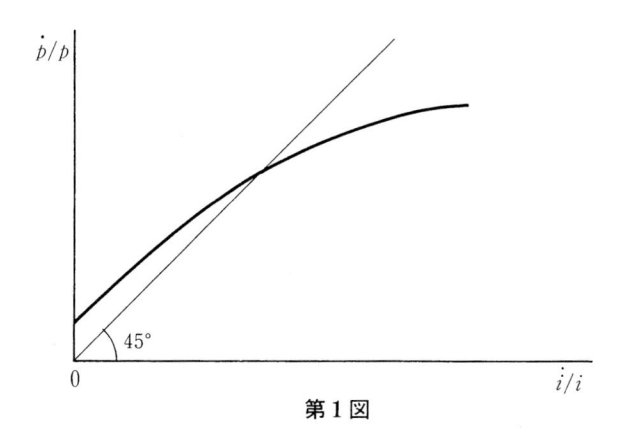

第1図

$$i_t \equiv \frac{I_t}{n_t} \tag{1}$$

である．

t 期の国民総生産にかんしては Y_t, 労働人口にかんしては N_t, そして1人あたり産出高にかんしては y_t という記号をつかうことにしよう．そうすると，

$$y_t \equiv \frac{Y_t}{N_t}$$

になる[訳注2]．

4. 〔特有の〕建造期につくられた，それぞれの「機械」は耐用期間をつうじて一定の物的生産効率を保持する，と仮定する．そうすると，その経済では生産性の増大はことごとく，粗投資をおこなって体系内にあたらしい「機械」を導入することに帰因する，といえる[4]．したがってここでの基本的な仮説は技術進歩関数であるが，それにかんしては，新設備を稼働する労働者についてのべると，1人あたり生産性〔つまり $\dot{p}$〕の年間成長率は労働者1人あたり投資の成長率の関数である，とかんがえている．すなわち，

$$\dot{p}_t/p_t = f(\dot{i}/i_t) \quad \text{ただし } f(0) > 0,\ f' > 0,\ f'' < 0 \tag{2}$$

である．この関数を図示すると，第1図のようになる．〔その図では〕つぎのように仮定されている．つまり単位期間内の，労働者1人あたり投資〔つまり i〕が終始，一定であったとしても，労働者1人あたり生産性〔つまり p〕はそれでも増加する．しかし生産性成長率〔つまり $\dot{p}/p$〕は同時に，労働者1人あたり投資の成長率〔つまり $\dot{i}/i$〕の増加関数になっているが，ただし増加の割合は逓減する[5],[訳注3]．

　工員1人あたりの産出高と，工員1人あたりの投資にかんしてはいずれも，「賃金財」(すなわち賃金取得者の家計にふくめられる消費財) の価格指数にもとづいて減価された貨幣価値をつかってそれらが測定されている．その意味をのべると，以下のようになる．つまり賃金財 (ならびに利潤をつかって消費のためのみに購入されるような消費財) を尺度にして評価された設備財の価格に変動がおきると，それにともなって一般的には f 関数〔つまり技術進歩関数〕の転位がひきおこされる[訳注4]．しかしながら，もし賃金財で測った，前述の後者の財〔つまり設備財〕価格がかなり安定的な趨勢をたどると仮定すれば，貨幣単位で測った I_t/Y_t の，ある特定の値にかんしては，その関数は依然として安定しているとかんがえうるし，また〔その場合には〕I_t/Y_t の値は一定 (均衡値) であるから，体系はなおも定常的成長均衡を保持するであろう．しかしながら，これらの点を十分に論証するためには，完備した2部門モデルを設定して，消費財部門と資本財部門の技術進歩関数とか，両部門に配分される雇用や貯蓄などを完全に別個にとりあつかうことが必要になりそうである．〔しかし〕それはこの論文の論及可能な範囲をはかるにこえる事柄であるから，当面の目的に対処するためには，生産性成長率で計測される技術進歩率は全部門で同値であり，したがって相対価格は一定値を保持する，と仮定するほうがよさそうである．しかしながらそのモデルを拡大して，もっと広範な領域にも適用できるようにすることはおそらく可能であるから，その点にも留意してもらいたい．

5.　危険や不確実な事態に直面した場合の企業家の態度にかんしては，2

つの重要な仮定をもうけることにしたい．まずはじめにつぎのように仮定する．自社の固定資産の収益力をある最低水準以上に維持することと矛盾しないかぎり，企業家は自分の事業だけに投資をおこなう，ということがそれである．なおかれらの観点にたってかんがえると，その場合の最低水準は経済全般の固定資産収益力を意味している．なぜならば，もしある個別企業の収益が利用資本にくらべて低額であったとか，ないしはもしその収益の増加率が固定資産の帳簿価額のそれよりも低率であったならば，ある既定の成長率のもとではその企業の全財源（企業の潜在的な借入可能額をふくむ）のなかにしめる固定資産の割合は増加する．そして結果的にはその企業の資金繰り状態がたえず弱体化し，破産や乗っ取りの危険が増大することになるからである．したがって，予定された稼働期間（ないしは耐用期間），つまり T 期間中の設備稼働にともなって，負債を完全に返済しても，ある期待利潤総額を収得できる，と予想している．そしてその場合の利潤率はすくなくとも経済全般の新設備の予想利潤率とひとしくなる，と仮定してもよいであろう．それゆえにある特定の投資家にとっては，

$$i_t \leq \int_t^{t+T} e^{-(\rho+\delta)(\tau-t)}(p_t - w_\tau^*) d\tau \tag{3}$$

である[訳注5]．なお，上式の ρ は，企業家が一般的〔投資〕利潤率であると想定した大いさであり，w_τ^* は期待賃金率であるが，その大いさは将来の時間にかんしては増加関数になっている[6]．また δ は機械の「放射性物質型」減価率である（なお投資家は自分の機械が標準的であると想定する，とかんがえている）[7]．

つぎに，技術進歩が連続する状態のもとでは，期待（貨幣賃金についてのそれでもいいし，あるいは企業で生産された特定製品の価格，ないしは需要についてのそれでもよい．なおこの場合，価格と需要の立案計画はいずれも w_τ^* にもとづいておこなわれる）は，ちかい将来のものより遠隔な将来のものほど頼りなく，かつ不確実である．そしてこの場合，予想できない，新規の大発明や大発見の発生率は注意に値しない程度の大いさである，とかんが

えられている〔ことにする〕．したがって採用の要件をそなえた投資計画は——満足できる利潤率を稼得しているか，どうかという検定とは別に——もうひとつの検定に合格しなければならない．固定資産の費用をある期間内にかならず「償還」できるか，どうか，すなわちはじめの操業期間中に稼得される粗利潤で投資費用をかならず手抜かりなく支弁できるか，どうか，という検定がそれである．したがって，

$$i_t \leq \int_t^{t+h} (p_t - w_\tau^*) d\tau \tag{4}$$

になる〔訳注6〕．

〔ただし，以下の部分では〕このモデルの目的にてらしあわせて，(4)式がみたされるときにはいつも(3)式がみたされる，したがって(4)式においては等号が適用される，すなわち h 期間中の，〔$e^{(\rho+\delta)(\tau+t)}$ で〕割引きされないままの利潤にかんしては，その合計額はかならず i_t にひとしくなる，と仮定しよう．h の大きさは技術進歩の進度に呼応してかわりうるし，同様に産業部門がことなればその大きさが相違するけれども，現代企業でみられる，陳腐化に起因する不確実性に対処する方法としては，(4)式の基盤となった仮定が一般的に認知可能な手法である，というにたる論証資料はたくさんある．（アメリカの製造業においては h は通常，3年とかんがえられている．〔しかし〕他の産業部門，たとえば公益事業ではもっとながい[8]．）

6. 初期のケインズ派成長モデルと同様に，事業投資を融通する貯蓄は利潤からえられ，そして粗利潤中の一定割合 s〔部分〕が貯蓄される，と仮定する[9]．したがって（ここでは所得はふたつの範疇，つまり利潤と賃金に区分され，後者にはすべての形態の非事業所得が包含されている）国民総生産中にしめる（粗）利潤の分け前〔の割合〕π_t はつぎの式，つまり，

$$\pi_t = \frac{1}{s} \frac{I_t}{Y_t} \tag{5}$$

によってえられるであろう．〔そして〕(1)式をつかえば，上式は，

$$\pi_t = \frac{r}{s}\frac{i_t}{y_t} \tag{5a}$$

と変形できる〔訳注7〕が，r にかんしてはここでは，

$$r_t = n_t/N_t$$

と定義されている．なお同式中の N_t は t 時点における総労働力であり，n_t は，まえに定義したように，新設備を稼働するために利用可能な，単位期間あたりの労働者数である．

ひとたび設備が設置されると，事故や火災などによってひきおこされる，設備の物的損耗のためにそれを稼働するための労働者数はやがてはひたすら減少をつづける，と仮定しよう——なお残存設備の全部が陳腐化して廃棄されるまで減少がつづく〔とかんがえている〕．いま，単位期間内における（放射性物質型の）資本減耗率を δ でしめし，t 時点で廃棄される設備の稼働期間数（すなわち設備の耐用期間数，なおそれは陳腐化の影響をうけている）を $T(t)$ とかきあらわすと，〔各期に投入される〕労働力の分布〔状況〕にかんしてはつぎの関数式，つまり，

$$N_t = \int_{t-T}^{t} n_\tau e^{-\delta(t-\tau)} d\tau \tag{6}$$

がえられ，総産出高にかんしては，

$$Y_t = \int_{t-T}^{t} p_\tau n_\tau e^{-\delta(t-\tau)} d\tau \tag{7}$$

がえられる〔訳注8〕．

産出高 Y_t はふたつの所得範疇，つまり賃金と利潤のみに分割されるから，利潤をのぞいたあとにのこる残余は賃金支払総額にひとしい．〔そこで〕t 時点での賃金率を w_t とかきあらわすと，さらにつぎの式がえられる．

$$Y_t(1-\pi_t) = N_t w_t \tag{8}$$

最後につぎの点をのべておく．つまり設備を稼働したさいに〔それにともなう〕主要費用をつぐないきれるかぎり，設備はもっぱら利用されるであろうから，稼働中の機械のなかで最古参のものにかんしては，その利潤がゼロになっているにちがいない．したがって，

$$p_{t-T} = w_t \tag{9}$$

になる[訳注9]。

〔さらに〕人口は一定率 λ で増大する，と仮定しよう．そこで，

$$\dot{N}_t = \lambda N_t \tag{10}$$

になる．

また，企業家はつぎのように予測していると仮定しよう．予見可能な将来においては，産出物単位ではかった賃金は過去の l 期間中の増加〔率〕とおなじ率で増加してゆく，ということがそれである．

したがって将来の T 時点における期待賃金率〔w_t^*〕はつぎのようになる[訳注10]．

$$w_t^* = w_t \left(\frac{w_t}{w_{t-l}} \right)^{\frac{T-t}{l}} \tag{11}$$

最後に，そのモデルはつぎの，ふたつの制約条件（ないしは「境界条件」）に束縛されている〔と仮定する〕が，それらは〔筆者の〕まえのモデル〔でつかわれて，それ〕以降，周知のものになっている．

$$w_t \geqq w_{\min}$$

$$\pi \geqq m$$

別言すると，モデルから結果的にえられる賃金率はある最低水準（それは生存のために必要な慣習的な大いさである，とさだめられている）以上でなければならないし，同時にまた，モデルから結果的にえられる利潤の分け前はある最低水準（いわゆる「独占度」，ないしは「不完全競争度」がそれである[訳注11]）よりもたかくなければならないのである．

7. 前項でのべた経済体系では，10個の独立した方程式がそなえられているが（なお(3)式にかんしては，それを境界条件とかんがえることにする），もしパラメーター，s, h, δ および λ，ならびに関数 f が既知であれば，それらの方程式から十分に10個の未知数，つまり I_t, i_t, n_t, p_t, w_t, w_t^*, π_t, T, y_t, N_t を決定できる．

第2章 経済成長の新モデル

　定常的成長（ないしは黄金時代）均衡の場合，つまり1人あたり産出高の成長率が新設備の生産性成長率にひとしく，そして両者が労働者1人あたりの（固定資本）投資成長率，ならびに賃金成長率にひとしい，というような場合，すなわち，

$$\dot{p}/p = \dot{y}/y = \dot{i}/i = \dot{w}/w$$

であって，さらに産出高中にしめる投資の分け前 I/Y，所得にしめる利潤の分け前 π，ならびに設備の陳腐化期間 T が一定値をたもちつづけるような場合に，この体系は〔それぞれの変数にかんして〕ひとつの解をもたらすか，どうか．その点をこれからしらべてみることにしよう．〔なお〕最終的には，ある定常的成長均衡のもとでは単一の投資利潤率の存在が論証されるであろう．

　技術進歩関数についての仮定の意味するところは，$\dot{p}/p$ にかんしてはつぎの式をみたすような，ある所定の値が存在しているということである．

$$\dot{p}/p = \dot{i}/i = \gamma$$

〔そして〕この式がみたされるときにのみ均衡は可能になる．

　(11)式をつかって(4)式を積分すると，次式のようになることがわかる．

$$i_t = hp_t - w_t \frac{e^{\nu h}-1}{\nu} \tag{12}$$

なお ν は w の期待成長率である[訳注12]．したがって長期的にみると，w が p よりも急速に成長するような場合にだけ，p は i よりも急速に成長できるのであるが，それは T が連続的に短縮されることを意味しており，その結果，T が h まで短縮される以前に（その時点〔以降〕では利潤率は負値になるであろう），失業や停滞がおきるであろう．他方，長期的には p が i よりもゆるやかに成長するようなことはありえない．なぜならば w は $w_{\min}$ 以下には低下できないからである（そして実際にはそのような点に到達する以前に，インフレーションの危機があらわれるであろう）．

　またつぎの点もあきらかである．つまり $\dot{w}/w$ が $\dot{p}/p$ からあまり大幅に乖離しない場合には，$\dot{i}/i$ が $\dot{p}/p$ よりちいさければ，$\dot{i}/i$ は増加するであろ

うし，$\dot{p}/p$ よりおおきければ，それは減少するであろう．なぜならば，もし $\dot{p}/p$ が γ よりちいさい場合には，均衡状態に到達するまでのあいだに，方程式(4)にしたがって，みずからの増加を必要ならしめるような投資成長率を $\dot{p}/p$ はおそらく次つぎにうみだすからである．$\dot{p}/p$ が γ よりおおきい場合にも，同類の作動機構が作用するであろう．したがって一般的にいえば，均衡は安定しているであろう[訳注13]．だが，不安定性を捨象するわけにはいかない．つまりいまのべた，ふたつの事態のいずれにかんしても，均衡から離脱する運動はありうるからである．たとえば技術進歩関数が下方におしながされるような場合には，p の成長率が減衰させられて，ながきにわたって w の成長率（それは過去になったばかりの時期の y の成長率を反映している）以下にとどまり，やがては投資の減退にともなって失業や経済停滞がはじまる，というようなこともあるかもしれないのである[10]．技術進歩関数が上方に転位する場合には，上述の場合とは逆にインフレーション型の状態が誘発され，その渦中においてはあれこれの方法で(4)式や(12)式[訳注14]でしめされる水準以下に投資が抑圧されるかもしれない．

したがって，$\dot{p}/p$ が $\dot{w}/w$ といちじるしく相違するような事例をのぞくと[訳注15]，

$$\frac{\dot{p}}{p} \gtreqless \frac{\dot{i}}{i}$$

であるような場合に収束運動がおきて，やがては(12)式がえられる〔つまり均衡状態が成立する〕ようになるであろう．

8. 前記の方程式をつかって，さらにふたつの関数式をみちびきだしておくほうがなにかと便利であろう．そのなかのはじめのものは n_t，つまり新設備に利用される労働量に関係しているのであるが，(6)式を t にかんして微分すれば，それがえられる．つまり，

$$n_t = \dot{N}_t + \delta N_t + n_{t-T}\left(1 - \frac{dT}{d_t}\right)e^{-\delta T} \tag{13}$$

である[訳注16].

　この方程式が意味していることはつぎのとおりである．n_t は3つの要素によって構成されている．つまり(i)労働人口の成長率 $\dot{N}_t$，(ii)各建造期の設備のすべてにかんして，それらの物的摩損にともなって放出される労働者数 δN_t，(iii)そして最後は，陳腐化した設備の操業停止によって放出される労働者〔数〕である．

　〔(13)式をもとめたときと〕同様な方法で(7)式を微分すれば，次式がえられる．

$$\dot{Y} = p_t n_t - p_{t-T} n_{t-T}\left(1 - \frac{dT}{dt}\right)e^{-\delta T} - \delta Y_t$$

(9)式にしたがって P_{t-T} のかわりに w_t を代入し，さらに(13)式をもちいると，上式は下記のようになる[訳注17]．

$$\dot{Y}_t = p_t n_t - w_t(n_t - \dot{N}_t - \delta N_t) - \delta Y_t$$

〔そして上式の〕両辺を $Y_t = N_t y_t$ で割れば，次式がえられる．

$$\frac{\dot{Y}_t}{Y_t} = r\frac{p_t}{y_t} - \frac{w_t}{y_t}(r - \lambda - \delta) - \delta$$

ここで，

$$\frac{\dot{Y}_t}{Y_t} = \frac{\dot{y}_t}{y_t} + \lambda$$

をもちいて，さらに変形すれば，最後に次式をもとめることができる[訳注18]．

$$\frac{\dot{y}_t}{y_t} + \lambda + \delta = r\frac{p_t}{y_t} - (r - \lambda - \delta)\frac{w_t}{y_t} \tag{14}$$

　9．企業家の期待がみたされるために必要なことは，賃金がおそかれはやかれ一定率 β で成長することである．〔つまり，〕

$$\frac{\dot{w}_t}{w_t} = \beta \quad (\text{一定値}) \tag{15}$$

である．

　さてここでもう一歩，議論をすすめて，つぎの点を論証することにしよう．

β が一定である場合に，もし $\gamma<(s/h)-\lambda-\delta$ であると想定できれば，T もまた一定値になる，ということがそれである．〔以下のようにすれば，その点を証明できる．〕

〔まず〕(9)式から次式をみちびきだせる[訳注19]．

$$\frac{\dot{w}_t}{w_t} = \frac{\dot{p}_{t-T}}{p_{t-T}}\left(1-\frac{dT}{dt}\right)$$

したがって〔$\dot{p}/p$ や $\dot{w}/w$ にかんする前提，つまり $\dot{p}/p=\gamma$，$\dot{w}/w=\beta$ とかんがえられていることを想定すれば〕以下のようになる．

$$1-\frac{dT}{dt} = \frac{\beta}{\gamma} \quad \text{(一定値)}$$

〔そこで〕上式を t にかんして積分すれば，次式がえられる．

$$T = T_0+\left(1-\frac{\beta}{\gamma}\right)t \tag{16}$$

なお，上式の T_0 はある初期時点，つまり $t=0$ のさいの，設備の耐用年数をあらわしている．

〔つぎに〕(16)式を(13)式へ代入し，さらに $r_t=n_t/N_t$ であることをおもいおこすと，次式がえられる[訳注20]．

$$r_t = \lambda+\delta+r_{t-T}\cdot e^{-(\lambda+\delta)T}\cdot\frac{\beta}{\gamma} \tag{17}$$

〔つぎに〕定常的成長均衡の状態のもとでは $T=T_0$ であり，かつ $\beta=\gamma$ であることをしめすために，まず $\beta\neq\gamma$ であるような事例をかんがえてみることにしよう．

(i) $\gamma<\beta$ の場合には，企業家利潤はおそかれはやかれ負値になるであろうから，定常的成長はあきらかに持続不可能である[訳注21]．

(ii) $\gamma>\beta$ の場合には，(16)式からつぎのようにいえる．T は時の経過にともなって無限におおきくなる（そして多分，大部分の財にとっては，陳腐化とはまったく別の意味で，物的に耐用可能な最長の期間が存在しているはずであるから，T が無限におおきくなったとしても，この〔第2の〕事例は検討の余地を十分にそなえている）．いずれにしても，(17)式のしめすと

ころにしたがえば，前述の事柄はつぎの点を意味している．r は最終的には $\lambda+\delta$ にひとしくなろうとする傾向がある．また w/y は傾向的にはゼロにひとしくなるにちがいないし，そのために利潤の分け前 π は傾向的には 1 にひとしくなるのであるから，

$$i/y \text{ は傾向的には } \frac{s}{\lambda+\delta} \text{ にひとしくなる}^{[訳注22]}. \tag{18}$$

また(4)式から，

i/p は傾向的には h にひとしくなる，

ということもわかる．したがって，(14)式をつかえば，

$\dot{y}/y$ は傾向的には $\dfrac{s}{h}-\lambda-\delta$ にひとしくなる，

ということをみちびきだせる．(18)のしめすところにしたがえば，y は最終的には i と同率で増大し，i は γ の率で成長する$^{[訳注23]}$．

したがって，

$$\gamma = \frac{s}{h} - \lambda - \delta \tag{19}$$

になる．そこでハロッドの用語をつかってその式の意味するところをのべれば，以下のようになるであろう．賃金がゼロであって，利潤が全産出高をのみつくすほどの大いさであるような場合にかんして「保証成長率」をかんがえてみると，「自然成長率」（ここではそれは $\gamma+\lambda+\delta$ である）がそのような率にひとしくなっている（なぜならば，そのような場合には s は Y のなかから貯蓄される割合とひとしくなり，そして $h=i/p$ になるからである）$^{[訳注24]}$．

10. 容易にわかるように，長期的にみると，実際には 1 人あたり産出高成長率はこの大いさ，つまり $(s/h)-\lambda-\delta$ よりおおきくなりえない．(5)式にしたがえば，i/y は究極的には s/r よりもたかくは上昇できない$^{[訳注25]}$．それゆえに，(4)式にしたがえば，1 人あたり産出高とくらべると賃金率がかりに無視できるほどの大いさであったとしてさえも，p/y は $s/(rh)$ より

おおきくはなりえない．方程式(14)にもどってみると，上述の事柄は下記の不等式を意味していることがわかる．

$$\frac{\dot{y}}{y_t}+\lambda+\delta \leqq r\cdot\frac{s}{rh}=\frac{s}{h}$$

したがって，下記の〔条件〕式がみたされないかぎり，定常的成長均衡は存在しえないのである〔訳注26〕．

$$r \leqq \frac{s}{h}-\lambda-\delta$$

このような制約条件にわずらわされなければならない，ということは通常は予期しがたい．なぜならばs/hという数値はおおきいからである——とりわけ，成長率がたかい場合にはhはちいさくなるであろう，ということをおもいだしてみれば，前述のようにいえるのである．技術進歩関数によってさだめられた均衡成長率が実際にこの不等式をみたしそこなったとしたら，いったいどんなことがおこるであろうか．もしそのように質問されたとすれば，答えはこのようにならざるをえない．賃金率は最低水準にまでおしさげられ，期待がみたされるところまで投資をしようとしてもそれをなしえない，ということに企業家はそのときになって気づくであろう．つまり等式(4)はまたしても不等式になってしまうであろう．〔そこで〕均衡成長率γがこのような不等式にあまんじている，と仮定したうえで，のこりの論述をすすめることにしたい．

方程式(19)によってしめされる，γの非現実的な値をまったく考慮外におくならば，$\gamma>\beta$という状態をともなった均衡は異例な事態になる．〔なぜならば〕γがほんのすこしうごいただけで，均衡が不可能になってしまうし，かりに均衡が可能であるにしても，それは$\beta=\gamma$という状態をともなう場合だけにかぎられるからである．

11．上述の説明からあきらかになったように，定常的成長均衡には，
(iii)　　　$\beta = \gamma$

〔という要件〕が内包されているであろう．そしてまたそのような事例の場合には，T が一定であるということも含意されている．さて〔そこで問題になっているような事例のもとでは〕，(17)式は下記のようになってしまう．

$$r_t = \lambda + \delta + r_{t-T} \cdot e^{-(\lambda+\delta)T}$$

なお，この場合には T は一定値である．そこで r_t は傾向的には下記のような均衡値にむかうであろう[訳注27]．

$$r = \frac{\lambda + \delta}{1 - e^{-(\lambda+\delta)T}} \tag{20}$$

〔また〕方程式(5)からは下記の式をみちびきだすことができる．

$$y_t = w_t + \frac{r}{s} i_t$$

ところが，均衡のもとでは〔(20)式からあきらかなように〕r は一定である．そこで y_t もまた均衡成長率 γ で成長することになる．この最後の方程式にかんしては，下記のようにかきなおしておくほうが便利である[訳注28]．〔なお以下の部分では均衡状態下の値をしめす場合には添字 t を省略する．〕

$$\frac{r}{s}\frac{i}{y} + \frac{w}{y} = 1 \tag{21}$$

均衡状態のもとでは期待はみたされる．そこで $w_t^* = w_t$ になる．〔また〕$w_t = w_0 e^{\beta t} = w_0 e^{\gamma t}$ であるから（その式の w_0 はある初期時点での賃金率である），方程式(4)の積分をもとめることができるのであるが，その結果として下記の解がえられる[訳注29]．

$$i_t = hp_t - \frac{e^{\gamma h} - 1}{\gamma} w_t$$

その式を〔整理して両辺を y で割ると〕つぎのようにかくことができる．

$$\frac{1}{h}\frac{i}{y} + \frac{e^{\gamma h} - 1}{\gamma h}\frac{w}{y} - \frac{p}{y} = 0 \tag{22}$$

〔また前述のように均衡状態では y の成長率，つまり $\dot{y}/y$ は γ になるから〕いまにいたれば，(14)式を下記のようにかきなおせる．

$$(r - \lambda - \delta)\frac{w}{y} - r\frac{p}{y} = -(\gamma + \lambda + \delta) \tag{23}$$

方程式(21), (22), (23)は i/y, w/y および p/y にかんする連立方程式としてとりあつかうことができる（なお定常的成長のもとではそれらの3つの値はすべて一定値である）[訳注30]。

ところで〔この場合には〕方程式(9)の備えがあれば，下記のような，T にかんする方程式をえることができる[訳注31]。

$$e^{rT} = \frac{p}{w} = \frac{p/y}{w/y} \tag{24}$$

〔そこで〕r，〔および〕(21), (22)そして(23)式から算出した p/y, w/y をつかって〔上式をかきなおすと〕，下記の式がもとめられる[訳注32]。

$$e^{rT} = \frac{1 - \dfrac{h(\gamma+\lambda+\delta)}{s} \cdot \dfrac{e^{\gamma h}-1}{\gamma h} + \dfrac{\gamma}{r}}{1 - \dfrac{h(\gamma+\lambda+\delta)}{s}} \tag{25}$$

また，e^{rT} は $[e^{-(\lambda+\delta)T}]^{-\gamma/(\lambda+\delta)}$ とかきあらわすことができるので，(20)式から下記の式がえられる[訳注33]。

$$e^{rT} = \left[1 - \frac{\gamma+\delta}{r}\right]^{-\frac{\gamma}{\lambda+\delta}} \tag{26}$$

パラメーター λ, δ, h, s ならびに定常的成長率 γ（それは技術進歩関数によって決定される）を併用すれば，(25)および(26)式にもとづいて T および r は同時的に決定されることになる．〔なお〕$\gamma+\delta=0$ の場合には方程式(20)は有効性をうしなう．そのような場合には方程式(6)にたちもどることになる．それを積分〔して均衡成長の条件を勘案〕すれば，

$$rT = 1 \tag{27}$$

をえるけれども[訳注34]，このような特殊事例の場合には，この式が(26)式の代理をつとめることになる．

12. (25)および(26)式は多少，やっかいな方程式であるけれども，パラメーターに特定の値をあたえて式をとき，具体的な数値をえることについては，特別な困難はない．T と r が算出されれば，(23)および(24)の連立方

程式をといて p/y および w/y (つまり賃金の分け前) の値をえることができるし,そうすれば,(22)式から i/y をもとめることができる.それらの方程式〔群〕にかんして有意な解がただひとつ存在している点については,〔本章の〕付録で証明をおこなう.

もし資本ストックにかんして,陳腐化にともなう,価値の低下がなんら考慮されず,過去に支払われた費用で評価がおこなわれるとすれば,〔i の定義にもとづいて〕下記の式がかならずえられる.

$$K = \int_{t-T}^{t} i_\tau n_\tau e^{-\delta(t-\tau)} d\tau$$

また〔p にかんする定義から〕,

$$Y = \int_{t-T}^{t} p_\tau n_\tau e^{-\delta(t-\tau)} d\tau \tag{28}$$

をもとめられるが,その結果として総資本‐産出高比率はつぎのようになる.というのは〔均衡状態のもとでは〕その式の右辺が一定値だからである〔訳注35〕.

$$\frac{K}{Y} = \frac{i}{p}$$

しかしながら陳腐化が予見される場合には,利潤の分け前 π や,(28)式でしめされるような,過去に支払われた投資資本費用がわかっていても,純利潤や資本利潤率についてはいずれも計算が不可能である.ある時点での資本の価値を K_t と比較すると,陳腐化にそなえて計上される準備金の額だけひくくなるであろう.そして陳腐化準備引当金(T 年たつとその設備は稼働をやめるが,この点はもちろんのこととして,そのほかに,ある所定の産出期間を経過した設備の稼得利潤が毎年,減少する点もそのさいに考慮されなければならない)については,利潤を稼得する資本にかんする知識なくしては,それを計算できない.ところがこんどは逆に資本について情報をえようとしても,利潤率にかんする知識なくしては,それができないのである.

13. 完備した黄金時代均衡の状態においては,(1)期待は(全般的に)か

なえられ，したがって新投資にかんする期待利潤は実現された利潤とおなじ大いさになり，また(2)稼得される利潤率はすべての投資にかんして同一になるのであるが，そのような状態のもとでは前記の不等式(3)は等式におきかえうるし，またρを決定する，付加的な方程式とみなすことも可能である（なぜならばi_t, p_t, w_tおよびTはすべて体系内の他の方程式によって決定されるからである）．つまり，

$$i_t = \int_0^T e^{-(\rho+\delta)\tau}(p_t - w_{t+\tau})d\tau \tag{3a}$$

になる[訳注36]．このようにしてρは一定値になる．そこで周知の関係式，

$$\gamma + \lambda = \rho\sigma \tag{29}$$

が成立する[訳注37]．なおその式のσは純利潤中から貯蓄される割合である．というのは，しらべれば容易にわかることであるけれども，（取得される産出物ではかった）資本の価値は均衡成長率$\gamma+\lambda$で成長し，(3a)式で定義されたρは資本ストックにたいする純利潤の比率にひとしくなるからである．もちろん，一般的にいえば，σはρに依存しているし，関係式(29)をつかえば，もっとも上手にそれを計算できる．しかし$s=1$の場合，つまり（粗）利潤がすべて投資されるような場合には，σもまた1にひとしくなるはずである．そのために利潤率は産出高の成長率にひとしくなる，つまり$\rho=\gamma+\lambda$になる．一見しただけでは，ρのこのような値が(3a)式をみたすか，どうかはあきらかでない．しかしこれはかならずみたされるのである．その点を論証するために，総産出高がつぎのようになる，という事実をつかうことにしよう．

$$Y_t = \int_0^T p_{t-\tau} n_{t-\tau} e^{-\delta\tau} d\tau$$
$$= p_t n_t \int_0^T e^{-(\gamma+\lambda+\delta)\tau} d\tau$$

したがって，(3a)式の右辺に$\rho=\gamma+\lambda$を代入すれば，下記の式がえられる[訳注38]．

第2章　経済成長の新モデル

$$[i_t =]\ \frac{y_t}{r_t} - w_t \int_0^T e^{-(\lambda+\delta)\tau} d\tau$$

〔そこで〕(20)式をつかえば，その式の最後にかかれている積分〔つまり $\int_0^T e^{-(\lambda+\delta)\tau} d\tau$〕は，

$$\frac{1 - e^{-(\lambda+\delta)T}}{\lambda + \delta} = \frac{1}{r}$$

になる．それゆえに(3a)式の右辺は $(y_t - w_t)/r$ にひとしくなるが，$s=1$ の場合にはそれは i_t にひとしい（(21)式をつかえば，そのようになる）[訳注39]．

もし $s \neq 1$ であれば，(3a)式から ρ をもとめなければならない．〔そこで〕もし〔(3a)式にもとづいて〕積分をおこなえば（p や w は指数関数的に成長するので，これができる），〔その積分値を y で割ることによって〕つぎの関係式がもとめられる．そしてこの式をとけば，$\rho + \delta$ の具体的な数値を算出できる[訳注40]．

$$\frac{i}{y} = \frac{1 - e^{-(\rho+\delta)T}}{\rho + \delta} \frac{p}{y} - \frac{1 - e^{-(\rho+\delta-\gamma)T}}{\rho + \delta - \gamma} \frac{w}{y} \tag{30}$$

黄金時代均衡の事例以外においては投資利潤率は存在しない．もっとも仮想的な利潤率というのであれば，話は別になるけれども，それは慣習と信念の混合物に依拠している．そこで収益の妥当性にかんする検定にある特定の投資計画が合格しうるか，どうかという点については，企業家はこのような〔あやふやな〕代物で判断をくだしていることになる．

14. 統計数値上の諸結果

パラメーターにかんしてさまざまな数値を任意に選定して，それらに照応する，方程式の解をしめしたものが以下〔116ページ〕の表である[11]．

1950年代のアメリカにかんしてパラメーターの妥当な数値をしめせば，r は2から2½パーセント，$\lambda + \delta$ は2から4パーセント，s は0.66，h は4から5年になっている．製造業における設備の平均耐用年数は17年である，と推定できる．法人帰属の粗所得から法人税を差し引き，それにたいする，

$s=0.66$ の場合の解

h (年数)	$\lambda+\delta\%$	$\gamma\%$	T (年数)	r	$\pi\%$	$I/Y\%$	i/p	$\rho+\delta\%$
3	2	2	8.03	0.135	8.0	5.3	0.367	21.7
		2.5	8.15	0.133	10.1	6.7	0.459	22.1
		3	8.27	0.131	12.2	8.1	0.551	22.4
	4	2	8.68	0.136	8.9	5.9	0.401	23.0
		2.5	8.82	0.135	11.2	7.5	0.501	23.4
		3	8.97	0.133	13.5	9.0	0.601	23.7
4	2	2	11.20	0.100	11.2	7.5	0.672	17.0
		2.5	11.44	0.098	14.1	9.6	0.839	17.3
		3	11.68	0.096	17.1	11.4	1.006	17.6
	4	2	12.54	0.101	12.9	8.6	0.759	18.2
		2.5	12.84	0.100	16.3	10.9	0.948	18.6
		3	13.15	0.098	19.8	13.2	1.136	18.9
5	2	2	14.69	0.078	14.6	9.7	1.080	14.1
		2.5	15.10	0.077	18.5	12.3	1.348	14.4
		3	15.53	0.075	22.4	14.9	1.615	14.7
	4	2	17.13	0.081	17.8	11.9	1.267	15.4
		2.5	17.71	0.079	22.5	15.0	1.579	15.7
		3	18.34	0.077	27.4	16.4	1.888	16.0

　税引き後の法人粗利潤の割合をもとめて，π でしめすと，その大いさはこれまでは21パーセントであったし，企業の粗生産物にたいする，企業の固定資本の割合をもとめると，約1.5であった．前記の表のしめすところにしたがえば，それらの大いさは，s が0.66，h が5，$\lambda+\delta$ が4パーセントであって，さらに γ が2から2.5パーセントであるような場合にみられる結果と近接している[12]．

　他方，投資利潤率はややたかいようにおもわれる．しかしながら，この論文の方程式(3)は税引き後の一連の粗利潤から(純)利潤を算出しようとしているのであって，(通常，おこなわれているように)税込み粗利潤にもとづいておこなわれているわけでないことを銘記すべきである．通常の算出方法の場合と比較すると，ここでの方法の場合には陳腐化準備金は過少に計上さ

第2章 経済成長の新モデル

さまざまな s にかんする解の代表例

s	h	$\lambda+\delta\%$	$\gamma\%$	T	r	$\pi\%$	$I/Y\%$	i/p	$\rho+\delta\%$
0.33	3	2	2	20.66	0.059	20.4	6.8	0.955	30.6
			2.5	21.26	0.058	25.6	8.5	1.169	30.8
0.50	4	4	2	19.98	0.073	20.7	10.3	1.207	21.7
			2.5	20.66	0.071	26.2	13.1	1.490	22.0
			3	21.42	0.070	31.8	15.9	1.765	22.3
	5	2	2	22.61	0.055	22.2	11.1	1.655	17.0
			2.5	23.47	0.053	28.1	14.0	2.038	17.3
			3	24.41	0.052	34.1	17.0	2.407	17.6
1.00	4	4	2.5	6.08	0.185	7.7	7.7	0.387	6.5
			3	6.22	0.182	9.4	9.4	0.474	7.0
	5	2	2.5	7.28	0.148	9.0	9.0	0.561	4.5
			3	7.49	0.144	11.1	11.1	0.691	5.0
		4	2.5	8.20	0.143	10.4	10.4	0.662	6.5
			3	8.44	0.140	12.7	12.7	0.812	7.0

れており，その結果，純利潤は過大になっている．それはまたつぎの事柄を意味している．つまり，租税の「総額集計 grossing up」の場合には，減価償却額控除まえの利潤に課せられる有効税負担にかんする税率が妥当性をそなえているのであって，減価償却額控除後の利潤にたいする税率はそうではないのである．したがって法人利潤にたいする租税が税込み粗利潤の3分の1であるとすれば，（税引き）純利潤率が12.5パーセント（$\lambda=1$パーセント，$\delta=3$パーセントと仮定）であるということは，税込み純利潤が18.75パーセント[訳注41]であることに照応している[13]．

また数値をみれば，つぎのこともわかる．π や i/p は技術進歩関数（すなわち γ）の変化にたいしてかなり敏感であり，s や h の変化にたいしてもいちじるしく敏感であるけれども，λ や δ の変化にたいしては安定的である．〔ところが〕T は s や h の変化にたいしてのみ敏感であって，γ にたいしてはそうではない．このような結論は一見したところでは奇異に感じられるかもしれない．T は γ にたいして逆相関の関係になっている，と予想し

ている人もいるようであるし，また $r(=n_t/N_t)$ は $(\lambda+\delta)$ にたいして正の相関関係をもっている，とも予想されているようである．しかしながら γ の上昇は i/p の上昇を誘起し，したがって π を上昇させるが，そのために，これと関連して T の変動がきまるさいには，γ の上昇は十二分に埋め合わされてしまうのである．そして $(\lambda+\delta)$ の上昇にともなって（ひとつの定常的成長均衡からほかの均衡に移行する場合とちょうどおなじように），そのときの〔全〕労働力と比較してみると，陳腐化によって離職する労働量は〔相対的に〕減少する．（なぜならば λ がおおきくなる場合には，T 年後の労働力はずっとちいさくなるし，また δ がおおきくなる場合には，T 年後に建造される設備のうちで廃棄されずに稼働をつづける数はずっとすくなくなるからである．）かくして離職労働力の減少によって $(\lambda+\delta)$ の増加は埋め合わされ，r はほぼおなじ大いさにとどめおかれることになるのである．

15. 全般的な結論

本稿のモデルによって提示された事柄は，技術進歩（新規に製造される資本設備が設計面などで改善される度合を特別な形式で表示したもの）が経済成長の主動力になっている，という点である．そして——ほかのパラメーターとあいともなって——それはたんに生産性成長率を決定するだけではなくて，設備の陳腐化率や平均耐用年数，所得中にしめる投資の分け前，利潤の分け前，ならびに投資と潜在的産出高との関係（すなわち新資本にかんする「資本/産出高比率」）を決定しているのである．

このモデルは作動様式にかんしてはケインズ的である（つまり企業家の支出決意が本源的要因になっており，所得などは第二義的なものとかんがえられている），しかも，生産技術上の要因（つまり限界生産力，ないしは限界代替率）が賃金や利潤の決定にさいしてなんらの役割もはたしていないという意味で，それは断じて非新古典派的である．ある種の分量の資本 K_t や労働力 N_t と，ある種の分量の産出高 Y_t とのあいだに介在する，ただひとつの数量で評価できる関数関係という意味であれば，「生産関数」はあきらか

第2章 経済成長の新モデル

に存在していないのである．つまり K_t を構成している設備財の集合体がどのようにつくりだされてきたか，ということに万事が依存している．（過去に支出された費用で測定される）K_t を所与とすれば，現存資本ストックがいっそう斬新な設備によってしめられるほど，Y_t もおおきくなるであろう．たとえば，もし人口成長率が加速されているような場合には，そのような事態が実際におこりうるであろう．

いわゆる「機械」は準地代を稼得するけれども，それが旧式のものであればかならず稼得額がちいさくなる（そのために，機械のなかでもっとも旧式なものにかんしては準地代はゼロになる）というような場合には，限界的な「機械」の状態で総所得中にしめる準地代（ないしは粗利潤の状態）の分け前がきまるといったのでは，間違った発言をしたことになる．なぜならば総利潤はそのような「準地代」の構成状況とはまったく無関係に，方程式(5)によって決定されるからである．つまり産出高中の投資の分け前や利潤中から貯蓄される割合を決定する諸要因によってさだまっている．それゆえに，その体系中のほかの方程式が限界的な機械の状態自体を全面的にきめているのである．準地代の分け前（の総体）がどのようになるかをきめているものは，(5)式に特化されているような巨視的経済状態であって，機械の稼働年数や生産性にかんする構成状況ではない．

技術進歩関数は技術的な「投資関数」，すなわち労働者1人あたりの投資と労働者1人あたり産出高間の（時間の経過にともなって転位する）関数関係と十分に両立しうる[14]．しかしながら予期される陳腐化や不確実性を考慮しなければならない．したがって投資の「限界生産物」，dp_t/di_t が1人あたり数量の決定のさいに一役を演じるといったのでは，正確さを欠くことになるであろう．設備稼働にともなう収益性は時間の経過にともなって減少すると予想されるので，毎期の利潤につけくわえられる限界追加分（それを「限界価値生産性 marginal value productivity」とよんでもよいであろう）は技術的な意味の限界生産物とまったくことなる，なにものかになるであろう．そして後者〔つまり技術的意味の限界生産物〕とはことなって，それは技術的

な関数だけの派生物ではなくて，全体系の諸関係に依存することになるであろう．支配的な利子率，ないしは「仮想的」利潤率とでもいえる，なにものかで割引かれた，予想利潤の限界的増分が投資の追加分にひとしくなるまでは，「利潤極大化行動」にともなって1人あたり投資は追加されつづける，といえるかもしれないけれども，不確実性にたいする一般的態度を考慮すれば，そのような説明でさえもなお正確さを欠くことになるであろう．先ざきをたずねれば，その分だけ不確実性は増大する——そのためにある所定年数内で投資費用を回収したい，という欲求が効果的な制約要因になるときにはいつでも（方程式(4)ではそのように仮定している），前述の限界原理的条件がみたされる以前に，1人あたり投資は中断されてしまうであろう．

方程式(4)をいっしょにつかえば不等式(3)によってその体系のパラメーターにもとづく投資関数の特定化が可能になるけれども，それらのパラメーターは，予想利潤率と利子率間の関係にはかかわりなしに，n_tとi_tをいずれも決定しているのである．従来の「ケインズ派」モデルにおいては投資の「限界効率」と（それとは別個に決定される）利子率にかんして，ある種の関係を仮定し，それと密接に関連づけられて，独立的な投資関数が存立していたのである．〔ところが〕このような状況は悩みの種になった．なぜならばそれは「過剰決定」[15]問題をひきおこしたし，さもなければ，資本/産出高比率（ないしは労働者1人あたり投資量）それ自体が利潤率の金利超過状況に対応して変動する，と仮定しなければならなくなったからである[16]．後者の考察方法の場合には利子率の重要性を過大にあつかっている，という点で弱点があらわれた．利子率は一定であって，心理的な最低必要要件（つまりケインズ理論のなかの「純粋な」流動性選好）によってさだまると想定できれば，そのかぎりではこの点はあまり問題にはならなかった．しかし利潤率の利子超過分が貨幣当局の支配下におかれていることをかんがえあわせると，このような超過分（それは資本/産出高比率を選定し，このことによって他の変数も決定する）を重要要素として頼りにするという方法は納得しがたい．つまり，貨幣当局によって追求される政策が金利と利潤率との関係をある程

第2章 経済成長の新モデル

度,不変のままにとどめるようなものであったと仮定しよう——貨幣当局はおそらくは容易にその気になりやすい——,そうなると貨幣当局を重視するという点で,通常の経験とはいちじるしく背反する仕方で事態を総括することになってしまうであろう.

本章のモデルでは,ある種の制約条件に抵触しないと仮定できる場合には,投資決意にほんのすこしの影響もあたえないで金利が上下に変動できる,としておいたが,この点は前述の仕方とは対照的である[17]. すくなくとも固定資本投資の場合には,利子率が投資決意になんらの影響もおよぼさない,という点については(イギリス,アメリカ両国の)実業家のたびかさなる断言とじつにうまく適合している.

最後に,つぎのような問題にふれておく.「技術進歩関数」が(2)式のように特定化されると仮定した場合には,技術変動の性質に内包される限定はどの程度のものになるか,という点がそれである.単位期間内の労働者1人あたり投資が変化すればいつでも,あたらしい着想(つまり「革新」)の実際的な開発度合に変化があらわれる.「資本節約的」革新(それは産出高/労働比率はもちろんのこととして,産出高/資本比率も増大させる)は,労働生産性におなじ程度の増加をもたらす「労働節約的」革新と比較してみると,企業家にとってはるかに有利である.そのために前者〔つまり「資本節約的」革新〕がまず最初に開発され,そして1人あたり投資増加率がおおきくなればそれだけ,技術変動の〔内部構成上の〕釣り合いは「資本利用的」な方向へ(ないしは「資本節約的」でない方向へ)かたむいていく,とおもわれる.したがって,なにがしかの,労働者1人あたり投資増加率がつねに存在し,それにもとづいて1人あたり投資とおなじ率で1人あたり産出高が成長せしめられ,またそのような意味で「中立的」技術進歩が出現させられる.したがって1人あたり投資増加率が終始,不変にたもたれる,という仮定のなかにはまた,技術革新の全般的な経緯のなかにしめる,「資本節約的」ならびに「資本使用的」革新の相対的重要性は不変のままにとどまる,という仮定が内包されている.〔さらに〕このような仮定は実際には,技術進歩率

が一定であるという仮定を意味している．なぜならば「資本節約的」革新の発生率の増大は技術進歩関数の上方転位とおなじことになるし，その逆もいえるからである．したがって技術進歩関数にかんしてある種の「中立的」技術進歩を仮定する場合，その唯一の意味は，「非中立的」技術進歩がおきると必然的に，$\dot{i}/i$ の，ある所定の値にかんする生産性増加率に加速化，ないしは減速化の動きがひきつづいてあらわれる，ということになる．

このモデルであきらかにされた，経済政策面の主要な，「実際的」結論としてつぎの点を指摘できる．旧式の設備の廃棄の加速化をうながすような，なにがしかの計画（たとえば時代遅れの工場・設備の利用にたいする課税）は一時的には1人あたり産出高の増加率，$\dot{y}/y$ をかならず加速する．なぜならばそれは n_t（あたらしい機械のために「利用可能な」労働者数）を増加させ，したがって I_t も増加させるからである．それゆえに，前記の計画は p_t/y_t の減少を意味しているであろう．しかしながら，もっと恒久的な是正策ということであれば，経済内の技術的起動力に刺激をあたえることが必要になる（そうすれば技術進歩関数が引きあげられるのである）．刺激をあたえる，ということは科学教育の活性化や，研究用支出の増加にかかわっている．しかし，おそらくはこれが主要な事柄であるけれども，それだけではない．技術改善の研究にたいしてはこれまでよりももっと機敏に対処し，そして改善処置の導入にたいしてはこれまでのように抵抗しないで，もっと高次元の企業経営をおこなう，ということも間題になるのである．

第2章 経済成長の新モデル

付　　録

　定常的成長状態にかんする方程式の解がただひとつであるか，どうかという点について検証する必要がある．方程式(25)は $1/r$ の関数としてあらわした e^{rT} にかんする線型方程式であるが，一方の軸に $1/r$ を目盛り，他方の軸に e^{rT} を目盛るようにすれば，図上にその方程式を直線として表示できる．

　他方，方程式(26)は（図でしめしたように）傾斜が漸増する曲線としてあらわされる．方程式(26)をしめす曲線 BB' は $e^{rT}=1$ と $1/r=0$ に照応する点を通過するし，方程式(25)をしめす AA' 線にかんしては，$1/r=0$ の場合には $e^{rT}<1$ になる〔訳注43〕．

　〔以下の部分で〕つぎの事柄を証明する．(1) AA' 線は実際に BB' 線をよこぎる．しかも〔より正確にいえば〕r にかんしては r_1 と r_2，T にかんしては T_1 と T_2 の大いさに照応する2点をよこぎっている．(2)〔その2点の

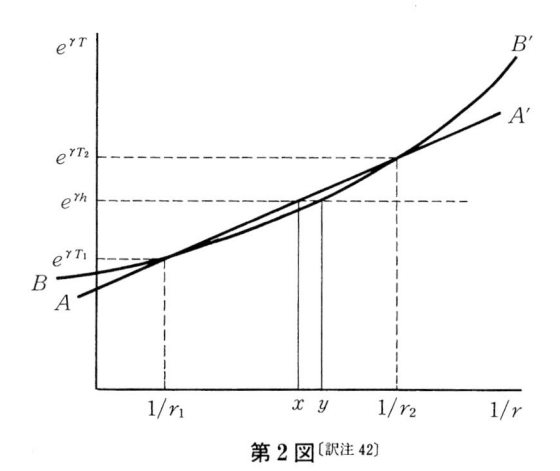

第2図〔訳注42〕

うちで r_1 と T_1 に照応する点の場合には〕$T_1<h$ になり，そのために実際にはこの事例はおこりえない（なぜならば企業家は損失をこうむってしまうからである）．このことから，存在可能な定常的成長状態はただひとつ〔つまり r_2 と T_2 に照応する点〕だけである，と推論できる．

（1）AA' 線がかならず BB' 線をよこぎることを証明するために，AA' 線よりひくいところに位置する，BB' 線上の点が存在することを提示しておく．AA' 線上の（つぎの方程式(25)の解としてえられる）$T=h$ に照応する $1/r$ の大いさを x とおき，また BB' 曲線上の（つまり方程式(26)を解いてえられる）$T=h$ に照応する $1/r$ の大いさを y とかくことにしよう．

そうすれば，つぎのようになる[訳注44]．〔まず(25)式に着目すると，つぎの結果がえられる．〕

$$\begin{aligned}\gamma x &= e^{\gamma h}\left[1-\frac{h(\gamma+\lambda+\delta)}{s}\right]+\frac{h(\gamma+\lambda+\delta)}{s}\frac{e^{\gamma h}-1}{\gamma h}-1 \\ &= e^{\gamma h}-1-\frac{(\gamma+\lambda+\delta)}{\gamma s}[\gamma h\cdot e^{\gamma h}-e^{\gamma h}+1] \\ &= \gamma h+\frac{1}{2}(\gamma h)^2+\frac{1}{6}(\gamma h)^3+\cdots \\ &\quad -\frac{\gamma+\lambda+\delta}{\gamma s}\left[\frac{1}{2}(\gamma h)^2+\frac{1}{3}(\gamma h)^3+\frac{1}{8}(\gamma h)^4+\cdots\right] \\ &= \gamma h+\frac{1}{2}(\gamma h)^2\left[1-\frac{\gamma+\lambda+\delta}{\gamma s}\right]+\frac{1}{6}(\gamma h)^3\left[1-2\frac{\gamma+\lambda+\delta}{\gamma s}\right] \\ &\quad +\frac{1}{24}(\gamma h)^4\left[1-3\frac{\gamma+\lambda+\delta}{\gamma s}\right]+\cdots\end{aligned}$$

ところが，あきらかに $\gamma+\lambda+\delta>\gamma s$ であるから，角括弧でかこまれた項はすべて負値になる．そこで，

$$\gamma x < \gamma h-\frac{1}{2}(\gamma h)^2\left[\frac{\gamma+\lambda+\delta}{\gamma s}-1\right]$$

になる．〔また〕$s\leqq 1$ であるから，したがって次式がえられる[訳注45]．

$$\gamma x < \gamma h-\frac{1}{2}\gamma h^2\cdot(\lambda+\delta) \tag{31}$$

さらに，

第2章 経済成長の新モデル

$$\gamma y = \frac{\gamma}{\lambda+\delta}(\lambda+\delta)y = \frac{\gamma}{\lambda+\delta}[1-e^{-(\lambda+\delta)h}]$$

$$> \frac{\gamma}{\lambda+\delta}\left[(\lambda+\delta)h - \frac{1}{2}(\lambda+\delta)^2 h^2\right]$$

$$= \gamma h - \frac{1}{2}\gamma h^2(\lambda+\delta)$$

という結果をみちびけるのであるが,すぐ上〔つまり(28)式〕でしめしたことにしたがえば,それ〔つまり γy〕は γx より大きい.そこで $y>x$ という結論がえられる[訳注46].その意味は,$T=h$ の場合には曲線 BB' 線が AA' 線の左側に位置しているということである.したがって AA' 線は BB' 線と交差する.なぜならば AA' 線は BB' 線の場合よりも下の点で $e^{\gamma T}$ 軸をよこぎり,また BB' 線は結局は AA' 線よりもたかいところまで上昇してしまうからである.

(2) $T=h$ の場合には BB' 線は AA' 線の右側に位置しているが,このような事実からまた,AA' 線と BB' 線が交差する点のひとつにかんしては $t<h$,すなわち $T_1<h$ になる,と推論できる.したがって,T_2(それは h より大きい)だけが T にかんして採択可能な大きさになっているのである.

これまでにしめした事柄は,成長率 γ で定常的に成長する状態にかんしては,この論文の方程式にとって採択可能な解がただひとつ存在している,ということである.〔$\lambda+\delta=0$ という事例にかんしてもおなじ方法で,つぎのような結論をみちびける.つまり(28)式から $\gamma x<\gamma y$ がえられ,またこのような事例では $h=y$ になる.〕

注

1) 本稿は J.A. マーリーズ Mirrlees との共著の形式で執筆され,当初は『レヴュー・オブ・エコノミック・スタディーズ』 *Review of Economic Studies*, vol. XXIX (1962) no. 3 で公刊された.

2) N. カルドア「択一的な分配理論」"Alternative Theories of Distribution", *Review of Economic Studies*, 1955-56(『価値・分配論集』 *Essays on Value and Distribution*, pp.

228-36 に再録).「経済成長のモデル」"A Model of Economic Growth", *Economic Journal*, December 1957 (『経済安定と成長』*Essays in Economic Stability and Growth*, pp. 256-300〔中村至朗訳, 309〜58 ページ〕に再録) および「資本蓄積と経済成長」(1958 年 9 月に, コルフ〔の学会〕で発表し, 1961 年に出版された『資本の理論』*The Theory of Capital*, London, Macmillan, pp. 177-220 で公刊され, またこの巻〔の第 1 章〕にも再録) を参照せよ. 現在のモデルに関連する, カルドアの考えはカリフォルニアのバークレー校におけるフォード財団寄託経済学客員教授 Ford Research Professor in Economics の任期中に案出されたものである.

3) 平均的, ないしは代表的会社にかんしては経済全体の生産と同率で販売高が成長する, と仮定してもよいであろう. しかし, もっと高率で成長する, 異例な会社や, もっと低率で成長する平均以下の会社はもちろんつねに存在しているであろう. 生産能力が期待販売高とのあいだに, ある種ののぞましい関係を維持する, という目標にかんしては, 投資はあらゆる場合に役立っている.

4) おそらくは「内在化された」技術進歩にくわえて,「内在化されない disembodied」技術進歩ももちろん存在するであろう. 現存する機械を稼働しているあいだに技術情報が増加する結果として達成される技術進歩がそれである. 他方, (補修費や整備費などが増加することを勘案すると) 年月の経過にともなって機械の物的効率もおそらく低落する. したがって, ここで物的効率の不変を仮定したことは, このような 2 要因がおたがいにちょうど釣り合っている, という意味である.

5) つぎの点が銘記されなければならない. つまりこのモデルの「技術進歩関数」は新規に設置された機械 (t 期の投資に帰因する設備) を稼働する労働者 1 人あたり産出高成長率に関連しているのであって, 経済全般の生産性成長率に関連しているわけでない (もっとも, 完全な定常的成長均衡のもとでは両者はおたがいにおなじ大きさになるが, その点についてはあとで説明する). また各年の労働者 1 人あたり粗投資成長率に関連しているけれども, 資本蓄積率 (それはおそらくは意味のある, ないしは測定可能な数値ではない) にかんしてはそうではない. 技術進歩をともなう場合には工員 1 人あたり投資はおなじであっても, つぎの年にはその投資からうみだされる, 工員 1 人あたり産出高はおそらく増大するし, また時の経過にともなって工員 1 人あたり投資の大きさが増加する場合には, ある限度内にはこの成長率もおそらく増加する.

6) 黄金時代均衡の場合には (3) 式の不等号は等号におきかえられなければならない. また他のすべての方程式とはかかわりなしに変数が決定されるので, その場合には (3) 式は投資利潤率の決定式になる, とかんがえうる. 後記の 70-1 ページ〔本訳書の 113〜4 ページ〕を参照せよ.

7) したがってこの論文の方程式 (3) にかんしてはつぎの条件が前提されている.

会社にとって利用可能な「資金調達」量はその会社の固定資本支出よりもいちじるしくおおきく，したがってその会社は単位期間内の総投資支出を自由に変更しうること，また，関連する投資量をすくなくして，稼得総利潤をへらすことにすれば，その計画によって収得可能な利潤率はおおきくなるけれども，しかし(3)式でしめされた，十分条件にかんする検定に合格できるような計画をその会社は採用することがそれである．(別言すると，株主資本にかんする利潤率を極大化しようとする動機に会社は誘導されている，と仮定しているのであるが，固定資本投資にかんする利潤率の極大化という仮定とはことなる決意がそのような動機に内包されているのである．)

8) これらの2式で提示された仮定は〔前章の〕「資本蓄積と経済成長」で設定した仮定とは対照的である．その論文の仮定にしたがえば，

$$\frac{P}{K} = r + \rho$$
$$\rho = \xi(v) \quad (\xi' > 0)$$

になる．なお上式中の P/K は利潤率，r は貨幣利子率，ρ は危険割増料，v は資本/産出高比率である．〔その論文では〕v には運転資本にたいする固定資本の比率が反映され，また前者〔つまり固定資本〕にたいする投資は後者〔つまり運転資本〕にたいする投資よりもはるかに危険である，ないしは「非流動的」であるとかんがえられるので，ρ は v の増加関数になる，と仮定されていた．収益が増大すれば固定資本が需要されるという点にかんしては，現在の仮定はまえの〔論文の〕仮説と矛盾していない．しかしこの論文の場合には，投資費用が利潤から「返済」される期間をながくすればいつも，固定資本投資の「危険性」はそれだけ増大する，という点も考慮されている——なおこの点は資本/産出高比率（というよりはむしろ投資/産出高比率）だけではなくて，産出高中にしめる粗利潤の分け前にも依存する事柄である．この目的に対応するためには，「流動」企業資産（すなわち固定資本投資に関連する運転資本投資）にたいする観念上の利子負担をふくめて，その他の諸掛りをさしひいた「粗利潤」が算出されなければならない．

9) 賃金からの貯蓄は捨象されている——すなわちそのような貯蓄は非企業投資（個人投資，すなわち住宅建設費）と差し引き勘定でゼロになる，と仮定されている．企業貯蓄が粗利潤の一定割合であるという仮定にかんしては，粗法人貯蓄関係資料からうまい具合に傍証をえることができる．

10) たとえば，1930年代に恐慌や経済停滞をもたらした「資本の限界効率の突発的崩壊」にたいしては，1920年代後期の技術進歩の鈍化が責めを負っているかもしれない．

11) 本節の算出プログラムにかんしてはD.G.チャンパーノン，そして計算機の

利用にかんしてはケンブリッジ大学数学研究室 Mathematical Laboratory of Cambridge University の部長のご高配にあずかっている．

12) T, π, I/Y および i/p に影響する，運転資本（在庫の累計額）投資にかんしてはもちろん，モデルではなんらの配慮もはらわれていないので，そのことに留意しなければならない．しかしながら，その影響を h のなかに包摂することは可能である．同様に，そのモデルでは，政府の貯蓄と投資はひとしい——すなわち政府の施策にもとづく財政黒字，ないしは財政赤字はなんらみられず，また個人貯蓄と個人投資（主として住宅投資）はひとしい，と仮定されている．

13) 合衆国の場合には，（企業）投資の平均利潤率は税込みでは 16 パーセント，税引きでは 8 パーセントと推計されている．

14) 技術進歩関数と生産関数の関係については，『エコノミカ』 Economica, May 1962 所収のジョン・ブラック「技術進歩関数と生産関数」John Black, "The Technical Progress Function and The Production Function" を参照せよ．時間の経過にともなって，ある既定の率で転位し，弾力性が一定であるような（事前的）生産関数を表示する，ひとつの手段が技術進歩関数であるにすぎない，と仮定することは可能である．けれども，毎期の技術進歩がある既定の率では進行せず（「曲線」の転位が「曲線」上の動きに拘束される場合にはそうなる），それゆえに所定の技術知識の「状態」に関連づけられる生産関数をひとつだけかんがえることはゆるされないような場合には，技術進歩関数の仮定はそのような状況と整合するのである．

15) R.C.O. マシューズ Matthews「成長モデルの利子率」"The Rate of Interest in Growth Model", *Oxford Economic Papers*, October 1960, pp. 249-68 を参照せよ．

16) 前掲の「資本蓄積と経済成長」53 ページ〔本訳書，87 ページ〕を参照せよ．

17) なぜならば，（固定資本）投資にかんする期待利潤率の利子率超過分は，「非流動性」，ないしはその他の危険にたいする，なにがしかの最低補償額以上になるにちがいない，という点にかんしては依然として妥当性がかならずや保持されているからである．

第3章 限界生産力と巨視経済学的分配理論[1]
——サムエルソンとモジリアーニにたいする論評[2]——

　サムエルソンとモジリアーニ両教授は巨視経済学的分配理論にかんして長文の批判論文をかいておられるけれども[訳注1]，そこには両氏の分析力の卓越性と，〔その反面では〕新古典派経済学的分析手法に胚胎する知的不毛性が明示されている．全般的完全競争状態下における利潤極大化という仮定には（生産要素間の代替関係にかんする仮説を既定の事実とかんがえれば）論理上の手順として，生産関数が1次同次で，かつ（両軸にたいして漸近的な等量線をもつ）「〔いわゆる〕形状良好 well-behaved」関数である[訳注2]，という仮定が内包されている．それにくわえてつぎのような仮定の必要性もすでに指摘されている．資本が完全に「順応性 malleable」をもつか，さもなければ資本－労働集約度がいかなる場合においても全産業で同一であること——その結果として実質資本は価値（貨幣）単位で一義的に測定可能となっている——，また，天からの授かりもののようにまいおりてくる「ハロッド型中立的 Harrod neutral」〔技術革新〕をのぞけば，技術革新はまったくみられないことがそれである．分析を十分に精緻なものにすることが既定方針となっている場合にはうたがいなく，この類の「仮定」がそのほかにもっとおおく追加されなければならないであろう．（〔追加的仮定の〕候補のひとつであることが明白であるにもかかわらず，いっこうに新古典派モデルへとりいれられないままになっているものは「スラッファ効果 Sraffa effects」である[訳注3]——もっとも，その必要条件を明示的に定型化することは困難であるかもしれないが．）〔しかしながら〕収穫逓増，実地習得 learning by doing, 寡占的競争，不確実性，陳腐化，その他の，そうと気づけば〔新古典派の〕

世界が台無しになってしまうような厄介ものがあるけれども，そのような〔新古典派〕理論にこれらをとりいれる余地はまったくのこされていない．〔そしてもっぱら，〕「いかなる場合においても［この傍点は著者〔つまりカルドア〕のものである］，競争の結果として要素価格が要素の限界生産力にひとしくなるようにしむけられる［この傍点は両氏のものである］（サムエルソン，モジリアーニ論文，271ページ〔邦訳，63ページ〕），というように市場機能がはたらき，さらに（両氏の論文の287-9ページ〔邦訳，89～93ページ〕では「固定的〔生産〕係数」の場合には）限界生産力がなくなってもなおも「市場」は作用をつづけ，それが資本であろうと労働であろうとおかまいなしに，供給過剰になっている生産要素にたいしてはすぐに，その価格をゼロにしてしまうような仕方で懲罰を課せるようになっているのである．

　市場や企業の行動様式にかんする基本的な仮定（つまり全般的な完全競争と一体になった利潤極大化〔行動〕）が既定の事柄になっている場合に，その体系を論理的に首尾一貫させようとすれば，そのような「抽象化」が必要になるけれども，そういうことまで否定しようとおもっているわけでない．しかし先験的な仮定から現実に対処する主張をひきだせるかのごとく夢想する，というような過ちはなびびともおかしてはならないのである．形状良好で，1次同次の生産関数がありうるか，どうかということは事実にかかわる問題である．「完全競争下の利潤極大化」というような，ある種の基本的仮説の結果として，そのような関数の存在を想定する，というようなことはもともとできない相談である．経験的な観察を十分におこなった結果として収穫不変の性質がそなわった生産関数の存在をもしも確証できたというのであれば，〔ないしは〕企業家が弾力性無限大の需要・供給曲線に直面していることをもしも明示できたというのであれば，〔ないしは〕技術知識の進歩がすべての〔生産〕資源の生産力に均等に影響し，生産や投資に関係する企業家の決意とはかかわりなしに，やがてはなにがしかの自律的な割合で進歩がつづくことをもしも明示できたというのであれば，〔わたくしが問題にしているものとは〕ちがった状況になるであろう．しかし，資本1単位あたりの

第3章　限界生産力と巨視経済学的分配理論

産出高は上方へも，下方へも規則的な趨勢をなんらしめしていないのに，労働1単位あたり産出高は——産業がちがい，国がことなれば，増加の程度がいちじるしく変化しているけれども——時間の経過にともなって増加している．経験的観察からいえることとしてはこれがすべてである．いかなる場合でもそうだ，とはいえないにしても〔すくなくとも〕大部分の事例においては，1人あたり産出高の増加率と産出高の増加率のあいだには正の相関関係があることは周知の事実である．しかし，産出高，または投資の変動によって誘起される，ないしはそれらに関連する技術変動の成分と，「自律的な」成分を分離することは不可能である．

しかるにサムエルソン，モジリアーニ両教授の場合には，おもうに，1次同次とか，「形状良好な」生産関数とか，あるいは「ハロッド型中立的」技術変動という仮定の意味するところは現実の描写である，というようにはなっていない（もっとも，幾多の場所で，それが現実の描写である，といわんばかりの議論をしているけれども）．〔つまり〕かれらの場合には，それらの仮定はたんに，分析過程の中間段階のため，という意図のもとで設定された「抽象」である．〔そして〕余儀なく出発点とした抽象がいかにきびしかろうとも，日の暮れぬ間にそこから「見事に脱出する」——〔別言すると〕もし分析を十分にふかめさえすれば，基礎構造を無傷のままにとどめながら分析の足場〔つまり当初の仮定〕を徐々にとりのぞける．新古典派経済学者にとってはこのような信念こそが品質証明になっているのである．〔ところが〕実際には，支柱の撤去はぜったいになしえない．〔というわけは〕たくさんの支柱のなかのどれかひとつを撤去してしまうと——たとえば収穫逓増とか，実地習得〔の仮定〕を容認すれば——ちょうど1組のトランプ〔から1枚をとりのぞいたというような場合〕とおなじように，たったのそれだけが原因で，〔新古典派理論の〕全体系が崩壊するのである[3]．このような抽象がはじめから必要にならないような，完全ではなくて，利潤極大化もおこなわれないような経済から出発するために，〔いうなれば〕非ユークリッド型の経済学体系を包摂する準備にとりかかる潮時に直面しているのがマサチュセッ

ツ工科大学の俊才たち〔つまりサムエルソン，モジリアーニ両教授〕である．（もちろん，純正型新古典派はまたしても先験的論拠を盾にして，このようにいうかもしれない．利潤極大化行動を拒否するものは長期的には野たれ死にする——かくしてダーウィン流〔自然〕淘汰過程にしたがって利潤極大化行動が姿をあらわすであろう，と．〔たしかに〕予見が完全におこなわれ，弱者代替の原理を情無用に追求することによってのみ利潤の獲得が可能になる静態経済の場合であれば，それはまともな話になるかもしれない．しかし予見が不完全で，技術も変動する〔現実の〕世界にあっては，〔新古典派経済学のなかで〕おなじみなタイプの経済人よりも，つまり限界代替率を注意ぶかく均等にしようと心がける人よりも，虫の知らせでうごきまわる，あまりおなじみでない，革新の成功者のほうにダーウィン型〔淘汰〕過程はお恵みをたまわるかもしれないのである．）

　おもうに，これからのべようとする，個別の論評を理解しようとする場合には，以上のような全般的な所見が役にたつであろう．

(1) 資本家と労働者

　サムエルソンとモジリアーニの想定にしたがうと，利潤と賃金にかんしては〔それぞれの〕貯蓄性向 savings propensities のあいだに差異があるとかんがえて，その考えを巨視的経済理論に活用しようとする場合には，世襲の男爵として一括されるような階級と——つまり「終身会員証」を所持する資本家階級と——，「恒久的な」労働者としてひとまとめにできるような〔もうひとつの〕階級が必要であり，また前者は高率な貯蓄性向で，そして後者は低率な貯蓄性向で特徴づけられる．わたくしはもちろんパシネッティ博士に味方をしてとやかくいうわけにはゆかない．しかしわたくし自身の考えにかかわるところをのべてみると，利潤にかんする貯蓄性向の高率性は，資産を所有する個人の富（ないしはそのほかの私有財産）ではなくして，事業所得の性格に付随する，なにものかである，とつねづねかんがえている．収穫が逓増する動態的世界においては，長期にわたって企業が確実に生きのこるた

第3章　限界生産力と巨視経済学的分配理論　　　133

めには，収入目当ての「前払い負担金」の類として，稼得利潤のある割合を再投資する必要があるけれども，それをしっているのは企業であって，なにかの一時期にそれら企業の所有者になった特定の個人集団がそうであるわけではない．その理由は以下のとおりである．(i)不確実な世界や長期にわたる事柄をかんがえる場合には，事業の拡張に必要とされる資金調達源泉のある部分を企業内部にもとめるようにしないと，持続的拡張の確保が不可能になる．(ii)収穫が逓増する世界においては，ある1企業の競争力はその企業の市場の分け前と連動して変化する——つまりその分け前がいかほどなりとも減少すれば，競争力は減退するし，分け前が増加すれば，競争力は改善されるのである．したがって，(iii)市場規模が拡大する世界においては，企業の競争力の維持という点をかんがえただけでも（個別企業にとって）拡張の持続が必要になってくる．それゆえに，貯蓄性向の高率性はかくのごとく利潤ではなくて，資本家〔個人〕にかかわっているのでない．

　事業の所有と経営があわせて同一人に帰属していた，産業資本主義時代の初期においては（たとえばイングランドの初期の製鉄業者とか，もっと最近の話としては，〔アメリカの〕ヘンリー・フォードの場合には），企業利潤を再投資する性向が高率であったが，それには不可避的に，個人所得にかんする貯蓄性向が高率であることは内包されていた．ケインズがかつてのべたように，19世紀の資本家は「ケーキの最良部分を自分のものとよぶことができ，また理屈としては自由にそれを消費できたけれども，この場合には，実際はほんのすこししか消費しないということが暗黙の前提条件になっていたのである」[4]．しかし今日では企業は大部分，金利生活者的資本家 rentier-capitalists（ないしは株主）によって所有されているのであるが，かれらの個人的な貯蓄性向は，自分の所有する企業の貯蓄性向となんらの関係も保持される必要はない．かれらは自分の配当収入にくわえて自由に，自分の資本（ないしは資本利得）をすきなだけ消費できるし，かれらがそうすればそれだけ，「労働者」とよばれている人びとが企業資産を収得して差し引き勘定面では〔資本家の資本費消分を〕埋め合わせるようになるのである．〔また〕

そうしたからといって，事業収入と個人所得間の貯蓄性向の差異がへるわけでない．それどころか，こうなると逆に増大するのである．（理由については付録で説明するけれども，株主による資本資産の食いつぶしを s_c の減少として処理するわけにはゆかない．それは正確には s_w の減少とおなじ影響をおよぼす．なぜならばその結果として企業投資の資金調達のために利用可能な正味の個人貯蓄が減少してしまうからである．）

(2)「反パシネッティ定理」

〔前記の〕著者たちは，労働者の貯蓄性向が十分に高率であると仮定できれば，（高率な貯蓄性向によって特徴づけられる）「資本家」がしだいに排除され，その結果として黄金時代均衡のもとでは，「貯蓄性向」がただひとつしかのこらないことになる，と主張している．けれども，それにたいする反論としては前記の論評で十分である．かれらは自分たちの主張のために，投資の「均衡」水準については「パシネッティ型不等式 Pasinetti in-equality」（つまり総所得中の投資の分け前は賃金，ないしは総個人所得中の分け前より高率になるということ）が成立しえないような状況を念頭においている．かれらはさらに論をすすめて，「資本家」がしだいに「しめだされる」であろう，と言明している．ただし，とどのつまりはマルクス風の暴力革命ではけっしてなくて，ハロッド，ドーマー，そしてソロー流の，ほのぼのとした世界であり，そこでは経済に適用できる貯蓄性向はひとつだけである，ということになっている．別言すると，その場合にはつぎの式が成立しているのである．

$$sY = s_w Y$$

このような主張のすべてにたいして，ひとつだけ回答をあたえるとすれば，以下のようになる．もし基本的なカルドア－パシネッティ型不等式がみたされないというのであれば，ケインズ派巨視経済学的分配理論は一瞬たりとも生存しえないかもしれない．あとはお一人様で〔つまり新古典派だけが〕黄金時代均衡のなかにとどまっていただきましょう．もし投資の「均衡」水準

が労働者の貯蓄よりもすくないというのであれば，投資が能動的な役割をはたし，貯蓄が受動的な役割を演じるはずだとはかんがえがたい．なぜならばもし投資決意が自律的であると仮定すれば，完全雇用にかんする仮定はくずれさるか，さもなくば利潤はつつましやかな存在にならざるをえないからである．そして投資資金をまかなうにたるだけ貯蓄がうみだされる必要性にせまられて利潤がかならずきまる，というようなことは，そのいずれの場合でもあきらかに，思いもよらぬ話になってしまう．さらに，もし利潤がこのような関係とはまったく独立に決定されると仮定すれば——つまり完全競争という名の不思議の国の限界生産力などとか，ないしは，たとえばカレツキ流の「独占度」とかのいずれかできまるとすれば——われわれはさらに純粋に非ケインズ的な体系を仮定する必要にせまられるであろう．そのような体系においては，完全雇用下の貯蓄を十分に調達しうるような投資がかならずや存在している——別言すると，貯蓄が投資を支配しているのであって，その迂回路となるようなものはほかに存在していないのである[5]．どうあってもパシネッティ・モデルが作動しないような，そのためにほかのなにものかが——それがなんであってもかまわない——かならずとってかわるというような，このような状態を想定してパシネッティを論難することは容易である．サムエルソン，モジリアーニ両教授の仮定にしたがえば当然のことながら，そのなにものかはワルラスである．パシネッティの論駁にさいして，かれらはワルラス的な世界をまったくもって生粋な形態で招魂なさっている——完全雇用状態を攪乱させずに，貯蓄がすべてどうにかして投資されうるような世界がそれである．というのは，貯蓄が均衡水準を超過する場合にはそれに応じて投資はその均衡水準を超過する，というような事態がひきおこされるからである．貯蓄の超過分は投資をさがしもとめてかならず利子率（r）を低下させ，投資の所要な追加分が誘起されるために必要な水準までいたらしめる．このような世界がそれであるが，この場合，rの十分な下落を所定の事柄とかんがえれば，$nk/y = s_w$にするようなk/yの値がつねにみつかる，ということも目論まれている（「形状良好な」生産関数をくみこんでいるよ

うな事例がそれである〕．

〔両氏が依拠した〕完全競争や規模にかんする収穫不変などが実際の話というのであれば，それとおなじ程度にパシネッティ型不等式 $s_w < I/Y$ は――つまりサムエルソン，モジリアーニの見方にしたがえば，$s_w < \alpha(k) s_c$ は――実際の話になってくる．〔別言すると〕経験的な調査によって前者〔つまり両氏の前提〕にたいする反証が成立したとすれば，ただちに後者〔つまりパシネッティ型不等式の有効性〕が立証されることになるのである．証拠調べをおこなうか？　これがおこなわれた場合に，どちらが否認されるか？　それが問題である．

(3) 現実管見

「反パシネッティ的」事例は，「労働者」によって「資本家」の存在がのぞきさられるという場合であるけれども，そのような事例にたいする関心に妥当性をもたせるために，ふたりの論者は，たったの1カ所ではあるけれども，変数の現実的な値について議論する必要性をみとめている．〔両氏の論文の〕274 ページの脚注1〔邦訳 114 ページ，脚注 10〕でおこなわれていることがそれであるが，そこでは，$P/Y = \alpha(k^*) = 1/4$, $s_c = 1/3$, そして $s_w = 0.05$ という数値をあげ，そのような値は（かれらの見解にしたがえば）パシネッティ定理を除去するものであるけれども，「アメリカ，イギリスないしは西ヨーロッパのごとき混合経済のもとでは，計量経済学的意味で妥当な数値になっている」[6]と論述し，それを支えにして〔かれらの主張の〕立証をおこなっている．しかしながらその論証のなかで両氏は〔以下の〕4点以上にわたって思い違いをおかしている．

(i)〔かれらがあげた〕「1/3 の法人貯蓄性向」は資本減耗引当金控除後の純利潤からの貯蓄に関係している．〔そして〕1/4 の，法人利潤の分け前は国民総生産 GNP 中の粗利潤の分け前に関係している．〔わたくしのみるところでは〕税引き粗利潤からの「貯蓄性向」の経験値は 1/3 ではなくて，アメリカやイギリスの場合には 0.7 であり，ドイツや日本の場合にはおおよそ

第3章　限界生産力と巨視経済学的分配理論　　　137

0.8前後になっている．(ケインズ派モデルの構築者の観点にたっていえば，妥当な数値は粗利潤からの粗貯蓄や粗投資であって，純貯蓄や純投資ではない．事実，〔かれらのものよりも〕もっと現実的な「設備建造期指定」モデル "vintage" model においては，後者〔つまり純貯蓄や純投資〕のなんたるかをあらかじめきめてかかることさえもできかねるほどである．)

(ii) たんに賃金や給与取得者の純貯蓄（つまり退職労働者の貯蓄引出し分〔だけ〕を控除した貯蓄）をかんがえるならば，おそらくは $s_w=1/12$ という値が現実的な数値である．しかし企業資本の取得，ないしは企業部門への貸出のために利用可能となる貯蓄にかんしては，それはその指標になっていない．なぜならば〔労働者の貯蓄の〕大部分は耐久消費財のための個人的な投資資金としてつかわれるからである．統計にかんしてのべるならば，ここでの論理展開に関連する唯一の耐久消費財は住居用家屋であり（なぜならば統計においては，家具や自動車などは公式の国民所得勘定のなかで消費として集計されているのであって，投資のなかに計上されているわけでないからである），〔パシネッティ・〕モデルに該当する「s_w」の値の推計が可能になるためには，いまのべた額〔つまり個人住宅投資にかんする諸経費〕をあらかじめ控除しなければならないのである．

個人部門によって取得される正味の金融資産（それは他部門への貸出のために利用可能な個人貯蓄の尺度である）はきわめて少額であるようにおもわれるが，以下の推計にはその点が明示されている[7]．

個人可処分所得中の構成比（1960年から1965年までの平均）

	イギリス	アメリカ
個　人　貯　蓄	6.9%	10.3%
〔控除〕住　宅　投　資	△2.8	△4.7
〔控除〕非法人企業の固定資産投資と在庫投資	△1.8	△4.5
合計（個人部門における金融資産の正味取得額）	2.3	1.1
同上内訳：生命保険および年金基金の増加額	4.7	2.6
その他金融資産の増加額（正味額）	△2.4	△1.5

個人可処分所得にたいする構成比であらわした個人貯蓄はイギリスではアメリカのそれよりもひくいようにみうけられる．しかしアメリカと比較すると個人部門の住宅投資や非法人企業の重要性はひくいので，金融資産の正味取得額はややたかくなるとおもわれる．

かくして，アメリカの数値をとっても，イギリスのそれをかんがえても，——パシネッティ定理に，あるいは〔逆にいうと〕反パシネッティ定理に関連しているという意味だけでそれらをとりあげるのであるが——s_wの大いさは1/12よりは〔イギリスにかんしては〕1/50，あるいは〔アメリカにかんしては〕1/100にちかいのである．〔したがって，現実にはs_wが相対的におおきいのでパシネッティ定理は妥当しない，とかれらは主張しているけれども，それは現実にそぐわない．〕

(iii) まえにあげた数値にかんしてのべると，「生命保険および年金基金の増加額」はおそらく賃金および給与取得者の正味貯蓄（家屋にたいする担保の償還に充当される貯蓄引出しを控除）の指標としては妥当なものである．なぜならばその性格にてらしていえば，それらは大部分，約款にしたがっておこなわれるからである．他方，「その他金融資産」の正味減少額はおそらく，資産所有者によっておこなわれる，資本，ないしは資本収益の正味費消額にかんして適切な尺度になっている．配当所得をこえる正味支出には証券の正味販売額がふくまれており，賃金と給与取得者の貯蓄に依拠する証券需要はすくなくとも一部にかんしては前記の正味販売額によって帳消しにされることになるので，資本収益からの支出がその影響の面で労働者貯蓄の減少と区分しがたいことは明白のはずである．したがって，資本収益の幾分かがつかわれる，という事実は「厳密なパシネッティ仮説の現実性」にたいしてどうかんがえても批判になりえないのである．s_wの積極的な役割を必要としているモデルなどはとんでもない話である——企業部門が個人部門にたいして正味額で借手ではなくて貸手になり，これにともなって，それ〔つまりs_w〕が消極的な〔役割しかはたさないような〕ものになる．こうしてはじめてモデルが有効性をもつ，とかんがえるほうが無難である[8]．サムエルソン

第3章　限界生産力と巨視経済学的分配理論　　139

とモジリアーニはあらゆる事例——つまりパシネッティ型事例や反パシネッティ(訳注4)型事例——にあてはまるようにモデルを「一般化」しようとして，苦労のおおい試みをされたのであるが，それにもかかわらず $s_w<0$ となるような「超パシネッティ型 super-Pasinetti」事例や，$s_w=0$ となる，特殊な「主パシネッティ型 arch-Pasinetti」事例を無視しておられる．

　（iv）s_w の「現実的な」値がたとえば 0.01 から 0.03 であり，s_c の「現実的な」値が 0.7 であれば，カルドア－パシネッティ型モデルは十分に安心して経験的基盤のうえに立脚できる，とかんがえている人がいるかもしれない——「クウ－メイヤー Kuh-Meyer」効果(訳注5)についてはどうかんがえても多分，疑問があるけれども，それを容認したとしても以上のことがいえるかもしれない[9]．しかし「現実性」をもとめて検討をすすめれば，確実に第3の階級，すなわち政府の存在を無視できなくなる．ところがその階級は「労働者」や「資本家」のいずれよりも所得を拡大していることはおおいにありうる事柄である．「個人部門における金融資産の正味取得額」は実際には企業の投資資金になる必要がない．つまり（ほんの一部にとどまることがおそらくはしばしばであるかもしれないけれども）公共部門の正味借入用資金になってゆくのである．〔したがって〕「変数の現実値」がパシネッティ・モデルをおびやかして反パシネッティ型にあゆみよらせるか，どうかという点についてしらべるためには，もうひとつの問題をかんがえてみなければならない．企業投資のうちでどの程度，実際に個人貯蓄から資金の融通をうけているか，という問題がそれである．（民間）法人部門の金融資産の正味取得額をみれば，それにかんする情報をえられるのであるが，アメリカでは過去6カ年中の3カ年にかんしてはこの項目は正値になっているし，イギリスでは6カ年中の5カ年にわたってそれは正値になっている（長期の対外投資を加減しても，そうなっている）．このような年には法人部門は他の経済部門にたいして正味額で貸手になり，借手にはなっていなかったのである．ケインズ派型分配理論の構築者の観点にたつと，このような事態は，s_w が負値である，と想定したときのそれに類似しているし，利潤におよぼす影響という点では，

貯蓄引出しの正味額が個人部門の活動に原因しているか，あるいは政府のそれに原因しているか，ということによってはなんらの差異も発生しないのである．

(4)「一般化された」新古典派理論

　ふたりの著者はかれらの論文の 10 節で，自分たちの結論がけっきょく「クラーク゠ヴィクスティード゠ソロー゠ミード型限界生産力概念」に依拠していないことに気づいている．利潤率，ないしは利子率は資本/労働比率 (K/L) の単価関数 ϕ であるにちがいないし，さらに $\phi'<0$ である．このような仮説こそがかれらによってもとめられていることのすべてである．〔かれらの論文中の〕方程式 (1) および (2)〔訳注6〕に明示された手管の全部とくらべて，〔新古典派理論の「一般化」の過程で登場した〕前記の仮定がどうやら制約的でないのはなぜであるか．そのような点をあきらかにする理由はなにひとつとしてあげられていない．利潤率と資本/労働比率間の関数関係にかんする仮定は，方程式 (1) および (2) の基礎となった仮定のなかに内包されている．しかるに両式がなければその仮定は純粋に恣意的なものになってしまうのである．〔ところが〕このような仮定の正当性（または妥当性）を経験的に検証しようとする試みはなんらなされていない．K/Y 比率とちがって K/L 比率の場合にはさまざまの国で大幅な偏差がみられる——おそらくインドではアメリカのそれより 20 倍もたかい比率になっている．ところがそのかたわらでは，K/L 比率のひくい国におけるよりも K/L 比率が相対的にたかい国において利潤率はたかい，ということがしばしばみうけられるのである．（もちろん，かれらはスタンフォード調査の手法をつかって，このように主張するかもしれない．「修正された」労働単位をもちいると——「〔労働〕効率」にかんしてはハロッド型中立〔的技術進歩〕にかかわる差異として修正をおこなう，という意味であるけれども——資本/労働比率はどこでもおなじである，という点がそれである．）

(5) 固定的な係数

最後につぎの点を指摘しておく．かれらの主張にしたがうと，このようになる．巨視経済学的分配理論は固定的な係数を仮定して「最高に得をしている．なぜならば可変的な係数をつかうと，純粋に択一的な〔カルドア型〕分配理論はもはや必要でなくなる［傍点はカルドアのもの］からである」[訳注7]．〔しかし〕あなたがたが〔ほんとうに〕満足できる説明方法をすでにもっているというのであれば，あたらしい，なにものかをなぜさがしもとめているのか？

かれらは〔わたくしのものとちがう〕もうひとつの観点から現実を管見し，いくつかの経験的な証拠をあげながら——短期においては労働の生産性が逓減し，長期においては労働と資本の収益はいずれも規模にかんして不変である，としておいて——限界生産力説のもっとも重要な「予言」が実際に有効である，と論証しようとしておられるが，それはまさしくこのような問題点にかかわっている．しかるにかれらはいまだになしえないでいるが，その理由は以下のとおりである．

(i) 産出高と雇用間の短期的な関係にかんする経験的な研究についていえば，いつでも（すくなくとも製造業においては）後者〔つまり雇用〕の変動にたいする前者〔つまり産出高の変動〕の弾力性は1よりおおきい，つまり1以下でないことが明示されているけれども（「オークンの法則 Okun's Law」[訳注8]にしたがえば，それは3である），その意味はもちろん，労働の短期限界生産物が平均生産物を超過している，ということである．利潤は非負 non-negative であるから，各生産要素の価格が「いつも」その限界生産物にひとしい，という前提はとうてい保持しがたい．ほかの言葉でおなじことをのべると，こうなる．労働の短期限界生産物を逓減させようとすれば（ないしは限界労働費用を逓増させようとすれば），企業は安全操業能力点（ないしは最大能力点）ちかくまで工場を稼働させなければならない．〔ところが〕経験におしえられるところにしたがえば，労働不足のために生産活動が

制限されるような時期においてさえも，（通常の場合）工場は完全には利用されていないのである．

(ii) （もう一度，製造業についてのべるけれども）生産性と生産高との関係にかんする実証的研究でつねにあきらかにされている事柄は，大規模生産の経済性や，活動規模の増加に対応する生産工程の（および製造業部門の）細分化の経済性にもとづいて，（長期的には）収穫逓増〔傾向〕があらわれる，という点である．〔したがって〕生産要素の価格がそれらの〔要素によってつくりだされた〕限界生産物にひとしくなる，という〔新古典派の〕前提はまたしても保持しがたくなる．なぜならば〔前述のような場合には〕限界生産物を「合算」しても，総生産物にならないからである．

ところが，かの著者たちの信じているところにしたがうと，もし要素代替の可能性があれば，限界生産力以外にはなにものも存立の余地がない点を（先験的な推理によって）論証したことになっている．したがって，「経験にてらしあわせるとその仮定が奇異であることを認識して」〔訳注9〕，かれらは固定的係数の事例の探求へむけて論をすすめ，ここでけっきょくは，カルドア－パシネッティ命題が相対的な分け前の説明としてはなにがしかの「明確な意味」をもっている，と確認している．しかるに，すぐにつぎの点も付言している．「上述の〔カルドア的〕モデルが練習問題としてどのような価値をもつにしても，われわれの見解にしたがえば，その経済学的妥当性はきわめてうたがわしい」〔訳注10〕，と．なぜならばこの種の経済体系はきわめて大幅な不安定性にさらされている．つまり〔かれらの意見によれば〕もし資本/労働比率が厳密な意味で妥当でなかったとすれば，（資本がほんのすこしおおすぎるとか，ないしはほんのすこしすくなすぎるとかによって）利潤がゼロになるか，さもなければ賃金がゼロになる．そして利潤がゼロになったり，賃金がゼロになる，というような両極端のあいだをゆれうごく経済体系の場合には，両者〔つまり利潤と賃金〕がともに正値になっても，そのことと論理矛盾をきたさないような，妥当な資本量を生成させる傾向が存在する，という保証はどこにもないからである，と．

第3章 限界生産力と巨視経済学的分配理論

　その点はともかくとして，かれらはいったいどんな類の「経済体系」を「観察」しているのであろうか？　ロシギリス Ruritania？　賢人国 Solovia？　夢想国 Cloud-Cuckooland？[訳注11]　それともアメリカやその他の10大列強国？　もし「労働力過剰」が原因となって賃金がゼロまでさがるとしたら——ケインズ的失業でもいいし，あるいはその他の種類の失業でもいいけれども——いったいどうして過去に失業がありえたであろうか？　どんな先進的社会においても，現存労働力の完全雇用を保証するために必要な大いさとくらべれば現有資本設備の雇用能力はつねにおおきく，しかもしばしばいちじるしくおおきいけれども，そのような点を念頭におくと，もし資本の「過剰」が原因となって利潤がゼロまで低落するとしたら，どうして過去に利潤がありえたであろうか？　事実，設備能力の稼働状況が完全操業水準以下でありながら，なおも利潤がかせぎだされているのであるが，そのようなことはいったいどうして可能であろうか？

　限界生産力で価格決定や分配が「説明されなければならない」，さもなければ固定的な係数でなければならない．このような論理の反対命題をあらいざらいしてみると，新古典派的循環論法を極点にまで嵩じさせることになる．その命題は正しい．ただし，完全競争，利潤極大化，それに最初のところで詳説したような，その他もろもろをくわえたようなものでできあがった，空想上の不思議の国でのみ，そうなるのである．しかしながら，「経済行動や分配物の帰趨にかんする機能が相対的にみて円滑におこなわれる，と観察された経済体系と対比した場合に，論理矛盾をきたさないようにする」[訳注12]必要性をかれらはうったえているけれども，それは不思議の国にたいするものではなくて，〔こともあろうに〕うつせみの世界にたいする訴えになっている．市場経済においては，古典派方程式が満足されなくとも，「競争的」でありうる点をかれらは看取できないのであろうか？　限界生産力が要素価格とひとしくなく，要素とのあいだに確定的な関係をなんらもっていない，というような世界をかれらは想定できないのであろうか？　たとえば，労働の限界生産力が一定か，ないしは上昇しており，資本（適切な意味でとらえ

られたそれ）が労働とくらべて過大になっている，というような事柄とはかかわりなしに，労働力不足状態へちかづけば，賃金の分け前が減少する，〔ないしは〕増加しない，というような世界がそれである．かれらがもっと想像力をはたらかせて，自分らの理論構成を周知の経験的事実に合致させるように努力しないと，かれらの経済理論は不毛な練習問題にならざるをえない．つぎの文章はクラッパム Clapham が 44 年前にかいたものであるが，それをおもいおこす人もいるであろう．「特定の，そして個別の価値のなんたるかについては論述が永久に不可能である，と証明されても，そのなかの，きわめて重要な結論のいくつかは正しい．そういうような価値論を人類がながいあいだに無視してしまうかもしれない．わたくしはこのようにおそれている」[10]〔訳注 13〕．

付録　新パシネッティ定理[11]

　パシネッティ博士の指摘によれば，真の長期的黄金時代均衡下の利潤率はある条件のもとでは「労働者」の貯蓄率から独立している．なぜならば労働者の資産所得によって招来された付加的消費はやがて賃金所得からの貯蓄を帳消しにするからである．〔しかし〕（その命題が「きわめて長期的」な事柄であるという点を別にしても）これには難点がある．資産所得として取得したか，それとも賃金としてえたかという点にかかわりなく，労働者がかれらの所得中の同一割合を支出する，と仮定している点がそれである．企業が会社組織を形成していて，資産所得が配当の形態をとっている世界においては，上述の仮定の意味するところは（サムエルソン，モジリアーニ両教授が指摘したごとく），社内留保と配当間の利潤の配分状況のいかんにかかわりなしに，自分らの消費が $(1-s_w)P_w$ にひとしくなるためにちょうど必要な割合まで，労働者は配当所得以上の支出をおこなう，ということである．

　さらに，配当所得を超過して支出することがひとたび許容されれば，このような〔超過〕支出を労働者〔だけ〕に局限する理由はなくなってしまう．〔つまり〕「資本家」もかれらの資本収益のある割合を（そのような収益がない場合には資本〔それ自体〕さえも）支出する．それどころか，モジリアーニ教授がおもいださせてくれたごとく，寿命に限りがある，という事情もくわわって，かならずやそのような〔支出の〕誘惑にとりつかれるにちがいない．

　したがってある時点をかんがえると，退職後にそなえて自分の所得のある部分を貯蓄する労働者のすぐかたわらでは，そのときどきの（配当）所得以上の支出をおこなう資本家（ないしは株主）もいるにちがいない（そのほかに，自分がためこんだ貯蓄を退職後の年月のあいだに費消する退職労働者に

かんしても、もちろんおなじようなことがいえるにちがいない）．所得からの正味の貯蓄は証券にたいする需要を構成しているが，それとまさしくおなじように、貯蓄引出しによる正味の所得付加分（それは資本ないしは資本収益の正味の使いつぶし分にひとしい）は証券の供給を構成している．また法人部門で発行される新証券の正味の供給額もかんがえられる．証券市場においては、証券の総需要と総供給（ただし投機的でない需給）が（すくなくもながい期間のあいだに）ひとしくなるような水準にむかって価格はうごく傾向がある．そこで資本（ないしは資本収益）にもとづく支出が、所得にもとづく貯蓄から法人発行のなにがしかの新証券をさしひいたものにちょうどつりあうことを保証する，ある種の機構が存在しているにちがいない．

　社会を大別し、生涯の就業年月中に自分の所得のある割合を（年金基金や保険会社のような仲介機関をつうじて）貯蓄している賃金・給与取得者（W〔はかれらの所得である〕）と、退職して自分の貯蓄を使いつぶしている人びとに区分することにしよう．人口が増加し、1人あたり所得が増加しているかぎり、そのときの賃金・給与所得のある割合（s_w）に照応する大いさだけは労働人口の貯蓄が退職人口の負の貯蓄を超過するはずである．（なおここでは、s_w にかんしては耐久消費財，たとえば家屋への個人的な投資は除外されている、と仮定しておく．）

　さらに、株主の正味の資本費消分（すなわちかれらの配当所得を超過する費消分）はかれらの資本収益 G のある割合（c）である、と仮定する．

　そして最後に、法人（それは利潤中から s_c の割合のものを留保しようときめている）は新証券の追加発行を決定するけれども、その大いさはそのときの投資支出 gK のある割合 i（ただし $|i|<1$ である）にひとしい、と仮定しよう（ここでは K は資本であり、g はその成長率である）．

　そこで証券市場で均衡がなりたつためには、次式のような関係が必要になる．

$$s_w W = cG + igK$$

このような均衡が存立するためには、それらの各項のなかの、すくなくと

第3章 限界生産力と巨視経済学的分配理論   147

もひとつが証券の市場価格の変動に即応しなければならない。そのような〔役割をになう〕項目が cG である。なぜならば G は証券の市場価格の変動〔を反映するもの〕以外のなにものでもないからである。これは配当や1株あたり利益の上昇だけではなくて、「株価純資産倍率 valuation ratio」(v)、すなわち法人によって使用された〔株主〕資本、ないしは〔純〕資産の「帳簿価額」にたいする株式の市場価額の関係〔比率〕によっても変動する。別言すると[訳注14]、もし証券〔正確にいえば株券〕の市場価額が pN で（ただし N は株数で、p は株価とする）、株価純資産倍率が一定であるときめておけば、

$$G = N\Delta p = v\Delta K - p\Delta N \tag{1}$$

になる（つまり法人資産の増分に株価純資産倍率をかけたものから、新規発行証券の価額をひいた大いさになる）。〔ところが、〕

$$\Delta K = gK$$
$$p\Delta N = igK \tag{2}$$

であるから、

$$G = vgK - igK$$

になる。したがって[12]、

$$s_w W - c(vgK - igK) = igK \tag{3}$$

である。さらに、つぎのような、貯蓄と投資の等式もなりたちうる。

$$s_w W - c(vgK - igK) + s_c P = gK \tag{4}$$

W は $Y-P$ であり、P は ρK（ただし P は利潤で、ρ は利潤率とする）であるから、上記の〔ふたつの〕式をつぎのようにかきあらわすことが可能である。

$$s_w Y - s_w \rho K - cvgK + cigK = igK \tag{3a}$$
$$s_w Y + (s_c - s_w)\rho K - cvgK + cigK = gK \tag{4a}$$

〔上記の2式の〕各項をととのえなおして、全項を gK でわると、次式をえる。

$$\frac{s_w}{g}\frac{Y}{K} - \frac{s_w\rho}{g} - cv + ci = i \tag{3b}$$

$$\frac{s_w}{g}\frac{Y}{K} + \frac{(s_c - s_w)\rho}{g} - cv + ci = 1 \tag{4b}$$

〔それらの連立方程式を〕 v と ρ にかんしてとけば，つぎの結果をえる．

$$v = \frac{1}{c}\left[\frac{s_w}{g}\frac{Y}{K} - \frac{s_w}{s_c}(1-i) - i(1-c)\right] \tag{5}$$

$$\rho = \frac{g(1-i)}{s_c} \tag{6}$$

これらの方程式については，つぎのように解釈できる．貯蓄係数 savings-coefficients 〔つまり s_w と s_c〕 と資本収益の費消係数 capital-gains-consumption coefficient 〔つまり c〕 を既定のものとかんがえると，個人部門の貯蓄が法人部門の新規発行証券を十分にひきうけうるほどのものになるように保証する，ある大いさの株価純資産倍率が存在している．したがって（企業部門の投資に利用される）個人部門の正味貯蓄は個人の貯蓄性向だけではなしに，法人の新株発行政策にも依存している．新規発行がおこなわれないような場合には，貯蓄者の証券購入額が負の貯蓄をする人の証券販売額とちょうどつりあい，〔そのために〕個人部門の正味貯蓄がゼロになるような点に，証券の価格水準は確定される．法人が証券の新規発行をおこなうと，証券価格（すなわち株価純資産倍率）がおしさげられ，その結果として負の貯蓄をする人の証券販売額が減少して，新規発行分の引き受けに必要な正味貯蓄が十分に誘起されるようになるであろう．もし i が負値となり，〔そのために〕法人が正味では個人部門からの証券購入者になったとすれば（既発証券の償還をしたとか，子会社取得のために個人部門から株式を購入したような場合には法人はそのようになりうる），株価純資産倍率はひきあげられる．そして，正味個人貯蓄は負値になって，法人部門への証券販売に適合するために必要な水準に達するであろう[13]．

　黄金時代均衡の状態のもとでは（それらがどのように決定されるにしてもとにかく，g および K/Y が一定の値であることは既定事実になっている）

第3章　限界生産力と巨視経済学的分配理論　　　149

v は一定値であり，その大いさは s_c, s_w, c および i に依存していて，1 よりおおきくも，ちいさくもなりうる．（パシネッティ不等式，$gK > s_w Y$ を所定の事実とすると，$c = (1-s_w)$, $i = 0$ の場合には $v < 1$ になる．$i > 0$ の場合にはなおのことその結論が妥当する．）14)〔訳注15〕

　黄金時代均衡のもとでの利潤率（それは方程式(6)できめられるような大いさである）は g, s_c および i のみに依存し，くわえて「個人的な」貯蓄性向，s_w や c からは独立している．このようなわけであるから，利潤率は s_w （そしてまた c ）からは独立していて，それとはちがう道筋をへて大いさがさだまるのであるが，その点ではパシネッティ定理に近似している．〔しかも〕「長期的な」黄金時代だけではなくて，どのような定常的成長状態のもとでも成立するし，特別に高率な貯蓄性向をそなえた，世襲的な資本家階級が前提されているわけでもない．$i = 0$ となるような特殊な事例のもとでは，それはパシネッティ定式の単純型，つまり $\rho = g/s_c$ に帰着する．

　他のどのようなものにもかかわりなく（とくに v とはかかわりなしに），投資の一定割合 i に相当する証券を法人が発行する，という仮定はもちろん恣意的なものである．〔しかしそうしたいというのであれば〕証券の新規発行にかんする法人共通の行動面の特徴については，その他の，数しれない仮定をかんがえることが可能である．たとえば，法人の新規証券の発行額は法人貯蓄（$s_c P$）と法人投資（gK）間の事後的な差額に依存しており，このような事後的差額はある種の時間的間隔（会計期間）の期末にいたってはじめて「確認」される．そしてその間に生じた差額は法人の現金準備の使い込み（ないしは増殖）によってうめあわされる，と仮定することも可能である．別言すると〔その場合には〕過去におこなわれた，流動性準備のなにがしかの使い込みにたいして善後措置をとるために法人は定期的に証券を発行しているし，逆の場合には証券（たとえば発行社債，ないしは優先株）の償還によって現金準備の増殖を事後的に処理していることになる．このような会計処理期間が十分に長期であると仮定すれば，v と s は，$i = 0$ に照応するような大いさにきまるであろうけれども，それは，正味の個人貯蓄がゼロにな

り，s_cP と gK 間の事後的な差額もゼロになることを意味している．〔したがって〕証券の新規発行にかんしてはその機会がそなわっていないのであるから，実際には発行（ないしは償還）はおこなわないことになるであろう．したがってこの種の態様はパシネッティ定式の単純型，$\rho=g/s_c$ にゆきつくであろう．

　この「新パシネッティ定理」はなんらかの超長期「パシネッティ」解，ないしは「反パシネッティ」解をもつであろうか？　これまでは「労働者」（すなわち年金基金）と「資本家」間の資産配分にかんして，なんらの変動も考慮してこなかった——実際には，それが一定である，と仮定したのである．しかしながら，（もし $c>0$ であれば）資本家が持ち分を売却し，年金基金がそれを購入しているのであるから，とおい将来の，いつかは，資本家の手元にある，全資産の持ち分が持続的にへりつづけ，他方，労働者の手元にある，資産の持ち分が持続的にふえつづけて，資本家がのこりの持ち分をもはやもちあわせなくなる，と想定することも可能である．〔こうなれば〕年金基金や保険会社が〔社会全体の〕資産の全部を所有するようになってしまう！

　ただし，そのような見解はこういう事態を無視している．資本家階級のなかの陣笠たちが産業界の新指導層の2代目によって不断に更新され，配当所得をこえる生計費のために世襲財産をしだいにつかいはたすような旧指導層の3代目に新指導層の2代目がとってかわる，ということがそれである．新設の成長会社の場合には株価が平均以上の率でたかまり，他方では（その相対的重要度が低落している）旧来の会社のそれが平均以下で上昇している，と想定することは理にかなっている．それが意味するところにしたがえば，資本家グループ全体の手元持ち分にかんしてはその資本価値騰貴率は上述の理由のために，年金基金などの手元にある資産の騰貴率よりおおきいことになる．ふたつの証券財源〔つまり資本家階級グループと年金基金などのそれ〕の騰貴率に差異があることを所定の事実としておけば——なおその差異は，新規の会社が出現して旧来の会社にとってかわる度合に依存している

第3章　限界生産力と巨視経済学的分配理論　　　　　　　　151

——，各パラメーターの大いさにかんして，ある所定の組み合わせ群をかんがえた場合に，長期均衡に照応する，資本家と年金基金間の資産配分が存在していて，それが不変のままにとどまるような点を提示できるようにおもえる．ただしその点を正式に論証するためにはおそらくいっそうの研究が必要であるけれども，それはこの付録〔の取扱い範囲〕をこえる事柄である．

注

1) 本稿は，当初は『レヴュー・オブ・エコノミック・スタディーズ』*Review of Economic Studies*, vol. XXXII (1966) no. 4 で公刊された．
2) 両氏の論文は『レヴュー・オブ・エコノミック・スタディーズ』の前掲号で公刊された．
3) この点はときには〔両氏によっても〕容認されている．たとえば〔両氏の論文の〕脚注7〔カルドア他著，富田重夫編訳『マクロ分配理論』昭和48年，学文社刊，114ページ，注8〕を参照してもらいたいのであるが，そこにはつぎのようにかかれている．「規模にかんして収穫不変という仮定はパシネッティとわれわれ自身の分析のいずれにとって欠くべからざるものである．なぜならば，それがなければ黄金時代型定常状態の概念が自己矛盾をきたすからである」．もしも「黄金時代型定常状態」という限定が完全競争，利潤極大化，およびその他〔の仮定〕を内包しているならば，この点はあきらかに正しい．しかし「黄金時代型定常状態」が一定の利潤率を随伴する定常的成長率以上のものを意味していないとすれば，そのような〔かれらの〕提言は正しくないのである．
4) 『平和の経済的帰結』*The Economic Consequences of the Peace*, p. 17〔早坂忠訳，『ケインズ全集』第2巻，昭和52年，東洋経済新報社刊，14ページ〕．
5) 「完全雇用」の論題にかんしては，サムエルソン-モジリアーニ論文の半分同士が完全に矛盾をきたしている．〔つまり〕前半部分では完全雇用は限界生産性の方程式によって自動的に（かつ持続的に）保証される〔とかいている〕．しかし，巨視的経済理論をとりあつかった後半部分にいたると，完全雇用成立の永続性にかんしていちじるしく懐疑的となり，マーシャルやピグーのような人びと，あるいはわたくし自身が失業は些細な，ないしは趨勢と無縁な現象であると提言したという理由でかれら，あるいはわたくしをあざ笑っている．（277ページ〔富田重夫編訳，71ページ〕には，「生産関数の形状が良好であるかぎり，(8)式は，そしてさらには(7)式が成立しなくてもそのことによって完

全雇用がさまたげられるわけでない」（傍点はカルドアによる）とかかれているが，その文章と，294ページの脚注3〔富田重夫編訳，注26，123ページ〕を比較してもらいたい．もし完全雇用にむかわしめる，経済機構の存在を信じているとすれば，「かつてウエリントン公 Duke of Wellington がのべたごとく，なんでも信じられるようになるはずだ」とそこには論述されている新古典派理論の安楽な世界から足をふみだすと——資本主義経済組織においては完全雇用均衡にむかわしむるようなものはなにもありえないのか，文字どおり皆無なのか？

6) ついでに付言しておくが，これらの数値はパシネッティ定理と一致していないという自己宣伝がおこなわれているけれども，そちらのほうこそが無茶な循環論法に依拠している——つまり証明しようと目論んだものを〔あらかじめ〕仮定しているのである．なぜならばその他のもの，とりわけ投資係数 I/Y にはおかまいなしに，生産関数の技術係数によって利潤の分け前が決定されると仮定しているからであるが，この場合には生産関数の指図をうけてあらかじめさだめられるような利潤の分け前があって，それによって貯蓄がうみだされ，それに投資係数が支配される，と想定されているのである——ところがケインズ派理論と非ケインズ派理論との論争はすべて，投資が貯蓄を決定するのか，それともその逆であるか，という点にかかわっている．（わたくしの理解するところにしたがえば，両人はじっくりとかんがえる気をまったくもちあわせず，全面的にコブ‐ダグラス〔型生産関数〕の支配に服しているような世界，つまり他のなにものにもおかまいなしに，利潤の分け前が一定とさだめられ，その大いさが技術的にさだまっているというような世界を想定しているのである.)

7) ここでの数値はアメリカとイギリスの国民所得勘定にかんする公式統計から算出されたものであるが，比較を可能にするためにできるかぎり規準をそろえている．アメリカの数値の原典は『サーヴェー・オブ・カレント・ビジネス』 *Survey of Current Business*, May 1966 であり，イギリスのそれは『ファイナンシャル・スタティスティクス』 *Financial Statistics*, June 1966 および『エコノミック・トレンズ』 *Economic Trends*, April 1966 である．

個人可処分所得については，ここでの定義にしたがって資本消費控除まえの数値を算出している．粗個人貯蓄には資本移転の受取額から資本移転の支払額をさしひいた残りがなにがしかふくまれている．両国の場合には，負債控除後の金融資産の当該受取額を別個に推計すると，その金額は国民所得勘定の公式統計からえられる残額を超過する．この不一致がどの程度，国民所得勘定上の個人貯蓄の過小評価（そして法人等の貯蓄の過大評価）に由来しているか，そして個人部門と他部門間の金融取引の過少集計にかんしてはどのようになっているか，というような点が問題になるけれども，それについては言明できない．

なぜならば当該金融取引にもとづく，アメリカの値は連邦準備銀行の『月報』 *Federal Reserve* Bulletin, May 1966 に収載された，下記の数値から推計されているからである．

	個人可処分所得中の構成比 （百分率，1961-1965 年中の平均）
生命保険および年金の増加額	3.4
その他金融資産の増加額	△0.5
個人部門の金融資産正味受取額	2.9

　　両国の場合には個人貯蓄および〔金融資産の〕正味受取額の数値は，非法人企業をふくむ，個人部門全体にかんするものである．これらの〔非法人〕企業の所得は個人所得の総額と比較すれば少額であるので（アメリカの場合には 14~15 パーセント，イギリスの場合には 9~10 パーセントである），非法人企業の貯蓄（資本費消額とその他の準備金追加額を包含している）がおおよそのところではそれら企業の資本と釣り合っていると仮定しても，その結果におおきな誤差は生じえない．（これらの推計にかんしては中央統計局 Central Statistical Office の L.S. バーマン Berman 氏からご教示をうけた．）

8) 「新パシネッティ定理」にかんする，後記の付録を参照せよ．

9) 法人貯蓄と法人投資間にかんしてクウ Kuh とメイヤー Meyer が算定した相関関係においては，法人投資が法人貯蓄によって制約されている，ないしは支配されているという点にかんしてはなんらの証明もなされていない．というのは法人投資と法人貯蓄はいずれも利用資本の収益率という〔それぞれに〕共通な要因を反映しているかもしれないからである．会社の社内留保率はあきらかに同社の長期的な必要資本額によって影響をうける．つまり会社の流動性を保持し，したがって金融上の逼迫によって長期的な事業拡張が阻害されないようにそなえることが社内投資の存在理由になっている．しかし，貯蓄からえられる，そのときどきの現金流入額と，資本支出にむかう，そのときどきの現金流出額とのあいだには，つねに「流動性の緩衝組織 liquidity cushion」が介在している（アングロサクソン系諸国においては緩衝組織がかなりおおきいことはたびたびである）．そこで社内留保は各日決済の支出金をまかなうためよりは，むしろそのような緩衝組織の保全を目的とするようになっている．

10) 『エコノミック・ジャーナル』*Economic Journal*, December 1922, p. 561.

11) F.H. ハーン，L. パシネッティおよび J.A. マーリーズとの討論はわたくしにとって益すところがおおきかったので，つつしんでそのことを明記させていただく．

12) 株主に保有される資産の分け前は一定であるという点が c の定義のなかに

ふくまれているが，その理由についてはあとで説明する．

13) 配当からの貯蓄がゼロ，つまり cG が株主費消額の配当所得正味超過額になるように目論む，という点が上記の方程式で仮定されている．家計部門にかんしては，賃金，配当，そして資本収益のいずれにもひとしくあてはまるような，唯一の貯蓄性向が存在している，と仮定できるかもしれない．そのような貯蓄性向を s_h とかくならば，上記の方程式(3)および(4)は以下のようになる．

$$s_c P + s_h(W + (1-s_c)P) - (1-s_h)gK(v-i) = gK$$
$$s_h(W + (1-s_c)P) - (1-s_h)gK(v-i) = igK$$

この式から，まえと同様に，

$$\rho = \frac{g(1-i)}{s_c}$$

がえられるし，また前記の方程式(5)のかわりに，

$$v = 1 - \frac{1 - s_h \dfrac{Y}{gK}}{1 - s_h}$$

がもとめられる．$s_h Y < gK$ の場合には，これは $v < 1$ であることを意味している（なぜならばいかなる場合でも $Y > gK$ になるからである）[訳注16]．

14) $g - s_w Y/K > 0$ であると仮定すると，

$$\frac{s_c - s_w}{cs_c}(1-i) + i \leqq 1 \qquad \text{(i)}$$

という条件のもとでは，(5)式から $v < 1$ がもとめられる．$c = 1 - s_w$ である場合には，

$$\frac{s_c - s_w}{(1 - s_w)s_c} \leqq 1$$

ないしは，

$$s_c - s_w \leqq s_c - s_w s_c \qquad \text{(ii)}$$

であるとすれば，(i)式は成立する．〔また〕$s_c \leqq 1$ であるから，(ii)式はかならず成立する[訳注17]．

第4章 イギリス経済の低成長の原因[1]

I

　〔イギリスの〕全国民が基本的な経済事象のひとつとしてしだいに自覚しはじめた事柄はイギリスの経済成長の相対的低率性である．さまざまな国際機構の研究活動のお陰でいまでは、いろいろな国の成長実績を比較するための資料が潤沢になっているけれども、そのような比較表をながめると、イギリスはほとんどいつも〔成長〕競争番付表の最後部ちかくにならんでいるようにみうけられる．そのようなわけで、1953-4年から1963-4年までの10年間をかんがえると、フランスでは国内総生産成長率が年率で4.9パーセント、イタリーでは5.6パーセント、ドイツでは6パーセント、日本では9.6パーセント以上になっているのにたいして、わが国〔イギリス〕のそれは2.7パーセントであった、と推計されている．もっと最近の時期、たとえば1960年から65年までの5年間をかんがえると、わが国の経済成長率は年率で3.3パーセントであるから、疑いもなくまえよりましであるようにおもえるけれども、他の先進国との〔相対的な〕関係という点にかんしていえば、わが国の劣勢はどうやら、まったくもって、かえってきわだったものになってしまう．なぜならばアメリカ、カナダないしはベルギーのような、いくつかの国は、以前は年率でおおよそ3から3½パーセントで成長していたけれども、最近の期間になると、いずれもはるかにたかい率で成長するようになったからである．実際のところ、先進国の「パリ・クラブ」メンバーに属する、その他の国にかんしてはいずれも最近の5年間にはすくなくとも4½パ

ーセントの成長率が記録されているし，日本の場合には年率でほぼ10パーセントの成長率になっているので，同国はいぜんとして群をぬく存在になりつづけている．

このような事実がますますひろく知られるようになったために，わが国の経済学者，実務家そして一般大衆はしだいにそのような現象にかんしてひとつ，ないしは複数の基本的原因を無我夢中で解明しようとするようになってきている．説明材料には不足はない．ある人はわが国の企業経営の不効率を非難している．またある人はわが国の教育をとりあげて，それには科学技術を軽視し，人文科学を不当に重視する本性があるとのべ，ある人は全般的な社会環境に着目して，それが積極的な競争を忌避させ，安直な銭稼ぎを下劣な職歴とかんがえさせてしまった，といって非難している．またある人は労働組合の過大な人員配置策やその他の制限的労働慣行を，ある人は国民全体の傾向とうわさされている重労働嫌悪観を，ある人は投資，ないしは適正な投資の不十分さを非難し，またある人は歴代政府の経済政策をとりあげて，それがあまりにインフレ的だった，ないしはデフレ的だった，ないしはその両方であった，と非難しているが，〔その気になれば〕それ以外にもこの種の「説明材料」を数多く引き合いにだせるであろう．

すべてがそうだというわけでないけれども，それらの主張のいくつかには信頼性があるかもしれない．〔しかしながら〕ここにはむずかしい問題がある．1, 2の例外はありうるけれども，それらについては〔適否の〕検証が不可能であり，個々の役割をなんとか計量しようとしても，方法がみあたらない，という点がそれである．それらの説明材料はいくつかの国ぐにについては妥当性をもっているようにみえるけれども，ほかの国ぐにについては妥当性を欠くようにみうけられる．したがってそれらの説明能力の相対的不十分さにたいしてもおなじように説明材料が必要になるのであるが，説明材料にまつわる，もうひとつの基本的な難点はそれである．（たとえば，1960年から65年までの5年間にかんしてはそうでないけれども，1953年から63年までの10年間にかんしてはアメリカの経済成長率はだいたいイギリスの

第4章　イギリス経済の低成長の原因　　　　　　　　　　157

それとおなじくらいにひくい．ところが，〔両国に〕共通する，ある種の要因，つまり企業経営の不効率，技術革新導入の遅延性，制限的な労働慣行などがその国〔つまりアメリカ〕の低進歩率の原因になっているらしい，とはだれひとり提言していないのである．）

　しかしながら，今日のわたくしの講義の目的は，このような説明材料にかんしてその現実的有効性を議論したり，〔そのなかの〕あれこれにかんして弁護論をのべることではない．そうではなくて，人的（ないしはどちらかといえば個人的な）能力または動機にかわってむしろ，あいことなる国ぐにで達成された経済発展段階という考えにもとづいて，記録された成長率の差異をなんとか説明できるような，もうひとつの手掛りを提言する．これが目的である．簡単にいうと，わたくしが検証したいとおもっていることはつぎの点である．経済成長の高率性は「第2次」経済部門（おもに製造業部門）〔訳注1〕の成長の高率性に関連している，そしてこのような点は中間的な経済発展段階の属性になっている．つまりそれは「未成熟状態」から「成熟状態」に移行するさいの特徴であって，イギリス経済をなやましている事柄は，イギリスが他国より早目に高度な「成熟」段階に到達した結果として，生産性や1人あたり実質所得が特別にたかい水準に到達するまえに，急速な成長のための潜在能力をつかいはたしてしまった，ということに帰着する．「成熟」という言葉の意味がこの講義のなかで明白になることをわたくしはのぞんでいるけれども，その徴候として指摘しようとおもっている事柄は主として，あいことなる経済部門で1人あたり実質所得がほぼ同一の水準に到達した状態である．

　〔わたくしの〕この診断にしたがえば，イギリス経済にまつわる苦労の種は基本的には，同国が「はやすぎた成熟 premature maturity」によってなやまされている，という点である．国民性のなにかが根本的に退廃していることに――たとえばあまりにもはたらかないとか，あまりにも金をつかうとか，あまりにも創意や活力，ないしは意欲にとぼしいというようなことに――わが国の失態を帰因せしめようとするような，ほかの見解と比較すれば，その

結論は敗けず劣らず悲観的, ときこえるかもしれない. しかしすくなくとも, もしその診断がただしく, そしてもしそれがひろく容認されるならば,〔その結果として〕たんなる説得によるよりももっと強力な手段が採用され, 状況改善の歩みが開始されるかもしれない, という意味で益するところがある.

以下の部分でははじめに, わたくしの主張に力をかすような経験的な証拠を調査する. それから, わたくしの主張を正当化する理論上の理由を論述する. そして最後に, イギリスやその他先進国の潜在的成長率をつかってわたくしの主張の含意に論及する.

II

それでは, 証拠調べをはじめよう. 統計数値を利用できる, 第1表にしめしたような, 12の先進工業国をかんがえてみると (比較可能な統計資料が欠落しているために除外した国もいくつかあるが, スウェーデンやスイスなどはそれである), 国内総生産の成長率と製造業生産の成長率のあいだにはきわめて高度な相関関係が存在していることを確認できる. さらにいっそう顕著な事実として, 全般的な成長率が高率になるにつれて, 経済全般の成長率にたいする製造業生産成長率の超過分がますますおおきくなる, ということもわかる.

この点はその表の末尾に提示した回帰方程式で指摘されているのであるが, それにしめされているところにしたがえば, 通常の検証方法のどれをつかっても, 国内総生産の成長率と製造業生産の成長率のあいだにはきわめて顕著な〔相関〕関係が存在している. 製造業生産の成長率がわかる場合には, この点に依拠すれば, ――すくなくとも一連の年次にかんしては――あるひとつの経済の成長率をかなり正確に予測できる

もちろん, 製造業産出高が国内総生産の成長率と相関するという事実は, たんにそれ自体だけをみているかぎりではおどろくべきことではない. なぜならば製造業部門〔産出高〕は国内総生産のなかでかなり大きな構成部分を

第4章 イギリス経済の低成長の原因

第1表 国内総生産成長率と製造業生産成長率——指数関数にもとづく成長率
（対象工業国：12カ国，1953-4年平均と1963-4年平均との比較）

	国内総生産の年間成長率[1]	製造業生産の年間成長率[1]
日　　　　　本	9.6	13.6[2]
イ　タ　リ　ー	5.6	8.2
西　ド　イ　ツ	6.0	7.3
オーストリア	5.4	6.2
フ　ラ　ン　ス	4.9	5.6
オ　ラ　ン　ダ	4.5	5.5[3]
ベ　ル　ギ　ー	3.6	5.1
デンマーク	4.1	4.9
ノルウェー	3.9	4.6
カ　ナ　ダ	3.6	3.4
イ　ギ　リ　ス	2.7	3.2
ア　メ　リ　カ	3.1	2.6

注 1) 国内総生産の全国勘定統計と同統計中の製造業勘定（いずれも実質値）より推計した．
　　2) 製造業生産指数．
　　3) 国内総生産中の工業生産勘定（鉱業をふくむ）．
資料：経済協力開発機構『各国別勘定統計』 National Accounts Statistics, O.E.C.D. および国連『各国別年報』 National Accounts Yearbooks, U.N.
回帰式：国内総生産成長率 (Y) を製造業産出高成長率 (X) の関数として提示．
　　$Y = 1.153 + 0.614X, \quad R^2 = 0.959$
　　　　　　(0.040)
　　残差の標準偏差（Yの平均値にたいする割合）$= 0.0825$

しめているからである．つまりここで考察している国ぐににかんしては，25から40パーセントまでのいずれか〔の構成比〕をしめているのである．しかし回帰方程式をみると，ここにはそれよりももっとおおくの事柄が明示されている．その方程式のなかに正値の常数があり，しかも回帰係数が1よりもいちじるしくちいさいということの意味は，製造業産出高の成長率がその経済の全般的な成長率をこえるような事例でだけ，年率3パーセント以上の成長率がみられるという点である．別言すると，全般的な成長率と，非製造業部門成長率を上回る製造業産出高成長率の超過分とのあいだには正の相関関係が存在しているのである．もっとも以前の歴史上の時期にかんしてもこのことがあてはまるかどうか，という点についてはわたくしは調査していな

い．しかし数年まえに発表された，19世紀以降の成長率にかんする史的研究のなかでデボラ・ページ女史 Miss Deborah Paige は同種の関係をみいだしている[2]．

このような関係が存在する，としばらく想定してみよう．この場合，その関係を説明できるような一般的仮説がなにか存在するであろうか？ ほかの証拠資料で立証できる，なんらかの一般的仮説と両立可能であると論証できない場合には，統計的な関係に因果関係上の意味づけをもとめざるをえないという点を留意しておかねばならない．成長率の差異は主として生産性成長率の差異によって説明できるのであるから（ただし労働人口の変動によっては説明できない），主要な説明要因は技術上の分野に存在しているにちがいない――つまり生産性成長の態様に関係しているにちがいない．経済一般をかんがえる場合には1人あたり産出高成長率を製造業生産成長率に依存せしめる一般的な理由がなにか存在するであろうか？ これまでにいわれてきたことはつぎのとおりである．つまり製造業の活動における生産性の水準は他の経済分野でのそれよりたかいのであるから，高生産性の製造業部門が〔他の部門よりも〕急速に増大すれば，それだけ〔経済一般にかかわる，生産性の〕平均はおしあげられる．また製造業活動においては技術進歩（それは生産性成長率で測定される）の影響度合は他の分野におけるよりもいっそうおおきく，そのために〔他部門から〕工業への〔生産〕集中が大規模であれば，それだけ全般的な発展度合はたかまる．

しかしながらこのような推測はいずれも事実を説明できないようにおもわれる．ベッカーマン Beckerman が最近，提示したところにしたがうと[3]，部門間のやり繰り算段の手法をつかって，あいことなる部門間の1人あたり産出高水準の格差で生産性成長率格差の観測値を説明しようとしても，まったくのところほんの一部しか説明できないのである．第2命題がもしも実際に正しいとすれば，そのことによって経済成長率は製造業部門の拡大率よりもむしろその規模（経済全体〔の規模〕）との関係〔からみた，相対的大いさ〕）に関連づけられることになるであろう．つまり，そこに就業する総労働人口

第4章　イギリス経済の低成長の原因

の構成比で工業部門〔の相対的規模〕をはかってみると，この場合にはそれが最大になっているような国で経済成長率は最大になるであろう．したがって，このような試算をすれば，イギリスは〔成長率〕競争番付表の最後尾ではなくして，最前部ちかくにあらわれなければならない．ところが〔実際には〕そのような状況とはまったくことなっているのであるから，その〔第2〕命題は不正確ということになる．つまり技術進歩や生産性の成長は製造業に局限される事柄ではけっしてない．すなわち検証対象となった国ぐにのおおくでは農業や鉱業における生産性の成長は製造業，ないしは，包括的にかんがえる場合には工業の活動のそれよりも高率だったのである．

　ところが，現実性をそなえた，第3の説明要因が存在している．つまり規模の経済性ないしは収穫逓増〔という事態〕が存置しているということであるが，そのような要因が総産出高の増加に対応して，ないしはその副産物として生産性の増加をひきおこしている．製造業の活動が「収穫逓増の法則」にしたがうということはもちろん，古典派経済学者の周知の主張であった．『国富論』の最初の3つの諸章をみれば，この原理の原点をよみとることができる．その箇所でアダム・スミス Adam Smith はつぎのように論じた．労働力1単位あたりの収穫（ここではそれを生産性とよぶことにする）は分業に依存している．つまり〔作業の〕専門化ときわめて多数の，あいことなる工程に生産を分割することに依存するのであるが，その点はピン製造にかんする著名な事例で例示されている．スミスの説明にしたがえば，分業は市場の広さに依存しており，市場がおおきくなければ，それだけ工程の分割や専門化の実施範囲が拡大され，生産性もいっそう高度のものになる．〔ところが〕マーシャル Marshall やアリン・ヤング Allyn Young のような1, 2の有名な例外はあるけれども，新古典派の著者たちはこのような現象を無視したり，ないしは過小評価する傾向があった．ハーン Hahn とマシューズ Matthews が最近の論文でのべたように，「無視の理由になっているものはうたがいもなく，完全競争や限界生産性要因による価格決定というような，〔新古典派の〕通例の理論構造にとっては収穫逓増〔の原理〕の当てはめがむずか

しい,という点である」[4]．

　しかしながら，アダム・スミスは，あとでマーシャルやアリン・ヤングの両人がしたとおなじように，工業の活動規模の拡大にともなって静学要因と動学要因の相互作用がはたらき，その結果として収穫が増大すると力説した．分業の度合をたかめれば，生産性がたかまるが，それは熟練度や技術知識の向上をひきおこし，つぎには専門的知識の増大にともなって技術革新と意匠のいっそうの改善が招来されるからである．大規模生産の経済性は原理上では逆転可能な，各種の不可分な要因に起因している〔因果関係の〕逆転が不可能な〔生産〕拡大過程とむすびついた，このような技術変動から大規模生産の経済性の影響を分離しようとしても，それはできない相談である．〔技能の〕習得は経験の産物である．アロー Arrow が教示したごとく[5]，産出高の増大が急速であれば，それだけ生産性の上昇も急速になるということがその含意になっている．これはつぎのような意味にもうけとれる．生産性の水準は，単位時間あたりの期中産出高よりは，むしろ（初期時点以来の）産出高累計の関数である．

　さらに付言すれば，アリン・ヤングが強調したごとく，収穫の増大は「巨視的現象」である．つまり規模の経済性のきわめておおくはまさに質の多様化，新生産工程や新規の付随的産業部門の出現の結果として発露するのであるから，規模の経済性にかんしては「個別企業や特定産業の規模の変化にともなう影響を観察していてもそれは十分には鑑識」できないのである．任意のある時点にかんしていえば〔たしかに〕，規模の経済性が重要性をうしなってしまっているような産業は存在している．それにもかかわらずこれらの産業は産業全般の拡大によって恩恵をこうむっているのであり，産業全般の拡大は，ヤングのいうごとく，「全体が相互に関連しあっている，という認識にもとづいて観察」されなければならないのである．分業が進展すれば，「代表的企業は，それが一部をしめている〔と仮定された，ある特定の〕産業の場合と同様に，その〔論理的〕主体性を喪失してしまう」[6]．

第4章 イギリス経済の低成長の原因　　　163

III

　経験にてらしあわせてみると，生産性の成長と生産〔高〕の成長とのあいだには関連性があるが，わたくしの見解にしたがえばその基本的理由は以上のとおりであるけれども，1949年に発表されたP.J.フェルドーン Verdoorn の〔それにかんする〕かつての調査を賞賛する意味で，この関係は最近では「フェルドーン法則」としてしられるようになってきている[7]．この法則は――産出高の規模と生産性の水準とのあいだというよりは，むしろ生産性の変化率と産出高のそれにかんする〔ものであるという意味で〕――静学的というよりは，むしろ動学的な関係である．なぜならばそのなかには技術進歩が介在しており，したがって大規模生産の経済性を反映するようなものではありえない，ということをなにをさておいてもまず指摘できるからである．フェルドーンの業績〔発表〕以降に，それにかんしては多くの人びとが調査をおこなってきたけれども，このような人びとのなかのひとりはサルター Salter であり，またもっと最近ではベッカーマン[9]も調査をおこなっている．ただし，この法則は第1次および第3次経済部門にかんしてよりは，むしろいわゆる「第2次部門の」活動に――つまり製造業はもちろんのこととして〔そのほかに〕公益事業や建設業をふくむ〔広義の〕工業の生産に――とくに関連する現象であるのに，そのような事実にかんしては誰ひとりとして十分には力説しようとしなかったのである．

　1953-4年から1963-4年までの期間における12カ国の製造業の事例に以上の点を適用した結果が第2表にかかげられているのであるが，そこには生産〔高〕，生産性および雇用の〔それぞれの〕成長率が各国ごとに提示されている．その結果を要約すると，ふたつの回帰方程式，つまり産出高を変数とする生産性の式と産出高を変数とする雇用の式になる――ただしそれらは同一の関係をふたつの，あいことなる方法でみようというものである[10]．そしてここで提示されている事柄は，産出高の成長が生産性成長率の決定のさ

第2表 製造業の生産,雇用および生産性成長率(12カ国,1953-4年平均と1963-4年平均との比較,指数関数にもとづく年間成長率)

	生　産[1]	雇　用[2]	生 産 性[3]
日　　　　本	13.6	5.8	7.8
イ タ リ ー[4]	8.1	3.9[5]	4.2
西 ド イ ツ	7.4	2.8	4.5
オーストリア[7]	6.4	2.2	4.2
フ ラ ン ス[6]	5.7	1.8	3.8
デンマーク[6]	5.7	2.5[5]	3.2
オ ラ ン ダ[8]	5.5	1.4	4.1
ベ ル ギ ー	5.1	1.2[5]	3.9
ノルウェー	4.6	0.2	4.4
カ ナ ダ	3.4	2.1	1.3
イ ギ リ ス	3.2	0.4	2.8
ア メ リ カ[7]	2.6	0.0	2.6

注 1) 国内総生産中の製造業勘定(実質値).
   2) 賃金・給与取得者(週間労働時間の変動を調整済み).
   3) 労働時間あたり産出高(左掲の両欄より推計).
   4) 1954-5年と1963-4年との比較.
   5) 法人企業にもとづいて週間労働時間の変動を推計.
   6) 1955-6年と1963-4年との比較.
   7) 1953-4年と1962-3年との比較.
   8) 生産と雇用は工業にかんする値(鉱業をふくむ).
資料:経済協力開発機構『各国別勘定統計』と『労働力統計』 *Manpower Statistics*, O.E.C.D. および国連『統計年報』 *Statistical Yearbook*, U.N.
回帰式:
 (1) 生産性成長率 (P) を製造業生産成長率 (X) の関数として提示する場合
  $P = 1.035 + 0.484X$,　$R^2 = 0.826$
  　　　　(0.070)
 (2) 雇用成長率 (E) を製造業生産成長率 (X) の関数として提示する場合.
  $E = -1.028 + 0.516X$,　$R^2 = 0.844$
  　　　　　(0.070)

いにかならず主要な役割を演ずるということである.さらに,通常の検証の場合にはその関係はいちじるしく顕著である,と説明されているが,そこに提示されたことは以下のとおりである.生産性成長率が年率で約1パーセントというような,「自生的な」率であるような場合をのぞくと,後者〔つまり生産性成長率〕は総産出高の成長の関数になっている.つまり,産出高の成長が〔これまでよりも〕1パーセント増加するためには,労働時間ではか

った雇用量の成長は0.5パーセント増加する必要があるけれども,それは生産性の成長が0.5パーセント増加することと符合している〔訳注2〕.これらの率は,フェルドーンやその他の研究者が検出した大いさとひじょうに近似している.

　生産性の成長と生産〔高〕の成長とのあいだに統計的な関係があることを容認したとしても,そのことによっては因果関係はなにもわからない.このように主張する経済学者が多少はいるけれども,そのような見解にしたがえば,フェルドーン法則にうつしだされている事柄はたんに,生産性成長率がたかまれば,費用や価格の相対値におよぼす影響をつうじて,需要成長率のたかまりが誘起される,ということだけであって,それ以上のなにものでもない,ということになる.

　しかしながら〔フェルドーン法則とは〕二者択一的な,この仮説を十分に詳説しようとしても,それはできない――つまりもしそうしようとしたら,その論理の欠陥がすぐに明白になってしまうであろう.もし各産業,また各国における生産性成長率が十分に自生的要因であったとしたら,そのことを説明する,なにがしかの仮説が必要になる.生産性の成長は主として科学や技術についての知識の進歩によって説明される.これが通常の仮説であるけれども,その場合には,同一の時期に,あいことなる国ぐにの同一産業で大幅な相違がみられる,という点をいったいどのように説明するのであろうか? たとえば,1954-60年の期間にドイツの自動車産業の生産性は年率で7パーセント上昇したのに,イギリスでは年率でたった2.7パーセントにすぎなかったのであるが,技術進歩をつかってこのような事実をどの程度,説明できるのであろうか? 両国においては自動車産業の大部分はアメリカの同系企業によって支配されていたのであるから,知識や技術情報の改善の可能性を両国はおなじように保持していたにちがいない.〔ところが,生産性上昇率に格差が生じている.〕この二者択一的な仮説は収穫逓増〔法則〕の存在を否認することと同類であるけれども,フェルドーン法則や,その他の局面でしばしば強調される事柄,たとえば経済統合の影響の分析にさいして

あげられた事柄などとはまったく別個に，周知のように，収穫逓増は製造業の重要な特徴になっている．

　さらに，この二者択一的な仮説を確固たるものにするためには，生産性の成長が自生的である，と仮定しただけでは不十分である．くわえて，さまざまな産業や部門間における生産性格差は十分に相対価格の動きのなかに反映され（ただし賃金やその他の収入の相対的な動きにかんしてはそうでない），そのうえ，ある任意の産業の生産物，ないしは製造業全体にかんする生産物については，需要の価格弾力性はつねに１より大きいと仮定される必要があるけれども，わたくしのしりうるかぎりでは，計量経済学的検証にたえたものはそのうちでただのひとつもなかったのである．

　生産性の成長と生産〔高〕の成長間の関係がひとたび認知されれば，生産性の成長率記録にみられる大幅な格差はそれほどおどろくにはあたらないということになりそうであるし，またさまざまな国ぐにの「生産効率順位表」をみる視点もややことなるものになりうる．〔つまり〕単純に生産性の成長を通常の判断基準にするのではなくて，フェルドーン回帰線からの，生産性成長の乖離というような，これまでよりもいっそう精巧な判断基準にもとづいて，別言すると，製造業生産高全体の成長率を基盤にして，生産性の期待値と実績を関連づけるような方法で各国の評点をしめすことが可能になる．このような検定をおこなうと，きわだって好成績な選手がひとりいることに気づく．ノルウェーがそれである——すなわちその国の成長率記録は予想値よりも３分の１たかかったのである．また，生産性成長率が計測値のたった２分の１というような，きわだって成績不良な選手もひとりいる——それはカナダである．約15パーセント不足というような，やや不良な選手がふたりいる——イタリーとデンマークである．またやや良好な選手が３人いる——オランダ，ベルギーそしてアメリカであるが，それらの国ぐにの生産性記録は平均値よりも12から15パーセントたかくなっていた．その他の国のなかでは４カ国が平均値にぴったりであった——つまり日本，ドイツ，フランス，そしてオーストリアがこのグループに属しているけれども，それらの

国ぐにの場合には回帰線からの乖離は2パーセント以下である．そして計測値から7パーセント上回るという記録をもつ，すれすれで良好というような選手がひとりいる——それがイギリスである．この検定法にかならずしたがうとした場合，厳密に平均的な選手に β，やや良好な選手に $\beta+$ という評価をくだすとしたら，おもうに，イギリスは $\beta?+$ という序列になるにちがいない．

　もちろん，本来的にどのような国際比較にも統計上の不確実性がつきまとうけれども，上述の事実もすべてそれに制約されている．また上述の乖離はそのおおくはあまりにちいさすぎるので，ある国の業績判定のさいにはあまり有意になっていない．しかし，顕著な例外が1人いる——またしてもカナダがそうである．〔同国では〕乖離は投資行動と密接に関連しているようにおもわれるのであるが，これは乖離についての興味ぶかい点である．自国の成長率とくらべて多額の投資をおこなった国は好成績の選手であり，他方，自国の成長率とくらべて投資が小規模であった国は成績不良の選手であった〔ということになる〕．もし，資本の増分/産出高の増分比率 incremental capital/output ratio（簡単化のために〔以下では〕ICOR と略記する）で投資行動を測定すれば，フェルドーン検定法にもとづく最良選手，ノルウェーの ICOR は最高（5以上）であり，好成績の選手の ICOR はすべて平均以上（3以上），平均的な選手の ICOR は平均値（ほぼ2½），そして成績不良の選手の ICOR はひくかった（2以下）[11]．（この方式の場合にはカナダは唯一の例外であった——つまり ICOR がきわめて高率でありながら，成績不良の選手であった．しかしこの検査期以降にカナダは成績をきわめて顕著に改善した，と報告できるのであるが，それはわたくしにとってうれしい事柄である．）別言すると，成長率それ自体ではなくして，フェルドーン法に依拠した，各国の業績をつかって成長におよぼす投資行動の影響を検索すると，その数値ははるかに意味分明のものになる．ところがさらに，生産性成長率格差の原因としては収穫逓増がはるかに重要であり，したがって投資行動の相違は，格差の残余にかんして〔のみ〕説明要因となっていることもここに

明示されているが，そのような残差は相対的にみると重要性にとぼしい．

　わたくしが提言しようとしている事柄は，フェルドーン型の関係が製造業の活動のみに適用されるとか，全製造業を個別に考察する場合に適用可能になる，ということではない．しかしながら，その産業〔つまり製造業〕以外の分野にかんしては，適用の範囲がはるかに制約される，という点は明白である．統計を論証資料にしようとする場合，農業や鉱業にかんしてはその方法はたしかに適用できない．これらの産業では生産性の成長は生産〔高〕の成長よりもはるかに大幅であるし，またそこでみられる，多少とも明白な関係ということになれば，生産性の成長と雇用の成長のあいだということになるけれども，それにかんしては相関関係は負になっていて，けっして正にはなっていないのである．それらが「収穫逓減」産業であるというのが古典派の主張であったけれども，上述の点はそれを裏づけている．このような点は技術進歩，ないしは資本集約度をたかめるような方法の採用で上張りされるので，統計上では隠蔽されてしまう，しかしそのことによって古典派の主張の意義が消去されるわけではない．いくつかの国ぐにおいては，農業で生産性成長率が相対的に高率であったが，それはたんに，第2次および第3次産業の職種に過剰労働力が吸収されたことによって招来された受動的結果にすぎなかったのであって，真実の技術進歩とか，ないしは産出高1単位あたりの資本投資の高率性がそこに反映されたわけではかならずしもなかったのである．

　〔さらに〕第3次部門，つまりサービス業部門〔をめぐる問題〕がのこっているが，その部門には輸送，商品流通，銀行・保険，飲食・ホテル，洗濯・理髪の各業種，ならびに公的および私的に提供される，きわめて多様な専門的サービス業務がふくまれている——〔しかも〕それらをあわせると，先進国の場合には総産出高や総雇用量の 40-50 パーセント以上の比重をしめている．この部門の多くでは，実務経験による技能習得ということがあきらかにひとつの役割をになっているにちがいない．ところが規模の経済性はおおよそのところではそれほど顕著ではないし，また〔そうであったとして

も〕きわめて急速に消去されている．調査や教育というような活動の場合には，専業や分業にともなう利益についてのアダム・スミス的原理が工業活動の場合と同類の方法で機能するにちがいない．しかし正確にいえば，これらの分野では，「投入高」と関係づけなければ，「産出高」を測定できないのであるから，生産性の推計値にそのような原理が直接的に反映される，というようなことはありえない．統計的な論証資料のしめすところにしたがえば，産出高が〔投入高とは〕無関係に測定可能になるような，いくつかの分野においては——たとえば輸送や通信というような業種では，生産性の成長と生産〔高〕の成長とのあいだには相関関係がまったくみられない．それにくわえて，商品流通業というような，そのほかの業種においては，生産性（ここでは雇用者1人あたりの売上高を意味している）は，総売上高の増加が急速であればあるほど，急速に増大する傾向がある．しかしこの場合には，真の意味での規模の経済性ではなくて，不完全競争によって誘起された過剰生産能力の発生度合の変化がそこに反映されているにすぎない．別言すると，第1次または第2次部門における生産〔高〕の成長に原因する消費増大に呼応して，自生的に生産性が上昇しているようである．牛乳屋が各軒ごとに牛乳瓶を1本とどけていたのに，こんどは2本にしたとすれば，技術上の変化がなにもなくして，かれの生産性が倍増するけれども，商品流通部門での状況はそれと同類の事柄である．

　経済全般の成長率に支配的な影響をおよぼしているとおもわれるものは製造業における生産〔高〕の成長であるが（それにともなっているものは公益部門や建設業における付帯的な活動である），これは部分的には，製造業の成長が工業部門自体の生産性の成長に影響をおよぼしているからであり，さらに部分的には，他部門の生産性の成長を間接的にひきあげる傾向があることも理由になっている．そのようなことは将来は農業や商品流通業界の双方におこりうるし，現におきているようにもみうけられる．というわけは，第1に，そのようなことは過剰労働力の期間あたり吸収量を増大する誘因になるし，第2に，消費者に帰着する財の増加を確実に促進するからである．ま

たもちろん，工業化されると経済全体にわたって技術変化の速度は加速されるが，このことはもっと一般的な意味で妥当性をそなえている．

IV

いくつかの国ぐにはどうにかして他国よりかなり急速に製造業の期間あたり生産高を増大させたのであるが，それはなぜであるか．このような問題の処理がのこされている．わたくしの見解にしたがえば，一部は需要要因に，また一部は供給要因に説明材料をもとめることができるし，両者がむすびついて高度成長が招来されることを経済発展の中間段階の特徴として指摘できる．

供給増加に誘発される需要増加と，需要増加に呼応して惹起する供給増加間の，複雑な相互作用過程の結果が経済成長である．市場を全体的にみれば商品は商品と交換されるのであるから，ある商品，ないしはある商品群にたいする需要の増大は他の商品の供給増加をあらわしており，その逆もありうる．このような連鎖反応の理法は需要の弾力性と供給の制約の双方によって，つまり個々人の嗜好と技術的な要因によって条件づけられることになるであろう．〔需要増加に相呼応する〕供給面で大規模に反応するような商品に需要増加が集中すれば，また生産増加に誘発されて需要面で大規模に反応すれば，それだけ連鎖反応は急激なものになるかもしれない．後者〔つまり需要面で〕の反応は限界消費性向だけではなくて，誘発投資にかんしても問題になる．ある特定の視角から──つまりなにが製造業の産出高成長率を決定しているか〔という観点から〕──この過程を観察する場合には，その問題をふたつの段階にわけて考察するほうが好都合であろう．つまり最初は需要の源泉にかんする観点から考察し，2番目には潜在的供給高を支配する要因にかんする観点から考察する，ということがそれである．

需要の観点からその問題を検討すると，この過程は3つの源泉に依存している．消費，投資および純輸出（ここでは輸入高にたいする輸出高の差し引

第4章　イギリス経済の低成長の原因　　　　　　　　　　　171

き超過分を意味している）がそれである．

　消費者の需要行動は消費構造の変化に依存するが，それは1人あたり実質所得の増大と関連している．製造業製品の所得弾力性の高率性（それは，製造業の生産物につかわれる消費者の支出割合の増大に反映されている）は1人あたり実質所得水準の中規模領域にみられる特徴である．〔実質〕所得水準がひくい場合には，食料に支出される所得の割合は，平均的にみても限界的にみても，ともに高率になる．実質所得水準がきわめてたかい場合には，製造業者にたいする需要の所得弾力性は，サービスにかんするそれと比較すると，絶対的にみても相対的にみても，ともに低落している．もっとも，洗濯機とかテレビのような新商品が連続して登場するような場合にはその弾力性はもっと急速に低落する．〔所得水準の〕中位領域においてはこの割合はおおきく，かつ増大しているのであるが，その領域では経済成長の急速化を促進する二重の相互作用が存在している．工業部門の拡大は実質所得の成長率を高揚させているし，また実質所得の増大は工業製品にたいする需要の成長率をひきあげている，ということがそれである．

　しかしながらこれは説明のほんの一部にすぎない．需要成長のさらに重要な源泉は資本投資に端を発している．工業部門が資本支出の対象となる財をまかない，それゆえにこれらの財を供給する過程それ自体のなかから，みずからの生産物にたいする需要をうみだすということ，それが高度に発展した工業部門の特質になっている．ある1国がひとたび工業化の段階にたどりつき，その国が消費財とはまったくちがって工場や機械にかんする自国の必要物資を大部分，まかなうようになれば，それらの生産物にたいする需要の成長率は傾向的にはきわめて顕著にひきあげられることになるであろう．なぜならば投資財部門での生産能力の拡大はそれ自体にもとづいて自部門の生産物にたいする需要成長率を上昇させ，それゆえにいっそうの拡大にむけてその動因と手段を準備することになるからである．企業家の期待が楽観的となり，しかもその過程が労働や基礎的原材料の不足によってさまたげられないとすれば，投資財部門の確立にともなってそれこそ製造業産出高成長率を加

速する内在的要因が組成されることになる．そして，技術的な制約，つまり投資財部門内における投入・産出関係によって加速化の進展に限界が課せられるところまで，そのような状況が——理論的には——進行する．

　需要の成長率の第3の源泉は外国貿易の構造変動に端を発している．工業化の初期段階においてはどこでも消費者むけ製造品の輸入減少と，機械や設備の輸入増加がみられる．したがって国内製造業（それは主としていわゆる「軽工業」，つまり通常の場合には繊維産業によって構成されている，と想定できる）にたいする需要成長率は，輸入品にたいする国内製品の代替のためにこの局面中は一貫して消費総量よりもいっそう急速に増大する．しかしおおくの国の経験をつうじて判明したところにしたがえば，輸入消費財が〔国内製品に〕代替される過程はしだいに万全なものとなってゆくので，このような，相対的に急速な発展局面は傾向的にはきえうせてゆく．工業化過程の国ぐにが発展の律動を維持するためには，それらの国ぐにが第2段階にはいりこんでいって，しだいに消費者用製造品の純輸入国になってゆく，ということが必要である．これにつづくもの（ないしはそれにともなうもの）は第3段階であるが，その特徴になっているものは資本財にかんする〔国内製品による〕「輸入代替」である．またまえにのべた理由のために，それは高度な成長率とむすびついてあらわれやすい．なぜならば「重工業」がその他の経済部門の成長に関連しながら躍進するからである．〔つぎは〕第4の，そして最終の段階であるが，その段階の国はしだいに資本財の純輸出国になってゆく．そして「爆発的成長」にでくわしやすいのは最後のこの段階においてである——つまりそのさいには「重工業」製品にたいする国外需要の高成長率は，自国の経済拡張に原因する自生的な需要成長とむすびつくのである．おもうに，戦後日本の驚異的な成長率を説明するものは主としてこのような第4段階への移行である．同国の消費の成長は急速ではあったけれども，（国内の用途や輸出にむかう）投資財生産の興隆に起因する成長は〔それよりも〕はるかに大幅であった．しかしこれもまた過渡的な段階である．つまりひとたび投資部門が十二分に発展すれば，そしてひとたび投資財の世界貿

易額のなかでかちえた1国の分け前がある程度，巨大になれば，需要の成長は鈍化せざるをえないのであるが，これはそれ以前の工業国の広範な歴史的経験にしめされているとおりである．

　これらはすべて需要の側面だけから問題をみている．現実の発展過程はある段階になると供給側の制約要因によって鈍化させられるか，ないしは妨害されるようである．そしてわたくしはあとですぐにその点を主張するつもりであるけれども，これらの〔供給側の制約〕要因によって発展の律動がおそかれはやかれ鈍化させられる，ということはさけがたい．

　供給側のそのような制約要因はふたつの形態，つまり商品と労働のうちのひとつの形態に具現されている．工業部門が拡大するので，同部門へ吸収される，製造業部門外の生産財（およびサービス）の量はしだいに増加する．たとえば第1次部門（農業や鉱業）で生産される食料や工業原料，および自給不能か，ないしは十分には自給できないために，輸入に依存しているような製造品の場合がそうである——工業化の初期段階においてはこのような点がおそらくは相対的にいっそう重要であるが，戦後の経験のしめすところにしたがえば，工業面で高度に発展した国においてさえも，完成財と部品のいずれにかんしても工業用製造業製品を貿易にもとめる余地はきわめて広範に存在している．最後の点として，工業面での成長は多様なサービス（たとえば金融，保険，法務や会計事務など）にたいする需要を発生させ，それゆえになにはともあれ「第3次」部門の急速な拡大を招来することにもなる．（また，耐久消費財の利用の増大は補修や整備サービスにたいする需要増大をひきおこす．）

　個々の国にかんしていえば——工業国グループを包括的にかんがえればそうでないかもしれないけれども——商品面での制約は一般的には国際収支面での制約という形態をとるが，輸出成長率を超過するような輸入成長率がある特定の成長率によって発生させられるために，そのようなことがおきるのである．工業化の初期段階に位置するような国ぐににかんしてはたしかにこのようなことは妥当するけれども，そのような場合には，工業面での発展が

その国の潜在的輸出力に，多少は益するにしても，ほとんどないといえるような段階にあっては，輸入の〔国産品〕代替がおこなわれたとしても，工業の成長が原因になって必要輸入総額はいちじるしく増加する．しかし工業面における先進的経済の成長率がこのようなことのために鈍化させられるかもしれない，ということも提言されているし，イギリスの戦後の経済成長にとって重大な制約となってきたものはそれである，という見解も広範な人びとに支持されている．

　過去20年間のうちで相対的に高度な成長がみられた短期間についていえば，それはいつも輸入の急速な成長をともなっていたし，その結果として国際収支が赤字になったのである．したがって高度成長は労働力不足やその結果としておきたインフレとおなじように国際収支のこのような赤字に関連する出来事であったし，そのためにこの時期を終末においやるようなデフレ政策が導入されることにもなったのである．同様につぎの点も間違っていない．わが国の輸出成長率が趨勢的にみてもっとたかかったならば，わが国の輸入成長率をもっと高水準に維持しえたであろう．そしてわが国の発展の律動がもっと平板であったならば，輸入の増大は回復局面でみられたほどには急速でなかったであろう，ということがそれである．しかし，国際収支がわが国の経済成長にたいして，実効をもつほどの制約になったか，どうか，という点はかならずしも証明されがたい．いまかりに，輸出成長率がもっと高率であったならば，わが国はもっと高率な製造業生産成長率を達成しえたであろう，ないしは，国内投資や消費の増加をもっと低率にとどめても，わが国は輸出の増加をもっと高率にすることができたであろう，と論証できたならば，その場合にのみこのような主張をひきだせるのである．〔しかしながら〕あとの論述にかんしてはつぎの点が想起されなければならない．わが国の製造業生産の総量と比較すると，わが国の輸出量はかなりおおきいし，また，世界貿易量中にしめる，わが国の輸出の分け前は激減したけれども，しかるに国内の製造業産出高中にしめる輸出の分け前はいぜんとしていちじるしく安定しているのである．このことを解釈してみると，つぎのようにいえる．つ

まり生産成長率をほんのすこしたかめても，ある年月のあいだ国際収支を平準化させることが不可能になってしまうかもしれないのであるから，生産成長率の趨勢は輸出成長率の趨勢によって支配されていることになる．その点を逆にかんがえればつぎのようにも解釈できる．つまりわが国の輸出成長率を決定したものはある年月のあいだは輸出可能な財の生産成長率であって，その逆ではありえない．

　国際収支面の制約をさておいた場合，わが国の製造業産出高をもっとたかい率で増加できるか，どうか？　これは重要な疑問である．生産の成長はおもに製造業製品にたいする需要の成長に支配されていたのか，それとも供給面の制約に支配され，需要の成長にもかかわらず，それ〔つまり供給面の制約〕が産出高成長率の上昇を頓挫させたのか？

V

　ともあれ，ここで労働事情とフェルドーン法則に話をもどそう．まえにのべたように，この法則の提言にしたがうと，製造業の産出高成長率をたかめれば，それが原因となって生産性成長率がいっそうおおきくなるけれども，雇用成長率引きあげの必要性をとりのぞくほど十分におおきくなるわけでない．戦後のイギリスで，製造業の成長が急速であったような時期には不可避的に深刻な労働力不足が招来され，そのことが産出高の成長を鈍化させ，また生産が景気循環局面の最高点に到達したあともしばらくのあいだはそのような状態がつづいた——実際にはほとんどいつの場合でも，産出高が減退をはじめたのちになっても，雇用は〔なお〕増加をつづけた．これらのすべてによって暗示されていることは，製造業に利用可能な労働力がこれほどおおくなかったならば，成長率をもっと高水準に維持できたのではないか，という点である．

　実際に，あらゆる歴史上の証拠が暗示するところにしたがうと，高率の工業成長はいつの場合でも第2次および第3次，両経済部門の高率の雇用成長

と関連していた．その場合，労働力の主要源泉となったものは労働人口の成長ではなかったし，ましてや移民でもない．つまり農業における過剰労働力，ないしは「擬装失業」によって組織された〔産業〕予備軍がそれだったのである．工業化の過程で，農村部から都市地域への労働力移動があいついだ．そしてこの過程でおきた農業労働力構成比の減少は劇的な様相を展開している．しかしこの過程がながくつづけばそれだけ，〔農村に〕残留する労働力はすくなくなり，第2次および第3次部門では利用可能な労働力にかんしてはうるところがちいさくなる．さらに，ひとたび農業と工業間の生産性格差が消滅し，さらにそのことが〔両部門の〕相対的収入に反映されるようになれば，このような〔労働力〕移動過程は停止のやむなきにいたる．わたくしのみたところでは過去10年間にわたって，機械化に起因する農業労働力需要の減少が農業労働力の減少度合をおいこしてしまい，これが主因となって，〔両部門間における〕相対賃金間に大幅な格差が存続するにもかかわらず，イギリスは先進国中ではおそらくただ1国だけ，農業の1人あたり純産出高が工業のそれとおなじ大いさになる，というような状態に到達している．

　第3表では12ヵ国にかんして総労働力の成長率と，農・鉱業，工業およびサービス業における雇用の変動率がしめされているし，第4表では1962-3年に前記の3部門間に配分される総雇用量の構成比が提示されている．

　第3表の顕著な特徴のひとつは，すべての国で農・鉱業の雇用が一様に減少したという点である．つまりその量は年率で2から4½パーセント変動している．総労働力にたいする百分率でみると，農業の労働力がいぜんとしておおい国ぐにの場合には，それが意味していることは，工業およびサービス業部門へかなりの労働力が追加供給されている点である——大部分の国ぐにでは労働人口の成長は相対的にみてあまり大幅でないのであるが，追加供給は絶対的にみるとかなりの量になっているだけでなくて，労働人口の成長と比較してみてもかなりの水準になっている．他方——イギリスやアメリカのように——第1次部門の各職種の労働力規模がちいさい国ぐににおいては，第2次および第3次部門の各職種における雇用増加率はもっともっとちいさ

第3表 労働力成長率と農業，鉱業，工業およびサービス業の雇用変動率
—— 指数関数にもとづく成長率（12カ国，1954-64年）

	労働力成長率	農業・鉱業の雇用成長率[1]	工業・サービス業の雇用成長率[2]		
			両産業	工業[3]	サービス業[4]
日　　　　本	1.5	−2.6	5.4	5.8	5.1
イ　タ　リ　ー	−0.1	−4.5	3.9	4.4	3.2
西　ド　イ　ツ[5]	1.4	−4.1	2.8	2.7	2.9
オーストリア	0.2[6]	−3.6[6]	2.3	2.0	2.6
フ　ラ　ン　ス	0.2	−3.5	2.2	1.9	2.4
デンマーク[7]	0.8	−2.8	2.2	2.5	1.9
オ　ラ　ン　ダ	1.3	−2.0	2.3	1.9	2.7
ベ　ル　ギ　ー	0.3	−4.4	1.9	1.5	2.3
ノルウェー	0.3	−2.5	1.3	0.5	2.0
カ　ナ　ダ	2.3	−2.8	3.5	2.3	4.3
イ　ギ　リ　ス	0.6	−2.3	1.1	0.6	1.6
ア　メ　リ　カ	1.3	−2.4	1.8	0.8	2.4

注 1) 自営業者と報酬を受領しない家族労働者をふくむ．
　 2) 賃金・給与取得者．
　 3) 製造業，建設業および公益事業．
　 4) 輸送業，流通業，金融業，その他のサービス業，公務員など．
　 5) 1957-64年．
　 6) 1951-63年．
　 7) 1955-64年．
資料：経済協力開発機構『労働力統計』．

かったのである．第3表にしめされているところにしたがうと，イギリスにおいてはこの期間をつうじて他の11カ国中の5カ国よりも総労働力成長率は高率であったが，それにもかかわらず，工業とサービス業での雇用量を一括してその増加率をはかると，〔11カ国中で〕最小であった．これを説明するものは第4表のなかでえられる．つまりイギリスでは農・鉱業の労働力構成比は最小であったことが同表のなかにしめされているのである．

　第3表からはつぎの点もわかる．第3次部門に吸収される労働力はどこの国でもかなりの規模になっているけれども——すくなくとも工業での雇用増加と同規模になっている——，低成長国においてはその規模は高度成長国におけるよりも（工業での雇用成長とくらべると）相対的におおきくなる傾向

第4表 第1次，第2次および第3次産業の各業種間の雇用構成比
(12カ国，1962-3年平均)

	第1次産業 (農業，鉱業)	第2次産業 (製造業，建設 業，公益事業)	第3次産業 (サービス業)[1]	計
日　　　本	30.0	30.3	39.7	100
イ タ リ ー	27.8	39.4	32.8	100
オーストリア[2]	23.8	40.6	35.6	100
フ ラ ン ス	21.1	37.0	41.9	100
ノルウェー	20.0	35.5	44.5	100
デンマーク	19.1	39.5	41.4	100
西 ド イ ツ	14.1	47.9	38.0	100
カ ナ ダ	12.9	32.7	54.4	100
オ ラ ン ダ	12.0	42.3	45.7	100
ベ ル ギ ー	10.6	44.0	45.4	100
ア メ リ カ	8.9	30.7	60.4	100
イ ギ リ ス	6.7	44.0	49.3	100

注 1)　輸送業，流通業，金融業，その他サービス業，公益事業などをふくむ．
　 2)　1961年．
資料：経済協力開発機構『労働力統計』．

があった．これらのことはつぎのような事実のためであろう．サービス業での必要労働量の成長は，工業での必要労働量の成長にくらべて，経済成長率の変化にたいして敏感でない，ということがそれである．なぜそうであるか，という点にかんしてはたしかにいくつかの理由を想起できるかもしれない．たとえば教育や保健サービスの水準が向上したことがそれであるけれども，これはそれ自体の動因にもとづいて進展する傾向がある．また，サービス業における雇用成長の相対的高率性は製造業における労働需要の不安定性の結果である，ということもありうる．そしてイギリスにおいてはそれは〔政府の〕需要管理政策に由来する景気循環 stop-and-go cycle の副産物であったかもしれない．サービス業での雇用機会は製造業における雇用のそれよりも短期の需要変動にたいしては敏感でない．そこである種の鋸状効果が作用した可能性もある．すなわち「需要抑制 stop」局面では製造業における雇用減少の結果としてサービス業にむかう労働力の偏流がおきたようであるけれども，

第4章　イギリス経済の低成長の原因　　　　　　　　　179

そのあとの「需要拡大 go」局面ではその逆流が発生しなかったのである．

　とはいえ，もし本稿での基礎的仮説が妥当なものであるとすれば，農業での労働予備軍がやがてつかいはたされるので，あきらかにすべての国ぐにが成長率の鈍化を経験することになる．それは，第2次および第3次部門の労働力にかんしては弾力的な供給曲線が存在している，ということであり，そのような曲線が急速な発展の主要な前提条件になっているのである．第4表のしめすところにしたがえば，先進国中のいくつかは――つまり日本，イタリー，ないしはフランスというような国ぐには――大規模な（つまり15-30パーセント段階の）農業労働力をなおも保有しており，そのために潜在的には〔ほかの〕先進国をおいぬいて急成長を達成できるような，注目すべき時期がまだそなわっている．ところが，アメリカ，ベルギー，そしてまたドイツはイギリス型の構造に接近しつつある．ドイツの場合には，工業における生産と雇用の成長率がすでに最近数年間のあいだにいちじるしく鈍化してしまった．アメリカにおいては――1950年代中は終始，高失業率のなかでやりくりをしながら――ケインズ経済学の昔ながらの手法で成長をかなり顕著に加速化できたけれども，失業が低水準におちこんだ今となっては，はげしい労働不足の状態からはなおほどとおいとはいえ，成長率がふたたび鈍化するかもしれないのである．

　イギリスはほかのどの国ぐによりも早期に工業化の過程を開始した．そこで――すでに第1次，第2次，そして第3次部門間の労働力の〔再〕配分をやってのけ，工業は，他部門の労働予備軍をおびきよせるというような仕方では，もはや同部門の必要労働力をひきよせられなくなっているが，そのような意味では――〔ほかのどの国ぐによりも〕かなり早期に「〔経済〕成熟」に到達した．早期の〔工業化への〕取り組みにはもちろん利益もあったけれども，不利益もあった――工業化にかんする新参国がいくつも，工業国になりきるまえにおいてさえも，高水準の工業効率化を達成した，ということがその現れである．

　しかし，わが国に災いしている主要な障害は労働不足であるけれども，そ

のことがひとたび認識され，このような障害に思考の焦点があわされるようになればただちに，すべての分野の労働力がもっと合理的に利用されるような方向にむかってわれわれの努力を傾注し，また——もしピグー的言辞 Pigovian phrase を弄するならば——社会的限界生産物がややもすると私的限界生産物をかなり下回るような部門にかんしては，傾向的には労働の吸収は抑制されるようになるであろう．わたくしはそのようになることを祈念している．

さらに，さきざきのことをおもんぱかってみると，あたらしい技術革命によって——つまりエレクトロニクスやオートメーションによって——工業における必要労働量が急速に減少し，その結果として経済成長が急速であっても，そのことが工業における雇用の減少と両立可能になるというようなことはありうる事態である．しかしながらその徴候はまだあらわれていない．もし技術面でもっともすすんだ国，つまりアメリカをかんがえてみると，過去数年間における同国の製造業生産の急速な成長は製造業の雇用量の大幅な増大と関連していた——つまりフェルドーン方程式によって予期できるような方向に十分に適合していたことがわかる[12]．

最後にあたって，つぎのような問題をかんがえてみよう．製造業全体の急速な成長によるのではなくて，国際的専門化の推進によって成熟国は規模の経済性の利益をどの程度まで今後も享受することになるのか．〔答えはこうである．〕この講義で論述された主要な仮説が妥当なものであり，また工業での規模の経済性が高成長の主動力であるとするならば，わが国の資源をいくつかの分野に集中させ，その他の分野をみすてることによって——別言すると，他国の工業にたいするイギリス工業の自立性の度合を向上させることによって——すくなくともある程度は規模の経済性の利益を持続できるであろう．

付録A　経済成長における製造業の役割

　第1表には，製造業産出高の成長と国内総生産の成長にかんする関係がしめされているけれども，その有意性の検証のために，(i)製造業産出高の成長にたいする非製造業産出高（すなわち国内総生産からそのうちの製造業の分をさしひいた大いさ）の成長の関連性を調査し，(ii)非製造業部門〔生産〕成長率にたいする製造業生産成長率の超過分に，国内総生産の成長率を関連させる操作をおこなった．その結果を要約すると，つぎの回帰方程式のようになる[13]．〔なお R^2 は決定係数，（　）内の数値は推定係数の標準誤差である．〕

　(1) 製造業産出高成長率を変数 (X) として非製造業産出高成長率 (Y) をしめせば，

$$Y = 1.142 + 0.550X, \quad R^2 = 0.824$$
$$(0.080)$$

とかきあらわせる．

　(2) 非製造業生産成長率にたいする製造業生産成長率の超過分を変数 (X) として国内総生産成長率 (Y) をしめせば，

$$Y = 3.351 + 0.954X, \quad R^2 = 0.562$$
$$(0.267)$$

とかきあらわせる．

　これらの2式は統計的には99パーセント水準の有意性をもっており，したがって第1表から推論された通則はそれらによって確証されている．第1表〔の注記〕中の回帰方程式と上述の回帰方程式(1)を比較すると，国内総生産から製造業産出高を除外しても論理構造上にはさしたる差異をもたらさない．つまりそれらの2式にふくまれている常数や係数はいずれもいちじる

しく近似していることがわかる．

国内総生産成長率と，農・鉱業生産およびサービス業産出高成長率との関係をしらべることによって，これらの調査結果の有意性はいっそう論証されるようになった[14]．国内総生産成長率と農・鉱業生産成長率のあいだには相関関係はなんらみいだされなかった．国内総生産と，「サービス業」に起因する国内総生産〔中の構成部分〕のあいだには，次式のような，異質的ながらもきわめて重要な関係が存在している．

(3) サービス業の国内総生産〔中の構成部分〕成長率を変数 (X) として国内総生産成長率 (Y) をしめせば，

$$Y = -0.188 + 1.060X, \quad R^2 = 0.930$$
$$(0.092)$$

とかきあらわせる．

係数が1にひじょうに近似し，定数の大いさが無視できるほどであるけれども，このような事実には〔Y と X との〕因果関係が逆になっていることが暗示されている——すなわちサービス業の「産出高」成長率を決定しているのは国内総生産成長率である．この点は最近のアメリカでの研究[15]によっても確認されているのであるが，この研究の主張にしたがえば，世間一般に信奉されていることとは相違して，サービス需要の所得弾力性は1よりあまりいちじるしくはおおきくない．つまり（第3表中の指摘とおなじように）大部分の国ぐにでは「工業」のそれよりもいっそうたかい雇用成長率が「サービス業」でみられるのであるが，これはサービス需要の所得弾力性がたかいためではなくて，その業種の生産性成長率がひくいためである．「サービス業」における産出高成長率を工業（製造業，建設業および公益事業）生産成長率と関連づけると，いまのべた後者の検出結果〔つまりサービス業の雇用の高成長率にかんするそれ〕の確認はいっそう容易になる．

(4) 工業生産の成長を変数 (X) としてサービス業産出高の成長率 (Y) をしめせば，

$$Y = 1.283 + 0.597X, \quad R^2 = 0.846$$
$$(0.0805)$$

とかきあらわせる．

そこにしめされていることは以下のとおりである．（大部分の場合に）工業のそれとくらべて〔サービス業の〕雇用がたとえ，いっそう高率に成長したとしても，サービス業産出高の「実質値」（つまり各国の国民所得勘定を価格不変〔の想定のもと〕で測定したもの）は，工業産出高〔の実質値〕とくらべれば，それ以下の率で成長する[16]．

付録 B　フェルドーン法則[訳注3]

「フェルドーン法則」によって主張されている事柄は以下のとおりである．産出高成長率がたかいほど，生産性と雇用量はいっそう急速におおきくなる，そしてこれらのそれぞれの回帰係数はおなじ程度の大きさになる．経済協力開発機構 OECD の統計のなかで〔各国間〕比較を可能にする原資料がみつけられるような，〔製造業以外の〕その他の経済部門——すなわち公益事業（ガス，電力および水道）・建設業，農・鉱業，輸送・通信業ならびに「商業」（最後の部門〔つまり商業〕には流通業，銀行業，保険・不動産業がふくまれている）——にかんしても，前記の関係が検出された[17]．〔ただし〕いくつかの推計のさいには資料不足のために，何カ国かをやむなく除外したり，調査期間をややみじかくした．また〔前記のような〕製造業以外の部門にかんしては，雇用にかんする数値を労働時間の変化に対応して調整することが不可能であった．各部門（前掲の第2表でしめした製造業部門もそれにふくまれている）の検出結果をまとめると，下記の回帰方程式群のようになる．

生産性の年間成長率 (P) と雇用の年間成長率 (E)
——ただし生産高成長率が変数 (X) になっている[18]〔なお，部門名欄の( )内には調査対象国数と調査期間がしめされている〕

工　業

(1) **製造業**

$$P = 1.035 + 0.484X, \quad R^2 = 0.826$$
$$(0.070)$$
$$E = -1.028 + 0.516X, \quad R^2 = 0.844$$
$$(0.070)$$

第 4 章　イギリス経済の低成長の原因　　　　185

(2) **公益事業**（11 カ国，1953-63 年）[19]

$$P = 2.707 + 0.419X, \quad R^2 = 0.451$$
$$(0.154)$$

$$E = -2.690 + 0.577X, \quad R^2 = 0.609$$
$$(0.154)$$

(3) **建設業**（11 カ国，1953-63 年）[19]

$$P = -0.543 + 0.572X, \quad R^2 = 0.810$$
$$(0.092)$$

$$E = 0.552 + 0.428X, \quad R^2 = 0.702$$
$$(0.092)$$

第 1 次部門

(4) **農業**（12 カ国，1953-63 年）[19]

$$P = 2.700 + 1.041X, \quad R^2 = 0.812$$
$$(0.155)$$

$$E = -2.684 - 0.056X, \quad R^2 = 0.013$$
$$(0.155)$$

(5) **鉱業**（10 カ国，1955-64 年）[19]

$$P = 4.0714 + 0.671X, \quad R^2 = 0.705$$
$$(0.153)$$

$$E = -4.0714 + 0.329X, \quad R^2 = 0.365$$
$$(0.153)$$

第 3 次部門

(6) **輸送・通信業**（9 カ国，1955-64 年）[20]

$$P = 2.314 + 0.224X, \quad R^2 = 0.102$$
$$(0.252)$$

$$E = -2.314 + 0.776X, \quad R^2 = 0.576$$
$$(0.252)$$

(7) **商業**（9 カ国，1955-64 年）[21]

$$P = -1.751 + 0.953X, \quad R^2 = 0.932$$
$$(0.098)$$

$$E = 1.744 + 0.056X, \quad R^2 = 0.044$$
$$(0.098)$$

回帰方程式には興味ぶかい類型があらわれている．〔つまり〕公益事業の場合には方程式の定数項がたいへんおおきく，したがって製造業と建設業のいずれの場合よりも相関関係の有意性がひくいけれども，その点を除外すれば，建設業と公益事業の場合には生産性と雇用の方程式はいずれも製造業にかんするものと類似している[22]．したがって，規模の経済性が生産性成長におよぼす効果は製造業のみならず工業部門全体としても顕著である，と結論できる．

農業と鉱業の場合には異質な状況があらわれている．〔つまり〕各産業の生産性成長にみられる成長要因はおおきく，総産出高の成長に依存していない．〔したがって〕雇用にかんする回帰〔係数〕は農業の場合にはゼロと大差なく，また鉱業の場合には有意性がわずかであるけれども，生産性にかんする回帰係数は1と大差のない大きさになっている（〔ただし〕おそらく鉱業は除外しなければならない）．個々の国にかんしていえばそのすべてにおいて，両部門の生産性成長率は生産高成長率を超過していたし，生産性の成長は収穫逓増の影響をまったくうけていなかった[23]．

輸送・通信業の場合には，生産性の成長と産出高の成長のあいだにいかなる意味においても相関関係は存在していない．つまり生産性はほぼ2.3パーセント（当該9ヵ国の平均値）の年率で独走的に増加しているけれども，その率をこえた場合には産出高成長率がすこしでもおおきくなれば，雇用面でそれに対応した増加が必要になっていたのである（産出高〔成長率〕にたいする雇用〔成長率〕の回帰係数は1と大差がないという点に着目すれば，その点がわかる）．したがってこの場合には生産性の成長は十分に自生的であって，規模の経済性の影響をなにもうけていないようである．

最後に商業の場合についてのべると，ここでは（回帰係数は1と大差がないという点にあわせて）生産性の成長と産出高の成長とのあいだには高度の相関関係がみられるが，雇用の成長と生産のそれとのあいだにはまったくもってなんらの関係も存在していない．商業の回帰は農業のそれといちじるしく類似しているが，ひとつのきわめて重要な相違点がみられる．つまり，農

業の場合には〔回帰方程式のなかに〕正値のおおきな常数項がふくまれていて，〔そこに〕生産性の趨勢的な増加率がしめされている．ところが商業の場合には生産性の趨勢的成長率が負値である．この負の趨勢的成長率は技術的な要因になんら関係していない（流通業や銀行業の場合にはその他の業種とおなじような方法で技術的要因が作用している——たとえばスーパー・マーケットの進出や機械化がそれである）．しかしこの分野では競争が作用し，価格，ないしは流通差益の引き下げよりもむしろ営業単位の増加によって非正常な利潤は傾向としては不断に消滅させられているのであるが，このような〔商業に〕特有な習性が主として負の成長率のなかに反映されている．これらの推計結果からつぎの見解を確証できる．銀行業，ないしは流通業においては総売上高の増加は自動的に生産性（すなわち雇用者1人あたりの売上高）を上昇させるけれども，これら業種への労働力の流入は直接的には売上高の増大と関係していない．

付録C 生産性の成長にたいする投資の役割[24]

　工業部門では「フェルドーン法則」からの偏差は投資の態様に相関していることが本文のなかで示唆された．この仮説は重回帰をつかって検証されたのであるが，その場合には方程式にふくまれる粗投資/産出高比率（百分率で表示されている）が投資の態様の尺度としてもちいられている．

　製造業部門の粗資産形成についての資料はどの国にかんしても入手できないので，工業部門についてそのような推計をおこなっているが，同部門は製造業に建設業をくわえ，さらに公益事業をあわせたものと定義されている．前述の方程式(4)でしめされた「フェルドーン方程式」はこの部門にかんしてはつぎのようになる．

工業部門（12カ国，1953-4年〜1963-4年）

(1) $P = 0.888 + 0.446X, \quad R^2 = 0.847$
$\quad\quad\quad\quad (0.060)$

(2) $E = -0.888 + 0.554X, \quad R^2 = 0.893$
$\quad\quad\quad\quad\;\; (0.060)$

　ここで X, E および P は産出高，雇用量および生産性のそれぞれの成長率をあらわしている．

　もしこの方程式に第2の変数として粗投資/産出高比率をふくませるとするならば，つぎのような結果がえられる．

工業部門（12カ国，1953-4年〜1963-4年）

(3) $P = 0.527 + 0.356X + 0.048I, \quad R^2 = 0.880$
$\quad\quad\quad\quad (0.079) \quad\;\; (0.029)$

　ここでは I は工業における粗投資/産出高比率をあらわしており，百分率でしめされている．

この方程式においては I の係数は統計的には有意でない．しかし本文でのべたように，カナダにかんしては異常な態様がみられたのである．つまり同国は当該期間中にいちじるしく多額の投資をおこなったのであるが，しかるにフェルドーン線からの残差を計算してみると，いちじるしくおおきな負値になっている．〔そこで〕もしカナダを回帰式〔の計算〕から除外すれば，つぎの式がえられる．

工業部門（11 カ国，1953-4 年～1963-4 年）

(4) $P = 0.709 + 0.268X + 0.073I, \quad R^2 = 0.960$
$\qquad\quad\;\, (0.047)\;\;(0.017)$

同式のしめすところにしたがえば，これらの国ぐにかんしては投資/産出高比率は生産性成長率決定にさいして有意な要因になっていた．

ややことなる接近法をつかうことによって——つまり産出高成長率を従属変数とし，雇用成長率と投資/産出高比率を独立変数とみなすことによって——かさねて雇用成長率と投資成長率の影響をしらべてみた[25]．この場合にフェルドーン法則の含意になっているものは，雇用成長率にかんする回帰係数が1よりいちじるしくおおきいという点である．以下にしめすように重回帰をつかってもこの点はなお妥当するのであるが，そのことによって，雇用はもちろんであるが，投資も産出高に影響することが確認される．

12カ国にかんする結果を単純回帰でしめすと，つぎのようになる（この結果はもちろん前述のフェルドーン方程式の含意になっている事柄である）．

工業部門（12 カ国，1953-4 年～1963-4 年）

(5) $X = 2.06 + 1.614E, \quad R^2 = 0.893$
$\qquad\quad\;\, (0.176)$

単純回帰の場合には独立変数と従属変数を互換しても R^2 の値は影響をうけないし，R^2 の値がおおきくても回帰係数の推計値はあまり顕著には変化しない（前述の回帰方程式(2)をつかって代数計算で E にたいする X の係数をもとめれば，1.80 になる）．

12カ国の標本をすべてつかって雇用成長率と粗投資/産出高比率を変数と

する重回帰をもとめれば，つぎの方程式がえられる．

工業部門 (12 カ国，1953-4 年～1963-4 年)

(6) $X = 0.835 + 1.367E + 0.097I$, $R^2 = 0.940$
$\qquad\qquad\;\;(0.168)\;\;\;(0.037)$

またもしカナダを除外すれば，つぎのようになる．

(7) $X = 0.937 + 1.320E + 0.105I$, $R^2 = 0.986$
$\qquad\qquad\;\;(0.085)\;\;\;(0.018)$

これらの両回帰方程式は，産出高成長率と粗投資/産出高比率のあいだに有意な偏相関があることをしめしている．〔また〕つぎの点に留意しなければならない．つまり投資/産出高比率を算入すると，雇用成長率の係数は減少するけれども，この係数が1よりいちじるしくおおきいという結論も変更されるわけでない．その意味するところは，生産性成長率が産出高成長率と，さらには雇用成長率と正の相関になっている，という点である．

第4章　イギリス経済の低成長の原因　　　　　191

付録 D　製造業における生産性と成長——回答[26]

　わたくしがケンブリッジ大学でおこなった教授就任記念講義のなかに不明確で，納得しがたい点があったとして，ウルフ Wolfe 教授は（『エコノミカ』誌の1968年5月号で）わたくしを批判している[27]．わたくしはその講義のさいに，資本主義のもとで経済成長が高率になったり，低率になったりした原因にかんして複雑な論説を提示しようとこころみたのであるが，余儀なかったとはいえ，多少，説明不足になってしまった．〔というのは〕1回の講義のなかにくみこめる分量は制約される〔からである〕．想像力と多少の好意をもってうけとめてもらってはじめて，どうやらこのような処理が成果をおさめうるのであるけれども，ウルフ教授はわたくしの提言を全体的に把握しようとつとめずに，数多くの点を個々別々に（〔もっとも〕その多くは実質的には些細なことであるが）ひろいだしてくださった．わたくしはその理論をもっとわかりやすく論述したものを妥当な方法で公刊しようと目論んでいる[28]．〔それまでの〕しばらくのあいだは，個々の点にたいして順次，回答をおこなうという消極的な方法ではなくて——そのような方法は退屈であるばかりでなくて，建設的でもないであろう——，明確に理解されなかった主要な点に焦点をしぼる，という仕方で回答をおこなうことにする．

　そのような点の第1は「経済成熟」についての，わたくしの考えである．これは，「農業の雇用が相対的に小規模であるような状態」という言葉で定義できるのであって，それほど不明確な概念ではない．わたくしは講義のなかではそれについてはっきりと「あいことなる経済部門で1人あたり実質所得がほぼ同一の水準に到達した状態」〔本訳書，157ページ〕と定義した．言葉の意味をもっとよくつたえるためにはそれにつけくわえて，「経済成熟」は「二元的経済の終局点」，あるいは「過剰労働」がつかいつくされた状態，

あるいは（アーサー・ルイス Arthur Lewis の言葉をつかうならば）「無限の労働供給をともなった成長」がもはや不可能になってしまうような状態である，と定義してもよいであろう．

「擬装失業」とか，「二元的経済」とか，あるいは「資本主義的」企業と「前資本主義的」企業を区別するような手法にかんしては，それを新古典派的な思考構造のなかに包摂することは不可能である．なぜならば新古典派の仮定にしたがうと，需要構造によってあいことなる用途間の資源配分がきまり，競争と〔生産要素の〕可動性にもとづいてあらゆる使途に「要素価格」の均等化傾向が保証されている．また利潤極大化〔行動〕によって要素価格と要素の限界生産物価値の均等化が保証され，たんに摩擦などによって影響をうけるにしても，各「要素」は傾向的には国民生産物にたいして最大限の貢献をはたすように使用されることになっているからである．

このような仮定は一般的にはせいぜいのところ，低開発国，ないしは工業化の初期段階に位するような国に〔おいてのみ〕妥当性が欠如している，といいふらされるにとどまっている．これらの国ぐにでは高収益部門と低収益部門が併存している．そして低生産性部門には莫大な「過剰労働」または「擬装失業」が存在し，そのためにこれらの部門の生産高に不利な影響をおよぼさずに，そこから労働をひきあげうる．そして高生産性で高収入の部門では〔潜在的な〕労働供給は需要を超過しつづけ，そのために低生産性部門から高生産性部門へむかう期間あたり労働移動量は後者〔つまり高生産性部門〕の労働需要成長率だけに支配されている．事実，〔低生産性の〕非工業部門にかんしては労働力の規模は〔差し引き後の〕残余量になっている——つまり一方では総労働供給によって，他方では工業部門での必要労働量によってすべて決定される．このような意味で「過剰労働」が存在していることを明示しようとする場合には，ケインズが「非自発的失業」にかんしておこなった定義と類似の提案をすることが上策である[訳注4]．つまり，高生産性部門における労働需要増加率がたかまる場合に，それに随伴してあいことなる部門間で所得格差の増加ではなくして減少がみられても，期間あたり労働

移動量の増加が誘起されるならば,「過剰労働」の状態が存在しているのである.

　講義のなかで説明したような理由のために,工業化の成長率は基本的には外生的な需要要因(そのような1組の力は製造品にたいする需要の所得弾力性〔に起因する成長〕の限度をこえてまで拡大しようとする)に依存している.このような需要状態によって可能となる,工業産出高成長率がたかいほど,労働力過剰部門から高生産性部門へ労働力が移動する進度はおおきくなるであろう.経済全体の生産性成長率を決定するものは,このような〔労働力〕移動がおきる進度である.これがわたくしの主張である.労働力吸収部門と労働力過剰部門間の,1人あたり産出高水準の絶対的な格差にたいしては,労働力移動の発生機構はほんの一部分だけしか依存していない.この機構の主要部分を構成しているものはつぎのような事実である.つまりまず第1に,産出高の拡大が急速になれば,収穫逓増の結果として工業の生産性の増加はいっそう急速になる.また第2に,労働過剰部門が〔過剰〕労働力を喪失したような場合には,労働人口の残余部分にかんしてはかならずやその生産性が上昇するのであるから[29],ふたつの目標,すなわち収益目標と〔過剰労働力の〕撤去目標に労働力移動が影響をおよぼした結果として,生産性の成長は加速される.

　関係文献のなかでは一般的には「労働過剰部門」は農業のようなところとかんがえられている.これは,資本制発展の初期段階においては人口のなかのきわめておおきな部分が農業で生計をたてているからである.しかしながら擬装失業は「サービス業」においてもまさしく一般的な事実となっていたのである——〔たとえば〕ビクトリア朝時代のイギリスにおいては(今日のインド,ないしはラテン・アメリカでみられるように)鷹匠(たかじょう),一文店(いちもんせ)の店主,〔そして〕召使などのように,きわめて低額の収入を糧にして都市地域でほそぼそと生計をいとなむ人びともきわめて大勢いたのである[30].ただしサービス業の分野では(農業の場合とはことなって)ふたつのあい反する過程が進行している.ひとつは工業化にともなってサービス業から大規模に労

働力がすいあげられていく過程であるし，もうひとつは工業それ自体の成長にともなって，工業における生産活動の補完と補助をあわせてはたすような，多様なサービス業の成長が興隆する過程である．(たとえば輸送，流通，経理，銀行などのようなサービス業にたいする需要は工業の生産活動によって誘起されるけれども，それらによって工業活動がうみだされるわけでない．わたくしは「補助」という言葉をこのような意味でつかっている.) その結果として，工業化過程において総産出高の成長が相対的に急速になるような場合にはサービス業の雇用量は，(総産出高の成長にくらべて) 小幅にとどまりはするとはいえ，傾向的には増加する．

低開発国では労働は「機会費用」をもちあわせていない——つまり工業の成長にともなって労働力がすいあげられても，それによってほかのどこかで産出高の減少がおきるというようなことはない．このようなことはながいあいだ周知の事実になってきているけれども，1人あたり所得が相対的に高水準であるような，いわゆる「先進国」にかんしてもその大部分におなじことがあてはまるのに，この点は一般的にはまだ認識されるにいたっていない．

先進国においてさえも成長率は，労働力が製造業に移動する進度に依存しているのであるが，もし全般的な成長率が製造業の雇用増加率と正の〔相関〕関係になっているとすれば，このような見解はなにをさておいても〔その点に〕確証をみいだせるであろう．

1953-4年から1963-4年の期間を対象にして，わたくしの講義のなかの第3表中でしめした12の先進国にかんして〔以下の式をもとめて〕みれば，それには上述のことが提示されている[31]．

(1) $\dot{G} = 2.665 + 1.066 \dot{E}_M \quad R^2 = 0.828$
$\quad\quad\quad\quad (0.15)$

なお，上式中の $\dot{G}$ は国内総生産成長率であり，$\dot{E}_M$ は製造業の雇用成長率である．

製造業における雇用成長率はそれ自体が総雇用成長率と密接に相関しており，そのために前者が後者の代用物とみなしうる，という点が明示されない

第4章 イギリス経済の低成長の原因　　195

かぎり，上述の結果はわたくしの一般的な仮説を確証している．ところが〔次式にしめされてように〕国内総生産と総雇用成長率とのあいだにはまったくなんらの関係もない．したがってこの事実にもとづけば，〔いま問題になった〕そのような正の〔相関〕関係はおそらく排除される．

(2) $\dot{G} = 4.421 + 0.431 \dot{E}_g \qquad R^2 = 0.018$
$\qquad\qquad\quad (0.994)$

なお上式の $\dot{E}_g$ は総雇用成長率である．

　もし全般的な生産性成長率が製造業の雇用成長率とのあいだで正の相関関係になっており，また製造業以外の雇用成長率とのあいだで負の相関になっているとすれば，そのさいには，方程式(1)にみられる正の相関関係は，方程式(2)にいかなる相関関係も存在していないという場合にだけ，論理的斉合性をもっているということになる．〔しかしながら〕その点はつぎの3式によって十分に確証される．

(3) $\dot{P}_g = 1.868 + 0.991 \dot{E}_M \qquad\qquad R^2 = 0.677$
$\qquad\qquad\quad (0.216)$

(4) $\dot{P}_g = 4.924 - 1.800 \dot{E}_{NM} \qquad\qquad R^2 = 0.427$
$\qquad\qquad\quad (0.660)$

(5) $\dot{P}_g = 2.889 + 0.821 \dot{E}_M - 1.183 \dot{E}_{NM} \qquad R^2 = 0.842$
$\qquad\qquad\quad (0.169) \quad\ (0.387)$

なお上式中の $\dot{P}_g$ は民間部門の雇用者1人あたり国内総生産成長率をしめし，$\dot{E}_M$ と $\dot{E}_{NM}$ はそれぞれ製造業における雇用成長率をしめしている．

　また上述のことからつぎの点を推論できる．成熟経済のもとでは，製造業における格段の賃金上昇や，さまざまな部門における失業や〔労働力不足分の〕未充足職種の相対的な規模をつかって製造業における労働力逼迫の証拠にしようとしても，いずれの場合においても片手落ちになってしまうであろう，ということがそれである．〔つまり〕その経済の残余部門の賃金が工業のそれと比肩できる水準に上昇するまでは，工業にたいする労働供給は非弾力的にならないのであるから，製造業で労働力が実際に逼迫しているという事実は，経済全体における全般的な賃金上昇や全部門における低失業水準に

なってあらわれるかもしれないのである．労働力不足〔状態〕がせまりくる
というような状況のもとでは，失業率は低下し，製造業におけるよりも非製
造業で賃金はいっそう急速に上昇する，と予測できるかもしれない[32]．

　それにくわえて，労働力の不足を余儀なくさせられる「成熟」経済のもと
では，残余の経済部門におけるよりも製造業部門で失業の平均水準はもっと
たかくなることがありえたとしても，けっしてひくくなりえない，と予測で
きそうである．なぜならばこのような経済はほとんど不可避的に「需要管理
政策」に起因する循環のもとにさらされているからである．つまり財政・金
融政策によって誘起された需要圧力の変化は非製造業部門の需要や雇用より
工業のそれにはるかにつよい影響をあたえるからである．

　最後の問題は，製造業における収穫逓増の存在についてである．わたくし
の講義では，（アリン・ヤングの言葉をつかうと）収穫逓増は「巨視的現象」
であって，「個別企業や特定産業の規模の変化にともなう影響を観察しても
それは十分には鑑識できないのである」と強調した〔本訳書，162ページ〕．
したがって〔その問題にかんしては〕個別の工場の費用や規模にかんする研
究はかならずしも適切でない．もっとも，個別産業の重要性を認識するよう
にむかわせるような経験的な論証材料がしだいにおおきな比重をしめるよう
になってきている[33]．

　線型重回帰の方法を生産関数に適用させようとする研究が最近おこなわれ
ているけれども，そのような研究のどれにかんしても，コブ－ダグラス型生
産関数のパラメーターを足し算すると，うまい具合に1になるというような
ことは確認されていない．事実，最近の研究ではすべて，コブ－ダグラス型
関数はたえず移動する，と想定されている．つまり $Ae^{ct}K^aL^b$ の形態にな
っているのであって，ウルフが提示したような，AK^aL^b の形態にはなって
いない．そしてこれらの研究の場合にはその多くで，$a+b=1$ という帰結は
同義反復的なものとあつかわれ，規模の経済性の有無にかんしてはそれから
なんらの徴候もみうけられないとされている[34]．

　ウルフはまちがって，産出高の雇用にかんする回帰方程式中の常数を「誤

差項」とおもいこませようとしてしまった．それは常数項であって，除外された説明変数を表示しているのであるが，このような説明変数のひとつは時系列上の自主的な趨勢であるかもしれない．したがって（たとえば資本投資のような）説明変数をさらに導入すれば，そのことによって回帰係数の値がかならず減少する，と推論できないのである．つまり，もし2変数が相互に相関していないとすれば，資本項目の導入によって常数項は減少するけれども，雇用にかんする回帰係数は減少しないはずである．加速度原理の影響で雇用の成長と投資活動はつねにある程度は相互に相関しているから，雇用と資本投資にかんする産出高の重回帰についてしらべると，単純回帰の場合よりも雇用にかんする回帰係数はひくくなる，と予測できるかもしれない．しかしある事例中の2係数を合計したものが他の事例中の単一の係数よりもひ・くくなるにちがいない，と予測できる理由はなにもない．事実，わたくしは雇用と投資にかんする産出高の重回帰を計算したが，その計算にしたがうと資本の役割を考慮した場合においても，雇用にかんする回帰係数はいぜんとして1よりいちじるしくおおきい[35]．

　産出高と雇用間の回帰にかんして，その回帰係数が1よりいちじるしくおおきいということは短期の，または「景気循環に随伴する」影響にもとづく，と想定したとすれば，それはまちがっているであろう．わたくしが各国間の比較にかんする研究でえた数値は10年間の平均であって，その場合には，基準年次と最終年次の2カ年間について〔両年の数値の〕平均を計算するという方法をつかった．このような場合には，事実上，短期の，ないしは「景気循環に随伴する」影響はきえさってしまう．産出高と雇用間の短期的関係は――それはいくつかの事例では5対1の関係になっている――主として設備能力利用度の変化を反映している．しかし5対1という短期的関係があるからといって，1.5対1という長期的関係が排除されるわけでない．〔それどころか〕長期的関係が1対1よりちいさいにちがいないというような想定にかんしてはもちろん，これからなんらの立証材料もえられないのである．

　収穫逓増〔という事実〕が欠如している場合には，急成長中の工業におけ

る相対的に高水準の投資と「内在化された」技術進歩は一体になるという関係をたもちながら，それが「フェルドーン法則」のすくなからざる部分を説明していると想定できるかもしれないけれども，それもまた妥当性を欠いている．あいつぐ設備建造期に由来する技術進歩率それ自体が投資量増大の結果として加速される（アローの「習得〔理論に依拠した〕関数」ではそのようになっている，なおこの場合には収穫逓増〔を仮定した事例〕とおなじことに帰着する）と仮定しないならば，生産性の平均成長率が急成長産業で〔他とくらべて〕いちじるしくおおきくなるはずであるといいたくても，技術進歩の内在性についての単純な仮説では，そのようなことを包摂できないのである．

「貯蓄性向」の格差（これについては投資/産出高比率の格差で測定をおこなっている）は，成長率の観測値の格差にかんして，そのわずかな部分を説明するにとどまっている．わたくしが「資本の供給を経済成長におよぼす重大な制約」とかんがえていない，とウルフはいっているけれども，それは的をえている．〔しかし〕資本主義のもとでは貯蓄と資本蓄積を独立変数としてとりあつかえない．なぜかといえば成長率の増大が投資の進度の増加を誘起し，それがまた利潤の分け前に影響をおよぼすので，このことをつうじて，貯蓄の分け前の増加がもたらされて投資資金が融通されるからである．したがって資本蓄積の高率性は経済成長の原因であるというよりは，むしろその徴候である，というほうがいっそう正確である．

注
1) 本稿は，当初は1966年11月2日にケンブリッジ大学の教授就任記念講義として発表したのであるが，おなじ年に，ケンブリッジ・ユニバーシティー・プレス Cambridge University Press から〔パンフレットとして〕出版された．
2) 「経済成長——過去の数百年」"Economic Growth: The Last Hundred Years", *National Institute Economic Review*, July 1961, p. 41.
3) 『1975年のイギリス経済』*The British Economy in 1975* 〔by W. Beckerman &

第4章　イギリス経済の低成長の原因　　　　　　　　　199

Associates〕(Cambridge University Press, 1965), pp. 23-5.
4）「経済成長の理論——展望」"The Theory of Economic Growth: A Survey", *Economic Journal*, December 1964, p. 833.
5）「実地習得の経済的意味」"The Economic Implications of Learning by Doing", *Review of Economic Studies*, June 1962, pp. 155-73.
6）「収穫逓増と経済進歩」"Increasing Returns and Economic Progress", *Economic Journal*, December 1928, pp. 538-9.
7）「労働生産性の発展を規制する諸要因」『リンドストリア』"Fattori che regolano lo sviluppo della produttività del lavoro", *L'Industria*, 1949.
8）『生産性と技術変動』*Productivity and Technical Change* 〔by W.E.G. Salter〕(Cambridge University Press, 1960).
9）同書 *Ibid.*, pp. 221-8.
10）一方〔の方程式〕は他方の〔方程式の〕裏返しである．2つの方程式の回帰係数を加算すると1になるし，また〔両式の〕2つの常数項を加算するとゼロになる（ただし概算に起因する，多少のくいちがいを捨象している）[訳注5]．
11）ICORにかんしてはここでは工業の粗固定資本投資と工業生産水準間の比率を工業生産成長率で除した大いさと定義している[訳注6]．
12）1962-5年のあいだにおいてはアメリカの製造業産出高は（製造業生産指数ではかって）6.7パーセント増加し，雇用労働時間数成長率は2.7パーセントであった．第2表の末尾の回帰方程式からは〔雇用成長率にかんして〕2.4パーセントの計算値を導出できる．
13）この〔付録〕部分の4つの回帰方程式に関連する各国のグループと〔調査〕期間は第1表にしめされたものと同一である．
14）「サービス業」という用語のなかには，輸送・通信，卸・小売，金融・保険・不動産，貸家，公務・防衛，保健・教育およびその他のサービス業がふくまれている．
15）ビクター・R. フックス『サービス産業の重要性の向上』Victor R. Fuchs, *The Growing Importance of the Service Industries*, New York, National Bureau of Economic Research, Occasional Paper No.96, 1965 を参照せよ．
16）当該期間（すなわち1953-4年から1963-4年まで，なおもっと最近の期間，つまり1960-5年にかんしては以下のことは妥当しない）中の唯一の例外はアメリカとカナダであるが，それらの国ではサービス業の産出高は工業の産出高よりもややたかい率で成長した．
17）雇用統計の場合には，金融・保険業などから配給業を分離できないような事例がすくなくなかった．しかし配給業はこの部門の産出高ではかなりおおきな比重（おおよそ5分の4以上）をもち，雇用にかんしても同様な割合をしめて

いる．

18) 〔生産性，雇用および産出高にかんしては水準それ自体ではなくて，その大いさの〕指数関数にもとづく成長率が全般的に使用されているので，$P+E=X$ となる[訳注7]．したがってそこに内在する相関関係の性質にはかかわりなしに，2つの方程式の常数項はかならずゼロになり，回帰係数を合計すると1になる．しかしながら，雇用の成長と生産性の成長の推計にさいしては個別に概算がおこなわれているので，それぞれについて加算をおこなった場合には小数点1位の位では上述の総計とことなることもありうるのであるが，その点に配慮すれば，回帰方程式をいくつか組み合わせた場合の正確な結果とくらべて多少のくいちがいが生じることについては，説明がつく．

19) 公益事業・建設業にかんしてはオランダをのぞく，すべての国に関係する方程式が第2表に列挙されているが，その資料は 1953-63 年にかんするものである．ただしオーストリア（〔同国の場合には〕1951-61 年），イタリーとフランス（〔同国の場合には〕1954-63 年），デンマークとカナダ（〔同国の場合には〕1955-63 年）をのぞく．オランダ（〔同国の場合には〕1953-63 年）も例外にくわわる，という点を別にすれば，農業にかんしても同様なことがいえる．鉱業にかんする推計のさいにはオーストリアとデンマークを除外しているが，それらの推計は 1955-64 年にかんするものである．ただしオランダをのぞくが，同国のそれは 1955-61 年にかんするものである．

20) 輸送・通信業の場合には，オーストリア，デンマークおよび日本を除外して推計がおこなわれている．アメリカ（〔同国の場合には〕1955-63 年），フランス（〔同国の場合には〕1956-64 年）および西ドイツ（〔同国の場合には〕1957-64 年）をのぞくと，資料は 1955-64 年にかんするものである．

21) 商業のなかには卸売・小売業，銀行業，保険業，不動産業に由来する実質価格表示の国内総生産がふくめられており，雇用に関連する集計範囲も同様である．ただし日本は除外されているが，同国の場合には産出高と雇用の資料は卸売・小売業のみにかんするものである．オーストリア，デンマークおよびオランダを除外して推計がおこなわれているが，カナダ（〔同国の場合には〕1955-61 年），アメリカ（〔同国の場合には〕1955-63 年），西ドイツ（〔同国の場合には〕1957-64 年）およびフランス（〔同国の場合には〕1958-64 年）をのぞくと，それらは 1955-64 年にかんするものである．

22) ただし，建設業部門の場合には生産性方程式中に年間で 0.5 パーセントの負の常数項がふくまれているが，製造業の場合には年間で 1 パーセントの正の常数項がみられたことと対比してみると，この点は対照的である．それについての理由はおそらくは，あとで商業の方程式にかんする議論にさいしてのべるものと同類である．

23) 農業の場合には，当該国の大部分にかんしては消費者需要成長率よりも，エーカーあたり産出高を増大させる技術進歩と資本投資の影響が産出高の成長のなかにおそらく反映されている．雇用がすべての国で——年間で約 2-3½ パーセントというかなり均一化された率で——逓減しているという事実があるけれども，これはたんに潜在的失業の吸収の結果，ないしは技術進歩が全般的に土地節約的というよりは労働節約的であったという事実を反映したものにすぎなかったようである．
24) この付録は後記の 131 ページ〔本訳書，191 ページ〕で論及する，この講義のアメリカ版（増補版）のためにあとで執筆されたものである．
25) 「生産関数」法の場合には，資本ストックの変動の影響を勘案しても資料には規模にかんする収穫逓増がみられるのであるが，その点を論証するために，この研究がおこなわれた．$I=G_K v$ であるから，資本ストックの成長率 G_K は I/v となる．なお v は資本/産出高比率である[訳注8]．したがってたとえば $v=3$ であれば，後述の方程式(7)には 0.315 の資本係数がふくまれていることになるけれども，1.320 の雇用係数も考慮すれば，労働と資本の投入にかんしては産出高の規模弾力性が 1.635 になる，と証明できる．
26) 当初は『エコノミカ』 Economica, November 1968 で公刊された．
27) J. N. ウルフ「製造業における生産性と成長——カルドア教授の教授就任記念講義にかんする，いくつかの考察」 J. N. Wolfe, "Productivity and Growth in Manufacturing Industry: Some Reflections on Professor Kaldor's Inaugural Lecture", *Economica*, vol. XXXV (1968), pp. 117-26.
28) コーネル大学における 3 回の講義（その後，公刊）のなかでこれよりもややくわしい説明をおこなったので，下記の本を参照してもらいたい．『経済発展過程での戦略的要因』 *Strategic Factors in Economic Development*, Ithaca, New York, 1967 を参照せよ．
29) 労働力移転によってもたらされる工業産出高の増加は国民総生産にたいする純付加分であるから（〔なぜならば〕産出高がその埋め合わせとして減少するというようなことはどこでもみられなかったのである），収穫逓増傾向が存在していないとしても，実際上，潜在的失業が存在しているということだけでこのような結果を説明できる．しかしながら歴史上の事実にかかわる問題としては，（内生的ならびに外生的〔事由〕の双方による）収穫逓増の結果として生産性が成長したことがその局面のきわめて重要な部分になっていた，と確信している．
30) この点は「自営業者」と被雇用者の双方にいずれも関係している．1891 年の人口調査によれば，イギリスの就業人口の 15.8 パーセントは家庭使用人に分類されていた．1961 年の調査ではその数値は 1.4 パーセントであった．消

費者の趣向の変化とか，家事が需要の負の所得弾力性をそなえた「劣等財」であるというような仮説では，このような〔数値の〕減少を説明しがたい．経済内の過剰労働の吸収が進展した結果として，賃金の一般的な上昇をはかるに上回るような，家事にかんする賃金上昇がおきたということによってのみ，その点が説明可能になるのである．

31) この点についての原資料や以下の方程式はわたくしの講義の統計表中にかかげられている．

32) このような点はアメリカの最近の状態を特徴づけるものになっているのであるが，同国では，製造業部門における雇用の急激な増大（最近の5カ年についていえば年率で2.8パーセントに達している）に呼応して，製造業におけるよりも低所得部門（卸売・小売業や農業）で賃金がいっそう急速に増大している．(『経済諮問委員会年次報告』*Annual Report of the Council of Economic Advisers*, Washington, D.C., 1968, pp. 109-10 を参照せよ．) それにあわせて，アメリカ（同国では雇用水準は戦後期をつうじてイギリスよりかなりたかかった）では製造業の給与は全国平均と比較すると（とくに農業や配給業と比較すれば）イギリスにおけるよりも，かなりたかいことも指摘されなければならない．

33) たとえば J.S. ベイン『あたらしい競争にたいする障壁』J.S. Bain, *Barriers to New Competition*, C. プラテン, R.M. デーン『イギリス産業における大規模生産の経済性――序説』C. Pratten and R.M. Dean, *The Economies of Large Scale Production in British Industry—an Introductory Study*, J.W. ケンドリック『アメリカにおける生産性の趨勢』J.W. Kendrick, *Productivity Trends in the United States* を参照せよ．もちろん，E.F. デニソン『なぜ成長率が相違するか』E.F. Denison, *Why Growth Rates Differ* 中の規模の経済性にかんする章で引用された資料も参照してもらいたい．

34) 線型同次生産関数の存在は観察結果からではなくて，先験的な論拠（すなわち完全競争状態下での利潤極大化）から推論されたものであるし，またそのパラメーターは合計で1になるように「条件づけ」られているか，そうでないときは生産要素の分け前が合計で1になるように定義したうえで，〔パラメーターの〕値を推計している．

35) まえの付録Cをみよ．

第5章　地域政策を必要とする事情[1]

　最近では，イギリスでも他国と同様に，「地域」問題の存在が鋭敏に認識されるようになった．さまざまな地域は不均斉な率で成長している．つまり相対的にみるとある地域は急速に発展しているのに，ある地域は傾向的にたちおくれているが，このような問題がそれである．〔しかし〕各地域の成長がはやかったり，おそかったりしたけれども，イギリスにおいてはなんらかの事情のために，このような問題によって，生活水準や，文化ないしは社会構造面に同類の地域間不均等が発生しなかった．その点はいくつかの他国（たとえばイタリー，アメリカないしはフランス）の場合と同様である．そして一般的にいえば1国内での地域間不均等は，世界の富裕国と貧困国間の不均等と比較すると，あまりはげしくなかった——というのは，いわゆる「先進」国と「発展途上」国間では，生活水準の格差は20対1，ないしは〔場合によっては〕50対1というような比率にさえなっているからである．けれども，クズネッツ Kuznets やその他の人びとの調査であきらかになったところにしたがうと，富裕国と貧困国をわけへだてている，現存のはなはだしい格差は，その発生時期にかんしていえば，比較的最近の事柄である．いく代もの時期のあいだつづいてきた，成長率の持続的格差が累積した結果としてそうなったのであるが，その期間は，人生の長さを基準にすれば，ながいかもしれないけれど，記録にのこされた人類の歴史を基準にすれば，比較的みじかい——事実，数世紀にみたない期間のなかの出来事である．〔つまり〕200年，ないしは250年まえにおいては，さまざまな国，ないしは地球上のさまざまな地域の生活水準，あるいは経済と文化の双方の発展「段階」

にかんしてのべると，その格差は，今日のそれと比較すれば，いちじるしく小幅だったのである．

「地域」成長率のこのような格差にかんしては，いったいなにが原因になっているのか．まず第1にかんがえなければならない問題はこれである．なお「地域」という言葉については〔ここでは〕さまざまな国（または国をグループとしてとらえることもある）や，おなじ国のさまざまな地域にそれを併用する．もちろん，ふたつの〔つまり各国間と1国内の各地域間にかかわる〕問題は同一でない．しかし同一であるとみなして考察したり，また両者に同一の分析手法を適用することは事態の解明に役だつのである．

（通常の政治領域内の）厳密に「地域的な」問題にかんする分析は，いくつかの事情のために，〔各国間のそれよりも〕いっそう困難である．なにをさておいても，まず政治領域内の「地域」をいかに定義するか，という問題がかんがえられる——〔たしかに〕経済的，ないしは社会的観点からみると，政治領域は恣意的なものであるけれども，この点は詮策を要しない既定事実としてとりあつかう場合には，そのような〔定義上の〕問題はおこりえない．実際のところ，「地域」を構成するものはなにか，という点を明確にするような特定の方法があるわけではない．つまり〔それにかんする〕方法は無数に存在している．そしてだれもがまっ先にいうことは，そのような境界線のひき方としては，いくつかの方法のほうが他の場合よりもわかりやすい，という点である．そのようになっているという事実を前提にしてしまえば，「地域」を正確に画定しても，あとでふれる分析にあまりおおきな差異がおきないかもしれない．

1国内の「地域」分析を困難にする，もうひとつの側面は，その地域の運命を，そこにすむ住民の宿命と同一視することにかかわっている．各国間のそれにくらべると各国内における労働と資本の可動性はいずれも傾向的にはいちじるしくおおきい——経済学者はとかく，自分が依拠する前提を明晰なものにしたいとねがって，あるものを過大に，そしてあるものを過小に評価する傾向がある．（〔つまり〕各国間の可動性はどうみても不完全であるけれ

ども，ただし各国内ではある程度の可動性はそなわっている〔というがごとくである〕）〔訳注1〕．

　最後の点として，地域は「国家nation」ないしは「国country」の一部であって，共通の政治機構や，税務と公共支出のための共通の公共機関，ならびに共通の通貨をもつ傾向がある．そしてこれらはすべて，その地域の対外的経済関係の行使方法にたいして重要なかかわり合いをもっているのである．

「天賦の資源」の役割

　ところで——国家間にしても，あるいは国家内にしてもとにかく——前述のような格差に直面させられているとした場合に，地域成長率の乖離の原因についてわれわれが発言できることはなんであろうか？　もし古典派，ないしは新古典派の経済理論を参考にしたとすれば，さまざまな生産要素（それらは「天賦の資源resource endowment」という用語で総括されている）に関連づけて説明される点で共通しているが，「天賦の資源」それ自体にかんしては説明不可能である．ある地域は気候ないしは地理的条件，あるいは住民の能力，活力や天分，あるいはかれらの節倹性とかでめぐまれており，それらの内在的な利益は良好な政治・社会機構のもとで増進される．〔しかし〕人的資源の本性が——あつすぎもせず，さむすぎもしない地帯の場合にかんしていえば——温暖な気候によってはぐくまれたとか，これらがいずれもその大部分を歴史上の事件とか，ないしは好運に帰因していると提言したところで，「天賦の資源」で富裕や貧困を説明する理論は実際には説明によって提起できるものはせいぜいそれだけである．

　それにもかかわらずつぎの点についてはだれしも同意するにちがいない．経済成長の一部は，農業や鉱業のような「土地依存型」経済活動によって構成されていた（そしてつい最近まではこれはまさしくもっとも重要な部分になっていた）という点がそれである．これもあきらかに気候面や立地面の要因（つまり土壌の適応性とか，降雨状態とか，鉱物の利用可能性など）によ

って条件づけられている．ある地域の人口密度は他の地域のそれよりなぜたかいのか．さまざまな生産物の稼得によってえられる（そしてそれらの対外的取引関係の特性をきめる）相対的利益がなぜあれこれの地域間で相違しているのか．このような点については前記の諸要因が自然面から説明手段を提供してくれる．ある地域にとっていっそう得になることは小麦の栽培であるし，また他の地域にとってはバナナがそうであるけれども，それはなぜであるか．あるいは需要成長率が減速中，ないしは需要が減量中の鉱物（たとえば石炭）を保蔵する他国と比較すれば，（石油とか，ウラニウムというような）需要急増中の資源を保蔵する果報にめぐまれた国は，潜在的な成長力という観点からみてなぜ幸運であるか．このような点については〔いまさら〕こじつけがましい説明をする必要はない．地域間の専門化や分業のある部分にかんしてはこれらの要因によって十分に説明できるのであるが，この点についてはだれしもが同意するであろう．

　（土地依存型生産活動と区別される）加工活動にかんして相対的利益が問題になるような場合には，この種の研究方法によって結果的には疑問がえてしてはぐらかされる．実質所得の普通一般の世界的分布状況（つまり国ないしは地域別の相対的な貧富状況）は主として「自然的な」要因ではなくて，工業活動発展の不均等性の影響として説明されるべきである．「先進的で」高所得の地域はかならず，高度に発達した現代的工業をもっている．工業面の発展格差を説明するために「天賦の資源」をつかうやり方はわれわれをとうてい説得させがたい．工業生産は多量の資本（〔ここでは〕工場や機械，ならびに教育に帰因する人的技能の双方にかんする言葉としてつかっている）を必要としているといえるし，また〔事実〕そういわれている．しかしこのような「天賦の資本 capital endowment」の格差を説明しようとする場合には，結果としてえられたものから，原因となったものを分離しようとしても，それは困難である．資本蓄積が経済発展の結果であるということは，資本蓄積が経済発展の原因であるということとおなじくらいに（ないしはおそらくはそれ以上に）常識にかなっている．なにはともあれ，両者〔つまり資

第5章 地域政策を必要とする事情

本蓄積と経済発展〕は手をたずさえて進行している．蓄積資金は企業利潤によって調達される．つまり〔資本蓄積によって経済が発展したあとは〕需要の成長がかわって工業にたいする資本投資の誘因と，投資資金の調達手段の双方にかんして，主要な責務を負うことになるのである．

したがって，資本資源面で「天賦にめぐまれている」地域に工業が立地するのは工業面における発展自体とは別の理由のためであるといおうとしても，それはできない相談である．他の地域がいぜんとしてまずしいのに，ある地域がゆたかになったからといっても，それはけっして，地域住民の特別な節倹の結果ではない．また所得分配面で当初，不均等性が異常にたかかったために，高貯蓄率が「誘起」されたというわけでもない．以前はそうでなかったのに，経済発展過程の結果として富をえたというような人間がいるけれども，まさしくそれと同一人によって工業化のための必要資本が主として準備されたのである．ヘンリー・フォード Henry Ford やナッフィルド Nuffield [訳注2] というような，工業界の大立者の場合には，富裕階級からはその人材がえられていない——つまりかれらは出発点においては「平凡な人間」だったのである．

工業活動の地理的分布を満足に説明できるような「地域理論」も存在していない．この間の関係で考慮に値する唯一の要因は輸送費にかんするものである．しかし，地理的配置を説明するさいに輸送費面での利益が役だつのは，大型財貨の輸送というような，それらのなかでも特別な活動だけにかぎられている——そのような場合には輸送費は重要な要素になっているし，加工自体によって加工原料の重量がいちじるしくへらされている．たとえば1トンの鉄鋼をつくるために2トンの石炭と4トンの銑鉄が必要であるというのであれば，炭坑や鉄鋼石貯蔵所ちかくに製鋼所を配置するほうがよい．そしてそれら〔つまり炭坑と鉄鋼石貯蔵所〕自体が相互にある程度，遠隔な場所に位置していたとすれば，完成品1単位あたりの両原料の相対的な重量からわりだされた比率にしたがって，両地点に近接したところに案分して製鋼所を配置すれば最善である——すなわち，たとえば〔自社の総〕工場〔数〕の3

分の2を鉄鋼石貯蔵所のちかくにおき，〔のこりの〕3分の1を炭坑のちかくに設置するのである．なぜならばこのような調整をおこなった場合にのみ，両方向にかんして輸送能力の完全利用が保障されるからである．

　加工が容積の削減という点であまり重要な効果をもっていない場合には，加工活動の立地はとるにたらない問題になる——つまり原料の供給地ちかくとか，製品市場のちかくとか，あるいは両地点間のどこかとか，そのいずれでもよい，ということになる．よく指摘されるところにしたがうと，このような「足腰のかるい」工業は本来は自社製品の市場ちかくに発展する傾向がある．しかしこれもまた疑問をはぐらかすような主張である．通常は大都市の都市化集積部が工業活動の中心である．「工業」があるところには「市場」もある．わが国〔イギリス〕の技術工業はバーミンガムとその周辺に高密度に集中している——そしてそこがまた，さまざまな種類の技術品をうりさばく大「市場」でもある．〔ただし〕そうだからといって，どこかの他の場所，たとえばリーズだとか，シェフィールドではなくて，そこ〔つまりバーミンガム地域〕にこれら〔つまり工業と市場〕の双方がなぜ立地しなければならなかったのか，という点について説明がなされたわけではない．

「累積的因果関係」の原理

　他地域ではそうでなかったのに，なぜある地域が高度に工業化したのか．この点を説明するためには〔既述のものとは〕まったく異種の考察方法を導入しなければならない——ミュルダール Myrdal[2]〔訳注3〕はそれを「循環的・累積的因果関係」の原理とよんでいる．これは加工活動における（もっとも広義の意味でその言葉をつかうとすれば）規模にかんする収穫逓増の存在をしめす以外のなにものでもない．それは通常かんがえられているような，大規模生産の経済性のごときものではまったくなく，工業の成長によって取得される累積的利益である——つまり熟練や技術知識の進展とか，着想や経験にかんする情報を簡便に取得できる機会とか，生産工程の細分化や人的活動

の専門化をたえず向上できる機会〔にめぐまれたこと〕とかである．アリン・ヤング Allyn Young[3]が有名な論文のなかで指摘しているように，アダム・スミスの「分業」の原理は——個別の工場や企業の規模拡大をつうじてというよりは——産業の恒常的な分化や，着実に製品の多様化をすすめる，特殊な新型企業の出現をつうじて作用するのである．

既知の歴史上の実例においては製造業の発展がいつも都市化と密接に関連していたが，そのような事実の根底には根ぶかい原因があって，新技術ないしはあたらしい動力源の発明にともなってそのような原因がかならずや作動したにちがいない．それらの広範な効果として生産性や生産効率の成長と経済活動規模の成長率とのあいだには強力な，正値の関係がみられるのである——つまりいわゆるフェルドーン法則〔訳注4〕である．さまざまな地域間の情報交換が（輸送や売買機構の改善にともなって）密になってゆくために，当初に工業面で発展した地域が未発展地域の犠牲のもとで積極的な取引を開始して利益を獲得し，未発展地域の発展がそのような取引によって抑制されるかもしれないのであるが，これは前記の事実を反映する，ひとつの側面である．古典派的事例（そこでは収穫逓増は捨象されている）においては，両地域間の取引開始にともなって（その利益が両地域に均等に配分されるわけではないにしても）両地域に利益がかならずやもたらされ，また取引に起因する専門化は両地域の相対的費用格差をへらすことに役立つとされていた．けれども，工業製品にかんする「取引開始」の事例のさいには，相対的費用格差は取引の結果として〔逆に〕拡大し，〔古典派の証明に反して〕減少しないかもしれない．そして交易によって他の地域の利益はますのに，ある地域はそこなわれるかもしれないのである．両地域は当初は相互に孤立し，それぞれが〔自域内に〕農業と工業の両区域，そして市場の中心をもっており，農業生産の規模は主として土壌と気候，ならびに技術の状態によって決定され，工業生産の規模は農業部門でうみだされる，工業製品にたいする需要に主として依存している，と想定してみよう．こうすれば，上述のようなことになるだろう．〔つまり〕両地域間で取引が開始された場合には，工業が相

対的に発展している地域は，相対的にめぐまれた条件で，他地域の農業区域にたいして必要物資を供給できるし，その結果として2番目の〔工業発展がおくれている〕地域ではその工業中心地が市場をうしない，傾向的には消滅してゆくであろう——農業産出高の増加という利益によってその地域の住民がなにがしかの償いをうけるというようなことがないままに〔そうなってしまうのである〕．

「土地依存型」経済活動と「加工型」経済活動間の非対称性をしめす，もうひとつの局面として，つぎの点をあげることができる（それは基本的には大規模生産の経済性に由来している）．つまり工業生産の場合には，約定費用が価格決定のさいに重要な独立的要素を構成している．すなわち競争は必然的に不完全であり，売手は価格を容認させられる当事者であるよりは価格を決める当事者である．農業生産の場合には〔既定の〕価格にもとづいて所得が支払われるのにたいして，工業生産の場合には約定的な所得（すなわち賃金水準）にもとづいて算定される．別言すると，依存しているのは価格のほうである．

その結果として「交換過程」，つまり取引と貨幣の地域間流出入にかんする調整機構の性格は双方にかんしてことなるやり方で作動する．〔つまり〕農業地域間の取引の場合には，調整過程にかんする古典派理論を比較的うまく適用できる．農産物の価格は需要の釣り合いの変化に応じて自動的に上昇したり下落する．つまり個別市場でのこのような価格変動は，それにもとづく所得効果と代替効果の双方をつうじて傾向的には，地域間取引の流出入の釣り合いを自動的に維持するであろう．あいことなる地域で生産される財がそれぞれにとってかなり緊密な代替品であるようなところでは，不作，技術改善効果の不均斉，あるいはその他のなんらかの「外生的」原因の結果として，需給両図表上に変動があっても，その影響は価格（つまり「交易条件」）の比較的軽微な変動によって十分に相殺されるであろう．あいことなる地域で生産される財が相互に代替しあうのではなくて，むしろ補完しあっているならば，調整過程でおきる両地域間の交易条件の変動はかなり大規模になる

かもしれないし，そのために主として「所得効果」をつうじて調整過程が作用するであろう．しかし双方の場合には，価格変動という仲介手段をつうじてそれぞれの個別市場で需給間均衡が達成されており，この過程によってこそ両地域の需給間均衡が確保されるのである．

〔ところが〕工業活動（「製造業」）の場合には，需要にたいする外生的変動の衝撃効果は価格面よりは生産面にあらわれるであろう．注文が期をおって増加することに呼応して生産者は現行価格で（ないしはもっとひくい価格であってさえも）すすんで余計に生産し，余計に販売するであろう．そのような意味で「供給」，すくなくとも長期の供給は正常な場合には需要を超過する．このような状態のもとでは調整過程は（いわゆる「外国貿易乗数」をつうじて）ことなった仕方で作用する．ある地域の生産物にたいする他地域からの需要になんらかの外生的変動がおきれば，地域別の生産と雇用面に乗数効果がひきおこされ，輸〔移〕出面での変動に対応してつぎには輸〔移〕入調整がおこなわれることになるであろう．ある種の仮定をおけば，この調整だけによって各期の取引は十分に釣り合いのとれたものになるであろう[4]．

しばらくまえにヒックス Hicks[5] は「超乗数」という言葉をあみだして，消費はもちろんのこととして，投資にも需要変動の効果がおよぶようにした．そして，ある種の仮定のもとでは誘発投資成長率と消費成長率が双方ともやがては自生的需要構成要因の成長率に同調し，そのために自生的需要要因によって経済全体の成長率が支配されることを提示した．

ある特定地域の観点にたてば，その地域の外で発生した需要が「自生的需要構成要因」である．「超乗数」にかんするヒックスの考えを応用すれば，外国貿易乗数の原理を動学的仕組みとして表現できる．そのようにいいあらわしてみると，この原理の主張は，ある地域の経済発展の進度は基本的にはその地域の輸〔移〕出成長率に支配されている，ということになる．なぜならば輸〔移〕出の成長は「加速度因子」をつうじてやがては，消費成長率はもちろんのこととして，工業の設備能力成長率をも支配するからであるし，また（単純化のためのややきびしい仮定を付加すれば）そのおかげで，輸

〔移〕入水準とその成長率は輸〔移〕出のそれに調整されることになるであろう．

他方，輸〔移〕出の動きは外生的要因（つまりその地域の生産物にたいする世界的需要の成長率）と「内生的」，または準内生的要因（つまり他の生産地域のそれと比較してもとめた，その地域における「能率賃金 efficiency wages」[訳注5]の相対値の動向）にともに依存するであろう．そして，市場総体（全般）中にしめる，その地域の〔市場の〕分け前が増加するか，それとも減少するか，という点はそれ〔つまり輸〔移〕出の動向〕によってきまるであろう．「能率賃金」（これはケインズの造語である）の動向はふたつの要因（つまり貨幣賃金の相対的動向と生産性のそれ）の合成物である．もしこの関係率（貨幣賃金指数を生産性指数でわった比率）がある地域に有利になるようにうごいたとすれば，「競争力 competitiveness」に利があったということになるし，逆もまた真である．

貨幣賃金の動向にかんしてだれもが提言できる，異論の余地のない主張はこうである．ある程度の労働可動性を想定する場合には工業地域間，ないしは同一地域内のあいことなる産業間にゆきわたる賃金水準格差には限度がある．事実，異時点間でみると貨幣賃金の全般的水準はいちじるしく多様な率で上昇しているのであるが，そのかたわらでは，さまざまな業種の労働者，ないしは同一の業務にたずさわる労働者のあいだでみられる，支払賃金格差ははなはだしく安定している，ということがきわめて周知の事実になっているのである．これは労働可動性の結果ではあるが，しかし伝統的な相対賃金制の維持をめざす団体交渉とむすびついてつよい圧力がはたらいた結果でもある[6]．ただしこれはつぎのことを意味している．雇用成長率があいことなる地域間で顕著に相違している場合であっても，貨幣賃金成長率は傾向的にはやがてまったく同一になる．他方，フェルドーン法則が作用しているときには，産出高成長率がたかくなれば生産性成長率もたかくなるであろうし，生産性成長率格差は傾向的には，それに関連する雇用成長率格差を超過するであろう[7]．したがって生産性成長率格差がそれに対応する貨幣賃金増加率

格差によっておぎなわれる，というようなことはおこりそうもない．

別言すると，生産性が平均以上に急上昇するような地域では（そして地域のなかのそのような特定業種においては）傾向的には「能率賃金」が下落するであろう．このような理由のために，相対的に急成長する区域は相対的に低成長の区域をおさえこんで競争上の利益を累積的に獲得する傾向があるし，本来的な事実経過に即していえば，まえの区域ではあとの区域とくらべて「能率賃金」は傾向的には下落するであろう（絶対額でみると「能率賃金」が両区域で傾向的には増加する，というような場合であってもそのようになる）．

「累積的因果関係」の過程が作用し，そして相対的な成功者と相対的な失敗者がともに産業発展の面からみて自助的影響力をもつのはこのような機構をつうじてである．生産性上昇面における格差はそれによって誘起される賃金上昇〔面での格差〕によって十分にはうちけされないのであるが，まさしくそのような理由のために急成長区域における比較生産費は低成長区域のそれとくらべてやがては下落する傾向があるし，またそれゆえにあとの区域を犠牲にしてまえの区域で競争上の利益の増大がはかられることになるのである．

累積的因果関係の原理は，「天賦の資源」面における外生的な格差よりはむしろ歴史的な発展過程に起因する内生的な要因によって，産業発展度合の地域別不均斉を説明しようとするものであるけれども——さまざまな地域間〔格差の場合〕とおなじように発展趨勢の多様性を理解しようとする場合においても，これは主要な説明原理になっている．発展過程に起因する影響やその交錯状況は現実においてははるかに複雑である．輸送面での技術改善，ないしは人的障害（たとえば地域間関税）の緩和の結果として達成される取引増大は事業活動の集中化はもちろんのこととしても事業活動の分散化の面においても重要な影響力をもっている．ある地域で生産や所得が増大すれば，たとえば他地域の「補完的な」生産物にたいする需要は刺激をうけるであろう．そして微視的経済学の概念をつかうと，費用の減少は一般的には独占よ

りはむしろ寡占を招来するのであるから,まさしくそのために単一の地域ではなくて,おおくの上首尾な地域で累積的因果関係の原理の結果として産業発展の集中化傾向が招来されることになる.これらの「上首尾な」地域はつぎには地域間で専門化を推進してたがいに釣り合いを保持しようとするかもしれない——つまりある地域はいくつかの産業で優位にたち,他の区域は他のいくつかの産業でそのようになる.

事実,国家領域にかんしてのべると,クズネッツの検証にしたがえば,おなじ産業発展段階にある場合にはさまざまな工業国が産業構造面でいちじるしく近似している.第2次大戦以降においては,高度に工業化した国のあいだで工業製品の国際取引がすさまじいほど増大したけれども,それはおもに〔各種の〕工業間の専門化というよりは,〔特定の〕工業内での専門化を反映している.つまり工業用の部品,付属品そして機械にかかわっていたのである.たとえば自動車産業の場合をみると,大多数の先進国には先進的で高度な競争力をもつ自動車産業がそなわっているけれども,自動車部品の面では国際取引の増大は巨額に達した——つまり気化器(キャブレター)のある部分にかんしてはある国がどの国にたいしても供給をおこなっているのにたいして,他のある国はエンジン,ないしは気化器(キャブレター)の他の部分にかんして同類のことをおこなっているのである.

また,特定地域が工業活動の面で過大に成長した結果として,重大な不経済性も発生している.つまり成長区域では(主として移民の結果として)人口増加が高率になる傾向があるけれども,それにともなって住居,公共サービス,都市の過密化などの面で環境問題がおきている.そしてある段階にいたると成長率の上昇によってもたらされた,技術面での経済性はそのような問題の作用をうけてうちけされてしまうにちがいない.しかし周知のように,これらの不経済性は個別の生産者にとっては多分に外部〔経済〕的であり,したがって貨幣費用や価格に十分には反映されないかもしれない.その逆のものは低成長地域,または成長率減退地域における外部経済性である——労働力の不完全雇用,ないしは社会の下部構造の過少利用がみられるという意

味でこのようにのべたのであるが，そのような事態は企業にとってやはり外部的であり，したがって販売費用，ないしは価格に不十分にしか反映されない傾向がある．それゆえにつぎのような想定にはある程度，論拠がある．つまり市場過程をなすがままにしておけば，（ピグー的語意で表現すると）「私的費用」が「社会的費用」にひとしく，生産の経済性や不経済性がすべて貨幣費用と価格の動向に十分に反映される場合に予想される事態と比較して，工業活動の地域的集中化傾向がいっそう進展する．

地域と国

さて，この原理（すなわち，ひとつの国のさまざまな地域間，およびさまざまな政治領域間における「累積的因果関係」の原理）にかんして，作動様式上の基本的な差異をいくつか考察することにしよう．

まず最初に，労働の地域内流動性は労働の国際的流動性よりきわめておおきい，という事実を指摘できる．その結果としてこのようになる．つまり政治的・文化的障壁で分断された，〔1国内の場合よりも〕もっとはなれた〔たがいに異国の〕地域間では最近の過去数世紀のあいだに生活水準面で格差があらわれたけれども，〔1国内の〕地域別成長率格差が原因となってそれと同程度のものが〔同一の国のなかで〕発生するというようなことはありえない．実質収入はうたがいもなく移民流出区域よりも流入区域でいっそう急速に改善される．しかし，地域別成長率格差が1人あたり収入動向の乖離と関連する度合は移民の自由度そのものによって制約されている．大部分の国においては労働組合は全国的規模にわたっており，全国を基盤にして集中的に労働契約がむすばれているのであるが，さまざまな地域の実質収入動向が傾向的にはおおよそ歩調をそろえている点にかんしてはそのような事実もひとつの理由となっている．

第2の，そしてもっと重要な事実はつぎの点である．共通の公共サービス規模と共通の課税基準をそなえた，ある政治社会の一部となっていれば，そ

の地域はおなじ国内の他地域とのあいだで取引関係が悪化する場合にはいつも，自動的に「助成」をうけられるのである．輸〔移〕出乗数の作用を阻止する，財政上の重要な組みこみ済み安定化装置が存在している．つまり，公共支出はそうでないにしても（事実，公共事業〔費〕や失業手当〔の削減〕などをつうじて〔改善効果を〕相殺するような方向にかわるかもしれないのであるが），中央政府へ支払われる租税は各地の所得や支出水準に呼応して変動するので，その地方の財政収支勘定の変動をつうじて（つまり中央政府の大蔵省に納税される分と，そこから支出をうける分との関係が変動することによって）移出入勘定面での悪化はおくれる（そして最終的には阻止される）傾向がある．

このような財政上の「組みこみ済み」安定化装置（すなわち外生需要の減少が公共部門の赤字を招来し，雇用や所得におよぼす前者の〔悪〕影響がそのために緩和されるということ）はもちろん〔1国内の〕地域の局面とおなじように国家間の局面においても作用している．そして，輸出の減退によって所得水準が下落しつくし，輸入調整をつうじて国際収支の均衡が維持されるというようなところまではゆかない，主要な理由のひとつがこれである．しかし重要な相違点がある．つまり地域の場合には地方の財政収支の変動は地域外資金の手当てをうけているのに，国家の場合には国際収支の赤字は余剰資金の減少をひきおこすか，ないしは外国からの「補整的な融資」を必要としている．しかもそのような融資はけっして「自動的」なものではないのである．

地域の局面においては，「国際収支問題」と対照されるようなものはなんらみうけられないようにおもえるのであるが，その主要な理由はおそらくは上述の事柄である．「貨幣主義学派 monetary school」はしばしばつぎのように主張している．〔1国内の〕地域の場合にはそうならないのに，別個の通貨をそなえた国ぐにの場合には国際収支面の難問に直面しているのであるが，その理由はこうである．つまりある場合には輸〔移〕入が輸〔移〕出を超過する結果として「地方的な貨幣供給」が減少し，他の場合には「国内の信用拡

張」によって，つまり（輸〔移〕入超過の結果として発生した）貨幣流出を「あたらしい」貨幣でうめあわせるという方法で，貨幣当局が経常勘定の赤字の影響を相殺している．〔しかし〕わたくしのみるところでは，この問題をそのようにかんがえるということは〔あたかも〕馬のまえに馬車の車体をおくにひとしい．赤字財政が誘発されれば外国貿易乗数の影響は阻止されるが，「貨幣のうめあわせ」ということはこのような事実のたんなる一面にしかすぎない——なお外国貿易乗数は国内民間投資と関連する民間貯蓄の減少によっても悪化する（もっとも，外国貿易乗数は地方の貯蓄の減少だけではなくて地方の投資の減少も誘起する傾向があるから，あとの要因〔つまり民間貯蓄減少の影響〕は数量的にはあまり重要でないかもしれない）．しかし正確にいえば，おなじようなことは〔1国内の〕地域の次元でもおきる——その場合には〔域外への〕流出貨幣は（すくなくともその一部は）大蔵省からの多額の純流入でおきかえられることになるが，そのような流入は「流出」の直接的な結果としておきたものである．ところが，自然的秩序に属する事柄の一部として自動的におきるので，だれもさわぎたてないどころか，注意さえもむけようとしないのである．

このようなわけで，「地域」は「国」の場合よりもめぐまれた状態におかれている．他方，政治的主権の領域においてはさまざまな政策をつかって，「能率賃金」面における不利な趨勢の影響を相殺できるのであるが，これは「地域」にはゆるされない事柄である——すなわち〔国際的な局面においては〕さまざまの形態の保護政策（関税や，公共団体の契約のさいに優先権を賦与するというような，関税以外の〔国際〕障壁がそれである），ときにはさらにまた為替相場の調整をつうじて外国品にたいする需要を国産品へ転換させて不利な影響を相殺している．ただし為替相場の調整は通常はせいぜい極端な場合にかなりおくれて実施されるにすぎない．

「能率賃金」の逆趨勢を中和するための，これらふたつの装置のうちでは——つまり保護政策と為替相場の引き下げのうちでは——後者がうたがいもなく前者よりもすぐれている．しばしば指摘されているように，平価切り下

げは輸入にたいする全般的従価税と，輸出にたいする従価補助との混合物以外のなにものでもない．国際的専門化をつうじて規模の経済性の利益を獲得する余地が最大限にあたえられている状態のもとでは，これら両政策の混合物は「競争状態」を調整できる．〔しかし〕保護政策は傾向的には他方で国際的専門化を後退させ，少数業種で大規模生産をさせるのではなくて，広範な業種で小規模生産がおこなわれるような方向に生産活動をむかわせる．保護政策は工業の効率性の成長を抑制するが，国民総生産（というよりはむしろ粗工業生産）中にしめる保護領域〔の比重〕がちいさいほど，その効果はおおきくなりやすい．繁栄をつづける，世界の小国はすべて——たとえばスカンジナビヤ諸国ないしはスイスは——（他国と比較して）「自由貿易国」であるが，それは偶然ではない．それらの国ぐにでは関税は軽微であり，しかも自国の総産出高，ないしは消費にたいする（輸出入両面の）製造品貿易〔高〕の比率はきわめてたかいのである．

イギリスのなかの発展途上区域は——たとえばスコットランドや北アイルランドは——別個の通貨をもち，それとイギリスの他区域〔の通貨〕とのあいだで為替相場が調整されるので安楽にすごせるようになった，としばしば指摘されてきた——ただし多分あまり真剣にいわれたわけでない．〔だが〕わたくしはまえにのべた理由のためにそれは妥当な対応策になっていないようにおもえる．ところがイギリスでは現在，あたらしい〔経済安定化〕装置（つまり地域雇用割増金 R.E.P.[8]）が導入されているが，それは潜在的には為替相場の切り下げとおなじような利益をそなえており，「能率賃金」のある種の逆趨勢を中和することに役立つかもしれない．しかもそれに帰因する交易条件の悪化という負担（つまり移出品の販売価格が移入品価格とくらべると低下するという負担）はその地域ではなくて，イギリスの担税団体がになうことになるので，そのような意味では付加的な利益もそなわっている．政治的にみると，実効性を期待できるほどの規模で地域雇用割増金〔制度〕を導入することはおそらくはこれとおなじ理由のためにきわめて困難であり，〔安定化〕装置のひとつとしてみる場合にはその点がこの制度の障害になっ

ている．発展途上区域の製造業部門においては地域雇用割増金は現在，「能率賃金」の5-6パーセントの引き下げと同程度のものになっている．「製造業の地域的付加価値」は地域間移出商品にかんしては総費用の4分の1，ないしはおそらく3分の1以下（その残りを構成しているものは主として地域外で生産されて，合体された財，サービスである）になっているのであるから，6パーセントの地域雇用割増金の効果は（イギリス全体をかんがえると）2パーセントの為替切り下げ効果以上のものにはなっていない．したがって，イギリスの最近の為替切り下げがイギリス以外の世界とからみあいながらその競争力におよぼした，「地域的競争力」にかんする効果とくらべれば，5分の1にすぎなかったであろう．

　地域発展策にふくまれる，別の手段はもちろんおおいけれども，そのうちでは特別投資奨励金が，もっとも経費を必要とするにしても，ひときわ群をぬいている．〔ただし〕わたくしの見解にしたがえば，競争力中和のための逆趨勢をおこすという目的にてらしてみると，投資奨励金は賃金にたいする補助金とくらべれば〔安定化〕装置としての有効性の面でおとっている．（投資奨励金によって不適当な工業，つまり特別に資本集約的な工業が助長されるという論拠もかんがえられるけれども，それだけではすまされないのである．）もっともその問題については，これまでの調査よりももっと綿密なものが必要である．

　以上の点にくわえてもうひとつの可能性もかんがえられる．中央政府（ないしはウェストミンスターにかまえた国会）は自然の習いとして特定の助成地域に巨額の支出をおこなうことにたいして尻込みするであろう．そこで，発展用資金の支出範囲の制限を前提にすれば，地方〔公共団体〕の財源で──地方財政の自治権の強化をつうじて──中央政府の財源を補強するということがかんがえられる．たとえば，地域雇用割増金が地域間の移出にたいする有効な助成手段であり（ただし，しばらくのあいだはこの点はとうてい同意されない，とおもっている），そして長期的にみると地域発展の促進という点で劇的な効果をもたらすかもしれないということが理解され（かつ同

意され）れば，中央〔財政〕で調達される地域雇用割増金を，たとえば地方売上税にもとづく税収で補強するということで，地域の利益にうまくかなえられるかもしれない．地方で調達される補助金が増大しても，中央政府からの補助金が減退してしまえば，実際上，簡単に帳消しにされかねないのであるから，このような提言はおそらく危険にさらされている．しかしながら，費用の一部が地方税で調達されなければならないというような状態のもとでは，このような補助金（つまり地域雇用割増金，ないしは場合によっては投資奨励金）の水準の引き上げ提案を中央政府がおこなう，ということにしておけば，「危険性」は緩和されるであろう．もしこのような利益に付随する負担にたいして特定区域自体がもっと大規模に，ないしはもっと明確に力をふりむけるようになれば，はるかに多くの資金がその区域へ支出されることはあきらかである．しかしこのようなことはもっとさきの将来になってからかんがえるべき事柄である．それらが現実の政策になるまえに，われわれは長期間にわたって〔ヨーロッパ〕共同市場加入交渉に関連する問題と同類のものにふかくかかわることになるであろう．

注

1) 本稿は当初は，1970年2月に開催されたスコットランド経済学会第5回年次大会における講演としてアバーデン大学で報告され，1970年11月発行の『スコティッシュ・ジャーナル・オブ・ポリティカル・エコノミー』*Scottish Journal of Political Economy*, vol. XVII, no. 3 で公刊された．
2) 『経済理論と低開発地域』*Economic Theory and Underdeveloped Regions*, London, Duckworth, 1957〔小原敬士訳，昭和34年，東洋経済新報社刊〕．
3) 「収穫逓増と経済進歩」"Increasing Returns and Economic Progress", *Economic Journal*, vol. xxxviii, December 1928.
4) 必要な仮定は，輸出をのぞく，その他の需要の源泉がすべて外生的というよりはむしろ内生的である（すなわち政府支出と企業投資が受動的な役割を演じており，前者が租税収入によって，そして後者が企業利潤からの貯蓄によって制限されている）という点である．
5) 『景気循環論』*A Contribution to the Theory of the Trade Cycle*, Oxford, 1950〔古谷

第5章　地域政策を必要とする事情　　　　　　　　221

弘訳，昭和 26 年，岩波書店刊〕．
6)　その点は国際的な関係においても妥当する．つまりなぜそうなるかという理由はいまだに十分に納得されていないけれども，さまざまな工業国の貨幣賃金成長率の相対的格差はそれら諸国の製造業における生産性成長率格差よりも（すくなくとも戦後期においては）小幅であった（たとえばカルドア「貨幣政策，経済安定ならびに経済成長」 *Monetary Policy, Economic Stability and Growth,* Memorandum submitted to the Committee on the Working of the Monetary System. Principal Memoranda of Evidence, vol. 3, pp. 146-153, London, H.M.S.O., 1960, at paras 22-3 and Table 1 を参照せよ．なお同論稿は『経済政策論集』 *Essays on Economic Policy,* vol. 1, pp. 128-53 に再録されている）．
7)　製造業の生産性成長にかんする最近の実証分析で提示されたところにしたがえば，産出高成長〔率〕が 1 パーセント増大した場合には，それにむすびついて 0.6 パーセントの生産性増大と 0.4 パーセントの雇用増加がおきている（たとえば『1969 年のヨーロッパ経済展望』 *Economic Survey for Europe,* 1969, U.N., Geneva, 1970 を参照せよ）．
8)　The Regional Employment Premium 〔の略語である〕[訳注6]．

第6章　国民経済の諸目標の確執[1]

　すくなくともアダム・スミス以来，経済組織をもっとうまく作動せしめるものはどのような政策であるかという点をさぐりだすために，経済学は経済組織の作動方法の理解に関心をむけてきた．疑問や論議もなしに，富の増大と富の分配の公平化ということがつねに国民経済の主要な政策目標とかんがえられてきた．しかしかなり最近まで——実際には第2次世界大戦期まで——おおかたのところでは，経済政策の職務は市場作動力の操作に最適な環境がととのえられる法律や制度の枠組みを創造することであって，それらの作動力をなんらかの方法で直接的に操作することではない，とかんがえられていた．

戦後の経済政策の主要な4目標

　そのとき〔つまり第2次世界大戦〕以降，「経済政策の目標」にかんする概念にはあらたな精密さがそなえられるようになった——おそらくは，あらたな意味をもつようになったといえるかもしれない——，そして以前であればつよく否認されかねないような達成基準によって政府が評価をうけるにいたった．この点についての最適な証拠は，政策目標が数量単位で——「目標値 targets」ということで——表示されるようになったという点である．戦後の歴代の大臣たちは目標値を公示したが，完全雇用の目標値の場合にはこえてはならない[訳注1]平均失業率という形で提示されていた（1950年にゲーツケル Gaitskell 氏がしめしたものは3パーセントであった）．国際収支の目標

値の場合には経常収支差額何億ポンドというような具合であり（1952年にバトラー Butler 氏，つまり現在のバトラー卿によってたとえば3億ポンドがしめされた），成長の目標値（1964年にモードリング Maudling 氏によってしめされ，1965年の全国計画にかかげられたものは4パーセントであった）や賃上げまたは所得政策目標値の場合もそうであった（1949年にはスタッフォード・クリップス Stafford Cripps 卿，1962年にはセルヴィン・ロイド Selwyn Lloyd 氏，1964年にはモードリング氏，1965年にはブラウン Brown 氏によってしめされ，1966年の法令などでもそうなっている）．

　そのような公式目標値の格式については規定がかならずしもはっきりとなされたわけではなかったけれども，それらを公示するという事実それ自体に，経済的分野における政府の権限と責任にたいして公衆の態度は根底から変化したことが如実にあらわれている．政府は「経済面の管理」にかんして責任を負えうるし，また負うべきである，また「首尾よい管理」の成立要件にはすくなくとも4つの主要目標の同時達成がもとめられている，と当然視されるようになった——公衆はもちろんのこととして，2大政党の両党首もそうかんがえている．

　必須の政策目標として——すなわち，公衆が政府にたいして法的に期待できる目的として——これらの目的が容認されるようになったという事実はそれこそ，ケインズの『雇用〔，利子および貨幣〕の一般理論』出版によって誘起された知的革命の政治的成果のうちでもっとも重要なものであった．市場経済においては，生産される財・サービスの総量を決定するのは利用可能な稀少資源の数量や，それら資源が利用されるさいの効率ではなくて（あるいは通常はそうではなくて），所得発生過程のある種の特性であり，潜在的供給にかかわりなしに，生産数量を制限する有効需要の均衡水準は傾向的にはそれによって確定されてしまう．〔ケインズの〕あの研究によって教示された重要な点はこのような考えであった．

　ケインズ理論によって提言された事柄は，市場経済の制度的枠組みについては根本的な変化をなんらもたらさずに，主として財政や貨幣分野における

政府の活動によって、資源の完全利用、とりわけ労働の完全雇用を確保するために経済をどれほど管理できるかという点であった．十分な需要が用意されれば，どんなにか早急に失業を消滅できる，ということが戦時下の経験によって具示されたので，それだけにこの考えはすさまじいほどの説得力をそなえていた．また「戦後に高水準で，かつ安定した雇用水準を維持することにかんしては，政府はそれをみずからの中心的な目的ならびに責任のひとつであるとみとめる」[2]，と戦時下の連立政権の有名な宣言でのべられていたのであるが，このような宣言をおこなわしめたものは疑いもなく前記の経験によってうみだされた世論だったのである．

ひとたびそのような責任をひきうけてしまうと，完全雇用政策を実行可能にするために必要な，他の局面の重要な経済活動，とりわけ満足できる国際収支や「賃金・物価の適度な安定性」の確保にかんして，責任をひきうける，あるいはすくなくともひきうけさせられるということが歴代の戦後政権にとってまったく不可避的となった．これらの「関連要件 associated requirements」はいずれも1944年の『白書』の中にじつにはっきりとうたわれているのであるが，——同年に出版されたベヴァリッジ Beveridge の完全雇用にかんする著書[3]とともに——『その白書』は経済管理にかんする戦後の全政策を展開せしめた原型である，とかんがえてもよいであろう．価格安定性の問題について，『白書』はまったく断定的な口調で，「全般的な賃金水準の引き上げが生産性の上昇と関連づけられなければならない」と言明している．国際収支の問題で『白書』が強調した点は，「対外収支の逆調をさけるために，戦前の実績よりもはるかにおおくのものを輸出しなければならない」という点であった．

しかしながら，これらの全目標を同時に達成しようとする場合にかならずおきる困難にかんしては，あるいはそれらの目標が達成されないとか，さまざまな目標が相互にあからさまに確執しあうという場合に，政府はどのような政策を実行すべきであるかという点については，理解がほとんどなされてこなかったのである．

国際収支の問題にかんしては『白書』で，いささか驚きを禁じえないけれども，「わが国の対外収支の状態は当事者でない人びとや政府の行動にきわめて大幅に依存している」とのべられており，さらに，わが国の輸入にたいして十分に支払いをおこなえるために，確実に輸出をおこなえる最善の方法は，国際協定（ブレトン・ウッズ〔協定〕とか関税貿易一般協定GATTに代表されるようなもの――ただしそのどちらも当時は存在していなかった）によって，「すべての国で相互の利益のために完全雇用政策を追求できるような国際貿易状態」の確保であると提言されていたのである．しかし『白書』では，物価や賃金が「適度の安定性」を確保し，世界経済が拡大しているときでさえ，固定為替相場制下の国際収支の持続的均衡と完全雇用の維持が両立できなくなるかもしれないという点について，なんらの暗示もなされていなかった．

　価格および賃金の安定性の問題にかんしては『白書』中に，「重要なことは雇用主と労働者が賃金問題について節度を順守することであり」，また「政府，雇用主および組織労働者の協力によってその条件をはじめて実現できる」，とのべられていた．しかしそのなかで，賃金や価格の決定をこれ以上，非人間的な市場力にまかされられないというときに必要になる，制度上の協定の種類についてなんらの提言も公示されていなかったのである．

目標値と手段

　今日の計量経済学の説明にしたがえば，戦後の政府がみずから公表した目標にてらして首尾一貫した政策の追求に失敗した原因は主として，政策手段の編成方法が不十分であった点である――つまりさまざまな目標の同時達成を十分に保証する，個別の政策手段を手元にもちあわせていなかった点である――といえるかもしれない．公示された数の目標を確実に達成するためには，すくなくともそれと同数のあいことなる政策手段を実行することが政府にとって必要になる――つまり同一の手段で同時に複数の「目標値」を確実

に達成できるのは例外的な状況の場合だけである．最初，ティンベルヘン Tinbergen 教授[4]によって提示された，現代の経済政策理論にかんする周知の原則がそれである．もし（財政政策にもとづく）需要管理が雇用の目標水準を確保するために採用されたとすれば，賃上げの目標率を確保するためにはほかの手段が必要になる——それにかんしてかんがえうるものは所得政策だけである．しかも国際収支の目標値を確保するためにはもうひとつの手段も必要になる——伸縮的為替相場がそれである．さらに，もし生産性成長率の目標値の確保をのぞむとすれば，資源の有効利用の向上を確実にするためにそれ以上の手段が政府にとってさらに必要になる．

かくして，型にはまった理論的側面からわが国の失敗の基本的原因をのべてみると，行動の自由があまりにもちいさいのに，あまりにもおおくを達成しようとこころみたことが——〔別言すると〕経済管理の原理の含意全体を把握しそこなっていたことが——それであった，と主張できるかもしれない．〔しかし〕より現実的な側面からすれば，ある分野では政治，社会およびイデオロギー上の制約によって行動が抑制されて，そのために政府の施策の自由度に限界がかくされたのであり，したがって自由度の必要性を認識しそこなった，という知的失敗は活動抑制の原因ではなくして，むしろ徴候であった，と理解すべきであるようにおもえる．政府は平価切り下げにたいしてかならずといっていいほどすさまじい抵抗をつづけてきた——かかる調整があきらかにブレトン・ウッズ協定の条文や精神にいずれもかなっている，というような状況においてさえもそうであったけれども——これはかならずや，政府の閣僚または役人たちがたんにティンベルヘン教授の著作をきちんと学ばなかった，ということよりもはるかに根ぶかい原因にもとづいている．最近の出来事でわかったことであるけれども，必要な調整のなかに平価切り下げというよりはむしろ（ドイツの場合のような）平価切り上げがふくまれているようなときに，ほぼおなじくらいに抵抗が強固になることもありうる．同様に，フィリップス教授の計量経済学的研究にかんしていえば，それによってわが国の経済学者のおおくはさらに安易な観点にもとづいて，貨幣・財

政政策が適切に実施され，需要圧力がある限界をこえないようにしておけば，賃金・価格インフレーションは自動的に市場の力によって抑制される，と確信したのであるが，〔このような〕その研究の無批判的承認と比較すると，所得政策にたいする抵抗の場合には経済学者や左右両派の政治家はもっといろいろなことをやったのであって，その結果として，所得政策の社会的・政治的含意の受入れ拒否までしてしまった．

　ここ数年間の——国際的側面におきた，イギリスに限定されない——異常な圧迫と緊張の結果としてきわだった改善がみられた，そしてそのような政策手段の必要性にかんする総意は今日では以前よりも拡大している．為替相場の調整は——国際決済制度を理にかなった均衡状態のもとにたもつために必要な国際的「調整過程」の一部として——妥当で，不可欠なものであり，制度の一般的枠組みのなかで為替相場の伸縮性を増大させるという点で国際通貨基金 IMF が意見具申の仕事をはたしてきたということについては，今日では以前よりももっと広範な人びとが同意するようになっている．また，インフレーション過程が「需要誘導型」ではなくて「費用誘発型」であるという点については以前よりもはるかにひろく承認されるようになったが——保守党の首相でさえもみとめている——，それにはインフレーション過程が所得政策によってのみ解決されうるという明確な含みもともなっている——ただし，実をいえば，かかる手段を有効に操作できる制度上の協定がどのようなものであるのか，という点はわたくしもよくわからない．国家的規模であからさまな賃金格差体系をつくりあげるための社会的合意の創造とくらべた場合に，それ以下のなにものかにこの政策は立脚しているというようなことがありうるであろうか．そしてもしそうだとしたら，これを実現させる方法があるのか？

　所得政策の問題は社会学上や政治学上の論争を惹起しているが，それはわたくしの能力をこえている．しかもこの問題は工業国のすべてに共通していて，イギリスだけに特有なものでないので，それについてある程度，詳細に考察することは今回の企図にふくまれていない．その代わりとして，この講

演の残り時間を経済管理にかんする,ほかの主要問題にあてたい——為替政策の問題がそれである.国際収支の危機は重要だが,歓迎できない問題であるから,それに原因する,わが国の経済成長の周期的な中断を回避するためにもっと頻繁に,かつ敏速にこの政策手段を採用するべきであったといえるけれども,現在のわたくしの主張はそれにとどまらない.政策活動の中枢にかんしては財政運営にもとづく需要圧力の制御を選択したために,わが国の生産能力に配慮すれば可能で,かつのぞましい率よりも成長率をひくくするような経済構造の創出という選択がまったく何気なくおこなわれてきた.わたくしがややくわしく論述したいと目論んでいる主張の根幹はこの点である.

『白書』の基底にある考え方や,それにもとづく戦後の経済管理政策にたいする,わたくしの批判は主として,その場合には完全雇用問題と(暗々裡には)成長問題が輸出や国際競争力にかんする問題としてではなくて,国内需要にかんする問題として処理されてしまったという点にかかわっている.

ケインズ的過少雇用均衡モデルの真の含意は「封鎖経済」の論理のもとで精緻化されたものであるのに,あたらしい政策の土台作りの責任をおっていた経済学者たちはそれをイギリスのような「開放経済」にあてはめて吟味,あるいは判断をおこなったのであるが,そのような失敗の結果がこれであった.私はそのような土台作りの仕事に従事した経済学者の1人であった——1943年にウィリアム・ベヴァリッジ卿の研究グループのために覚書[5]を準備したことがそれである.したがって,この失敗にかんしては当時の他の経済学者とおなじようにわたくしも責任をおわなければならないようにおもう,とのべさせていただく.しかし,この講演の結論部分で明言したいとおもっていることであるが——「失敗」という言葉についての,わたくしの本意は,もしそれが計画されるか,ないしは採用されなかったならば,イギリスはもっとうまくやれたであろうという意味でその政策が基本的に間違っていたということではない.そういったのでは事実からほどとおくなってしまう.わたくしが主張したいことはこうである.おそらくはそれが「次善の」政策であった.そして25年もの経験をふまえて,いまこそその政策の基礎を再検

討して，将来にむけてそれをもっとすぐれたものと代替できないかどうか，とかんがえてみなければならないのである．

1920年代の回顧

　基本的な理論モデルをもちいて議論を展開する時間的余裕はない．そこで，『白書』中の記述にしたがって戦前の失業問題を処理するためにもし需要の管理原則が適用されていたとすれば，どのようになったであろうか，と自問してわたくしの論点を明示するつもりである．このためには，1920年代から話をはじめるのが一番よいであろう．というのはこの時代は世界各国が繁栄した時期であり，世界貿易も拡大していたのに，イギリスにあっては，1921年以降，短期間を別にすれば，失業は125万人，すなわち労働力の10パーセント以下にはけっして減少しなかったからである．

　はじめに，金本位制復帰に関連して政府内でおこなわれた議論に呼応して1925年2月に大蔵大臣，ウィンストン・チャーチルによって執筆され，最近，明るみにでた大蔵省内の記録文書をやや詳細に引用したい．(この文書をやや詳細に引用する価値があるとおもったのは，一部はわが国のもっとも偉大な国民的指導者の1人にたいして――これまで疑われることのなかった方向性のなかの――その直感力と知性にかんして賛辞をささげようとしたからではあるけれども，それだけではない．チャーチルの疑問にたいする正当な回答がどのようなものになるかという点を分析すれば，わが国の戦前の政策がどこで間違ったか，さらに暗々裡のうちには，わが国の戦後の政策にかんしてはどうであったかという点を理解することにもなるからである．) チャーチルは次のようにかいている．

　ケインズ氏によって「欠乏のなかの失業という逆説」とよばれたものにかんしては，その深遠な含意を大蔵省はけっして理解しようとしなかったようにおもわれる．125万人の失業者をかかえながら，それと同時的に世

第6章 国民経済の諸目標の確執

界でもっとも堅実な信用状態を保持しているイギリスの状態に〔イングランド銀行〕総裁はまったくもって満足の意をあらわしている……．このような状態がみられる国は世界中でわが国だけである．大蔵省とイングランド銀行の政策は一貫して遂行された政策としては唯一のものであった．イギリスの類まれな慢性的失業現象と，特定の金融政策を長期にわたり，かつ断固として一貫させたことになんらの関連性もないと確信していなかったとすれば，それを立案した人びとはおどろくほどの責任をおっていることになる．……もちろん，みなさんはこのように主張されるかもしれない．金融政策が遂行されなかったなら失業がもっと大量になったであろう．このような125万人の労働用役を必要とするほどの商品需要が対内的にも対外的にもない．産業の首に挽臼のようにぶらさがり，公的財源にたよる以外になすすべもないままに失業者が永久に身をもちくずすことになる，と．みなさんのほうがただしいかもしれない．しかしもしそうだとしたら，それはこれまでにえられたもののなかで，もっとも陰うつな結論のひとつである．話をひるがえすようだけれども，国の財政・金融政策の操作によって財の欠乏と労働余剰間の間隙がどの程度，橋渡しされうるかという点については，「鏡によっておぼろげながら through a glass darkly」〔訳注2〕みている，などというつもりはない．つまりそのような目的のための実験にともなう危険をわたくしは十分に認識しているのである．歴史の海は名のとおった難船でいっぱいである．にもかかわらず，もし打開路がみつけられたとすれば，わたくしはなにをさておいてもその路をすすむであろう．わたくしは金融 Finance を誇りとするよりも，むしろ産業 Industry にどうやら満足をおぼえているようである[6]．

今日では，ほぼ半世紀におよぶ経験と背後にひかえた経済理論の進歩の結果として，「鏡によっておぼろげながら」〔ではあるけれども〕チャーチル，ないしはかれの公式経済顧問が1925年におこないえたよりも多少はよく観察できる．

金融政策と組み合わせれば，財政政策の操作によって（即時的ではないにしても，すくなくとも漸進的には）失業を除去できたであろうし，しかもそのような政策によって「狂乱的で，かつ累積的なインフレーション」が発生し，貨幣が「値打ちのあるものとして受領されなくなる」[7]までそれがつづく，というようなことはありえないが，このような点については，今日では経済学者の大部分が同意するであろう．他方，国内需要を刺激して生産や雇用を増大しようとするような，なにがしかの政策がとられたとすれば，それにともなって輸出とくらべて輸入の相対的増加がおこり，これによって為替市場ではポンド相場の下落圧力が惹起され，その結果として金本位制復帰がまったく不可能になってしまったであろう．

実際，1920年代のイギリスにおいては，〔1ポンド＝〕4.86ドルという戦前の対米平価にもとづく金本位制復帰と両立させるとしたら，完全雇用政策追求の方途はなにもなかったのである．（金本位制の復活をもっとも重要な国家的経済目標とかんがえた）カンリフ委員会〔つまり戦後の通貨および外国為替委員会〕の勧告にもとづいてデフレ政策が採用され，ポンド・スターリングの為替相場が上昇した結果として，イギリスの輸出は回復しそこなってしまった．すなわち1924年には輸入額は戦前水準をとりもどしたけれども，輸出額は戦前とくらべて72パーセントにとどまった[8]．まさしく戦争からたちなおりつつあったヨーロッパ大陸諸国と対比してみても，イギリスの輸出の手際はきわめて不良であった[9]．失業の大部分は伝統的な輸出産業に集中していた——鉄鋼・鉄製品，造船，繊維，そして石炭の各産業がそれである．このような大量失業を吸収する唯一の実行可能な方法は輸出水準の引き上げによることになるけれども，それをおこなえば，今度は金本位制〔復帰〕の目標を放棄することが必要になり，それにかわって変動相場制をえらばざるをえない——1924年にケインズによって主唱された「管理通貨」がそれである[10]．

総生産中に占める輸出の割合がおおきく，消費中に占める〔消費財〕輸入の割合が大きい工業国の場合には，有効需要水準と成長率の両方を支配する

主要な独立要因はその国の輸出にたいする対外的需要である[11]．また輸出を支配する主要要因はその国の国際競争力であり，それはつぎには他の工業品輸出国と比較した，同国の工業製品の〔相対的〕費用水準に依存しているが，1925年の時点においてはこのような真理はチャーチルやかれの公式経済顧問たちの眼にうつらなかった——しかも20年後に出版された『白書』の著者たちもこの点をはっきりと理解していなかったのである．貨幣賃金水準は下方膠着的であり，また上方にかんしても世界物価によって大幅には影響されないので，他の工業国における賃金率と生産性水準間の関係がきまっていれば，競合度合はその大部分が為替相場に依存する[12]．くわえて，製造業では規模にかんする収穫逓増が存在しているために，製品輸出を他国よりも急速に増加できる国では輸出産業でもまた生産性成長率は傾向的にはいっそうおおきく，それにともなってさらに同国の競争上の利益は向上するので，輸出競争面で当初になにがしか有利な点があれば，傾向的には累積効果がうまれる．それゆえ，有利な為替相場を選択して競争力を維持するという課題は，成長の長期的可能性の観点からみても工業国にとって最高の重要性をもつのであって，たんに雇用水準におよぼす短期的，または中期的効果だけの問題ではないのである．

静態的局面と動態的局面

1920年代の問題を考察するときに，1930年代の「正統派」ケインジアンであれば，完全雇用政策は金本位制復帰と両立しえないであろう，という見解に異議をとなえなかったであろう．しかしながら，もし為替相場を十分にひくく維持しても多額の輸出差額がもたらされないとしたら，過剰貯蓄による需要不足問題を処理する別個の政策手段が欠落しているために，変動相場制ないしは「管理通貨制」を採用しても十分とはいえない，と主張するであろう——国内投資の不足をひきおこすほどに海外投資が誘起されるという問題がそれである．

ただし、もし1930年代の初期ケインズ派モデルのような純粋に静態的な仕組みではなくて動態的な仕組みにてらして考察されれば、この問題にかかわる局面はまったくちがったものになる。もしその問題を需要水準ではなくて、需要成長率との関連で考察すれば、国内投資水準を独自に決定されるものとしてはとりあつかえない。すなわち工業生産物にたいする需要が急速に成長して現存の産出能力が十分に利用されれば、まさにそれだけ工業投資は増大するであろう。マシューズ Matthews 教授の最近の論文の中であきらかになったことにしたがえば、戦後の完全雇用下の有効需要水準と戦前の過少雇用状況下のそれとの重要な相違は主として、完全雇用産出高と比較した場合の投資の水準（とくに工業投資におけるそれ）に関連していた、つまり財政政策がいっそう「拡張的」になったためではなかったのである[13]。ヒックスの「超乗数」原理[14]にもとづけば、ある所与の（外生的）需要成長率によって、ある投資（「独立」投資と「誘発」投資の双方をふくむ）/産出高比率がうみだされるけれども、需要成長率がたかければその大いさは増す。それゆえ、ある所与の貯蓄比率にかんしては、ある所与の財政支出のもとで完全雇用下の貯蓄が十分に相殺されるような国内投資を発生させる輸出需要成長率が存在する。（為替相場がひくければ、輸出貿易によって保証される利潤は大きくなるであろうし、輸出貿易だけではなくて乗数効果をつうじて経済全体にわたって能力利用度がたかまり、したがって産出高中の利潤の分け前がおおきくなる。そこで、完全雇用状態下[訳注3]では貯蓄額のみならず、所得にたいする貯蓄の比率もおそらくいっそうたかくなるけれども、こうした事実を考慮しても、上述の事柄は妥当性をもつであろう。）

それゆえ、もしわが国が1920年代に「管理通貨」を採用していたとすれば（つまり、その制度は実際には1932年から35年にかけて発効したが、その当時は、為替相場は自由に変動できたけれども、現実の相場の動きは当局の介入によっていちじるしく影響をうけていた）、そしてもし妥当な輸出成長率の維持を目的にして為替相場が計画的に管理されていたとすれば、満足できる国際収支をわが国に十分にもたらす輸出と、完全雇用と産出能力の満

足できる成長をいずれも十分に確保するような国内投資がそれによってあわせて確保できたであろう．しかもこれにともなって予算の慣行に劇的な変化をなんらおこさず，国際収支にも過大の差額をなんらうみださずに，それを達成できたであろう（なぜならばおそらく輸入の追加分が発生するからである）．

世界貿易の状態はたえず変化し，またわが国の輸出競争力の状況は新興の工業品輸出国の出現によっていちじるしく影響をうけるので，ある一定の（金またはドルで表示された）為替相場のもとで時間が経過しても恒常的な輸出成長率が確保されるというようなことは，もちろんかんがえられない——労働需要が差し引き勘定のうえでなんらかの変化をみせた場合，それをおぎなうために（当時の支配的な理論が暗黙のうちに仮定したごとく）まったくおこりそうもないような仕方で貨幣賃金が変動しなければ，そういうことになる．このような為替相場の調整は同一方向だけにかぎられると想定すべき理由はなんらないけれども，経験にてらしてみれば為替相場は変更されなければならなかったであろう．その理由についてはあとでもっとくわしく考察するけれども，わが国の生産性成長率も同様に加速できたであろうし，またのぞましい水準よりも急激に輸出需要が増加しないようにするために，場合によっては為替相場の引き上げも必要になったかもしれないのである．

長期的視点からみると，理想的な輸出成長率は，実質国民所得成長率を最大にするようなものである．理想的成長率がどのようなものであるかという点は，一部は輸出と投資の成長率の上昇が生産性成長率におよぼす効果に，また一部はそれが交易条件におよぼす効果に依存している．（ある所与の時点において輸出額が増大した場合とまさしくおなじように）輸出成長率がたかまれば（「工場」の見地にたつとかならずしもこうはならないけれども）必然的に，すくなくとも〔個別〕「商品」の見地からみるとそれにともなって交易条件が不利になるし，また（すくなくともある点までは）「潜在的な」国内総生産成長率は上昇する．したがって，理論的にかんがえると，（交易条件を考慮したうえで）実質所得成長率が最大になるような，特定の潜在的

生産性成長率を確保する輸出成長率が最適目標値である[15].

　もちろん，輸出成長率のこのような理想値，または「目標値」は完全雇用下で国内貯蓄と国内投資の均等を保証せしめる（あるいは，おなじことになるけれども経常収支勘定をゼロにする）ために必要な成長率と同率になるというわけではない．しかも国内貯蓄の一定割合は海外投資を融通するために必要になるであろうから，それはかならずしものぞましい状態というわけではない．したがってのぞむべくは経常勘定の・黒・字の達成である．それゆえ，のぞましい輸出成長率の確保のために為替政策に依拠しても，財政政策は純粋に「中立的」役割を演じるであろうという意味にはならない．すなわち，数年間にわたって輸出と国内総生産の最適成長率を経常収支の「目標黒字額」の維持と両立せしめるような財政収支（それは黒字であるかもしれないし，赤字であるかもしれない）が確保されるためには，財政政策という手段がなおも必要になるであろう．

消費主導型成長と輸出主導型成長

　戦争中または戦争直後の時期の状況においては，この種の「需要管理」政策が1944年の『白書』に概説された諸政策にたいして実行可能な代替的政策であった，と主張しようとしているのではない——たとえその利点が認識されていたとしても，この点は〔当時は〕はっきりしていなかったのである．第1に，変動為替相場を実際に操作する経験がえられたけれども，事実上，1936年にはすでに「3国協定」[訳注4]にてその制度を放棄した．しかもそれから開戦までの時間的余裕があまりにもみじかすぎたために，その制度の放棄に随伴する不幸な結果が十分に認識されなかった．第2に，われわれが生活していた世界ではほぼ全体的に貿易が数量統制によって規制されており，しかも万人が物に飢えていたのである——輸出のためにいかにして十分な資源をたくわえるかということが問題であって，資源の販売方法がそうであったわけではない．第3に，『白書』が強調したように，貿易統制をとりのぞき，

自由な多角貿易を基礎にして世界経済を拡大させていくような国際協定こそがまさしく,貿易国,イギリスの主要な長期的関心事であるようにおもわれたのである.固定為替相場と通貨兌換制を基礎にしてこの制度へ復帰するという期待を提供し,また(かなりとぼしい資金源であったとはいえ)それを発足させるための基金を準備したものがブレトン・ウッズ協定であったが,これがその政策の基本的なかなめ石であった.そして(議会における討議からもあきらかなように)多数の人びとが不安をいだいていたけれども,一般的には,ブレトン・ウッズにもとづく責務の達成からえられる利益の値打ちはその危険をはるかにこえている,と大部分の人びとは感じていたのである.

その時から4分の1世紀が経過した.この間の経験,とりわけ世界貿易が急激に拡大していた時期においてさえも,わが国では輸出の適度な成長の達成に困難をきたしたというような経験にてらして,われわれはわが国の政策の将来を率直にかんがえなおさなければならない.わが国で今日までに実施された現実の経済管理政策の場合には——財政手段と,激烈な恐慌という極限状況においてのみ為替相場の調整をおこなうというような固定為替相場制にもとづいて,国内需要を管理することが頼りになっているのであるが——実施のさいの効率性という短期的観点からみても,また経済成長におよぼす構造上の長期的効果からみてもいずれも幾多の不都合がおきることを認識できるようになっている.

その政策が意図するところは輸出と投資の成長優先であったけれども,狙いになっているものが国内的手段による——つまり個人消費の刺激ないしは抑制による——需要圧力の規制であったという事実の含意はまさしく,イギリスの状況下では,個人消費支出が経済の「原動力」としての役割をになうということであった[16].なぜならば資本主義経済では民間企業の投資がきわめて需要誘発的になっているからである.つまり投資は(利子率,租税誘因または補助金のような)直接的誘因にほとんど反応しないのである.最終需要の制御によってそれははるかに有効な影響をうける.したがって,財政手段と貨幣手段(信用統制)はいずれも,主として消費者支出の変化率の制御

によって経済に作用をおよぼしたのである．

その意味は以下のとおりである．需要管理の結果として個人消費が需要成長率を支配する独立的要因となって輸出の役割をうけついできたし，それゆえ投資水準と投資構造がいずれも主として消費の成長によって支配されてきた．つまり各種産業における産出能力の成長を支配したものは国内の消費者の需要構造であって，さまざまな生産物にたいする世界の需要の成長ではない（あるいは主としてそうではない）．投資は直接的には輸出によって誘発されなかったので，輸出の成長それ自体はおもに，国内消費の成長と，その様式を反映する各種産業の産出能力の成長に依存していたのである．

工業国は「開放経済」であるけれども，そのような国の場合には，このような「消費主導型」成長は「輸出主導型」成長とくらべて不都合な点をいくつかもっている．

第1に，需要にたいしてなんらかの刺激がくわわるとそれに招来されて投資が不比例的に増大し，これにともなって短期的には（在庫の積み増しと投資財の購入という両形態をつうじて）輸入品があふれだし，突如として貿易赤字の増大がひきおこされるので，消費者需要の許容可能な成長率を決定するさいにどうしても政府は慎重な処置をとらざるをえない．（封鎖経済，あるいは輸入認可制によって統制された経済では，投資景気は能力不足によって抑制され，やがてはそれに適応させられる——したがって需要の許容可能な成長率を決定するさいには政府に慎重さがかけることもありうるかもしれない．）

第2に，最初の考察のさいに論述した警告の含意は，投資誘因が脆弱になり，したがって産出高のなかの割合としてみた場合に，投資が〔相対的に〕低水準になるであろうということである．つぎにはこれは以下のことを意味している．もし完全雇用を確保しなければならないということであれば，財政政策が需要成長率にたいして慎重であってもなおかつ，総需要中の消費の割合をたかめるように運用されるであろう．それゆえ，需要圧力を管理する政策はその意図せざる帰結として，総産出高中の消費の割合がたかく，投資

の割合が相対的にひくいような最終需要構造をつくりだしてしまうであろう．この要因だけをかんがえれば，（資本投資が技術面の進歩におよぼす効果のために）生産性成長率が相対的に低目になり，「潜在的」成長率も低水準になるであろう．

　外生的な輸出需要の成長が成長の可能性と十分につりあっていないような経済にかんしていえば——固定為替相場制下では消費から投資に資源を移転するための有効な手段がなにも準備されないということが「国内需要管理」の主要な構造的弱点になっている．税金をたかめたり，消費者信用にたいする規制をきびしくして消費を削減すれば資源は放出されるであろうが，それと同時に投資誘因が弱体化され，したがって結果的には投資の増大ではなくて，減退がもたらされるであろう．戦後，投資や輸出にもっとおおくの資源を提供するために消費を抑制するべきか，それとも輸出に活力をあたえる産出能力の成長（や生産効率の成長）を確実にするために消費者需要を相対的に自由に成長させるべきであるかという点で，政府はたえず板挟みになやまされてきた．輸出主導型成長の場合にはこうした板挟みに直面しない——なぜならば資源を放出するために消費を制限できるからである．対外需要の成長は——輸出の増加だけではなくて，輸出産業の産出能力の向上によって——資源の有効利用の誘因を提供するであろう[17]．

　第3に，産出高成長率と産出能力成長率の様式は最終消費者需要の様式を反映するであろうが，収穫逓増にもとづく生産性上の利益が最終消費者需要によって実現される余地はきわめてちいさい．製造業においては収穫逓増が濃厚に散見されるのに，その他の経済活動（農業，鉱業あるいはサービス業）においてはそうではないのであるが，この点を明示する論証資料は今日ではかなり多数にのぼっている[18]．それゆえ生産性成長率がたかくなれば，製造業における生産性成長率はますますおおきくなるであろう．すなわち，製造業産出高が他の経済部門とくらべて急速に増大すれば，また製造業部門の活動に使用される生産資源（労働および資本の双方）の分け前がおおきくなれば，経済全般の生産性成長率はそれだけおおきくなるであろう．

最近の『国民所得白書 National Income Blue Book』中の投入‐産出推定値をみればあきらかになるけれども，製造業の所得をうみだしているものは個人消費支出中の約30パーセントにすぎない．（財およびサービスにたいする）輸出需要のそれにかんしては当該値は70パーセントである．したがって消費主導型成長においては，それにともなう工業製品にたいする需要増加は輸出主導型成長の場合よりもはるかにちいさい．その結果として，ある所与の成長率のもとでは，製造業部門の成長は残りの経済部門の場合よりもちいさいであろう．これにともなって，産出高にたいする投資の比率を所与とすれば，生産性成長率がひくくなるであろう，と結論できる[19]．

前述の理由のうちであとのふたつのために――つまり産出高の成長のさいに投資の比率がたかく，また製造業の構成比もおおきいために――輸出主導型成長のもとでうみだされる「潜在的成長率」は消費主導型成長の場合よりもたかくなる．これらの2要因のうちで後者は量的にみてはるかに重要であるかもしれない．そしてその効果は部分的には一時的なものになるかもしれないけれども――というのはこれがおきるのは，経済構造が自律的需要要因成長率の上昇に順応し，したがって輸出と投資の成長率がいずれも国内総生産全体のそれよりも高率であるような段階に限定されるのであるが――そのなかのあるものは恒久的であろう．専門化と生産工程の再分割のたえざる増進をつうじて――42年前のイギリス学術協会でアリン・ヤングが有名な会長講演中で問題にした持続的経済進歩の主要な理由はこれであったが[20]――全部門が同率の成長をしているときでさえ，無限の広がりをみせる技術工学上の進歩のために，製造業部門では生産性成長率は相対的にたかい水準を維持するであろう．また，当該経済の生産性の成長がもっと急速な率で増大する「一時的」段階に関連しているものは構造変動期であるが，他国の経験にもとづいて判断するとそれは数十年にもわたって進展するかもしれないのである．

第4に，「消費主導型」成長にかんしていえば，輸出の成長は生産能力の成長に先行するのではなくて，むしろ追随するであろう．他方，輸入の成長

第6章 国民経済の諸目標の確執 241

は国内消費および投資の成長と同時的であるので（それどころか，先行することさえもありうるので），国内需要管理政策は国際収支に特有な不安定状況をうみだす可能性がある——それにともなって輸入の成長は傾向的にはつねに輸出の成長を超過する．このために政策立案者たちの仕事ははるかに困難になり，その政策の成否はいっそう決定的な形で短期予測の精度に依存するようになる——現行の諸政策によってもたらされる，ちかい将来の輸出，輸入，消費および投資の動向見通しにかんするものがそれである．この結果として，短期予測上の不可避的な錯誤のために，あまりにも激烈すぎるというような性格をもった，急速で予見しがたい対抗手段の実施を政府は余儀なくさせられることになる．輸出主導型成長にかんしていえば，そのような予測上の錯誤の影響を輸出入差額の変動に反映させる余地が政府にはるかにそなわっている——これによってもたらされた調整の矢面に国内経済がたたされるのではなくて，その影響をむしろ世界経済に拡散させるということがその含意である．したがって需要管理がおこなわれているところは為替相場政策であって財政政策ではそうではないというような場合には，政策の成否は短期的予測の精度にあまり左右されないであろうし，また経済管理を成功させる問題はそれほど困難でない．

　かくして，わが国が戦後に経験した困難の主要原因を追求すると，わが国の全般的経済管理政策における状況判断の誤りがそれであって，このために政策運営を成功裡におわらせることが困難になり，また管理の成果が相対的にとぼしくなった，といいうる．

　しかしこのようにのべたからといって，もしそれがなかったなら，もっとうまくやれたであろうという意味で，戦後の「経済管理」の試みが失敗であった，とほのめかしたいのではない．それどころか——戦前の非管理体制の含意となっているものは「中立的」財政政策とくみあわされた固定為替相場制のもとでの政策運営であるが——それを復活した場合とくらべれば，もっと高水準の雇用や，さらにもっと安定した雇用が達成された．つまりわたくしが確信するところにしたがえば，投資水準の引き上げ，経済成長率の増大，

くわえて趨勢的輸出成長率の向上が達成された．管理された国内市場の成長によって工業生産能力の所定の成長率は確保されたし，またその副産物として，わが国の輸出能力の安定成長が誘発されたことがその理由である．それがなかったならば，おそらくは確実にもっと多量の失業をかかえばかりでなく，投資の大幅な減少や，その結果として輸出実績の悪化にさえも直面したであろう．消費主導型成長はあきらかに経済停滞よりもましである——もし輸出の自生的成長だけでは妥当な投資水準の維持を十分にできなかったとすれば，おそらくはそれにかわるものは消費主導型成長だったであろう．ところが，新興工業国のたえざる出現による，わが国国際競争力の長期的悪化傾向はそれゆえに戦後の政策のお陰で緩和され，激化が阻止されたけれども，基本的な問題を把握しそこない，またこのような傾向を成功裡に逆転させるような政策の立案に失敗してきている．

もしわが国が〔ヨーロッパ〕共同市場 Common Market に加盟し，しかも〔ヨーロッパ〕共同体が通貨統合計画を推進しても関税にかんしては統合しないというのであれば，わが国の経済的矛盾はもっと重大なものになるであろう．なぜならば為替相場の管理政策を採用できないばかりか，財政政策にもとづいて国内需要の持続的成長を確保しようとする，わが国の現行の政策手段もおのずからまったく実行困難になるからである．もしわが国がどうしても共同体中の中心的な高度成長国になれなかったとすれば——わが国が低成長地域の状態から出発したとすれば，〔そのような高度成長国になる〕見通しは困難であるが——最近の 20 年間にわが国のなかの発展地域が経験した，総需要と雇用の減退とおなじような問題に直面する．そして対外援助をうけないで，地域的政策〔だけ〕によったのではこのような事態にたいして対処不能というような状態に遭遇するであろう．

「変動相場管理」政策について国際的な承認をうけることにかんしては，今日では 2, 3 年前とくらべれば障害はおおきくないかもしれない——とりわけ，このような政策の運営によって輸出成長率が，世界貿易全体の成長率にてらして適切であるような目標値に保持されるという確信がえられるよう

であれば，その可能性がある．しかし，「消費主導型成長」から「輸出主導型成長」への調整のさいにおこるやもしれない，重大な国内問題を過小評価することは危険である——1920年代のような，大量失業をかかえた状況から出発した場合よりも問題ははるかに困難である[21]．1967年の平価切り下げ調整のさいには，それにつづいて（政府の支出計画の削減と同時に）きびしい増税が資源の放出のためにおこなわれなければならなかった．国内総生産中の輸出の割合は，(1963年の物価を基準にすると）平価切り下げ前の約21パーセントから1969年には25パーセントまで上昇した．輸出主導型成長にかんしていえば，この比率はもっと高水準のところまで上昇しなければならなかったであろう．そして，おどろくべき努力の結果として，わが国は国際収支の改善のために苦労して資源を放出したけれども，経済の調整によって成長率をたかく保持するために必要な投資（とくに製造業部門の投資）の増加を実現させるところまではいたっていない．もっとたかい趨勢的成長率をそなえた工業国のどれとくらべてみても，イギリスの国内総生産にたいする消費の比率はまだいくらかはたかいし，投資のそれも低率である．したがって，もっとたかい潜在的成長率をそなえた輸出主導型成長へむけて調整がおこなわれるためには，消費の成長を今後もひきつづいて抑制することが必要になるであろう——もっとも，そのような政策には政治面の不評がつきまとうけれども．

注

1) 本稿は当初は，1970年9月にダラム Durham で開催されたイギリス学術協会 British Association F〔経済学〕部会の会長講演として発表され，また，『エコノミック・ジャーナル』 *Economic Journal*, vol. LXXXI, March 1971 にも掲載された．
2) 『雇用政策』白書 White Paper on *Employment Policy*, Cmnd. 6527, May 1944 を参照せよ．
3) W.H. ベヴァリッジ『自由社会における完全雇用』W.H. Beveridge, *Full Employment in a Free Society* (London, Allen and Unwin, 1944)〔井手生訳，上；昭和

26 年，下；昭和 28 年，日本大学経済科学研究所刊〕．

4) J. ティンベルヘン『経済政策の理論』J. Tinbergen, *On the Theory of Economic Policy* (Amsterdam, 1952), Chapters IV and V および J.E. ミード『国際収支』，数学付録 J.E. Meade, *The Balance of Payments, Mathematical Supplement* (Oxford, 1951), pp. 28-9 を参照せよ．

5) 「イギリスにおける完全雇用問題の数量的側面」"The Quantitative Aspects of the Full Employment Problem in Britain". この覚書は，ベヴァリッジの『自由社会における完全雇用』の付録 C〔*op. cit.*〕pp. 344-401 として発表され，また，『経済政策論集』第 1 巻 *Essays on Economic Policy*, I, pp. 23-82 にも再録された．

6) 1925 年 2 月 22 日付の記録文書であって，D.E. モグリッジ編『金本位制復帰』D.E. Moggridge, *The Return to Gold, 1925* (Cambridge University Press, 1969), p. 54 で引用された．なお原文にはイタリック文字〔本訳書では傍点で表示〕はない．

7) モグリッジ編の前掲書 *op. cit.*, p. 55 で引用された，チャーチルの記録文書にたいする公式回答を参照せよ．

8) 『イギリスの基本経済統計』*The British Economy, Key Statistics* 1900-1966 Table B (London and Cambridge Economic Service)．

9) A. マジソン「世界経済の成長と循環，1870〜1960 年」A. Maddison, "Growth and Fluctuations in the World Economy, 1870-1960", *Banca Nazionale del Lavoro, Quarterly Review*, June 1962, Tables 25 and 27 を参照せよ．

10) J.M. ケインズ『貨幣改革論』第 4 章および第 5 章 J.M. Keynes, *A Tract on Monetary Reform* (London, 1924), Chapters IV and V〔中内恒夫訳，『ケインズ全集』第 4 巻，昭和 53 年，東洋経済新報社刊〕．イングランド銀行が毎週木曜日に金（またはドル）の固定売買価格を公表すべきであるけれども，ただし同行は，公定歩合と同様な方法で，週ごとにこれらの相場を自由に上下できなくてはならない．これがケインズの提案であった．

11) 最近のあらゆる論証資料にしたがうと，19 世紀中は対外的な影響が輸出需要をつうじてイギリス経済に作用し，変動の時期と規模をいずれも決定していた．すなわち 1901-14 年の期間（これには異例の特徴がみうけられる）のような例外も実際にはあるけれども，国内投資水準は一般的には輸出動向に追随していた．W.H. ベヴァリッジ『自由社会における完全雇用』の付録 A（ハロルド・ウィルソン Harold Wilson 氏との共著として収録されている），とりわけ 294-305 ページ〔邦訳，163〜78 ページ〕，R.S. セイヤーズ『輸出依存経済の盛衰——1880 年以降のイギリス』R.S. Sayers, *The Vicissitudes of an Export Economy: Britain since 1880*, the Mills Memorial Lecture (Sydney, 1965),『イギリスの経済変動史——1880〜1934 年』*A History of Economic Change in England, 1880-1934*

第6章　国民経済の諸目標の確執　　　　245

(Oxford, 1967), part. Chapters 2 and 3，A.G. フォード「イギリスの景気変動——1870〜1914 年」A.G. Ford, "British Economic Fluctuations, 1870-1914", *Manchester School*, June 1969, pp. 99-130 を参照せよ．

12) 所得政策によるか，そうでないかにかかわらず——貨幣賃金の上昇率は生計費によって影響され，その結果として，貨幣賃金は為替相場の下落と輸入物価の上昇のために傾向的にはいっそう急速に上昇するが，このような点がそのことによって否定されるわけではない．もし賃金の動きが所得政策によって抑制，ないしは緩和されるならば，伸縮的為替相場はこの政策手段にたいしていっそう強力に作用をするであろう．しかし，貨幣賃金が生計費の変化に反応しない場合とくらべて，「能率賃金 efficiency wages」の所定の下落を確保するために必要な為替相場の変動がもっと大幅であったとしても，国際的な通貨単位ではかった，ある国の「能率賃金」が為替相場の下方調整によって恒久的にひきさげられることはありえないと想定する，なんらの理由も存在しない．また，国内費用の（すなわち賃金水準の）変化によって達成されるか，または為替相場の変化によるか，あるいは両者のある種の組み合わせによるかにかかわりなしに，輸出額あるいは輸出成長率の所定の増加を達成するために必要な「能率賃金」，または交易条件の変化はおなじになるけれども，この点は銘記されなければならない．「平価切り下げ」には国民的純損失はなにもないが，「能率賃金」や輸出の同類の改善を確保する，ある種の代替的な政策の場合にも——生産性の上昇期間中に（他国とくらべて）十分に長期にわたって，所得政策による賃金「凍結」をおこなうというような政策がそれであるが，このような場合にも——そうなるわけではない．

13) R.C.O. マシューズ「戦後にイギリスでなぜ完全雇用が持続したか」R.C.O. Matthews, "Why Has Britain Had Full Employment Since the War?", *Economic Journal*, September 1968, pp. 555-69. しかしながら，私見によれば（あとで議論するように），ある所定の需要成長率の維持によって投資誘因に波及効果をおよぼした点に，戦後に採用されたケインズ的政策の真の効果があったのである．需要源泉の構成変化だけを考慮するような「静学的」分析によったのでは，このような効果を十分に見分けられない．

14) J.R. ヒックス『景気循環論』J.R. Hicks, *A Contribution to the Theory of the Trade Cycle* (Oxford, 1950), p. 62 〔古谷弘訳，83 ページ〕．

15) このような「理想的」輸出成長率が戦後のイギリスの状況下でどのようになっていたかという点について，無理な推定を試みることにわたくしはためらいを感じている．1951-66 年の期間に達成された年率 2½ パーセントという製品輸出成長率よりもそれが高率であった点はほぼ確実であろう．また同期間内に達成された年率 7 パーセントという，世界貿易における工業製品成長率よりも

それはおそらく十中八九，低率であったであろう．換言すれば，1951年の22.5パーセントから1966年の12.9パーセントへと低下したという記録と比較してみると，世界貿易中にしめる，イギリスの構成比の低下傾向は〔実際には，その数値にあらわれたものよりも〕もっとゆるやかであったということがそこで暗示されている．

16) わたくしが示唆している事柄は，財政手段による需要圧力の規制が，あらゆる状況下で，こうした結果を招来するであろうということではない．過大な輸出成長率のためにさもなくば過剰な需要圧力をつうじてインフレーションが誘起されるかもしれないような場合に（たとえば，近年のドイツのような場合がそれである），輸出成長率が財政手段によって調整されるのであるが，これが財政手段採用の主要な効果であることについては，だれもが認識している．しかしそれらの状況下で持続的成長と完全雇用を確保する主因となったものは財政政策ではなくて，輸出それ自体の成長であった．つまり，（不必要な，しかもふえつづける輸出余剰という負担にたえながら）潜在的経済成長以上の輸出成長を持続できたのは財政政策のためであった．外生的な輸出需要の成長が潜在的成長におくれるような状況下では，財政政策は成長を確保する手段にはなりえなかったのである．

17) もっとも重要な輸出増大源をそなえた産業（たとえば機械工業）は自産業の生産能力拡大のために必要な工場や機械を生産する産業でもあるが，そのような事実が関連してくるので，なんらかの重大な，ないしは突発的な刺激が輸出にくわわると，それにともなって特別な問題がおきるかもしれない——もしそのような産業が一方で〔つまり輸出増大の側面で〕過大な期待に対応させられたとすれば，他方では〔つまり生産能力拡大の側面で〕十分なことができなくなる．（全般的にかんがえると，1949年の平価切り下げは効果という点では不成功におわった．というのは主として，それがおこなわれた直後に再軍備命令のために，機械工業は生産能力の成長促進の面で余裕をほとんどもちえないほどに輸出増大の面で，過重な負担をおわされることになったからである．）

18) 最近発表された推定値にかんしては，ヨーロッパ経済委員会『ヨーロッパ経済要覧——1969年』E.C.E. *Economic Survey for Europe for 1969*, Part 1 (Geneva, United Nations, 1970), Chapter III を参照せよ．

19) ヨーロッパ経済委員会の調査結果（前掲書）によれば，1人あたり国内総生産の水準ではかると，イギリスは工業生産の成長とその発展段階間の関係にかんしては「マイナスの誤差」が最大な国であった．

20) 「収穫逓増と経済進歩」"Increasing Returns and Economic Progress", Glasgow meeting, September 1928 (*Economic Journal*, December 1928)〔による〕．

21) 「輸出主導型」成長を成功裡に持続させ，また比較的高率な工業産出高成長

率を達成した国ぐにのほとんどは、農業やサービス業における、莫大な労働予備軍という形をとった大量の（明白な失業というよりはむしろ）「擬装失業」の状態から出発して、全工業の雇用成長をつうじて、国内消費の成長を抑制せずに輸出と投資用の資源の増加を工面できたのである．〔しかし〕イギリスのように、完全雇用に近似した状態をそなえた「成熟経済」のもとでは、そのようなことは不可能である．以前の論文『イギリス経済の低成長の原因』*Causes of the Slow Rate of Economic Growth in the United Kingdom*（前記の 100 ページ〔本訳書，155 ページ以降〕に再録）においては、成長過程にかかわる人的資源の側面について論述した．

第7章　均衡経済学の不当性[1]

　現在の支配的価値理論についてのべると——手短かにいってしまえばそれは「均衡経済学 eguilibrium economics」ということになるけれども——私見によれば，経済諸力からの作用様式をとりあつかう思考装置，あるいは，政治上の行動によってひきおこされたか，それとも他の諸原因によってひきおこされたか，ということにかかわらず，かかる経済上の変化の効果にかんする重大な予言手段としてかんがえる場合には，そのような経済学は不毛で，かつ不適切であるが，これはなにゆえであるか．このような点を説明することが本日の講義の目的である．もう一歩突っ込んでいってみれば，「均衡経済学」に由来する思考習慣には，経済学を科学として発展させるさいに重要な障害となるような強烈な誘引力がある，ということになる——なおここでは「科学 science」については，（観察によって）経験的に推論された仮定にもとづいていて，そのような仮定や予測にかんしてはいずれも検証可能であるような一群の定理を意味する用語としてつかっている．

　経済学においては，もちろん，あらゆる種類の文脈のなかで——たとえばケインズ経済学においても，あるいは国際収支の理論などにおいても——「均衡」という言葉が使用されている．それゆえ当初はワルラスによって定式化され，くわえてわれわれと同世代の数理経済学者たち，なかでもたぶん今日，もっとも傑出した代表的人物とみなされるフランスの経済学者，ジェラード・デブリュー Gerard Debreu[2]によってかつてないほどに優美さや正確さ，そして論理上の緻密さを向上させながら，発展せしめられた一般的経済均衡概念がここで論及しようとしている均衡概念である，ということをはっ

きりさせておくべきであろう．

　もっとも純粋で，かつもっとも抽象的な局面でみれば，このような均衡理論の抱負はまったく控え目である．デブリューは自分の著書の主題を，「私有制経済における主体の相互作用の結果としてもたらされる諸商品の価格についての説明」[3]と記述しているけれども，「説明 explanation」にかんしては，普通の日常的な意味でその用語が使用されていないことは明白である．それによって意図されているものは純粋に論理的な意味であって，「科学的」な意味ではない．つまりデブリューものべているように，厳密な意味ではこの理論は「論理的にはその解釈とはまったく隔絶されている」．〔つまり〕現実の商品価格が特定の経済あるいは世界経済全体でどのように決定されるかという点についてはそこでは説明が提示されていないのである．デブリューは，厳密に定式化された仮定から論理的に演繹可能な一連の定理という意味で，「説明」という用語を使用している．しかもその研究の目的は，(a)唯一の，(b)安定的な，(c)パレート最適の条件をみたすような，1組の「均衡」価格（および産出/投入マトリックス）を確実に存在せしめるために，必要最小限度の「基本仮定」を発見することである．最近の30年から50年にかけては数理経済学上の進歩のすべては，「基本仮定」にかんする最低限度の要件をいっそう厳密に明示する点にみられたのであって，これらの仮定の現実性を検証するためになんらの試みもおこなわれなかったし，またその帰結となった「均衡価格」論が現実の価格にかんしてなにがしかの説明力，または妥当性をもっているか，という点についても研究がなにもおこなわれなかったのである．

I. 基本原則的理論と科学的仮説

　これらの基本仮定をすべて列挙すればあまりにおおくの時間が必要になるし，またそうすればわたくしの主要な論点からはずれてしまうことにもなるであろう．しかし，どのような科学的理論においてもその理論の主題が形成

第7章　均衡経済学の不当性

される現象の態様を直接観察し，これにもとづいて基本仮定が選択されているけれども，それとはちがって経済学の理論の場合には，基本仮定は検証不能であるとか——たとえば生産者が自分たちの利潤を「極大化し」，消費者が自分たちの効用を「極大化する」ということがそれである——，さもなくば観察したこととは真向から矛盾するというような類のものになっている——たとえば，完全競争，完全な分割可能性，1次同次でかつ連続的で微分可能な生産関数，完全に非人格的な市場関係，情報流通のなかでしめる価格の排他的役割，および妥当な価格のすべてにかんする全経済主体の完全知識と完全予見がそれである．そこにはまた，時間が経過しても一定で，かつ不変な生産物（財）の組み合わせと生産方法（または生産関数）もみられる——ただし財であろうと生産方法であろうと，そのどちらの範疇も使い物になるような形では定義されていない．換言すれば，このような基本原則的な概念が経験的資料との関連でいかに定義されるべきであるか，ないしはいかに認識されるべきであるか，という点については，それを説明する試みがなんらなされていないのである．

この純粋理論の意図しているところは現実の描写ではない．そして他方では，「非集中的」組織がどのように作用しているのか，つまりただひたすら市場，あるいは価格情報で誘導されるような個人が自分でさまざまな〔経済〕活動のなかからどのように選り分けをおこない，それによって自分自身と，あわせて特殊なパレート的意味で社会全体の極大満足をどのように確保するか，という点について説明しようとして，なにがしかの試みをおこない，そのために必要な概念上の枠組みを——必要な出発点として——提示しようというのがこの理論である．

事実，非集中的経済組織の行動にかんして一般均衡理論は論理的に首尾一貫した，なんらかの説明にとって唯一の出発点であるというのが，いわゆる「新古典」派に属する経済学者たちのすべてに共通する，根ぶかい信念である．その理論の基本仮定の恣意性がますます増大している（減少していない）のに，このような信念がその理論をささえたのである——そのような仮

定をこの理論の利用者に無理強いできたのは、論理上の首尾一貫の必要性にかんする、まじめな認識がますます増加したためである。(コルナイ Kornai 教授の表現をもちいれば[4]「知的実験 intellectual experiment」を科学的理論に——換言すれば、観察可能な事象に直接、関連づけられた一連の定理に[5]——漸進的に改造しようとする立場からみれば、理論経済学の展開過程は連続的な退歩 degress 過程であって、進歩 progress どころではなかったのである。すなわち、その船〔つまり均衡経済学〕は、19世紀に建造者たちの眼前に出現していたときよりも今日では、岸〔つまり現実〕からはるかかなたに遠のいてしまったようにおもえる。すべての人びとがかぎりなく無限に将来価格を見越していると仮定して、最初に完全に決定された全価格で全期間にわたって時間の経過にともなう均衡径路を構築しようというのが最近のモデルであるけれども、それを現実に適応させようとすれば、当初のワルラス体系にとって必要とかんがえられていたものよりもいっそう大幅に〔基本仮定の〕抜本的「緩和 relaxations」が必要になる。よくいう言葉をつかうと、「足場」の取りはずし過程は——換言すれば、非現実的な基本仮定の緩和は——まだはじまっていないのである。実際には理論の再構成をたびかさねるにつれてその足場はますます厚みをまして、見通しがきかなくなり、これにともなって確固たる建築基盤があるのかどうか、という点も不確かになってきている。

　しかしながら、このような、いっそう抽象的で非現実的な理論構築にかんする核心的学習もますます信頼を博している——つまり自然科学とはちがって、あたかも社会科学においては、検証の問題を看過できるか、または簡単に無視しうるかのごとき状態になっている。学究的な経済学者の大多数によって一般的に許容されていることはこうである。経済がつねに「均衡」状態に接近するか、またはその近傍にある。均衡し、したがって現実に近似した世界の状態において利用可能な資源に適合できる最大限度まで財・サービスがそなえられている。あらゆる種類の「資源」にかんして完全で、かつ効率的な利用がおこなわれている。〔さまざまな〕種類と質の労働のすべてにか

第7章 均衡経済学の不当性

んしてその賃金がさまざまな種類と質のこのような労働の総生産物にたいして（単位あたりの）正味寄与額の尺度になっている．生産のさいに資本を労働に代替させて獲得される純利益を利潤率が反映している──〔ただし〕そ・・れらの命題はすべて，純粋数理経済学者たちによって明白に非現実的な仮定のもとでしか妥当性をもたないと論証されている──すなわち，経験とは真向から矛盾しており，断じて「抽象 abstract」どころではないのである．事実，均衡理論の主要な含意は現実には，とうてい妥当性をもちえないということが純粋理論家によって首尾よく（たぶん故意ではなかったはずである）証明されるような段階に到達したけれども，かれらの所見が教科書執筆者や教育の現場に十分につたえられるところまでにはなおもいたっていない．

まだしばらくのあいだは，大規模な打ちこわし行為なしには──つまり基本的な概念上の枠組みの破壊なしには──，実際的な進歩がなにも達成されがたい．経済学の現状にかんしてはたしかに，ほとんどの専門的な経済学者が公然と，ないしは遠慮がちにおぼろげながら不満の意を表明している──たとえば，王立経済学会 Royal Economic Society とかイギリス学術協会 British Association の F 部会〔経済学部門〕における最近の会長講演をみればあきらかになることであるが[6]．一方では，抽象的な数理モデルはわれわれをどこにも誘導してくれないということがますます認識されてきている．他方では，「計量経済学」がわれわれをどこにも誘導してくれないということも認識されてきている──現実世界の作動様式にかんしては統計が注意ぶかく蓄積され取り換えられ，そして洗練された統計的推計法が発達したけれども，基本的理解の不足の補いがなんらなされていない．「経済学上の固定観念 politico-economic complex」の一掃が毎年の流行になっているけれども，その流行はまたしてもあいかわらずおなじくらいの素早さでなすところなくきえさっている──フィリップス曲線についてはいうにおよばないけれども，3年前におきた貨幣数量説のおどろくばかりの復活，あるいは，最善の予測技術で誘導された財政上の調整をくりかえせば既定の潜在的成長〔径路〕にしたがって安定的な経済成長を維持できるというような，もっと最近の信念

にかんして，そのようなことがあったとだれが今日では想起できるであろうか？　これらの突発的な流行は，「科学以前の prescientific」段階を暗示する，たしかな徴候であるけれども，それを排除できる確信にみちたものはなにもしられていないという，ただそれだけの理由のために，愚劣な考えのなにものかが耳目をあつめているのである．

II. 経済理論はどこで道をあやまったか

あらたな出発の難所は，経済理論がまよいこんだ決定的領域の確定である．私見によれば，衝撃が経済上の変化につたえられるさいの伝達手段として，価値論が舞台の中央に登場したときにそのようなこと〔つまり，取り違え〕がおきたのである——その意味は，市場の創造的機能が排除され，市場の配分上の機能に注意が集中されるようになった，ということである．

どこに誤りの発端があるかという点をもっと正確に位置づけるために，『国富論』第1巻，第4章についてかんがえてみることにしよう．最初の3つの章では分業の原理に説明があてられている．これらの章では，生産が大規模になるにつれて，単位あたり実質コストが傾向的には低下する，と説明されている．なぜなら，生産が大規模になれば，採用できる生産様式もますます効率的になる，すなわち専門化とさまざまな生産方法への再分割がますます大規模になるからである．この基本法則については最初の章でスミスは幾多の理由をしめし，ピン製造を例にとって優美な描写をおこなった．第2章では，あるものを他のものと取引し，交易し，交換する性癖というような，人間にとくにそなわった特性をあげ——「1匹の犬がもう1匹の犬とのあいだで1本の骨をほかの1本と公正に交換する，というような場面はいまだかつてだれもみたことがない」という説明がそれである——社会的協業をつうじて分業を発展できるものはそれだけである，と説明している．実際にスミスにとっては「社会的経済性」の存在と収穫逓増のそれとは密接に関連する現象だった．またこれらの全部の章のなかでたぶんもっとも重要な第3章に

たいしては,「分業が市場の大きさによって制限される」という命題があてられている——150年後の著作のなかで(すぐあとでもっとくわしく言及しようとおもっている論文のなかで)アリン・ヤング Allyn Young が「経済学上のあらゆる文献中でどこにでもみいだしうる,もっとも啓発的で,かつ実りゆたかな一般化のひとつ」と重視した定理がそれである.

しかしつぎの章にはいると,社会経済における貨幣の必要性を議論したあとで,スミスは突如として貨幣価格,実質価格そして交換価値間の区別の問題にとりつかれ,しかもそれからのちも,不思議なことに,生産物や生産要素の価値と価格がどのように決定されるかという問題にかれの関心はひきこまれていくのである.その後につづくスミスの諸章をみると,リカード,ワルラス,マーシャルを経て,まさにデブリューや現在のもっとも洗練されたアメリカの経済学者たちにいたる,ある程度,連続した価格理論の展開過程をたどることができる.

この理論の基本仮定は費用の一定性,すなわち規模にかんする収穫不変ということである.スミスやリカードにかんしていえば,この仮定はもっぱら,(需要にかかわりなしに)生産費によって決定される「自然価格 natural price」概念そのもののなかに暗々裡に包含されていた.新古典派の場合には自然価格は——それについての厳密な定式化のさいに——1次同次の生産関数にかんする仮定のなかに明示されたのであるが,この関数は完全競争と利潤極大化の仮定とを相互に両立させるために不可欠な「公理」のひとつになっている[7].マーシャルは,「外部経済」の概念と部分均衡の技巧を駆使して,分析上のおなじ枠組みのなかへ規模にかんする収穫逓増と収穫逓減をいずれも包摂できる,とかんがえたけれども——その試みにたいしてはピエロ・スラッファ Piero Sraffa が,1926年に発表された,収穫法則にかんする有名な論文[8]のなかで論理上の誤りを指摘したが——(マーシャルとは別に)一般均衡学派はつねに体系の基本的「公理」のひとつとして収穫逓増の欠如を全面的に容認してきた.この結果として,収穫逓増の存在や,経済理論の全体系にもたらされる帰結はすべて無視されるにいたったのである.

III. 収穫逓増の支配的役割

　しかしながら経験的な観点からみると，基礎原料の加工ないし変容を内容とする，なんらかの経済活動においては——換言すれば，工業においては——『国富論』の第1章のなかでアダム・スミスによって説明された理由そのもののために，つまり基本的には生産工程の工学技術上の性質にもとづいているのであって特定のある技術にかかわっていないような理由のために，収穫逓増が支配的になるのであるが，こういう点についてはだれしもが疑いをもっていない[9]．このような収穫逓増のひとつの局面としては，なんらかの一貫作業工程で——〔たとえば〕製鋼所，化学工場，発電施設あるいは油槽船というようなところで——たんに〔立体〕空間の3次元的性質のために産出高1単位あたりの施設費が規模〔の増大〕にともなって必然的に逓減する，という点を指摘できる[10]．もし建設にかかわる工学技術上の問題を解決できれば，産出能力は建設費よりも急速に増加するはずであるから，規模の増大にともなって費用がいっそう軽減されるはずである[11]．たとえば，最近10年間においては，発電所，油槽船および「最適」製鋼所においてはきわめて大掛りな規模増大がみられたし，しかもこのような成り行きを終息させる理由はなにもないようにおもわれる．

　アリン・ヤングがとくに重視したもうひとつの局面は，複雑な生産工程を一連の単純な生産工程に分割して「そのうちのすくなくともある部分については機械の使用にゆだねる」，という点である．かれの主張にしたがえば，労働と対比した場合の資本の使用度合はおもに生産活動の規模にかかわっている——つまり生産のさいの資本/労働比率は要素の相対価格よりも，むしろ市場の大きさの関数になっている[12]．

　最後に，アダム・スミスが強調したところでもあるけれども，経験によって誘起されるような発明や技術革新も存在している——われわれが今日，「実地習得」とか，「動態的な規模の経済性」とよんでいるのがそれである．

工学技術上の特定の原理を反復して応用した結果としてえられるような，数限りない設計面の改善にかんしては，物理学上の科学知識の向上とか，実験室内での科学技術の向上だけでそれらを確保することは不可能である．蒸気機関，ディーゼル・エンジン，あるいはミシンの最高の設計は数十年間におよぶ経験をつうじてようやく成就されたのであり，原子力施設の場合にはそれはまだはるか先の話である．経験に依拠する設計上の進歩は工場や設備の建設のさいにきわめて重要である．それゆえ，毎年，建設される工場数がおおければおおいほど，「内在的な技術進歩」にもとづく毎年の生産性増大は傾向的にはいっそう大幅になるであろう[13]．

アリン・ヤングにのこされた問題は経済力の作動様式にかんするアダム・スミスの定理の主要な含意を解明することであったが，それは「収穫逓増と経済進歩」というかれの有名な論文[14]のなかではたされたけれども，この論文は当初は1928年のイギリス学術協会のF部会における会長講演として発表されたのである．多年の歳月が経過したあとでこの論文をふたたびよみかえして残念におもうことは，当初，発表されたときにこの論文が注目されたにもかかわらず，経済思想の進歩の過程であまりにも長期にわたってそれが看過されてきた，という点である．経済学者たちはながいあいだにわたってこの論文になんらの注意もはらおうとしなかったけれども，〔いまようやく〕そのなかのきわめて革命的な含意を理解するようになりえたようである．このようになったのは部分的には，ヤングが並はずれて謙虚な人物であったので，自分がのべた事柄の含意を強調どころか，むしろ控え目にしていたためであった．つまりかれの説明の仕方はおしつけ的でなくて逆に暗示的であり，また時には（たとえば論文にそえられた付録の場合のように）説明が人目につかないようなものになっていた．また部分的には，その理論自体がきちんと理解されなかったと同時に，一般均衡理論にたいする基本的な批判としての重要性も認識されえなかったことも理由になっていた．

「線型 linearity」の公理をすてさって，あるひとつの商品，もしくはひと組のある商品の生産が一般的に規模にかんする収穫逓増〔法則〕の支配をう

けると仮定すれば，それによってまったくはかりしれないような帰結をえることができる．第1の，しかももっとも重要な因果関係をもっているものは「一般均衡」概念そのものである．「一般均衡」概念の含意となっていることはまさに，外部から「規定され」，また時間が経過しても安定しているような，ひと組の外生変数によって経済力の作用が制約される，という仮定の妥当性である．ある意味でまさしく過去の遺産とは無関係に，その体系に「賦課され」たような環境のなかで経済力が作動する，と仮定されている——〔この場合には〕もっとも顕著な特徴として環境は歴史から独立していることになる，といっても大過がないであろう．このような「環境」についての重大な外生的特徴としてそのなかには，パレートの「嗜好と障害物 tastes and obstacles」が包含されている——つまり消費者個人の選好，生産要素の生産物への変形機能，およびかくして変形される資源——すくなくとも「究極的な資源」——の供給がそれである．一般均衡概念にかんしてはまたつぎのように仮定されている．関数とか，社会的制度の——とりわけ市場の——性質についてのべると，そうした外生変数のある所定の一群にもとづいておそらくは一連の段階をへながら，時間の経過にもかかわらず，価格や生産様式が変化しない点を特徴とする静止状態へと〔経済〕体系が必然的に誘導される．換言すれば，初期状況のいかんにかかわらず，価格体系と産出高体系のいずれにかんしても，「基礎資料」からそれについての厳密な性質を推論できるような唯一の点へと体系は収束する，ということがその性質になっている．時間の推移にともなう「持続的均衡」と両立可能な，ある種の外生変数の自律的な（そして説明不能な）時間的変化率を想定すれば——たとえばいわゆる「ハロッド型中立」的生産関数の単位時間あたり転位進度，あるいは供給または資源のそれ，すなわち労働力と単位期間あたり「資本」増加分，ないしはそのいずれかの外生的成長率を所与とおけば（なお後者〔つまり資本〕の概念の意味それ自体にかんしては解決不能な問題がおきる）——前述の仮定にもとづく連続的な経済変動はたんにある種の「移動均衡 moving equilibrium」にすぎない，と認識できる．

IV. 内生的および累積的変化の定理

しかしながら，ひとたび収穫逓増を考慮にいれると，持続的な変化をひきおこす経済力は内生的となり——つまり「そのような力が経済体系内部からうみだされ」[15]——そしてある1「期間」中の実際の経済状態は，それにいたる前段階の期間におきた，一連の出来事の結果であると断定しなければ[訳注1]，ほかにいいようがなくなる．ヤングがのべたように，収穫逓増によって「変化は漸進的となり，かつおのずから累積的な仕方で拡散していくのである」[16]．さらに，「経済均衡をもたらす力，つまりある瞬間にだけ関係するといえそうな力についての分析では，こうした分野の説明にかんしてはなんら役立たないであろう．というのは均衡からはなれる運動，すなわちかつての趨勢からの乖離によってそれが特徴づけられているからである」[17]．

ヤングの分析を基礎づけている基本的な考えはセイ法則の基底にあるものとおどろくほどにている．もし経済過程を包括的に観察したとすれば，経済活動は究極的には財と財との交換にもとづいて成立している．つまりその含意となっている事柄は，商品の供給増加それ自体がいつでも，すくなくとも潜在的には，ほかの商品にたいする市場を拡大する，ということである．(あとでわかることであるけれども，「潜在的に」という限定条件はひじょうに重要であって，そのことによってヤングの見解はセイ，ないしはミルのそれと区分けされるものになる．) それゆえヤングにしたがえば，分業が市場の大きさに依存することとほぼおなじように，「市場の大きさ」は分業に依存する．そして［ふたたびヤングから引用してみると］，「このような広義の市場概念にてらして修正すれば……アダム・スミスの見解は，分業が大部分，分業に依存するという定理にひとしくなる．これはただの同義反復とはいっておれないような事柄をふくんでいる．その含意となっている事柄は，経済均衡の形成力をたえず打倒する拮抗力が通常，理解されているものよりも広範で，かつ根ぶかい，ということである」[18]．

ミュルダール Myrdal は 29 年後[訳注2]の著作のなかでこれを「循環的・累積的因果関係の原理」[19]と呼称した．しかしヒックス Hicks は「もし限界費用が均衡点において一般的には産出高とともに増加する……，と想定できなければ，……経済法則の成立基盤がきえさってしまう」とのべた[20]けれども，ヤングとミュルダールはいずれもそのように徹底した形ではいいあらわさなかった．「経済法則」とか「均衡点において」というような言葉はもちろん問題点のはぐらかしである．そのような法則（および「経済均衡」）は存在するか，いなかが争点である．科学的な意味でのべると，もし観察された事象と矛盾する仮定のもとでしかそれらの法則は妥当性をもたないということが論理的に証明できたとすれば，そのような「法則」の存在にかんする公準は論破されてしまう．

ヤングがいったように，全体的な問題点は，収穫逓増がおきる場合に「費用と利益の均衡」が意味のある概念になれるかどうかという点である[21]．資源の用途における変化によって——つまり生産活動の再編によって——それさえなければおこりえなかったかもしれないような変化の契機がいつもひきつづいてつくりだされるとすれば，この場合には，資源の「最適」配分という概念は——特定の資源が実際に利用されるさいにどれもが他の択一的な用途のそれとおなじか，ないしはそれ以上に生産面で貢献するときには——無意味で，自己撞着的な概念になる．つまり，ある1時点における資源利用の様式は無限の因果関係のなかの一環以外のなにものでもありえないのであって，均衡経済学の中核に位する，資源の創造と資源の配分間の区別そのものが妥当性を喪失しているのである．短期的な問題，つまり社会的な組織機構および耐久設備や熟練労働，もしくは知識労働のごとき利用可能な「資源」の主要部分の配分を過去からの遺産とかんがえて与件として処理可能であり，しかも現在の決意が将来の発展におよぼす効果を無視できるような場合が考慮されないとすれば，おそらくは——経済過程が「択一的な諸用途間へ稀少な生産手段を配分する」ための媒介物である，とみる見方はすべて，崩壊してしまう[22]．

第7章 均衡経済学の不当性

　セイ法則をアダム・スミスの定理に結合するだけでは，変化が進行して，かつ「自生的に累積するような仕方で拡散する」点は十分には保証されないけれども，このことをヤングははっきりと理解していた．生産の変化の効果を需要にむすびつけるもの，つまり経済のある特定部門で発生した供給増加が他の生産部門に刺激的な効果をあたえるだけで，けっして抑圧的な効果をともなわないという点が保証されるためには，なにものかが必要になる．そのような要因があたえられれば，供給増加によって誘発された需要増加とそれによって喚起された供給増加間の持続的相互作用過程の結果が経済発展過程である，とみなしうる——おそらくはそれを連鎖反応ともいいうるであろう．それから8年後にケインズは『一般理論』のなかで所得発生の理論をしめしたのであるが，ヤングはそれをまたずに，持続的な連鎖反応を保証するために必要な付加的条件が相互依存的な需給関数の性質のなかに——換言すれば「交換される商品が収穫逓増の条件のもとで競争的に生産される」ような，マーシャルの「指し値曲線 offer curve」の弾力性のなかに——みいだされるにちがいない，とかんがえた．ヤングにしたがえば「商品の供給がわずかに増加してもそれにともなってこれと交換して所有される他商品の数量が増加するというような，特殊な意味で」各商品の需要が弾力的であれば，「1商品の供給増加は他の商品にたいする需要の増加になるという条件のもとで，進行過程は累積的となるはずであり，また需要増加はすべて供給増加を誘起するであろう，と想定しなければならないのである．あるひとつの産業の成長率は他産業の成長率によって条件づけられるが，さまざまな商品にかんしては需要と供給の弾力性はことなるから，ある産業は他産業よりも急速に成長するであろう．定常的な人口の場合でも，また純粋科学や応用科学面の新発見（生産規模の拡大にともなって実用的になったり，経済的になった生産機構面の新方法とか，既知の方法を採用しただけの「新発明」とくらべてみると，それは対照的である）がない場合であっても，それをこすと需要が弾力的でなくなり，また収穫も増加しなくなるような限度以内であれば，拡大過程に限界がないのである」[23]．

V. 需要の役割と 2 種類の「誘発投資」

　上記の引用文がうけるに値する注意を喚起できなかったとすれば、それはおもに、特定の文脈のなかでもちいた「需要の弾力性」の意味にまつわる曖昧さのためではなかったかとおもわれる。ヤングが直観的に認識したことはあきらかに、累積的変化の前提条件として、ある 1 商品 a の生産増大が他の全商品にたいする需要増加と関連しているにちがいない、という点であった。商品 a にたいする需要の弾力性が 1 よりもおおきいときにこの条件がみたされるであろう、とかれはかんがえた。なぜならその場合、生産が大規模になれば、商品 a の生産者たちの販売収入（または所得）は増加するからである。

　しかしながら、すこしかんがえてみればわかることであるけれども、もし「需要の弾力性」が消費者の代替の弾力性を——換言すると、以下の定義にしたがうと、「流動品 flow」にたいする需要の弾力性を——反映するなにものかであると解釈すれば、a の生産増大にともなう商品 a の生産者の購買力増加は、他商品をへらして a を選択する、という支出転換がおこなわれた結果であるに相違ない。それゆえ、a の生産者の所得増大はいくつかの他商品の生産者にかんする所得減少によって相殺されなければならない。もし代替の弾力性がおおきく、また所得の弾力性がすべて正値であるとすれば、全商品にたいする需要の弾力性は、個別にみれば、かならず 1 よりおおきくなる。しかしこの場合でも、もし貨幣表示の総所得が同時に増大し、つぎには、特定商品にたいする支出ではなくて、総支出が生産の増大に呼応して増加するのでなければ、需要の増大につづいて生産が増大し、そのあとに需要が上昇するなどというような連鎖反応が十分にうみだされるわけはない。

　どうして商品生産の増加が他商品にたいする追加的需要をうみだし、またそのことによって持続的な因果関係の「連鎖」がどうして形成されるかという点を説明するためには、まず第 1 に、市場には 2 種類の需要（および供

給），すなわち「流動品」需要と「在庫品 stock」需要があるという事実を考慮にいれなければならない．なお前者は「市場部外者 outsiders」（すなわち生産者と消費者）にかんする需要と供給であり，これにたいして後者は市場内部からうみだされる需要（または供給）をあらわしている．

　純粋理論においては，このような「在庫品」需要，または「市場内需要 inside demand」の存在は無視されている．均衡状態においては，生産と消費，または「流動品」需要と「流動品」供給は各市場でかならずひとしい．そして市場がたえず均衡する，ワルラス的完全性をそなえた稀有な世界では，「不均衡」はすべて埒外におかれているために——つまり変化は時間を要しないか，ないしはあらゆる変化は完全に予見されてしまっているので，均衡のための調整はすべて瞬時におこなわれる，と仮定されているために——「不均衡」にたいして市場がどのように反応するか，という問題はおこりえない．

　しかしながら，現実的な世界の市場はこうした意味では持続的均衡状態になっていないのである．すなわち，生産と消費のあいだには持続的な食い違いが存在するか，ないしは存在の可能性があるけれども，そこには在庫品の増減が反映されている．計画外の，ないしは予期しない生産増大による（たとえば，豊作に起因する）衝撃効果によって，在庫品の増加が招来されるにちがいない．ただしその結果としておきる価格変化によって流動品需要または供給の調整がおこなわれるけれども，それが実現するまでには時間を要する．そのために，仲介業者なしには——つまり商人または「販売業者 dealers」なしには競争市場はかんがえられない．かれらは（いろいろな価格のもとで）同時に買手にも売手にもなり，また在庫品を保有して，生産者は物をうれるし，消費者が購入できるような「ひとつの市場」を形成しているのである．

　かれらの購入価格と販売価格間の差額（通常は「販売利ざや dealer's margin とよばれている）の大いさは，自分らが操作する市場の完全度と，自分らが実行する「加工」または「変容」の規模にともに依存する．これは純粋

な商業活動から構成されているかもしれない——つまり輸送,荷降ろし,梱包などがそれである——,また人手をくわえて物的変容度を変更することも包含できるであろう.しかし「市場外」の影響にたいする本来的な対応方法が自分の在庫品規模の変更であるという点で,商人は(「生産者」のような)他の経済主体から区別されるのである——超過供給に直面したときには在庫品をすいあげ,超過需要に直面したときには在庫品を放出することがそれである.換言すれば,「秩序ある」市場を創造し,保持することが商人の機能であり,〔需給格差の〕緩衝物として行動しようとする,かれらの意志にもとづいて,すなわち価格が下落しているときには受託契約をふやし,価格が上昇しているときには受託契約をへらそうとして機敏な行動をとることによってのみ,かれらはその機能をはたしうるのである.それゆえ,「商人的」ないしは「商業的」活動の概念はまさしく,商人によって保有される在庫品にかんして需要のある弾力性が存在する,すなわち究極的には将来の価格や販売機会にかんする商人の期待によって決定される弾力性が存在するという仮定をふくんでいる.「投機的」という用語はたぶんふさわしくなかったけれども,何年も前に発表した論文のなかでわたくしはこのような要素をある市場の「投機的在庫品の弾力性 elasticity of speculative stocks」とよんだ[24].もちろん,商人はたしかにもっぱら利潤獲得の期待をもって在庫品を運用している.したがって財の一時的な業者間移転はいずれも基本的には地理的移転となんらの違いももっていないし,また財の輸送は時間を要するので,商業活動には通常,両種の移転がふくまれているけれども,それを「投機」の1形態とよんでも差し支えないであろう[25].

　歴史的にみて,「市場規模」をたえず拡大させ,それによって収穫逓増を実現させえたのは商業の成長のお陰であったのか,それとも商業の成長を誘起したのは生産技術の改善とか交通機関の改善であったのかという問題は,ニワトリが先か,タマゴが先かという問題とおなじである.資本主義の発展過程においては,両者が相互に作用しあったのである.しかもそれにともなって,市場で商人によってとりあつかわれる在庫品の価値(ただしその数量

ではけっしてない)の連続的な増加傾向がおきるのであるが,そのことを裏返せば,つぎのような意味になる.供給側におけるなんらかの有利な変化の結果として生産の成長がおきて,それによって所得の成長が誘起され,つぎにはそれによって商品にたいする有効需要が発生する.

ある程度は生産機構の変動の副産物として発生するような投資があるけれども,そのような投資の誘発性と関連する資本蓄積の(換言すれば,投資支出の)結果としてもたらされる所得付加がケインズ経済学にもとづいてはじめてそなえられた本質的要素であって,それはヤングの指摘に欠落していた[26].これはさらに2つのことなる方法で作用する.ほとんどの1次産品市場は経済学者がいう完全競争概念に近似しているけれども(この場合,個別の買手と売手が直面しているものは弾力性が無限大の需要・供給曲線であり,またすくなくとも個別の生産者の局面では収穫逓増の作用はありえない),そのような,実際上も「競争的」な市場においては,市場の機能にとって本質的な在庫品は生産者と消費者のいずれからも独立した商人によってとりあつかわれている.すなわち生産の増加に直面して投資を誘発せしめるものは緩衝物としての商人の行動能力である——つまり短期的な供給過剰に直面すれば,在庫品を吸収し,逆の場合には逆のことをする[27].なお〔この場合〕供給超過に直面して値崩れがおきるときには,将来の価格にかんする商人の期待にもとづけば(在庫品の数量だけではなくて)在庫品の価値の増加がかれらにとって有利である,という思惑がうまれる,と仮定している.収穫逓増が重要性をそなえていて,しかもまさにそのような理由のために競争が「不完全」でしかないような商品市場では——製造業の事例がそうである——生産者は自分で在庫品をとりあつかい,販売量(または「受注」状況)の変化に対応して期間あたり生産量を調整し,また需要の増加とか,それに関連する在庫品の枯渇に呼応して「誘発投資」がおきるであろう.そのような誘発投資は部分的には流動資本〔の増大〕の形態をとり——生産増大と不可避的に結びつけられた,生産工程内の物財の価値増加がそれである——,また現時点での販売量の増大が原因となって将来の販売量にかんする期待が

修正されるならば，そのかぎりでは部分的に固定資本の〔増大の〕形態をとる．

「誘発投資」の結果として供給増加と需要増加がいずれもひきおこされるということは逆説的とおもわれるかもしれないけれども，2種類の商品，すなわち1次産品と製造業製品間で市場機構が非対称的であれば，つまり工業と農業間で「分業」の定理の適用度合がことなるために〔経済〕組織面で非対称性を余儀なくさせられていれば——アダム・スミスによってすでに指摘された生活の特徴がそれである——，これとかならず矛盾するというようなものはなにもない．第1次接近として，もし経済活動の本質的区分は製造活動と，製造活動に投入物（食糧や原材料）を提供する土地依存活動（農業や鉱業）間のそれであるとかんがえ，また経済活動の成長からもたらされる多様化と工学技術上の改善の準自動的な進展過程が——換言すると広義の収穫逓増〔過程〕ということになるが——主として前者〔つまり製造活動〕よりも後者〔つまり土地依存活動〕の特徴であると想定すれば，その場合に内生的な成長過程が自生するためには，(1次産品の) 価格の期待についてはある種の非弾力性と，さらに (製造業製品の) 販売量の期待についてはある種の弾力性がいずれも必要になる．「加速度原理」を反映する誘発投資は後者の特徴であり，商人の操作に付随する価格安定化効果を反映する誘発投資は前者の特徴になっている[28]．

ところで，それにはなによりもまず，追加投資のための融資に必要な貯蓄が生産と所得にたいする付加分からうみだされるために，誘発にこたえて資本投資を増加できるような貨幣・銀行組織が必要になる．銀行組織をつうじて紙幣とか，信用創造とかを案出した，実際上の意義といえるものはこれである．それによって成長を自生させる前提がととのえられる．貨幣供給が信用にたいする需要と無関係におこなわれているような，純然たる金属通貨〔制度〕のもとでは，利潤獲得機会に呼応して組織を拡大する能力はきわめて局限されたものになる．

VI. 若干の結論

　最後に，せいぜい概説程度にすぎないけれども，収穫逓増にかんするスミス-ヤングの教義へ有効需要にかんするケインズの教義をこのように融合することによってもたらされる，主要な帰結をいくつかしめしておこう．私見を3点のべさせていただく．

　第1に，天賦の資源量によって実質所得が制限されている完全雇用状態と，有効需要によって限界が設定される失業状態間にケインズは厳格な区別をもうけたけれども，収穫逓増が存在している場合にはそのようなものは消滅してしまう．純粋に短期的な意味という場合をのぞくと，資源によって総産出高が制限されるようなことはけっしておこりえない．ある1時点にかんしていえば，過去の歴史によってもたらされた，社会全体にかんする最大可能産出高が存在するか，ないしは存在する可能性があって，さまざまな地域のすべてで利用可能な労働の分布ならびに，それらの労働の教育上の資質や技能はもちろんのこととして，現行の制度や機構の仕組み，利用可能な各種の工場・設備，およびそれらの地理的分布はそれによって決定されてきた．1期間をつうじてみると最大産出高成長率が存在していて，その大きさは，他部門の持続可能な成長率を制限する，（食糧生産部門のような）いくつかの基軸経済部門の最大生産成長率によって決定されていたかもしれない．もしそうであれば，自然資源の不足と，さらには土地節約的技術革新の不十分さのためにある速さ以上には自然資源を資本財に代替できなかったことに最大成長率の根因をもとめなければならない．しかしもし大局的な観点にたってみると，もっと長期にかんしては労働と資本はいずれも生産水準，ないしはその成長率をいずれも制限できない．資本蓄積を加速することはいつでも可能である——というよりはむしろ生産の成長の加速によってそれは自動的に加速させられているのである．労働の場合には，全般的な拡大，ないしは新投資からもたらされる生産機構の再編成はいずれも，生産にたいする貢献が以

前よりもおおきくなるような，新規雇用への労働力転換を意味しているので，労働力の「最適」配分というような問題はまったくおきない——なお，最適配分のさいには各人にとってそれにかわる，どのような雇用の場合よりも現行の雇用の場合のほうが産出高への貢献がおおきくなる．まさにヤングが強調したように，市場規模の拡大にもとづく，いっそう迂回的な生産方法の採用と，いっそう資本集約的な生産工程の採用とはおなじ事柄の別面であるから，労働の場合には雇用者数の増加にもとづく有効労働供給の増加と，労働の配置転換によって確保された生産性の上昇にもとづくそれとのあいだには妥当な区分をなんらなしえないのである．

第2に，収穫逓増と競争の共存はたしかに非集中的経済組織のきわめて顕著な特徴である——それはヤングによって，さらにはマルクスによって強調されたけれども，ワルラス経済学の公理の枠組みにおいては完全に排除されてしまった．しかしその作動様式にかんしてはいぜんとしてその大部分が経済学者にとって未開拓の領域に属している．販売量にかんしては各生産者が制限された市場に直面していながら，価格にかんしてはなお非常に競争的な市場に直面しているような状況のもとで競争がどのように作用するか．このような点について明確な考えをなにももちえていないのである．

第3に，ここでの分析によってつぎの点があきらかになった．つまり，主として外生的要因ではなくて，需要の成長とその集中発生に指図される，非集中的経済組織の「自生的成長」は虚弱な存在であって，満足な形で進行するのは多数の有利な要因がたくさん同時的に存在するような場合だけである．たとえば市場価格にはある程度の長期的安定性がそなわっており——商人たちは価格をあまり下落させるよりはむしろ短期的に在庫品を吸収しようとする——，またある期間にわたって市場が成長しても，安定的でないことを製造業者は経験からまなんでいるので，生産能力の拡大と併行して販売量を増大するようにかりたてられるのである．さらに，信用にたいする需要増大に呼応して貨幣供給を自動的に成長させるような「受動的」貨幣・銀行組織も必要である．

19世紀においては，とくに輸送とか通信にかんしては，急激な工学技術上の変化が基盤となって，これらの要因がすべて存在していたようである．今世紀にはいると，持続的成長は以前よりも積極的な政府の介入にいっそう依存するようになったようである——1次産品地域においては政府運営の緩衝用在庫商品によって，また工業国においては「ケインズ的」財政政策をつうじてそれがおこなわれたけれども，これら両者のお陰で経済成長の急激な落ち込みをともなわずに実質購買力（つまり実質単位による有効需要であって，貨幣単位によるものではけっしてない）の持続的成長が確保されたのである．

付録　不可分性と収穫逓増について

1934年の『エコノミック・ジャーナル』誌に発表した論文のなかで，わたくしはつぎのようにかいた．

……「不可分性 indivisibility」という標題のもとで大規模〔生産の〕経済性にかんするすべての事例をとりあつかうほうが方法論としては便利であるようにおもわれる．これによってある種の統一性を分析のなかに導入し，また同時にさまざまな種類の経済性間の関係を明瞭にすることが可能になる．産出高の比例以上の増加が生産要素の割合になんらの変化ももたらさずに，たんに生産要素の使用量の増加によって産出高が〔生産要素の増加と〕同率以上にふえる場合があるけれども，そのような収穫逓増の事例でさえも不可分性に起因している．このような事例だけについていえば，収穫逓増は「本源的要素」ではなくて，これらの要素とは不可分の特殊機能になっている[29]．

この命題は後に E.H. チェンバリン Chamberlin[30] からやや，詳細な批判をうけたが，他方ではそれにつづいてチャーリング・C. クープマンス Tjalling C. Koopmans[31] によってわたくし自身の見解が弁護された．収穫逓増が「基本的には」不可分性に起因しているか，いなかという問題をその時点では重要な問題とおもわなかったので，わたくしはその後の論争に参加しなかった．しかしながら，最近になって1934年のわたくしの見解にたいするクープマンス教授の弁護をよんださいに，わたくしはおくればせながらも故チェンバリン教授をしのんで，お詫びをいうべきであり，また――たとえその当時はかれの主張を納得できなかったとしても――主要な論点にかんしては基本的

第7章 均衡経済学の不当性

にはかれがただしかったことを認めるべきである,という結論に達した.

もし不可分性が収穫逓増の唯一の原因であるとすれば,そのような規模の経済性が利用しつくされて,「最適規模の」生産に到達するような,ある生産水準がつねに存在するから,その論点は語義論的な関心の程度をこえている.さらに理にかなった近似的完全競争状態と両立可能な,総産出高のわずかな部分にかんしては,不可分性の影響があっても最適規模の生産の普及がさまたげられないのであるが,そのような状況の徴候となっているものが競争の一般化それ自体であるかもしれない.

まえに説明したように,収穫逓増をすべてあれこれの不可分性に起因せしめるわけにはゆかないし,またある生産水準をこえると「規模の経済性」は作動しなくなると想定すべき理由はなにも存在しない.まず第1に,経験からえられる知識にかんして,規則的で,かつ段階的な改善がおこなわれている——不可分性といっしょにはとりあつかえない,いわゆる「規模の動態的な経済性」がそれである.しかし,「静態的」または「可逆的な reversible」経済分野においてさえ重要な事例のかずかずが存在しているが,それらにかんしてはまえに3次元空間の性質に由来するものであると説明した——すなわち,たとえばパイプ・ラインの口径を2倍にすればパイプ・ラインの容量は4倍になるが,(労働と原料の観点からみると)費用はおそらく容量よりも口径に比例するというような事実がそれである.管とか,パイプ・ラインそれ自体にかんしては「不可分」なものはなにも存在していない.つまり比較的ちいさい寸法の管や,あるいは比較的おおきい寸法の管をつくることは技術的にはまったく容易かもしれないし,両口径のあいだには一連の口径の範囲がありうる.費用と容量間の非線型的な関係が存在するということは空間の性質をふまえれば本来的な事柄であって,しかも空間それ自体にかんしては「不可分」なものはなにも存在していないのである.そのうえ,(鉄管のような)耐久設備と同様に,(プラスチック容器とか紙袋のような)非耐久品についてもこの「空間原理」はあてはまる.

クープマンス教授ははっきりとパイプ・ラインの事例に論及しているが,

そのような例示は論点をとりちがえている.

　環境にかこまれて不可分になる商品がなにも存在しないというような, 規模にかんする収穫逓増の例をいまだかつてみたことがない. 口径を小刻みに変更できるパイプ・ラインについてはしばしば引用されてきたが, そのような事例は, タルサからシカゴまでの石油輸送に使用する, 口径のことなる選り好み可能な資本設備部品間の選択にかんする事例としてもかんがえうる. どのような口径がえらばれようとも, 必要な延長距離をそなえた, 完備した1本のパイプ・ラインがこのような用務の遂行のために必要になる. パイプ・ラインの延長距離を半分にしたのでは, タルサからシカゴまでの送油量を半分〔たりとも〕輸送できない[32]．

　この文章のなかには, 収穫逓増の存在に内包される不可分性との関連にかんして, 明確な誤解がふくまれている. これはパイプ・ラインの延長距離ではなくて, もっぱらパイプ・ラインの口径とかかわっているのである. つまり（クープマンスがいうような）もう一方の「不可分性」は口径ではなくて, 延長距離と関係している. 収穫逓増が生じるのは, 石油を輸送するパイプ・ラインの延長距離の単位あたり能力が——すなわち, 時間単位あたりの最大送油量が——口径の2乗で増加するのにたいして, 生産費は口径の1次関数になっているからである. もし口径5フィートのパイプで時間あたりで5,000トンの送油が可能であれば, 10フィート口径パイプでは時間あたり20,000トンの送油をおこなえる, というようなことになる.

　もしわたくしの理解がただしければ, クープマンス教授の方法では, 口径のことなるパイプ・ラインはことなる「商品」として処理されており, そのために特定口径のパイプ・ラインの選択は特定の「線型活動 linear activity」, あるいは特定の生産方法の選択とおなじになる. かれがかんがえた全産品の特徴は, 「〔生産〕規模を縮小した場合には, 投入物の利用にもとづく産出高と製造過程に投下される投入高との比率については再利用できない」[33], と

第7章 均衡経済学の不当性　　273

いうことであって，産出にたいする投入比率が変化すれば，そのたびごとに「質的変化」をうけることになるのである．

　しかしながら，このような「線型生産方法 linear processes」はそれぞれ特定の産出高と関連するにすぎないであろう[34]．そしてこれにくわえて，産出と投入間には完全な連続性がみられても，基本的には非線型であるような基礎的関数関係が存在している．このような基礎的関係は，「産出」にかんしては時間あたり送油量，そして「投入」にかんしてはパイプ・ライン建設にともなう労働，原料など〔の経費〕その他の関連支出と関連している．

　「商品」にかんする定義によって一切の主張が同義反復的なもの[35]になってしまうとチェンバリンは主張したが，クープマンス教授はそれに同意するけれども，にもかかわらず不可分性が妥当な「直観的含意」をそなえている，と確信している．

　……経済理論のおおくの命題にたいして，同義反復という非難があびせられてきた．比例性の公準を省略し，あるいはすくなくともモデルのなかからある特定商品をふくむ，すべての活動を除外している点で線型活動分析モデルと相違するようなモデルの場合には，現実の諸局面をしめして，それは規模にかんする収穫逓増のせいであると認識されてきたようにおもえるのであるが，この点は重大である．それゆえ，このような現象や，配分の指針としての価格の適合性について第1段階の考察をおこなう場合には，そのようなモデルは妥当な方法であるかもしれない．〔ただし〕これまでのところでは，そうした考察にとって数学上の難点が主要な障害となっている[36]．

　この文章の有意性はすべて「比例性の公準の抑制」によって意味されているものに依存している．一方の極端な場合をかんがえると，それは不連続性の導入以外のなにものをも意味しないかもしれないのであって，〔抑制にともなって〕あるものについてはその分析から優美さと単純さがうばわれてし

まうかもしれないけれども，ある種の凸字型「パレート境界」の存在を崩壊させずにすむかもしれない．もう一方の極端な場合をかんがえると，パレート最適型均衡と，「最適」資源配分をもたらす手段とかんがえられている価格機構について，その概念の全部が不当なものになるということがその含意であるかもしれない．

不可分性を斟酌することは，ある特定商品をふくむ活動にかんしては最小産出規模が存在し，またその活動がその最小規模の整数倍でもって「達成」されうる，ということを意味している．現実の経済においてもしあるひとつの最終品の産出水準がその商品の生産のために利用可能な「最高」技術による最小産出高の何倍かしたものであるとすれば，不可分性存在の含意はたんに，「効率性領域」がなめらかではなくて「デコボコの表面」になっているけれども，それにもかかわらず大体において凸型を保持しているということになるであろう．

しかしながら，現実のある産出水準のもとで，もしややおおきい産出高にかんして利用可能な技術の場合よりもその産出高にかんして利用可能な「最高」技術が効率的でないとすれば——換言すると，もし全活動階層のどれにかんしてもある時点で実現性ないし達成可能性があるわけでないとすれば——活動間の選択は主として価格の問題ではなくて生産規模の問題になる．生産の拡大にともなって，以前には採用不能な新「活動」が有利となり，他方ではそうした新「活動」の導入に誘発されて以前には「既知」でなかった「活動」がひきつづいて案出される．

（以前に議論したように）ある特定の生産物，ないしはさまざまな生産物の集合体にかんする需要は他の生産物の生産水準を反映している．そこでこのことの含意は実施可能な活動範囲を拡大する資源の再配分がどんなものでも生産境界の「外向きの転位」と同義である，ということになる．したがって問題は，非連続性からもたらされる「数学上の難点を解決する」というようなことではけっしてない，それはもっと広範な問題であって，この場合にはあいことなる概念上の枠組みを使用する，いまだに究明されていないよう

第7章 均衡経済学の不当性

な択一的方法が「均衡論的接近法」にとってかわることになるのである．

注

1) 本稿はもともとは，1972年5月10日におこなわれたヨーク大学におけるグッドリッケ講義として発表された．当初の掲載誌は『エコノミック・ジャーナル』*Economic Journal*, Vol. 82, December 1972 である．
2) 『価値の理論──経済均衡の公理的分析──』*Theory of Value, An Axiomatic Analysis of Economic Equilibrium*, Cowles Foundation Monograph no. 17, New York, 1959〔丸山徹訳，昭和52年，東洋経済新報社刊〕．
3) 前掲書 *Ibid*., p. vii〔前掲訳書，vページ〕，イタリック〔本訳書では傍点〕は著者〔カルドア〕による．
4) J. コルナイ『反均衡の経済学』J. Kornai, *Anti-Equilibrium. On economic systems theory and the tasks of research*, Amsterdam, North Holland Publishing Co., 1971, p. 11〔岩城博司・岩城淳子訳，昭和50年，日本経済新聞社刊，12ページ〕．
5) アインシュタイン Einstein は科学的理論と「公理的な」定理の違いについてつぎのような，申し分のない説明をおこなった．すなわち，

「物理学を構成しているものは進化途上の論理体系であり，経験から帰納的方法でぬきだすというような要領でその基盤をえりすぐることは不可能であって，拘束のない考案をつうじてはじめて手中におさめることができるのであります．〔しかし〕その体系の妥当性（真実性の程度）はもっぱら，知覚上の経験から導出される，命題の検証結果に依存しているのであります．」

「懐疑論者はつぎのようにいうでしょう．『この連立方程式は論理的観点からみれば理にかなっているかもしれない．しかし，そうだからとしても自然に適合しているという証明にはならない』．懐疑論者殿！ まさしくそのとおりであります！ 経験だけが唯一，真理を決定できるのです．」

A. アインシュタイン・『観念と持論』A. Einstein, *Ideas and Opinions*, New York, 1960, pp. 322 and 355（コルナイの前掲書 Kornai, *op. cit*., pp. 9-10〔前掲訳書，10ページ〕に引用されている）．

〔科学的理論と公理的な定理の〕主要な相違的はそこにのべられている．物理学の場合には，〔論理〕体系の基本的な「公理」についての抜本的な考え直しはいつも現存の仮説が観測結果と両立させがたいということにもとづいておこなわれている．（おもいつくままにえらんだ）例をあげてみると，歴青ウラン鉱から放出される放射線の量が太陽光線の吸収によるとした場合に説明可能な量よりも多量であるとか，1枚のガラスを通過するとか，ある特定の角度で鏡

に照射された光線はその鏡から反射しないとか，あるいは遠方の星にはスペクトルの「赤方偏移 reddening」[訳注3]がみられるというような観測結果がある．経済学では，支配的な理論の基本的仮説と矛盾する観測結果は一般的には無視されてしまう．すなわち，「理論家」と「経験主義者」はふたつの孤立した小部屋のなかで作業しており，変則的な観察結果にもとづく挑戦にたいして理論家は――「第2次的考察」段階で考慮できるものであって，基本的仮説に影響しないとして――これを無視している．また，計量経済学の場合のように，理論モデルとむすびつけて経験的資料を利用するような分野では，経験的な測定の役割は（たとえば，生産関数の係数の測定を目的とする多数の研究の場合がそうであるが），理論を「解説」したり，あるいは「かざり」つけることであって，基本的仮説の論証をおこなうことになっていない．

6) E.H. フェルプス・ブラウン「経済学の後進性」E.H. Phelps Brown, "The Underdevelopment of Economics", G.D.N. ウォースウィック「経済科学は進歩できるか？」G.D.N. Worswick, "Is Progress in Economic Science Possible", *Economic Journal*, March 1972, pp. 9-20 and 73-88.

7) もちろん，もし〔供給量が〕既定となっている〔生産〕要素が妥当な地代を収得していれば，土地供給の既定性にもとづく（労働および資本にかんする）生産費逓増という古典派的事例はそのなかにふくまれている．しかしながら，それは，たとえば「外部不経済」に由来するような，規模にかんする収穫逓減とは両立できない．――〔この場合には〕すべての要素がおなじ割合で増加しても，生産の増加割合はそれ以下である．

8) 「競争状態のもとでの収穫法則」"The Law of Returns under Competitive Conditions", *Economic Journal*, December 1926, p. 535. 公平を期するためにいっておくが，スラッファの批判が適合するところはマーシャルよりも，ケンブリッジの「マーシャル学派」（とりわけピグー）であり，マーシャル自身は，収穫逓増の事例に「正常価格」の理論を適用することにかんしてつね日頃から疑問をかなりもっていた．（とくに『経済学原理』*Principles*〔馬場啓之助訳，昭和41年，東洋経済新報社刊，第III巻〕の付録 H をみよ．）

9) スミスが第1章中で強調したように，分業の進展によって富を増大させる機会は農業におけるよりも，製造業におけるほうがはるかに重要である．すなわち「実際に，最高の富裕国は，製造業におけると同様，農業においてもすべての隣国をしのいでいる．しかしそれらの国を特徴づけるものは一般的には後者〔つまり農業〕よりも前者〔つまり製造業〕における優位性である」．

10) これにかんする主張については，G.C. ハフバウアー『国際貿易の総合資料とその理論』G.C. Hufbaur, *Synthetic Materials and the Theory of International Trade*, Duckworth, London, 1966, pp. 46ff を参照せよ．おなじ考えにもとづく，それ以前

の説明としては，E.A.G. ロビンソン『競争産業の構造』E.A.G. Robinson, *The Structure of Competitive Industry*, Cambridge, 1931, pp. 29-31〔黒松巌訳『産業の規模と能率』昭和44年，有斐閣刊，42〜6ページ〕を参照せよ．

11) たとえば，シリンダー（またはパイプ・ライン）の建造費は口径の大いさにともなって変化すると仮定できるであろう．なぜなら，口径の1単位あたりに照応する表面積は〔半径の長さをrとすると〕$2r\pi$〔という公式〕によってしめされるからである．他方，シリンダーの容量は半径の2乗，つまり$r^2\pi$ずつ増大していくであろう．シリンダーが大口径となれば，それだけ厚手の鉄板が必要になるであろうから，原料費の増加は〔rに〕比例する大いさをこえるけれども，労務費の増加は〔rに〕比例する大いさを下回るであろう．もし労務費と原料費がいずれもrと1次比例的に変化し，またこの関係をコブ－ダグラス型「生産関数」（その場合には，それにかんする代替弾力性は一定であって，しかも1である）によって記述したいとのぞんだと仮定すれば，その関数の係数の和はちょうど2になるであろう．なお後記の「不可分性と収穫逓増」にかんする付録も参照せよ．

12) 「たった1本のクギをうちこむために1丁のハンマーをつくるとすれば，それは浪費といえるであろう．そしてどんなにへまな道具であっても，都合よく身近にあるものを利用するほうが得であろう．100台の自動車を製造するために，特別製の治具，旋盤，穿孔機，圧搾機および運搬装置というような精巧な設備をそなえた工場をしつらえるとすれば，それは浪費になるであろう．つまり専業労働者の使用人数を比較的よりおおくし，非専業労働者の使用人数を比較的よりすくなくするようにして，もっぱら標準型の器具や機械に依存するほうが良策である．フォード氏の方法は，かれ〔の工場〕の産出高がきわめて小規模であったならば，途方もなく不合理であったかもしれないし，しかもおおくの他の自動車製造者が大規模とかんがえるほどの量であったとしてさえも，その産出高は採算にあわなかったかもしれない．」（前掲書 *Op. cit.*, below, p. 530）イタリック〔本訳書では傍点〕は著者がつけたものである．

13) これらの局面のすべてにわたって実証資料が急増しているのであるが，そのために，理論モデルの作成者たちによる，収穫逓増の無視がますます驚嘆の的になりつつある．ごく最近の出版物だけを例にとると，ハフバウアー Hufbauer が前掲書で引用した資料をのぞいても，OECD開発センター出版の『産業計画分析便覧』*Manual of Industrial Project Analysis* 中の「産業紹介 Industrial Profiles」にかんする付録（便覧は I.M.D. リトル Little と J.A. マーリーズ Mirrlees によって作成されたけれども，付録はそうではない）をあげることができるが，それによれば，煉瓦製造，精糖，食肉包装，製鉄等のような，18業種の産業活動にすべてきわめて顕著な規模の経済性の存在がしめされており，それにつ

いての詳細な推定値が提示されている。C.F. プレテン Pratten が検出したところにしたがえば，かれが調査した44業種の産業活動のうちでその7例にかんしては，単一の工場の有効規模の最低値がイギリス国内の同上産出高総量の100パーセントないしそれ以上であり，その他の10例の場合には25-80パーセントの範囲になっている（『製造業における規模の経済性』*Economies of Scale in Manufacturing Industry*, D.A.E. Occasional Paper No. 28, Cambridge University Press, 1971). （もちろん，この場合には生産工程の分化や分割による経済性は考慮のうちにはいっていない．）

14) 『エコノミック・ジャーナル』*Economic Journal*, December, 1928, pp. 527-42.
15) ヤング，前掲書 Young, *op. cit.*, p. 530.
16) 前掲書 *Op. cit.*, p. 533.
17) 前掲書 *Op. cit.*, p. 528.
18) 同書 *Ibid.*, p. 533. イタリック〔本訳書では傍点〕は著者がつけたものである。
19) 『経済理論と低開発地域』*Economic Theory and Underdeveloped Regions*, London, Duckworth, 1957〔小原敬士訳，昭和34年，東洋経済新報社〕．
20) 『価値と資本』*Value and Capital*, Oxford, 1939, pp. 88-9〔安井琢磨・熊谷尚夫訳，昭和26年，岩波書店刊，117ページ〕．
21) 前掲書 *Op. cit.*, p. 535.
22) 不可欠な「配分」機能を市場価格が遂行する唯一の局面は，枯渇する自然資源の用途を時間的に配分するというような場合である（すなわち，現時点における，そのような資源の使用を将来の目的のためにどの程度，制限するべきかという決定がそれである）．しかるにこの点にかんしていえば周知のように，将来に予想される，そのような資源の重大な不足にそなえてなんらかの手加減をくわえるという点で，価格機構は完全な失敗をおかしている．
23) ヤング，前掲書 Young, *op. cit.*, p. 534 の，イタリック〔本訳書では傍点〕は著者がつけたものである．上記の文章のはじめに付記された脚注のなかで，ヤングはつぎのようにものべている．すなわち，「もし商品 a を収穫逓増の条件のもとで生産するという状況が，a であらわした b の需要弾力性にかんしてその1要因になっているとかんがえられるならば，需要弾力性と供給弾力性は唯一の関数関係を表示する，あいことなる方法とみなせるかもしれない」．そこにはおおよそ，ある商品の需要弾力性は他の商品の供給弾力性の映像である，という見解が提示されている．
24) 「投機と経済安定」"Speculation and Economic Stability", *Review of Economic Studies*, October, 1939, p. 7 （『経済安定と成長』*Essays on Economic Stability and Growth*, London, Duckworth, 1960, p. 30〔中村至朗訳，昭和39年，大同書院刊，31ページ〕に再録）．

第7章 均衡経済学の不当性

25) 商業活動は——つまりその後の再販売をみこして商品を購入するということは——どのような種類のものであっても危険負担をともなうという意味で、「投機的」である．すなわち，在庫品の取り扱いによって，商人は意図的に「未決状態 open position」に身をおく．それゆえ供給増加に対応して誘起された在庫品にたいする投資の増加は，「誘発的」なものであっても「自発的」投資の1形態であって，「非自発的」投資のそれではない．他方，販売予想面の失望の結果として——期待した時期や期待した販売量で決着をつけることに失敗して——発生した在庫品の増加は，在庫品の事後的な追加が事前的な計画量よりかならずやおおきいという意味で，「非自発的投資」とみなせるかもしれない．しかしながら，保留物品の増加をふくむ——つまり「未決」状態にするということをふくむ——処置はなんであれ，予測できないような事態に対応するという場合であっても，意図的であったと仮定してよいであろう．

26) ケインズにてらしてヤング〔の著作〕を再読してみると，マーシャル見解にたいするケインズの，つぎのような評価を引用したいという気になる．すなわち，「……経済学の主題にたいする特別な素質が賦与され，経済学上の強固な直感を保有する人びとは，しばしば説明や明示的な叙述のなかよりも，結論や暗黙の推論のなかでいっそう適切なことをいうようである．換言すると，かれらの直感は分析や用語よりも一歩さきんじているようである．それゆえ，かれらの思考の一般的構造にはとうぜん，おおいなる敬意をはらうべきであって，実際にはうわべだけの批判をかれらの追憶につけくわえても片手落ちになってしまう」．(『エコノミック・ジャーナル』 Economic Journal, September 1924, p. 235, note, 『人物評伝』 Essays in Biography, p. 232〔大野忠男訳，『ケインズ全集』第10巻，昭和55年，東洋経済新報社刊，280ページ〕に再録．)

27) 厳密に言えば，売上高とくらべて取扱在庫品の数量が増加すればいつでも，実質単位でみると，需要の差し引き勘定面に影響があらわれるにちがいない（なお在庫品の総価額が増加する場合にはそうならない）．なぜならばこのような〔在庫品の〕増加は，その量がいかほどであっても，産出高とくらべて（実質単位で）投資が増加したことを意味しているからである．しかしながら，在庫－売上高比率の増加に対応する，商人の需要弾力性が1よりちいさい場合には——したがって，取扱在庫品量の1パーセントの増加にたいしては1パーセント以上の価格下落が必要になるような場合には——，生産増大の結果として生産者の購買力は減少し，他方，消費者側の（理論的にかんがえて）〔生産者の購買力の減少を〕相殺してあまりあるほどの購買力増加〔の影響〕がゆるやかに経済組織へ浸透することになるであろう．

28) ポスト・ケインズ派の成長・循環モデル（たとえばヒックスの『景気循環論』 A Theory of the Trade Cycle, Oxford, 1950〔古谷弘訳，昭和26年，岩波書店

刊〕）においては，考察対象となった「誘発投資」は需要誘発型の類のものであった——つまり製造業部門に関連する類のものであった．〔そしてそのかたわらでは〕超過供給によって誘発される別種のものは完全に無視された．

29) 「企業の均衡」"The Equilibrium of the Firm", *Economic Journal*, March 1934, p. 65, 『価値・分配論集』 *Essays on Value and Distribution*, p. 39 に再録．

30) 「比例性，可分性および規模の経済性」"Proportionality, Divisibility and Economies of Scale", *Quarterly Journal of Economics*, February 1948, 『独占的競争の理論』 *The Theory of Monopolistic Competition*, Cambridge, Mass., 1948〔青山秀夫訳，昭和51年，至誠堂刊〕第6版に付録Bとして再録．

31) 『経済科学の状況にかんする3論説』 *Three Essays on the State of Economic Science*, New York, McGraw-Hill, 1957, pp. 150-2．

32) 前掲書 *Op. cit.*, p. 152, n. 3．イタリック〔本訳書では傍点〕は著書〔カルドア〕がつけたものである．

33) 前掲書 *Op. cit.*, pp. 151-2．

34) この場合には（ある特定時点における）単位時間あたり産油量と定義されている．

35) ただし，「環境にかこまれて不可分になる商品がなにも存在しないというような〔規模にかんする収穫逓増の〕例をいまだかつてみた」ことがない，というかれの叙述をまえに引用したが，そのなかにはかれはその命題を現実的なものとみなして，論理的な（同義反復的な）命題としなかったということが示唆されている．

36) 同書 *Ibid.*, p. 152．

第8章　どこで経済理論はまちがっているか[1]

　イギリスのおおくの人びとのあいだには，現在の支配的な経済理論にたいする不満が広範にわたって存在し，しかもそれがしだいにたかまっている．王立経済学会とかイギリス学術協会の会長のような，経済学界の尊敬すべきお歴れきにいたるまでそれがおよんでいるのであるが，この点は最近（1971年）の会長講演によってあきらかにされたとおりである．その独特な局面にかんしては，この波はいまだにアメリカへはまだ到達していないようにおもえるけれども——おそらくは大学院段階の学生や，少数のやや孤立的な批判者ないしは異端的な人びとのあいだでは話は別である——しかしわたくしは，その日がやがてやってくることをほんのすこしもうたがっていない．アメリカの場合には他のどこの場合よりも戦後世代の数理派経済学者が一般均衡理論の論理体系を徹底的にしらべあげた——つまりそのような理論の結論を確立するために必要な公準の数や種類，およびそれらの正確な含意を詳細に究明した．そのことが主要な理由となってかれら（あるいはどちらかといえばかれらの教え子たち）はさらに，そのような偉大な習練が結果的には「袋小路」のなかで終息するということを最初に認識したにちがいない．つまり，当初，かんがえていたものとくらべると，さらに，かくも完璧にしらべあげられるまえには一般均衡の含意全体が粗雑な状態のままにとどまっていたけれども，そのときとくらべても，この理論は習練の結果としていっそう役にたたない道具になってしまったのである．

　一般均衡理論にたいするわたくしの基本的な反論箇所はその〔理論の〕抽象性ではない——理論はそもそもすべて抽象的であり，また当然そうでなけ

ればならないのである．なぜならば抽象なしにはいかなる分析もなしえないからである．〔ところが残念ながら〕それがあやまった類の抽象から出発し，それゆえにありのままの世界について誤解をまねくような「パラダイム paradigm」（ないしは筋書 scenario ?——パラダイムは現在，アメリカで流行語になっている）をさずけている．すなわち，経済力の作用の性質や様式にかんして誤解をまねくような印象をそれがあたえている．こういう点に反論したいのである．

　私見によれば，この点にかんしては，正統派経済理論にたいする論駁しがたい反論はただのひとつではない．つまり関連しながらも識別可能な反論箇所は多数，存在している．ケンブリッジ内のいく人かの同僚はこの点については「一元論者 monists」である．そしてかれらの信じているところにしたがえば，限界生産力説にかんして基本的で，論理的な反論箇所がひとつあるけれども，新古典派価値論はそれだけで十分に土台ごとくつがえされてしまう．〔しかし〕わたくしは，資本財の資産内容が変化する場合には，資本量の変化の隔離や測定が困難になる点について論及するつもりである——つまりある1時点に資本の具象となった現実の形態がなんであるにしても，このさいには資本を数量そのものとかんがえてみることは不可能になるし，また資本にそれ自身の限界生産力を帰属させることも不可能になる．しかし，別の問題もあるが，賃金と利潤に仕分けして限界生産力説を適用することはこれまでも中心的な論題になってきたけれども，いくつかの点でそれよりもなおいっそう誤解をまねいているので，これにかんしても反論するつもりである．

I

　これらの〔わたくしの論及点の〕うちで最初のものは，経済理論が経済活動の真髄を配分問題とかんがえている点である——経済学の主要問題にかんしてロビンズ卿がのべた有名な定義を引用すれば，それは「選択可能な用途

第8章　どこで経済理論はまちがっているか

間の稀少資源の配分」ということになる．これが意味するところをのべると，作動中の〔経済〕力の主要局面よりもむしろ副次的局面に衆目があつまっているということになる．（マーシャルがのべた言葉にしたがえば）代替の原理または「可変的比率の法則」，ないしは「制約された代替可能性」のそれは，価格機構や生産機構のいずれにかんしても説明の基盤となるような中心的原理にまで格上げされているが，その含意をのべると，世界は代替の弾力性がきわめて重要性をおびているようなところということになる．この考察方法は，（資本や労働のような）さまざまな生産要素間，あるいは（第1次，第2次および第3次経済部門間というような）さまざまな形態の生産活動間の本質的補完性を無視しているのであるが，経済変動や経済発展の法則の理解にさいしてはそれは代替局面よりもはるかに重要である．事実，わたくしには，「純粋」均衡理論をこのように正気にとぼしく，動きのとれないものにしているものは代替局面への専念であるようにおもえる．つまり，この場合には多様な相互作用の結果である市場決済価格の体系を「説明する」ことが目的になっているのであって，それゆえに，信号ないしは変動誘因としての価格にかんする問題を処理できないのである．成長や発展を均衡理論に融合させようとする試みがなされてきた．しかし発展過程が進化径路に依存する継起分析〔訳注1〕 sequence analysis に均衡理論を変形する点にかんしては，この試みは成功していない．

　セイ法則は妥当性をもっているか，またもしもっていないとすれば，そのなかのどこに間違いがあるのか？　このような問いかけをしてみれば，その点をたぶんもっともうまく説明できる．これはきわめてふるい問題であり，19世紀初期以前はそうでなかったとしても，その時期においてははげしい論争がおこなわれた．そしてそのときから（ケインズがあらわれるまで），競争市場で全稀少資源の完全利用状況が必然的にもたらされる理由を理解することが本当の経済学者としての証しになっていた．

　本質的には，その理由はいたって単純である．需要・供給の法則でのべられているところにしたがえば，たとえば j という商品にかんする，ある競争

第1図

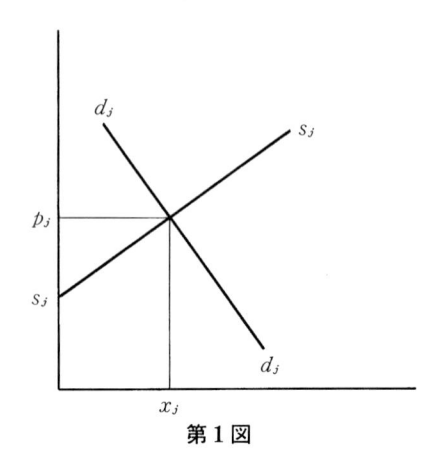

市場においては，
$$d_j = s_j$$
という式で特徴づけられるような「市場決済」価格が存在する．ここでは，d_j と s_j はそれぞれ，このような〔さまざまな〕価格のもとで買手がすすんで購入し，あるいは売手がすすんで販売しようとする数量の最大値である（うまい具合に〔恒久的に〕販売量≡購入量になるというわけではない）．

〔第1図の〕p_j のもとでは，x_j か，ないしはそれ以下のある数量を買手はかい，売手はうろうとしている．

もしこのようなことがあるひとつの市場についていえるならば，商品市場はもちろんのこととして，資源市場にかんしても 1 から n ($0<n<\infty$) までの j についてすべていえるはずである．それゆえ，もしすべての市場が均衡しているとすれば，すべての資源は利用されていなければならず，また生産は総体としては供給制約的，ないしは資源制約的でなければならない．つまり生産は需要制約的ではありえないのである．

あるいは，ほかの言葉でいってみると，全市場をいっしょにかんがえる場合には，商品と交換されるのは商品であるから，商品の生産が需要に制約される場合もありうるといったところで無意味になる．リカードがのべたよう

第8章 どこで経済理論はまちがっているか　　285

に,「需要は生産によってのみ制約されるのであるから, ある国で利用されないかもしれないような資本はまったくありえない」[2]. また, ジョン・スチュアート・ミル John Stuart Mill はこの点をさらに強調してこういった――「必然的かつ最終的には売手はすべて買手である. もしわが国の生産力を突如として2倍にできたとすれば, すべての市場で商品の供給を倍増させるにちがいない. ところで同時に, 購買力も倍増させるにちがいない」. それゆえ,「生産は不調和にはなりえても, 過剰にはなりえない」[3].

ケインズの場合には, 事実上, あるひとつの特定市場, すなわち貯蓄市場においては, 価格は（流動性選好のために）「市場決済的」でないし, またそうなる必要がない. そしてもしそうでないとすれば, その市場に均等をもたらす――つまり貯蓄と投資（あるいは貯蓄にたいする供給と需要）の均等をもたらす――もうひとつの機構, つまり乗数機構が存在する, と仮定されていたが, こうすることによって, さきのごり押し的論理にたいして回答をみいだせた, とかんがえた. しかし, 生産量一般の変化をつうじてその機構は作用する. こうしてけっきょくは資源制約的でないような状況に話がおよぶのである.

しかしながら, セイ法則がなぜまちがっているかという点については, もっと基本的な理由がある. 貨幣経済についてはまったく不可能であるとしても物々交換経済にたいして, ないしは人びとが自分自身の生産物の蓄えをためこんで「実物単位」で直接的に貯蓄するために――たとえば, 農夫が穀物生産高の増産のために穀物を備蓄するとか, あるいは鉄鋼生産者が鉄鋼生産能力を増加しようとして鉄鋼を再投資して蓄蔵するために――なんらの資本市場も存在しないというような経済にもひとしく適用できそうな理由がそれである. 仮定として必要なことといえば, 移転可能な資源について（生産活動のすべてに適用可能な）規模にかんする収穫不変が一般的または普遍的原則としては存在していないということにつきる.

農業と工業からなる A, B 部門によって構成される簡単な2部門モデルを取り扱う, と想定しよう. また, 土地は農業に特有な〔生産〕要素として

存在している，と仮定する——すなわち，土地は農業生産の場合には必要であるが，工業生産の場合にはそうでない（あるいは問題にするほどの量でない）とする．工業生産の構成内容は，農業で生産された基礎原料を加工し，たとえば，原綿あるいは羊毛を労働にたすけられて変形し，シャツとか，衣服のような完成繊維品にすることである（その点にかんしていえば，地中から採掘された鉄鉱石を鉄鋼や機械に変形することもそうである）．そして労働も食糧を必要とするが，それはとりもなおさず賃金財である．それゆえ，農業（および鉱業）は工業にたいして直接的ならびに間接的な投入物をいずれも生産している——基礎原料と食糧がそれである．

もし農業が収穫逓減法則 Law of Diminishing Returns に支配されているとすれば，農業産出高は土地と利用可能な生産技術に制約されるかもしれないが，それらは農業の有効雇用労働者数の限度を画定する[4]．残余の労働者を有効に雇用できるのは工業をのぞいてはほかにはありえないであろう．

利用可能な労働力を工業ですべて雇用したと想定すれば（そしてそれらの〔労働力の〕雇用にさいしては，一般的な技術をそなえた物的設備という形態の資本が十分にある，と仮定すれば），この結果として工業製品（およびサービス）は——農産物の利用可能な供給にくらべて——相対的「過剰生産」におちいる——ミルであれば，これは生産が「不調和」になったか，あるいはその恐れをともなう事例である，というかもしれない．しかし，おそらくはこの事態に随伴する価格変動によって自律的に矯正力が誘起されるであろう．工業製品価格とくらべて農産物価格が上昇し，また工業製品の超過供給（それは農産物にたいする超過需要とおなじことである）が解消されるまでこの過程はつづくであろう．たとえ土地の不足のために農業産出高がまったく非弾力的であったとしても，農産物価格の上昇さえあればことたりるであろう．というのは，農産物価格の上昇にともなって工業から農業へ購買力は移転するし，また，（工業部門内部における投資と消費の必要量を超過して）生産可能な工業製品をすべて農業者がすすんで購入しようとし，また購入できるまでこの〔購買力〕移転がつづくからである．

それゆえ，B の超過供給（または A にたいする超過需要）が消滅する，ある価格が存在しなければならない．つまり，そうでないと想定すれば，価格がゼロのときでさえ工業製品が超過供給のままにとどまる，と仮定することになる．そして（まえにのべたように）この形式的な結論は農産物の供給が弾力的であるという点には依存しない．それがおこるのは土地の不足によって産出高に制約が課せられないような場合である．

ところで，このような推論は労働の商品または資源としての，特性を無視している点であやまっているが，労働の価格は，たとえば土地のような，その他の資源の価格とおなじように供給と需要によって決定される，とかんがえられないのである．

労働の供給（あるいは労働の潜在的供給）が需要とくらべてどんなであっても，食糧であらわした労働の価格は生存費で決定される，ある最低水準以下には下落しえない．なおこの場合，その費用が慣行または協約，あるいは純然たる生物学的欲求によって決定されるかどうかにかかわりがない．（食糧ではかった賃金の大いさは社会全体としては，〔事後的な〕到達水準でみると傾向的にはいちじるしく下方硬直的である．）リカードとミルは（アダム・スミスやマルクスとちょうどおなじように）この点を十分に認識していたが，しかしその結果をセイ法則の側面からは考究しなかった[5]．

もし賃金（あるいは最低賃金）を食糧表示で所与とかんがえうるならば，工業製品価格（というよりはむしろ製造活動にもとづく「付加価値」）も同様に制約をうけ，しかもこの制約は両市場の同時均衡をさまたげるかもしれない．

工業製品の供給価格は，下記の方程式によってさだまる．

$$p = (1+\pi)\bar{w}l$$

ただし，
 $p = $ 農産物価格で表示された，単位あたり工業製品価格
 $\bar{w} = $ 同様に表示された，1人あたり賃金
 $l = $ 産出高1単位あたりの必要労働量（生産性の逆数）

π = 産出高中の分配率としてあらわした利潤

である．また労働供給が需要を超過しているかぎり，別言すれば，有効に雇用されないか，ないしは生産のために有効に寄与しなくても生存を可能にするような，低所得のひくい「生存水準的」経済部門が存在するかぎり，この価格は「市場決済」価格にならないであろう．

上述のことから〔下記の〕重要な結論がえられる．

(1) 第1に，$\bar{w}$ の水準は生存水準的部門の所得以下にはなりえない．ただしそうでない場合には，それ〔つまり生存水準的部門の所得〕とはまったく無関係である．すなわち，労働行為の効率性は食糧取得量に依存しているので，資本家的雇用主にとって最適賃金は〔その場合の量よりも〕ずっとたかくなりそうである．国がまずしければ，生存水準的部門の収入とくらべて $\bar{w}$ はそれだけたかくなる．(A.スミス，リカード，ミル，そして古典派経済学者のすべては，食糧賃金を一定と仮定している——すなわち，工業にかんしては労働供給曲線の弾力性は無限大であるとしている．) それゆえ，工業製品と農業物の相対価格が両部門間の限界代替率できまる，とはいえない．部門間の資源配分を反映する産出高の組み合わせ，つまりある所与の B にたいする A の最大量，あるいはその逆をしめすような「生産境界」のごときものはなんら存在しない．なぜならば，各部門はその部門自体の産出高を拡大してみずからの資本を蓄積し，また両部門に共通する労働にもとづく限界生産物は工業でのみ正値であって，農業ではそうではないからである[6]．

(2) 第2に，基礎生産物ではかった場合に製造による「付加分」の価格は削減または圧縮不可能である（今日みられることであるけれども，もし基礎生産物の貨幣価格が上昇すればその結果として，1次産品とくらべて工業製品価格が下落するというよりは，むしろ全般的なインフレーションがもたらされることになる）．このような事態は，(ヒックスの呼称にしたがえば)[7]「固定価格」の状況に相当するが，その場合には，生産は需要というよりはむしろ外生的需要構成要因によって決定され，それ〔つまり外生的需要構成要因〕は通常の乗数・加速度効果をつうじて，内生的需要要因を決定する．

第8章 どこで経済理論はまちがっているか

(外生的需要にたいする内生的需要の関係をヒックスは——誘発される消費はもちろんのこととして、誘発される投資も考慮して——「超乗数 super-multiplier」とよんだ[8]。) それゆえ(「交易条件」を所与をすれば),〔下記の〕公式にしたがって,農業部門の所得こそが工業生産の水準と成長率を実際に決定することになる.

$$O_I = \frac{1}{m}D_A$$

〔ただし〕

O_I = 工業産出高

D_A = 農業部門から派生する工業生産物需要

m = 農産物にたいする支出が総工業所得中にしめる割合

である.

　これは実際には,ケインズ的な貯蓄/投資乗数と対比される外国貿易乗数の原理原則にほかならない.いずれの場合にも,乗数は「固定価格」の状況を念頭において案出されている.すなわち,前者の場合には流動性選好によって利子率がきまり,後者の場合には固定的な実質賃金によって工業生産物の費用依存型供給価格がきまっている.不況下における失業の説明としては——本質的に短期分析的な——ケインズの考えが功を奏したけれども,まさしくそのために,「外国貿易乗数」から注意がそらされてしまったのである.しかし長期的にみると,それは工業発展の成長と循環を説明するうえでははるかに重要な原理であるから,これは見方によっては不幸なことであったようにおもわれる.なぜならば,製造業者や商人がもっぱら投資のためのみに貯蓄し,その結果として貯蓄額と貯蓄比率,またはそのいずれかが投資機会,あるいは投資の収益性の変化に順応する,とリカードは前提したけれども,長期的にみると,「資本家的」工業部門における生産と雇用の成長にたいする本当の制約要因にかんしては,これはケインズ的仮定よりも適切な説明用具であるようにおもえるからである.

II

　(3) それにくわえて——せいぜい簡単にではあるけれども——ここでとりあげたい第2の主要論点があるが，工業において規模にかんする収穫逓増，または長期費用の低下がみられるということとそれは関連している．これは当初は，『国富論』のはじめの3つの章でアダム・スミスによって強調され，その後，イギリスのリカード派の経済学者たちやマーシャルによって強調されたが，他方，アメリカでは（もっと孤立した形で），ただ1人の偉大な経済学者，アリン・ヤングによってもおこなわれている．

　マーシャルの〔右〕下がりの長期供給曲線は，通常の供給曲線とちがって，最小量の表であって，最大量のそれではない．つぎの図〔第2図〕をみてもらいたい．p_j において製造業者が供給したいとのぞんでいるものは x_j か，または x_j よりもおおきい，ある数量であって，x_j よりもすくない数量ではない．

　マーシャルも，そしてほかのだれもいまだかつてこの仮定と新古典派価値論との調整に成功していない——ハーン Hahn とマシューズ Matthews[9]にし

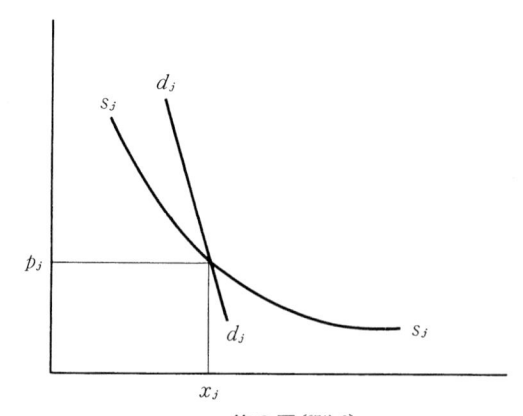

第2図〔訳注2〕

たがえば，この仮定が最近の経済学文献でほとんど考慮されなかった理由はおそらくはこれである．

ここで3つの重要な結論を強調しておきたい．第1は，アリン・ヤングによって強調されたところでもあるけれども，収穫が逓増すると「変化は累進的となり，累積的な仕方でおのずから拡散していく」[10]，という点である．これ以上に有利な再編成がありえないような，最適資源配分をそなえた均衡状態は存在しえない．なぜならば，そのような再編成がおこなわれればいつでも，いっそうの再編成をうながすような新機会が創出されるかもしれないからである．「効率的」またはパレート最適型の完全雇用という意味では完全雇用はけっして存在しえないし，また資源の数量の変化と，それらの資源が使用されるさいの効率性の変化については，両者の区別そのものがうたがわしくなる．

第2に，資本蓄積は生産拡大の原因，というよりはむしろ副産物になっている——事実，資本蓄積はせいぜい生産拡大の一局面でしかない．再言しておくけれども，ヤングが強調したように，資本/労働比率の増加を有利にするのは生産活動の規模増大である．すなわち，生産活動が大規模になればそれだけ，労働の助勢のために有利に利用可能な機械も多様化され，かつ専門化される．ヤングがのべたように，「たった1本のクギをうちこむために1丁のハンマーをつくるとすれば，それは浪費といえるであろう．そしてどんなにへまな道具であっても，都合よく身近にあるものを利用するほうが得であろう」[11]．収穫逓減があらわれる通常のものは，資本生産性が不変のままにとどまるのに，労働生産性が生産規模〔の増大〕にともなって上昇する，という形態である．資本/労働比率が経済進歩の過程で急激に増加する（そしてある所与の時点にかんしていえば，富裕国と貧困国とのあいだで同様に顕著にくいちがう）けれども，資本/産出高比率面にはこれに対応する変化をともなわずにそのような相違が発生しているのであるが，こうした事実にもとづけば，前述の点にかんして最適な論拠がえられる．（たとえば，アメリカとインドを比較してみると，資本/労働比率は30対1という次元の相違

があるのに，資本/産出高比率はほぼ1対1である．）ポール・サムエルソンは，新古典派価値論の中心命題について，「資本/労働〔比率〕の上昇，すなわち利子率または利潤率の下落，すなわち賃金率の上昇，すなわち資本/産出高〔比率〕の上昇」という関係がある，と（かれの有名な教科書中で〔字体を〕イタリック体にして）強調した[12]．これらの命題が妥当するのは，1次同次の生産関数の世界だけであって，その場合には労働にたいする資本の相対的増加にもとづく産出高の増加は比例的増加におよばない．〔ただし〕実際にはそうはならない——生産物表示の賃金率の上昇は資本/労働比率の上昇とは関連しているとしても，資本/産出高比率の上昇とは関連していないのである．（おもうにこれは，技術の「二重転換 double-switching」[訳注3]の可能性にかんする発見にもまさる，重大な「理論上の混乱」である．）

　第3に，微視的経済学の観点からいえば，収穫逓増の結果としては独占が招来されるけれども，それと同類な理由から，ある「成長地点」，または周辺の地点あるいはもっと遠隔の地域から大規模な移民をまねくような「上首尾地域」に，工業発展は——政治的障害によってさまたげられないかぎり——傾向的には分極化される．戦後のヨーロッパ諸国（たとえば，ドイツ，フランス，スイス）の経験にしめされているように，労働力不足の発生は上首尾な工業地域のいっそう急速な発展をさまたげるまでにはいたらなかった．なぜならば，外国の労働力移入が有利になるときには，そのような政治的障害は除去される傾向があるからである．

　しかし，すくなくとも1人あたりでみるかぎりでは，世界における富裕地域と貧困地域間の分裂はなおいぜんとして拡大しているようにみうけられるけれども，このような分裂の進展にたいしては——ミュルダールによって「循環的・累積的因果関係」とよばれたところの——この分極化過程がかなりの責めをおっている．世界のいくつかの地域の工業化を他の地域のそれよりももっと上首尾におわらせるような因果的影響要因にかんして，すべてを理解しているようなふりをすれば，愚劣な行為になるであろう．しかし，変化と発展を誘起する市場力の作用の性質と様式をもっとよく理解すれば，地

第8章　どこで経済理論はまちがっているか　　293

球上のさまざまな地域間にみられる固有の不平等拡大化傾向にかんして，これに対処する制御能力を向上させることになるであろう，と確信している．

注
1) 本稿は，1974年4月29日にハーヴァード大学でおこなった政治経済学の講義であって，『クォータリー・ジャーナル・オブ・エコノミックス』 *Quarterly Journal of Economics*, August 1975 にも掲載された．
2) リカード『経済学および課税の原理』Ricardo, *Principles* (Sraffa ed.) Cambridge University Press, 1951, p. 290〔堀経夫訳，『リカードウ全集』第Ⅰ巻，昭和47年，雄松堂刊，334ページ〕．
3) J.S. ミル『経済学原理』J.S. Mill, *Principles of Political Economy*, London, 1849, vol. Ⅱ Book Ⅲ, ch. XIV, §2-§4〔末永茂喜訳，昭和45年，岩波書店刊，第3篇，第14章，第2~4節〕．
4) 古典派経済学者たちは（そしてもちろん新古典派経済学者たちも）農業生産が土地と労働の双方の供給によって同時に制約されるかのように推論したけれども，ある所与の状況において（すなわち所与の技術状態のもとで），土地/労働比率が労働と土地をいずれも有効に「完全雇用」できるようなものになる，という可能性は実際にはありそうにない．これら2要素がその限界単位にかんして相互に代替される〔訳注4〕のはかぎられた範囲内でしかないから，土地の制約と労働の制約のいずれかがおそらく作用しそうである．すなわち，あとで説明する理由のためにおこりそうなことはおそらく（土地とくらべて）労働がおおすぎるか，ないしは（労働とくらべて）土地がおおすぎる，ということになるであろう．したがってこれらの2資源中のどちらで価格がゼロになるか，という点を問題にしてこれにかんする論拠をえようとしても無駄になるであろう．
5) それよりはむしろかれらの仮定では，人口の資本にたいする（マルサス的過程をつうじる）依存関係に保証されて，現存の労働供給は正値の利潤のもとで雇用可能な大いさをこえない，とされていた．ミルの場合にはとくに，資本が蓄積され，またその結果として人口が成長するにしたがって，農業における収穫逓減の法則の作用のために利潤は低下し，そしてこれは「資本蓄積の進展をすべて停止」させる原因となるであろう，と主張された——その含意になっている事柄は（この点を明示的に説明していないけれども）所与の自然的・技術的環境のもとで有効に雇用可能な人数に労働力規模が前述の点そのもののために制限されるということである．おもうに，「しかしながら，低利潤は需要不

足とは別個の事柄であり，また〔その時点での〕生産と蓄積〔の規模〕のために利潤が縮小されたからといっても，それだけでは供給ないしは生産の過剰と規定できない」とミルは言明しているけれども，それはまさしくこのような理由からであった．しかし，もし失業の吸収にともなって利潤が負値になったとすればどうなるであろうか？ わたくしのしるかぎりでは，このような後者の可能性はまったく考慮されなかった．それにもかかわらず，マ・ル・サ・ス・的・法・則・（および1人あたり所得を生存水準すれすれに維持するよう作用するもの）によってもたらされる人口密度が，労働力全体の有効な雇用を可能にする——つまり農業における労働の限界生産物が正値であることと両立可能な——最高の人口密度とかならず一致するという理由はなにも存在しないのである．（ミル，前掲書 Mill, *op. cit.*, Book III, ch. XIV, §4, and Book IV, ch. IV, *passim*〔前掲訳書，第3篇，第14章，第4節および第4篇，第4章など〕をみよ．)

6) 容易にわかるように，この結論は農業における（資本と労働にかんする）収穫逓減の存在に決定的に依存している．なぜならば，農業が規模にかんする収穫不変に支配されていると仮定すれば，農産物にたいする超過需要が除去され，「完全雇用産出高」が「不調和な産出高」でなくなるまでは，所与の価値関係のもとで工業製品の供給が超過して農業への労働と資本の移転が誘起されるからである．それゆえ，普遍的法則として「生産方法」または「生産活動」のすべてに適用可能な（移転可能な資源にかんする）収穫不変の公準（これは一般均衡理論に共通する公理である）によって〔のみ〕，厳密に資源制約的なワルラス型均衡が保証されることになる．

7) 『資本と成長』*Capital and Growth*, Oxford, 1965, chs. VII-XI（pp. 76-127）〔安井琢磨・福岡正夫訳，昭和45年，岩波書店刊，135〜226ページ〕．

8) 『景気循環論』*A Contribution to the Theory of the Trade Cycle*, Oxford, 1950, p. 62〔古谷弘訳，昭和26年，岩波書店刊，83ページ〕．

9) 「経済成長理論の展望」"The Theory of Economic Growth: A Survey", *Economic Journal*, Vol, LXXIV, December 1964, p. 833〔『現代経済理論の展望 II』*Surveys of Economic Theory*, vol. II, Growth and Development, Macmillan, 1965, p. 55, 神戸大学経済理論研究会訳，昭和47年，ダイヤモンド社刊，77ページ〕．

10) アリン・ヤング「収穫逓増と経済進歩」Allyn A. Young, "Increasing Returns and Economic Progress, *Economic Journal*, December, 1928, p. 533．

11) 前掲論文 *Ibid.*, p. 530．

12) P.A. サムエルソン『経済学』P.A. Samuelson, *Economics—an Introductory Analysis*, Seventh ed., New York, 1967, p. 715〔都留重人訳，昭和43年，岩波書店刊，第7版，1150ページ〕．

第9章 世界経済におけるインフレーションと景気後退[1]

　先進工業国では，第2次大戦後の最初の25年間は経済成長と繁栄を達成した例外的な期間であって，その間にあっては生活水準の急速な向上ときわめてひくい失業水準，そして——1953年までのあいだに影響が終息した朝鮮戦争の時期を除外すれば——生産と物価のいずれにおいても，戦前のような類の不安定性が欠除した点に特徴がみられた．この時期は第1次大戦後の事態の推移とくらべてかくもいちじるしく相違していたがゆえに，このようなことがおきるとはだれも予期していなかったといっても差し支えがないようにおもわれる．今回は戦後不況はまったくおきなかったのである．

　たしかに，この時期を全体的にみると，持続的な物価上昇があったことは事実である——わたくしがしっているかぎりでは，（たとえば，消費者物価指数にてらしてみると）完全な物価安定の理想はどこでも達成されなかった．しかし，長期的にみると，（消費者物価指数で測定されるような）インフレーションの進度は緩慢なままにとどまったし，またそれが加速される明確な傾向は1960年代末の数年間まではまったくなかったのである．〔ちなみに〕1953-67年までの14年間についていえば，インフレーションの進度は11の先進工業国にかんしては年平均で2パーセントをわずかに上回っただけであった[2]．しかも，それは先進諸国の工業部門にかぎられるか，あるいはせいぜいそこに淵源しているのであって，（もう一度，朝鮮戦争の時期を除外すれば）食品や基礎原料の国際価格は，平均的にみると，いちじるしい安定を持続した[3]．

　しかるに，1968年頃から事態は変化をはじめた．上昇率はさまざまであ

ったけれども，主要工業国のすべてにおいて工業産出高の単位あたり労働費用の上昇は加速されはじめたのである．国際決済組織で緊張がたかまり，そのために1971年には固定為替相場制が全面的に放棄された．これにひきつづいて1972年から1973年までの過程で商品価格の急激な上昇がおきたが[4]，それにさきだったものはアラブ-イスラエル戦争につづく石油価格の突発的な4倍値上げであった．商品価格の上昇につづいてつぎには賃金妥結額のインフレーションがおき，その作用をうけて物価の全般的上昇率がたかめられた．その結果としてあらゆる国ぐにで消費者物価の未曾有のインフレーションがひきおこされたのである．1973-5年までの2年間にかんしていえば，経済協力開発機構OECDの全加盟国の場合にはその率は平均で26パーセントであったけれども，（その2年間にかんしては）イギリスの44パーセント，日本の39パーセントから，ドイツの13パーセント，スイスの17パーセントにおよんでいた．

　平和時にはこのようなことはかつてなかった——わたくしのいっている意味は，たんに1，2の国ぐにではなくて，世界の先進工業国をすべて包摂するほどの規模のインフレーションにかんするものである．このインフレーションの独特な特徴としてはそのほかに，これにつづいて工業生産のいちじるしい後退がおきていたという点をあげることができる．世界の工業生産は60年代中は，年率6-7パーセントというように，かなり安定した率で，そして1971-3年には年率8パーセントで上昇したけれども，1974年には低迷し，そして1975年には10パーセントも下落したが，それにともなって失業は1930年代以来，経験したことがないような水準になってしまった．

　インフレーションと景気後退のこのような組み合わせは新規の現象であり，それを説明しなければならないということで，経済学者は学問上の挑戦をうけているのである．

　私見によれば——すべての国ぐににおける貨幣供給の増加とか，あるいは団体交渉の結果としてもたらされる全世界規模の費用圧力 cost-push というような——単一の基礎的原因をさがすことは不毛な行為であろう．また最近

の数年間にみられたインフレーションの大幅な加速は，それに先行した長期的な伏行性インフレーション creeping inflation の不可避的な結果である，と想定することもまちがっているようにおもわれる．

第1次部門と工業部門

おもうに，この現象を説明するために必要なことは，（ケインジアンのそれであるか，変種マネタリストのそれであるかにかかわらず）巨視的経済分析で一般的におこなわれているものではなくて，むしろ世界経済にかんして，かたや「第1次部門」，かたや「第2次」および「第3次」部門と区分して，経済活動を分化することである．これらの部門は総体的には相互補完的である——つまり食糧，燃料および基礎原料というような形態の，工業活動にとって不可欠な基礎的供給物を第1次部門は提供し，第2次部門はその原料を加工して投資または消費のための最終財にするのにたいして，第3次部門は，娯楽の独自の源泉となっている用役（芝居の興行のようなもの）はもちろんのこととして，他の部門にとって補助的な各種用役（輸送または販売，あるいは多種の専門的知識のようなもの）を提供している．

第3次部門が原因となって大問題がおきるということはありそうにない．しかし工業部門と第3次部門はことなる性格をもっているけれども——つまり因果機構の性質や経済上の全般的な帰結が両部門でことなっているけれども——いずれもインフレーションの源泉になりうる．

持続的で安定的な経済進歩のためには，これら両部門の産出高の成長がかならず相互に必要な関係をたもつことが必要である——すなわち，農業および鉱業の販売可能な産出高の成長が需要の成長と歩調をあわせ，需要の成長も逆に第2次（および第3次）部門の成長を反映しなければならない．

しかしながら，技術的な観点からみると，土地節約的技術革新によって推進される第1次〔部門〕の生産成長率が，第2次および第3次部門の生産と所得の成長によって是認される率とちょうど同率で推移するという点につい

ては，なんらの保証もありえない．確実にそうなるようにするのが価格機構の機能であり，もっと特定化していえば，相対価格，ないしは1次産品と工業製品間の「交易条件 terms of trade」の機能ということになる．農業や鉱業にとって交易条件が有利になれば，新投資をつうじて最新の技術進歩が利用されるようになり，また産出高の成長も急速になる．もし第1次〔部門〕生産の成長が工業にたいする需要の成長をしのぐようであれば，交易条件は工業にとって有利な方向にうごく．つまり理論的にいえば，そのために1次産品の生産の成長が抑制されるかたわらで，工業の成長が刺激され，またそれによって1次産品にたいする需要が刺激される．

「交易条件」は1次産品と工業製品にかんする2種の価格の比率であるから，この機構の作動効率の如何について発言できるためには，それにさきだって，〔1次〕産品市場と工業製品市場の性質をそれぞれもっとくわしく考察しておかなければならない．第1次〔部門〕の生産分野においては，市場価格は個別の生産者あるいは消費者にとっては所与のものになっており，またアダム・スミスによって記述されたような古典派的な仕方で，価格は市場圧力に直接的に反応しながら変動する．将来における生産と消費の調整にかんしては価格変動は「信号機」としての役割をはたしている．他方，工業においては——すくなくとも，生産の大半が大企業の手中に集中されている，現代の産業社会においては——価格は「管理」，つまり生産者自身の手で固定され，また需要の変化に対応する生産調整は価格変動とはかかわりなしに在庫調整機構をつうじておこなわれている．すなわち，売れ残り品の累積に対応して生産は縮小され，〔在庫の〕枯渇に対応して増大されるのである．通常，その典型的な生産者は完全能力水準以下で操業しているので，工業製品価格は（1次産品価格の場合とは相違して）「市場決済的 market clearing」ではない．〔また〕単位あたり費用負担を増加させないで生産者は生産を増加できるし，また実際に，大量生産の結果として費用を削減させてしばしば利益を収得している．このような「管理価格」は費用決定的であって，「市場決定的」でない．つまり共通費用と利潤に配慮して労働や原料のための直

接費にさまざまな比率の付加分を加算するという方法で，これらの管理価格が算出されている．工業部門では売上利潤と労働費用はいずれも需要の変動に特別な反応をしめさない．

その含意をのべると，以下のようになる．第 1 次〔部門〕生産の成長と製造活動の成長間の不調整にかんしては，どのようなものであってもその負担のほぼすべてが商品市場にふりかかる．そして需要や，価格変動に対応する供給調整に必要な時差の価格非弾力性はもちろんのこととして，在庫保有にかんする投機的期待にともなう重大な影響のために，商品市場の態様が移り気になる．第 1 次〔部門〕生産の成長が消費の成長を超過する場合には（1920 年代にはこれが現実の姿であった），その直接的な効果は在庫の累積となってあらわれ，また将来の需要成長にかんする好都合な期待にともなって緩慢な価格変動をおこすだけで，在庫の累積が何年間もつづくかもしれない．1925 年から 29 年までのあいだにこのようなことがたまたまおきたが，国際連盟発表の指数によれば，その期間中にはたんに緩慢な価格下落をともなっただけで，1 次産品の年度末在庫は 3 分の 1 ほど増加した[5]．好況が崩壊したとき，価格は破壊的なまでに──3 年間で〔下落幅が〕50 パーセント以上にもおよぶほどに──下落し，しかもそのために工業部門による商品吸収を刺激するどころか，まったく逆の影響がもたらされた．すなわち，第 1 次〔部門〕生産者からよせられる工業生産物需要は減退し，また──新地域の開拓などにむけられる──第 1 次〔部門〕生産のための投資が工業国で削減されたが，それらは食糧価格の下落に起因する都市労働者の実質所得増大にもとづく工業製品需要の促進効果を相殺してあまりあるほどであった．こうして商品価格の急激な下落は史上最大の工業不況の先触れとなった．

上述の事柄はもっと基本的な命題を論説している．つまり商品価格の大幅な変化はそれがどのようなものであっても──つまり第 1 次〔部門〕生産者にとって有利か，不利かというような点にかかわらず──工業活動に沈静化効果をもたらす傾向がある，つまりある場合には工業の成長を妨害し，他の場合にはそれを促進するというのではなくて，いずれにしても工業の成長を

妨害するのである．それには，これからのべるような2つの理由がある．商
品価格の下落は傾向的には第1次〔部門〕の生産者にとって不利な方向へ交
易条件をむかわせる有効な手段となるけれども，それにたいして，商品価格
が上昇しても，交易条件がかれらにとって好転するということはほとんどあ
りえないのであるが，上述のことは部分的にはこのような事実に起因してい
る．これはまた部分的には，実質所得の増減間にみられる，態様上の結果の
非対称性にも起因しているが，そのために，交易条件の変化によって誘起さ
れる，世界の所得分配面の突発的な変位はどんなものであっても（実質単位
であらわした）工業需要に不利な効果をもたらす可能性がある．

　最初の非対称性にかんしてのべると，商品価格は需要決定的であるのに，
工業価格は費用決定的であるということ，またそのために商品価格の上昇は
費用面にきわめて強力なインフレーション効果をもたらすということが重要
な原因になっている．基礎原料や燃料の価格上昇は，さまざまな生産段階を
へる過程でその効果を増幅しながら，最終価格につたわっていく——各段階
で利ざや額が増加することになるけれども，そのような意味の付加分が主要
費用にくわわるという仕方で基礎原料や燃料の価格上昇は「膨張 blown up」
させられる．このことが原因となって（当初は）製造活動にもとづく付加価
値中の利潤の分け前が増大するけれども，（労働組合の力がつよい国では）
それがそもそも賃上げ圧力をひきおこす有力な要因になる．これにくわえて，
ジョン・ヒックス John Hicks 卿によって「実質賃金面の拮抗力 Real Wage
Resistance」とよばれたようなものに起因する値上げ誘発的賃上げがかんが
えられる——それは，労働者が生活水準切り下げの容認をしぶる，というこ
とである[6]（これと並行して，引き上げの容認を同様にしぶるというわけで
はない）．このような理由のために，第1次〔部門〕生産者に有利な動きは
交易条件面でながくはつづきそうもない．〔つまり〕市場支配力の優位性を
そなえた工業部門は工業製品価格の費用誘発的インフレーションをつうじて
〔第1次〕産品価格の上昇にさからい，同部門の実質所得における，どのよ
うな縮減にたいしても抵抗する．

それにくわえてこういうこともある——ということで，これからまえにのべた第2の理由に話をうつすことになるが——実質単位でみるとインフレーション自体が工業製品にたいする有効需要にデフレーション効果をもたらす．その理由となっている事柄は一部は，第1次部門の生産者の利潤増加は支出増加によって相殺されないという点であるし——この点をとくに顕在化させたものは産油業者による莫大な金融資産の蓄積という最近の出来事である——，また，すべてではないにしても工業国のほとんどで，消費者需要の削減と，工業投資への歯止めを目的とする，財政的ならびに貨幣的手段が政府によって実施され，それによって自国内のインフレーションにどうやら対処しようとした点も理由の一部になっている．かくして，〔1次〕産品価格の騰貴によっておそらくは工業部門で賃金/物価の渦巻型のインフレーションが誘起され，つぎにはそれが原因となって工業活動が制御されたかもしれない．あとの事態〔つまり工業部門でのインフレ〕は〔第1次〕産品の不足を解消し，したがって傾向的には〔1次〕産品価格の〔上向き〕趨勢を逆転させる．これにかんする適切な例は，1972-3年のアメリカにおけるインフレーションであるが，それはあきらかに費用誘発的であって，賃金誘発的ではなかった．つまりそのインフレーションの原因は（生計費の上昇のあとにつづく賃上げとあいまった）〔1次〕産品価格の騰貴である．そしてインフレーションの阻止のために極度に緊縮主義者的な貨幣政策が招来され，つぎにはこのために重大な景気後退がひきおこされた．（ややおくれて，ドイツや日本のような，ほかの先進国政府によってもおなじような緊縮主義者的政策が採用された．）

調和のとれた世界経済の発展を誘導する方策としては，1次産品の供給能力の成長と必要量の成長間の持続的な調整を確実におこなわしめなければならないが，もし上述の分析が妥当なものであれば，市場機構はこの点にかんしてはきわめて不十分な制御装置である，ということになる．

〔1次〕産品に余剰が発生すれば，原理的には，それにともなって加速的な工業化がはじまるはずであるが，そのような余剰は工業製品にたいする有

効需要を減退せしめるので逆効果がもたらされるかもしれない．同様に，〔1次〕産品の不足が発生すれば，交易条件の改善をつうじて1次産品の供給能力の成長が加速されるはずであるが，そのような不足は予期に反して製造業価格のインフレーションをもたらすかもしれない．したがってこれにともなって傾向的には交易条件の改善が相殺され，また工業活動におよぼす沈静化効果によって，第1次部門と工業部門の両者にかんして新投資の気運がまえよりも悪化するかもしれない．

　回顧してみると，工業国においてはほとんど中断もなく，また〔1次〕産品価格の安定を背景にしながらまさしく1970年代はじめまで（ただし朝鮮戦争中の，急激なれども短命な〔1次〕産品景気を度外視している），きわめてながきにわたって戦後の大繁栄を持続できたのであるが，その点は注目すべき事柄である．これについての主要な理由は，農業において史上かつてみられなかったほどの速さで土地節約的な技術進歩が進行したという点である[7]．そのために主要穀物の生産国や輸出国に大量の余剰が招来されたが，しかしながら計略的目的のための備蓄政策と一体化した，すべての主要〔穀物〕生産国政府の価格支持政策によって，それに起因する通常の価格〔下落〕効果は回避された．このような価格支持政策によって農業所得の安定成長が確保され，また工業製品需要の成長にとっても重要な根幹的源泉がととのえられたのである．

「伏行性インフレーション」の発生原因

　ところで，1次産品の輸出価格は安定していた（というよりはむしろ定常的趨勢のまわりを上下していた）のにたいして，これまでに言及したような工業国の「伏行性インフレーション」のために，工業製品の輸出価格はゆっくりと上昇した．この時期を――たとえば1953年から1967年にかけての時期を――ふりかえってみると，賃金誘発型インフレーションにかんする2つの標準的な理論，すなわち団体交渉過程に基礎をおいた「費用圧力 cost-push」説あるいは労働市場における過度の〔需給〕逼迫に基礎をおいた「需要けん引 demand-pull」説はいずれも〔伏行性インフレーション〕解明の鍵をそなえていないようにおもわれる．

　いわゆる「起動的部門」においては生産性成長率が平均をいくらか上回っているが——その部門の賃金上昇率が当該産業の生産性成長率よりちいさくても，他部門の生産性成長率とくらべればいくらかおおきくなるような傾向をそなえた経済においては[8]，ある「主導的」ないし「基幹」部門で達成された賃上げは傾向的には全般的な賃上げ幅を決定する．そのために，さまざまな企業や業種の賃金所得は相対的に均等化[9]されるけれども，このような方向にむかわしめる，強力な社会力に着目して説明をおこなえば，核心にかなりせまることができる，とおもっている．

　大企業によって支配される経済では価格競争はそれほど即効的でなければ，有効でもない．そこで，（新製品または新生産方法の導入，あるいは販売量の急激な増加，もしくはその両者によって）費用の例外的な削減を体験した企業にたいして，費用の削減に呼応した値下げの形態で消費者に利益の全部を還元せしめるわけにはゆかない．こうした状況の存在という事態があればこそ，ある意味では不必要な大幅賃上げが招来されるのである——すなわち，必要な労働力の獲得のために雇用主にとって（競争上の地位をそこなわないで）どれだけの支払いが可能であるかによって賃上げは決定されるのであって，どれだけの支払いが必要であるかによってなされるのではない[10]．

　この説明が依拠している仮説は，ある特定時期に要求され，また大部分の妥結額のなかで穫得された賃上げ率が性格的に類似している，という点である．また，それらの賃上げ率の動機になっているものは生活水準面である所定の絶対量を確実に改善したいという願望ではなくて，むしろ他集団とくらべて，ある特定労働者集団の〔賃金面での〕相対的地位を維持したいという願望である．おおくの研究がおこなわれてきているが，傾向的にはそのなかでつぎの諸点が提示されている．つまり，たがいに密接に関係している労働者集団間の賃金格差にかんしては慣習や伝統が強力な要素を構成している．

またある特定集団が他集団と密接な関係にあり，つぎにはその集団が第3の集団といっそう密接に関係しているので，一種の連鎖反応がはたらき，そのような仕組みのなかで特定のある値上げ標準が「公平性」または「相互比較」の原理の影響をうけて拡散してゆくのであるが，上述した〔賃金〕格差の（長期的）不変性の背後にひかえた社会力はこのようなものである．なんらかの客観的で，かつ普遍的に容認される「公平」標準が欠如している場合には，このような〔社会力という〕属性が一人歩きして慣習で神聖化された賃金格差につけくわわり，したがって時間が推移すればそれだけで傾向としては賃金格差が補強されるのである[11]．

世界的規模の賃金騰貴の歳月──1968年から71年まで

1953-67年の長期的な伏行性インフレーションにかんする分析をつかったのではあきらかに，1968-71年におきた賃金・物価上昇率の突発的加速を説明できない──そのような年月のあいだは〔1次〕産品価格の動きは上向きではあったけれども，まだ比較的緩慢であった．その原因については今日でも論争がつづいているけれども，大部分の工業国ではほとんど同時的に賃金上昇率が突如として加速された．それがおきたのは1968-9年（日本，フランス，ベルギーおよびオランダの場合がそうである），ないしは1969-70年（ドイツ，イタリー，スイスおよびイギリスの場合がそうである）のいずれかのあいだである．アメリカではそのような過程は比較的早期にはじまりながらも，はるかに緩慢であったけれども，年間上昇率でみると製造業の時間あたり給与は1967年から1968年までのあいだに6パーセントという最高値に到達した．他方，全ヨーロッパ諸国と日本では，給与の年間上昇率は1970年までに2桁に達したのである．

ある一派の人びとはこうかんがえている[12]．これはすべて，ヴェトナム戦争に起因する，アメリカの需要インフレーションのせいであって，そのようなインフレーションだけが，国際価格か，さもなければ（アメリカの〔国際

収支の〕赤字増大に対応する)〔他国の〕一方的な国際収支の黒字に誘発された需要圧力をつうじて,ほかの国へ伝播していった.しかしそのような説明はいくつかの理由のために妥当性をもたないようにおもわれる.第1に,アメリカの賃金・価格インフレ率はヨーロッパや日本のそれよりも緩慢であったのであるから,国際的な物価騰貴をアメリカ国内のインフレーションのせいにすることは困難である.第2に,アメリカの国際収支の赤字が他の工業国に付加的な需要圧力をうみだしたと仮定する場合には,それらの工業国の需要圧力はこの間の数年のあいだに増大し,賃金急騰は労働市場における需要圧力の増大の結果とかんがえられる,ということが含意になっている.いくつかの国にかんしてはこの点は事実そうであったかもしれないけれども,他の国の場合にはあきらかにそうではなかった.たとえば,1969年から1970年までの時期の期末になっておきたイギリスの賃金急騰を付加的な需要圧力によって説明することはきわめて困難であろう——なぜならば失業が比較的高水準であった時期にそのようなことがおきたからであり,また1970年になってあきらかになったことであるけれども,経済動向は景気後退にむかっていたからである[13].

わたくしは,経済協力開発機構やほかのところで[14]提示された,それにかわる説明のほうに妥当性がある,と判断している——この場合には主として,労働組合の闘争意欲の昂場が基本的原因であるとかんがえているのであるが,そのような高まりの原因になったものは主として給付額からの所得税・保険掛金控除の急増である[15].ただし賃金急騰がそのような特定時期になぜ発生し,もっと以前に発生しなかったのか——というのは租税や保険掛金のために所得中から源泉徴収される負担金の増加傾向は10年以上もまえからはじまっていたからである——,あるいは賃金急騰がなぜおおくのさまざまな国でほとんど同時的発生したのか,という点にかんしてはこの仮説はなおも説明不能な点をのこしている.その点については,現存の論証資料にもとづくかぎりでは満足できる説明がまったく存在していない——1968年にアメリカやヨーロッパ全土で発生した学生の同時的反抗をひきおこした社会力——

あるいは1848年の2月と3月にヨーロッパを席捲した革命の波にかんしてはなおさらである．これらの場合にはすべて，ながらくくすぶりつづけた憤怒または不満があって，ある国の問題が危機に瀕したときには，それが原因となって爆発現象が他国へ急速に拡散したのである．

商品価格の暴騰

賃金インフレーションの加速は，国際貿易における工業製品価格水準のもっと急激な上昇と関連していた．たとえば，世界貿易におけるドル表示の工業製品国連物価指数は，1953年と1968年のあいだには年率1パーセントほどの上昇であったけれども，1968年から71年にかけては年率5パーセントになった．

工業製品価格のゆるやかで，かつ着実な上昇に対応して，1次産品生産者の交易条件の悪化が招来された．つまり，1953年から1971年までのあいだにかんしていえば，累積的な悪化は24パーセントにおよんだが，そのうちのほぼ3パーセントは1953年から68年までの期間におきたのである．これは，工業製品価格が急騰した3年間に，比較的低率ではあったけれども，1次産品価格も上昇したことに起因している[16]．

〔1次〕産品価格の暴騰は実際には1972年後半にはじまったが，1973年までは主要農産物の期末在庫に大幅な下落がみられなかった点を勘案すると，〔1次〕産品価格暴騰はほぼうたがいなくそのほとんどが品不足の予想にもとづくものであった．世界の小麦在庫は1973年には正常水準の半分以下に下落してしまった（そして1974年と1975年にも顕著な改善はなんらみられなかったのである）．これは主として，1972年とその後，数年間にわたる穀物生産の不作につづいてソ連が予期せざる買付けをおこなった結果である．それにまた，余剰穀物の重荷を長年にわたり体験した後だったので，持続的な穀物不足時代に突入していることにかんしてアメリカの認識がおくれたという事情もあった．食糧にしめされているものは特殊事例であるけれども，

第9章 世界経済におけるインフレーションと景気後退　　307

　1973年と1974年初頭における繊維価格とそれにつづく金属価格の急騰にあらわれたことについてかんがえてみるとおそらくは，1972年後半と1973年前半に経験した，年率10パーセント以上の，世界の工業活動成長率のもとでは，〔1次〕産品消化量の進度が供給能力の成長を超過する恐れがあったという点をあげることができる．

　しかし，これが唯一の作用要因というわけではない．全般的なインフレ期待とともに，公的金・ドル交換の停止につづいておきた通貨面での混乱のために，インフレ掛けつなぎの手段として，はかりしれないくらいに大量の〔1次〕産品買占めが誘発されたに相違ないからである——25年前の朝鮮戦争勃発時には，結果的には品不足は発生しなかったけれども，それがおきると予想して〔1次〕産品価格の急騰が招来されたが，仕方はそれと同様であった．（〔1次〕産品価格を50パーセントほど騰貴させた）その活況は1カ年そこそこで崩壊してしまった．このときには，金価格と『エコノミスト』の〔1次〕産品価格指数の動きとのあいだには顕著な相関関係があり，まったくおなじ時間的径路をたどっている[17]．

　このようにして〔1次〕産品価格が2,3倍も上昇したあとで，石油価格の大暴騰がおきて，周知のような結果をもたらしたのである．その後ひきつづいておこった世界的規模の工業不況によって，いくつかの商品価格はほとんどおなじ程度の激しさで急落したが——金属および工業用原料の場合がそうである——，ただし1976年2月以後は——工業拡大再開の最初のきざしがあらわれるにつれて——さらに激しさをましてふたたび急騰する結果となった[18]．

　食糧価格は1974年水準から緩慢ながらも下落したが，現在はふたたび上昇しつつある．しかしながら，景気後退以前の水準と比較すると，工業国における雇用水準はまだまだはるかに程とおい．すくなくとも趨勢とくらべれば，生産も低水準にとどまっている．しかも，製造業者との関連でみると，石油以外の〔1次〕産品生産者の交易条件は1970年よりも改善されたとはとてもいえないようにみうけられる．もし石油購入の必要性が考慮にいれら

れるならば，かれらの交易条件はおそらくもっとわるくなるであろう．

〔1次〕産品価格の上昇によって工業国ではあたらしいインフレーションの波の素地がととのい，それが原因となって，1974年および1975年に経験したものと同様の経過がくりかえされているけれども，開始時の失業水準は以前よりもはるかにたかい．現在，脅威となっているものはそれである．〔1次〕産品価格の急騰には，その価格はますますインフレ期待[19]の影響下におかれる，という点があらわれている．インフレーション障壁として役立つ貨幣安定化手段がない場合には，どのような程度のものであっても需要の回復があれば，投機にあおられた，〔1次〕産品価格の激烈な騰貴がひきおこされてしまいそうである．そしてインフレーションをおいつめるという問題は，資源浪費や失業面でやっかいな結果をともないながらも，今後，ますます全工業国の中心的な先決課題になっていくであろう．

しかしながら，1次産品の適切な供給成長率の確保に必要な交易条件は世界工業の価格安定性の維持と両立できない，と結論づけたとすれば，それは早計であろう．というのは，過去の経験のすべてにてらしあわせれば傾向的には，〔1次〕産品市場の価格が（ある種の公的市場介入によって）安定化されているときには，こうしてきずかれた価格安定は生産者や投資家たちの主観的危険を減少し，そのために大幅な供給増大が誘起されるかもしれないからである．それゆえに，安定的な〔1次〕産品価格の支配下では十分な供給を長期的に確保するために必要とおもわれる，交易条件の調整が，ゆっくりと，かつ漸進的に実施される場合には，世界の工業部門も完全に適応可能なものになる．

世界的経済成長のための貨幣的解決策

第1の必要要件は，1次産品の供給と需要の成長にかんして，それらの調整機構を強化することである．このために必要なことは，各国政府（または国際機関）が個別に，または国際協力のもとで，民間業者よりも大量に在庫

を保有するよう準備することである．しかも価格安定化のために，政府はいつでも市場に介入できるように準備しておかなければならない．

まえに説明した理由からあきらかなように，戦後の経済的活況の持続と安定は，価格安定化と計略的目的の双方のためにアメリカやその他諸国政府によって穀物やその他基礎産品の備蓄を増加したり，放出する政策が採用されたことにきわめておおくのものを負うていた．多数の人びとはつぎの点に確信をもっている．ソ連の穀物大量買付けはなににもまして世界の価格水準の安定を混乱させたが，（1960年代には，農産物貿易促進援助法 PL 480 条項による小麦放出や，作付制限にもとづく産出高削減によって膨大な余剰在庫をなんとか解消させようとしたけれども，そのかわりに）もしアメリカが穀物在庫の保有準備をもっと大規模にくわだてたとすれば，食糧価格の急騰は回避できたはずである．

わたくしが——過去ながらくにわたって——確信しつづけている点はつぎのとおりである．主要な1次産品のすべてにかんして緩衝用の国際的備蓄を創設する．またそのような緩衝用備蓄のための資金にかんしては，たとえば食糧，繊維および金属からなる主要な1次産品によって裏づけられ，これら1次産品と直接交換できる，国際通貨基金の特別引出し権 SDR と類似の国際通貨を発行して，それと直接的に関連づけて資金調達をおこなう．これが世界経済の安定化を推進するための最善の方策である．もしこのような緩衝用備蓄の対象物件が十分に広範囲なものになれば，それらが存在するということだけで，世界経済の成長と安定を促進する，有効な自動調整機構がととのえられることになるであろう．

もし〔1次〕産品余剰があらわれはじめる状況のさいにちょうどうまくそのような機構が作動し，緩衝用備蓄取扱部局の介入が備蓄の累増による商品不況の防御に役立つとすれば，このような部局の存在は経済発展の変動に多大の効果をおよぼすことになるであろう．その部局によって購入された〔1次〕産品価額は国際通貨にもとづく1次〔産品〕部門生産者の所得純増分を意味している．世界の投資増加は有効な乗数効果をもたらすであろう——そ

れは工業製品にたいする輸出需要を増加させ，つぎには工業投資を刺激するであろう．そしてこうして手はずがととのえられる過程のなかで傾向的には，〔1次〕産品の期間あたり生産とつりあうところまで，同産品の期間あたり消化が増加されるであろう．もし釣り合い水準をこえれば，その機構は逆に作用するであろう——つまり緩衝用備蓄取扱部局による〔1次〕産品の売却によって工業製品にたいする需要の収縮がひきおこされるであろう（というのは今度は1次〔産品〕部門生産者の所得が消費者支出に不足するであろうし，したがって工業国のその期の勘定残高に純赤字を発生させるかもしれないからである）．こうして緩衝用備蓄制度は，〔1次〕産品価格の露骨な騰落機構のかわりに，所得安定的な累積備蓄変動機構を用意することになるであろう——まえにみたように，前者〔つまり価格機構〕は緩慢で，かつ無駄な作用をおこない，しかも世界の工業活動に逆行的で，かつ不必要な循環をひきおこす傾向がある[20]．

　付言しておくが，たんに互換的な紙幣で構成される貨幣組織が〔1次〕産品によって安定的な貨幣価値の維持に成功できるか，という点についてはなお論証が必要である．1920年代以降，金の役割はつねに文字どおり風前の燈であったけれども，ブレトン・ウッズ体制に内包された，〔ドルとの〕かぼそくはあっても公的な連関性によって十分に錯覚が保持された．ドルは金と同程度に健全であるとか，また〔1次〕産品は（長期の）正常なドル価格を保持し，それを中心に市場価格が変動する，という錯覚がそれである．その後の出来事によって明示されたことであるけれども，金の公的廃位によって，金の市場安定化効果がいちじるしく弱体化された．しかも，「貨幣供給」が当座預金勘定とか，他の形態の流動的金融資産を意味している場合には，貨幣供給の規制が貨幣と商品の直接的な交換性にかわる十分な代替策になりうるとか，あるいはそのような交換性がなくても非規制的な市場経済のもとで，経済拡大力を放任しながら安定性が十分に維持されるような貨幣手段を創造できるとかいわれても，わたくしは信服できないのである．

注

1) 本稿は，1976年7月22日におこなった，王立経済学会での会長講演であり，また『エコノミック・ジャーナル』*Economic Journal*, vol. 86, December 1976 にも掲載された．
2) 11カ国の内訳はイギリス，アメリカ，フランス，ドイツ，イタリー，オランダ，ベルギー，スウェーデン，スイス，カナダおよび日本である．成長国のいくつかでは消費者物価上昇率がややたかく（年率で3パーセントから4パーセントのあいだである）――日本，イタリー，フランスおよびスウェーデンのような国ではそうである――，アメリカやカナダでは（1パーセントから2パーセントのあいだというように）ややひくくなる傾向があった．（ドイツ，ベルギーおよびスイスでは約2パーセントであり，イギリスおよびオランダでは約2¾パーセントであった．）
3) 1次産品の米ドル表示による国連輸出物価指数は1970年においては実際のところ，1950年とおなじであった．その期間のなかでは（ここでも朝鮮戦争の時期を除外している），1962年頃まではゆるやかな低下傾向がみられたが，その後はじめのうちは動きをともなわなかったけれども，やがてゆるやかな上昇傾向にうつった．
4) 燃料をのぞく1次産品の国連物価指数は1971年から73年までの2年間には（ドル表示で）58パーセント上昇し，また1974年にはさらに26パーセントも上昇したので，3年間で物価指数は2倍になった．
5) 「世界の生産と貿易」 "World Production and Trade, 1870-1960", *The Manchester School*, 1952, p. 128 のなかでルイス Lewis が引用した．
6) 『ロイズ・バンク・レヴュー』 *Lloyd's Bank Review*, October 1975, p. 5. ミルトン・フリードマン教授とかれの信奉者たちによれば，このような「実質賃金面の拮抗力」はそれ自体が労働にたいする超過需要の証拠になる――つまりある「自然〔失業〕率」[訳注1]〔の状態〕よりも失業が低水準であるということになる．なぜならば，失業水準がもっとたかければ，要求実質賃金は――つまり事前的実質賃金は――もっと少額であったであろうし，また事後的実質賃金は（「限界生産力」がたかまるために）もっと高額になるかもしれないからである．しかしながら，この点にかんしてはいずれにしてもマネタリストたちが見当違いな非難をしていることはたしかである．失業水準がたかければ，事後的実質賃金は少額になるのであって，高額にはならない――その2つの理由のうちでひとつは短期的収穫逓増（「オークンの法則」）[訳注2]であり，もうひとつは社会的共通費であるが，共通費が原因となって賃金収得者の消費にむけられるものは産出高増分のある不比例的部分になる――，それにたいして「要求実質賃金」は主として労働力人口の達成ずみ生活水準によって支配されており，また失業

水準に影響されるとしてもたいしたことではないのである．工業国におけるインフレーションは，労働にたいする超過需要や労働生産物にたいする超過需要のいずれの結果でもなかった．しかしあえてあげるとすれば，それは1次産品（食糧および原材料）にたいする超過需要ということになるが，これはまったく別次元の事柄である（ヒックス，前掲論文 Hicks, *op. cit.* およびジョンソンの『ロイズ・バンク・レヴュー』誌論文 H.G. Johnson, *Lloyd's Bank Review*, April 1976, p. 14 を参照せよ）．

7) アーサー・ルイス Arthur Lewis 卿は，1952年の著書（前掲書 *op. cit.*, p. 13）のなかで，1950年から60年までの10年間にかんしては世界の食糧生産の成長がおそらく年率1.3から2パーセントの範囲になる，と予想した．もっともかれはさまざまな悪環境のためにそれよりもひくい数値になる可能性がもっとおおきい，とかんがえていた．かれは，世界の工業生産の達成可能な成長が3.9から5パーセントになるが，それは原材料の供給能力と，不況回避のための経済管理の成否にかかっている，と推測した．世界の工業生産は実際には，（国連の推定値によると）1950年から60年までと，1960年から70年までの10年間にかんしては，（平均で）年率6⅔パーセントで増加したが，他方，世界の食糧生産は両方の10年間に年率2.7パーセントで増加した．（しかしながら，1970年から73年までの3年間にかんしては，年率1.6パーセントに低下した．）

8) この命題にかんする実証的な裏付け資料としては，イートウェル，レーウィーレンおよびターリング「工業国における貨幣賃金インフレーション」Eatwell, Llewellyn and Tarling, "Money Wage Inflation in Industrial Countries", *Review of Economic Studies*, October 1974, pp. 515-23，とくに同論文中の第III表 Table III, p. 520 を参照せよ．

9) その論拠としては，とくに『給与の相対関係の問題』*Problem of Pay Relativities*, Advisory Report No. 2 of the Pay Board (Cmnd. 5535, 1974) を参照せよ．

10) 上述の説明は，資本制経済において生産性上昇を上回る賃上げを誘起する原因にかんするものであるが，それは「主導部門」仮説についての，特定な解釈のひとつでしかないのであって，わたくしは個人的には賛成したいけれども，他の仮説を排除できるほど確固たる基盤のあるものとはかんがえていない．伝統的な考え方にもっと適合した，別の解釈もあるが，その場合には，この〔生産性を上回る賃上げ〕の役割は特定の企業または部門のせいであり，それらは労働力の補充にせまられた新企業とか，あるいは（たとえば，割賦購入制度HP規制の廃止の結果として）生産物需要の急増がみられたために従業者数にたかい拡張率があらわれ，またそれゆえに苦心して高賃金を提示し，労働力の追加分を補充した企業であった，とかんがえられている．さらに別の解釈があ

るが、この場合にはそれとは反対に、「主導部門」をみいだせる産業は（生産物需要の減少、あるいは例外的な生産性増大、またはその両方のために）労働力の削減がながびいたので、労働者がやむなく所得の相対的な悪化を容認せざるをえなくなったところであり、したがってこういう状況がおわれば、労働者の交渉上の地位は回復され、以前の状態をとりもどすための「追いあげ」が可能になる、と主張されている。（炭抗労働者が数年間連続して賃上げ基準を設定したが、このようなイギリスの事例をかんがえると、その解釈はおあつらえむきになっている。）さらに、この理論のもうひとつの変形がいわゆる「スウェーデン学派のインフレーション理論」である。その理論によれば、輸出入競争産業（広義には製造業）の価格は世界物価によって設定され、そして——これらの部門はまた高生産性成長率をそなえた「起動的部門」でもあるけれども——その部門の賃上げ率がつぎには、生産性がはるかにちいさい、いわゆる「保護」産業に適用される、とかんがえられている。しかしながら、工業製品の国内物価が世界物価の影響をあまりうけないイギリスのような経済に、スウェーデン学派の理論を適用できるかどうかは疑問である。ましてや、国内取引とくらべて外国貿易がちいさいアメリカの場合にはもっと可能性がちいさくなる。（「スウェーデン学派」理論の説明にかんしてはエグレン、ファクセンおよびオードナー『賃金決定と経済』Edgren, Faxen and Odhner, *Wage Formation and the Economy*, London, Allen & Unwin, 1973 を参照せよ。）

11) 1975年から76年までにかんしては、所得格差を考慮せずに、一律、週6ポンドの賃上げ実施を内容とする自発的所得政策が実施され、大成功をおさめたけれども、そのような事実は上述の論説をかならずしもよわめるものではない。もし全体的な実施という点が信用されるならば、所得政策は一時的には伝統的基準にかわる新「公平」基準を設定することになる——戦時下の耐乏生活を納得させるためにもっとも見込みのある方法になったものは、包括的な配給制によって消費の平等化を達成する方法であるが、いまのべたものはそれとまったくおなじである。もし所得政策がかぎられた期間のあいだだけ維持されるというのであれば、期限切れのさいには旧来の所得格差が再現するであろう。しかしながら、もしその政策が全年次にわたって（可能なかぎりゆるやかな形で）維持されるということになれば、「公平」とかんがえられている賃金格差幅に恒久的な影響をおよぼすかもしれない。

12) ウィリアム・ノードハウス『世界的規模の賃金急騰』William Nordhaus, *The Worldwide Wage Explosion*, Brookings Papers on Economic Activity, no. 3, 1972 を参照せよ。

13) 詳細な分析については、ジョン・ウィリアムソン、ジョフリー・ウッド「イギリスのインフレーション——内発的か、それとも輸入されたか？」John Wil-

liamson and Geoffrey Wood, "The British Inflation: Indigenous or Imported?", *American Economic Review*, September 1976, pp. 520-31 を参照せよ．

14) たとえば，ジャクソン，ターナーおよびウィルキンソン「労働組合はインフレーションをおこしうるか？」Jackson, Turner and Wilkinson, *Do Trade Unions Cause Inflation?*, D. A. E. Occasional Paper, Cambridge, 1972 を参照せよ．

15) 経済協力開発機構 OECD の発表にしたがうと，1955 年から 69 年までの期間中は経済協力開発機構加盟の主要国においてはすべて，総民間消費にたいする私的資金による消費の割合に一様な低下がみとめられた．(『経済協力開発機構加盟国における支出趨勢』*Expenditure Trends in O.E.C.D. Countries 1960-80*, O.E.C.D., July 1972, charts B and E and table 12 を参照せよ．) これにかんしては部分的には財・サービスにたいする公共支出の増大ということで説明が可能であるが，しかし主要なものは社会事業給付金と福祉事業費の支出規模の増大を反映した社会的移転額の増大であろう．

16) 燃料以外の 1 次産品にかんする国連指数（すべてドル表示による）を世界貿易中の工業製品の国連輸出物価指数で割算して，上記の数値を算出した．しかしながら，（トラクターとか化学肥料，洗濯機やテレビ受像機の新機種のような）無数の新工業製品の出現によって消費または投資に利用可能な財の範囲が大幅に拡大されたが，それによってもたらされた実質購買力の増加がその物価指数のなかで考慮されていないので，1 次〔産品〕部門生産者の交易条件に 18 年間にわたってみられた緩慢な悪化はみせかけだけのものであって，実際にはそれほどではなかった，という主張も可能である．

17) 経済協力開発機構『経済概観』the diagram on page 106 of the O.E.C.D. *Economic Outlook*, December 1973 を参照せよ．

18) 『エコノミスト』誌のドル表示の商品価格指数は 1976 年 2 月以降，かれこれ 30 パーセント上昇したが，今日（1976 年 7 月）では 1974 年 5 月にみられた既存の最高値を上回っている．

19) 「マネタリスト」ならずとも，わたくしはインフレ期待の重要性を確信している．ただしマネタリストとはちがってわたくしの信ずるところにしたがえば，投機が重要であるような市場で主としては——すなわち〔1 次〕産品市場で——インフレ期待が重要性をもつのであって，労働市場，あるいはそこでの価格が費用決定的であるような財市場においてはそうではないのである．

20) その問題を別の角度からながめてみると，この種の制度によって貨幣政策の有効性は途方もなく向上するであろう．というのは，その場合には国際通貨当局は〔1 次〕産品市場における公開市場操作によって，基礎貨幣（あるいは「きわめて強力な貨幣 very high powered money」）の供給については規制をおこなうけれども（なおこの場合には，そうした操作が需要や所得に直接的で，か

つ有効な効果をもたらすことは確実である），しかし（大蔵省証券のように）所得効果が遅延し，あわせてそれがいちじるしく不確実な高次元の代替貨幣市場にかんしては，そうではないからである．

訳　者　注

まえがき

1〕 サムエルソンの「代用生産関数」については下記の論文などを参照してもらいたい．

P. Samuelson, "Parable and Realism in Capital Theory", *Review of Economic Studies*, June 1962, *The Collected Scientific Papers of Paul A. Samuelson*, Vol. I, pp. 195-206.

2〕 この文章は『新約聖書』，「マタイの福音書」第13章からの引用である．

3〕 原文では 'explantation' となっているが，'explanation' の誤植とおもわれるので，訂正して訳出した．

4〕 1964年に労働党が政権を回復したが，その時期にかれは大蔵省特別顧問に就任し，1968年までその役職をつづけた．

5〕 これはもともとは模範あるいは典型を意味する言葉であったが，トーマス・クーンが「一般的に承認をえた科学的業績であって，ある時期に専門家にたいして問題設定や解答方式の原型を提供するもの」としてこの言葉を使用して以降，各方面でこのんでつかわれるようになった．詳細については下記の文献を参照してもらいたい．

Thomas S. Kuhn, *The Structure of Scientific Revolutions*, 1962, 中山茂訳『科学革命の構造』昭和46年，みすず書房刊．

6〕 'S. E. T.'，つまり選択的雇用税は1966年から73年にかけてイギリスで採用された．そしてサービス業の労働費用をたかめながら製造業では逆にそれを軽減することによって，製造業への労働力再配分をはかる，ということがその目的になっていた．

7〕 ミルやリカードによって提唱された比較生産費説をさしている．

8〕 「寡婦のつぼ」は，「ダナイデスのびん Danaid jar」と対照させながら，利潤の特性を説明するという趣旨でケインズによってつかわれた比喩であるが，それにかんしてかれはつぎのようにかいている．「企業家にとって利潤は資本の増分をまかなう源泉になっているけれども，それは〔いわば〕寡婦のつぼであって，かれらのおおくが放蕩な生活に身をゆだねようとも，つぼはいつまでもからにならずにのこりつづけるのである」（A Treatise on Money, *The Collected Writings of John Maynard Keynes*, Vol. V, p. 125. 小泉明・長澤惟恭

訳,『ケインズ全集』第5巻,昭和54年,東洋経済新報社刊,142ページ).なおカルドアは foot note に説明がかかれているように解説している.しかしケインズの原文では上記のように本文中に論旨がかかれているので,訳文では「脚注」という文言をさけることにした.
9〕 原文では *An Essay in Dynamic Economics* となっているが,あきらかに *Towards a Dynamic Economics* の誤記であるから,訂正して訳出した.
10〕 原文では 'pp. 31-58' と印刷されているが,'pp. 31-53' の誤植と判断されるので,訂正した.
11〕 原文中の 'pp. 72-7' にかんしては,前項と同様な理由で 'pp. 72-4' と訂正した.

第1章 資本蓄積と経済成長

1〕 原文では 'K' や 'Υ' がもちいられているけれども,この訳文では,繁雑さを回避するために,前者については 'K',後者については 'Y' を使用する.なお,第2章にかんしても同様である.
2〕 原文では 'O' がもちいられているけれども,前項とおなじ理由で 'O' を使用する.
3〕 (vi)式の両辺を $dY(t)$ でわれば,

$$s(t)\frac{Y(t)}{dY(t)} = \frac{dK(t)}{dY(t)}\frac{1}{dt}$$

がえられる.そこで上式を変形すれば,

$$s(t)\frac{1}{\dfrac{dY(t)}{dt}\dfrac{1}{Y(t)}} = \frac{dK(t)}{dY(t)}$$

がもとめられる.ところで,定義にしたがえば $v=K/Y$ であるから,

$$v\frac{dY(t)}{dt} + Y(t)\frac{dv(t)}{dt} = \frac{dK(t)}{dt}$$

になるけれども,(ii)から $dv(t)/dt=0$ であることもわかるので,

$$\bar{v}\frac{dY(t)}{dt} = \frac{dK(t)}{dt}$$

$$\therefore \frac{dK(t)}{dY(t)} = \bar{v}$$

を導出できる.この結果をまえにもとめた式へ代入し,さらに G_Y の定義式(それらにかんしては著者注12を参照せよ)を考慮すれば,

$$G_Y = \frac{s(t)}{\bar{v}} \quad \text{または} \quad \bar{v}G_Y = s(t)$$

がもとめられる.

4〕 (vii)式にもとづけば，(i)式は下記のようにかきかえられる．
$$L(t) = L(0)e^{\lambda t}$$
ところで，上式を t で微分すれば，
$$\frac{dL(t)}{dt} = \lambda L(0)e^{\lambda t} = \lambda L(t)$$
がえられるので，
$$G_L = \frac{dL(t)}{dt}\frac{1}{L(t)} = \lambda$$
になることがわかる．さらに(iii)式から $G_Y = G_L$ という結論をひきだせるので，
$$G_Y = \lambda$$
であることも確認できる．

5〕 定義にしたがえば，$G_K = dK(t)/dt \cdot 1/K(t)$ であるから，$K(t) \cdot G_K = dK(t)/dt$ になる．その点に配慮すれば，(vi)式は $s(t)Y(t) = K(t) \cdot G_K$ とかきなおせる．したがって，
$$s(t) = G_K \frac{K(t)}{Y(t)}$$
になるけれども，ここで $G_K = G_Y$，および $K(t)/Y(t) = v(t)$ に配慮すれば，
$$s(t) = G_Y v(t)$$
がもとめられる．そこでさらに訳注4で証明した結果，つまり $G_Y = \lambda$ を代入すれば，
$$s(t) = \lambda v(t)$$
がえられる．

6〕 原文では G_y と印刷されているけれども，まえ（本訳書，41ページ）を参照すれば，あきらかに G_Y の誤植であることがわかるので，訳文ではそのように訂正した．

7〕 $G_K = s/\bar{v}$ および $G_K = G_Y$ はまえのページでしめされた式であるが，$P/Y = \lambda\bar{v}$ にかんしては(iv)式と，訳注3で証明した $s(t) = \lambda v(t)$ が考慮されているし，$P/K = \lambda$ にかんしてはまえにしめされた $P/K = G_K$ と $G_K = G_Y$ にくわえて，訳注4で証明した $G_Y = \lambda$ が考慮されている．

8〕 (v)式から，
$$w(t) = \frac{Y(t)}{L(t)} - \frac{P(t)}{L(t)} = \left(1 - \frac{P(t)}{Y(t)}\right)\frac{Y(t)}{L(t)}$$
がもとめられるが，ここで $Y(t)/L(t) = O(t)$ と，訳注7で説明した $P(t)/Y(t) = \lambda\bar{v}$，および(iii)式を考慮すれば，
$$w(t) = (1 - \lambda\bar{v})\bar{O}$$
になることを証明できる．

9〕 f_1' および f_1'' は f_1 関数の1次および2次微分を意味している．なお後記の ϕ, ψ, ξ のような各関数にかんしても同様な表記法がつかわれているが，α', β' などのような，係数や常数にかんするダッシュ記号とまぎらわしいので，注意が必要である．

10〕 ここでは定義式 $Y \equiv P + W$ と，条件式 $S = I$ が考慮されている．まず $S = I$ と，α, β の定義に着目すれば，
$$I = S = \alpha P + \beta W$$
がもとめられる．また $W = Y - P$ であるから，
$$I = \alpha P + \beta(Y - P) = (\alpha - \beta)P + \beta Y$$
になり，したがってこれを変形すれば，
$$\frac{I}{Y} = (\alpha - \beta)\frac{P}{Y} + \beta$$
がえられるので，それをさらに変形すれば，
$$\frac{P}{Y} = \frac{1}{\alpha - \beta}\frac{I}{Y} - \frac{\beta}{\alpha - \beta}$$
になることを証明できる．

11〕 $W = Y - P$ であるから，
$$1 - \frac{P}{Y} = \frac{W}{Y}$$
になるが，ここで $W/Y \leqq L \cdot \psi'(L)/\psi(L)$ という式に配慮すると，
$$1 - \frac{P}{Y} \leqq \frac{L\psi'(L)}{\psi(L)}$$
であることがわかる（なおここでは ψ' は ψ の1次微分値を意味している）．そこでさらに $P/Y = \lambda v$ という式を勘案すると，
$$1 - \lambda v \leqq \frac{L\psi'(L)}{\psi(L)}$$
がえられるので，それを変形すれば，
$$\frac{\psi(L) - L\psi'(L)}{\psi(L)} \leqq \lambda v$$
をもとめることができる．

12〕 原文では，1人あたり産出高の成長率を '$\dot{Y}/Y$' であらわして「横軸 abscissa」に目盛り，また1人あたり資本の成長率を '$\dot{K}/K$' であらわして「縦軸 ordinate」に目盛る，と説明されているのであるが，Y や K の語義に配慮すればそれはあきらかに誤記と判断されるので，'$\dot{Y}/Y$' は '$\dot{O}/O$', '$\dot{K}/K$' は '$\dot{k}/k$' と訂正した（ただし，$k = K/L$．なお著者は k という記号をつかっていないので，この論文中の前提に配慮しながら著者がつかった記号でそれをあらわせば，'$\dot{K}/K - \lambda$' ないしは '$G_K - \lambda$' と表記することも可能である）．さらに図と照合す

れば横軸と縦軸にかんする説明にも誤記があったとかんがえられるので，その点も訂正して訳出した．
13〕 前項でのべたこととおなじ理由で，この図でも原文中の '$\dot{Y}/Y$' を '$\dot{O}/O$'，'$\dot{K}/K$' を '$\dot{k}/k$' とかきかえた．また点 P はあきらかに T 線と 45 度線の交点であるけれども，原文の図ではそのように印刷されていないので，この訳書では P 点の位置を訂正した．
14〕 原文では 'output the previous period' となっているが，ここでは 'output of the previous period' と訂正して訳出した．
15〕 技術進歩関数は，第 5 図や第 6 図でしめされているような非線型関数ではなくて，線型関数であると仮定されている場合には，それを下記のように数式化できる．
$$G_o(t) = \alpha' + \beta' \frac{\dot{k}}{k}$$
ところで $k=K/L$ である．そこで $\dot{L}/L=\lambda$ であることに配慮すれば，$\dot{k}/k = \dot{K}/K - \dot{L}/L = G_K(t) - \lambda$ であり，したがって，上記の式は，
$$G_o(t) = \alpha' + \beta'(G_K(t) - \lambda)$$
とかきかえられる．この式をさらに変形すれば，
$$G_K(t) = \frac{G_o(t) - \alpha'}{\beta'} + \lambda$$
になるが，$I = G_K(t) K(t)$ であることに配慮すれば，上式から，
$$I = (G_o(t) - \alpha') \frac{K(t)}{\beta'} + \lambda K(t)$$
であることを証明できる．
16〕 原文では 'the expected margin of profit turnover' となっているが，ここでは 'the expected margin of profit on turnover' と訂正して訳出した．
17〕 原文では，(15)式中には { } の記入がおこなわれていないけれども，本文中の説明と照応させるために，ここではあえて { } を注入した．
18〕 かりに $Y/K = 1/v$ を m であらわすと，
$$\frac{\dot{m}}{m} = \frac{\dot{Y}}{Y} - \frac{\dot{K}}{K} = G_Y - G_K$$
であるから，
$$\dot{m} = \frac{d}{dt}\left(\frac{Y}{K}\right) = (G_Y - G_K) m = (G_Y - G_K) \frac{Y}{K}$$
になる．もちろん Y および K はいずれも正値である．そこで $G_Y - G_K > 0$，つまり $G_Y > G_K$ であるかぎり，
$$\frac{d}{dt}\left(\frac{Y(t)}{K(t)}\right) > 0$$

であることがわかる．

19] $O=Y/L$ であるから，$\dot{O}/O=\dot{Y}/Y-\dot{L}/L$ である．そこで $G_O=G_Y-\lambda$ がもとめられるが，この式を(14)式に代入すれば，
$$G_Y-\lambda = \alpha'+\beta'(G_K-\lambda)$$
がえられる．したがって，
$$G_Y = \alpha'+\beta'(G_K-\lambda)+\lambda = \beta'G_K+\alpha'+(1-\beta')\lambda$$
になるが，上式は，G_K が増大すれば G_Y も増大することを意味している．

ところで上式を微分すれば，
$$\frac{dG_Y}{dt} = \beta'\frac{dG_K}{dt}$$
になるので，
$$\frac{dG_Y}{dt}\frac{1}{G_Y} = \frac{\beta'}{\beta G_K+\alpha'+(1-\beta')\lambda}\cdot\frac{dG_K}{dt}$$
$$= \frac{\beta'G_K}{\beta'G_K+\alpha'+(1-\beta')\lambda}\cdot\frac{dG_K}{dt}\frac{1}{G_K}$$
とかきあらわせる．そこで G_K, α', λ は正値であり，しかも $0<\beta'<1$ であることに配慮すれば，
$$0 < \beta'G_K < \beta'G_K+\alpha'+(1-\beta')\lambda$$
であるから，
$$0 < \frac{\beta'G_K}{\beta'G_K+\alpha'+(1-\beta')\lambda} < 1$$
になるはずである．したがって，
$$\frac{dG_Y}{dt}\frac{1}{G_Y} < \frac{dG_K}{dt}\frac{1}{G_K}$$
という関係を確認できるのであるが，その不等式は，当初は $G_Y>G_K$ であっても，やがては G_K の大いさが G_Y のそれに接近して，けっきょく $G_Y=G_K$ という状況が成立することを意味している．

20] まえにしめした $G_O=G_Y-\lambda$ は $\lambda=G_Y-G_O$ とかきかえることもできる．この関係を(14)式に代入すれば，
$$G_O = \alpha'+\beta'(G_K-G_Y+G_O)$$
つまり，
$$(1-\beta')G_O = \alpha'+\beta'(G_K-G_Y)$$
がえられる．そこで前項でのべたような理由で $G_K=G_Y$ が成立した場合を想定すれば，
$$G_O = \frac{\alpha'}{1-\beta'}$$
を導出できる．したがって $\alpha'/(1-\beta')$ を γ であらわせば，$G_O=\gamma$ とかける

し，さらに，まえにかいたように $G_0=G_Y-\lambda$ であるから，$G_Y(=G_K)=\lambda+\gamma'$ になることも確認できる．
21〕 原文では植字の関係で ρ_F, ρ_C と判別しにくくなっている．
22〕 原文では，

$$\frac{W(t)}{Y(t)} \leq \frac{\frac{dY(t)}{dL(t)}(Lt)}{Y(t)}$$

と印刷されているのであるが，(Lt) は誤植とかんがえられるので，訳文中の式のように訂正した．

23〕 (viii)の両辺に $dY(t)$ をかければ，

$$s(t)Y(t)dY(t) = \frac{dK(t)}{dt}dY(t)$$

がえられるので，その式を変形すれば，

$$s(t)\frac{1}{\frac{dK(t)}{dY(t)}} = \frac{dY(t)}{Y(t)}\frac{1}{dt}$$

になる．さらに $v=K/Y$ であり，また(iv)でしめされているように $dv(t)/dt=0$ であることを勘案すれば，$dK(t)/dY(t)=v(t)$ がえられる．そこで，

$$\frac{s(t)}{v(t)} = G_Y(t)$$

であることがわかる．なお原文では(vii)からもとめられると印刷されているのであるが，上記のような点をかんがえると，誤植と判断されるので，ここでは(viii)と訂正して訳出した．

24〕 原文では 'with $\theta'>0$' となっているのであるが，ここでは 'where $\theta'>0$' と訂正して訳出した．

第2章 経済成長の新モデル

1〕 現実の工場や機械は特定の年月（つまり vintage）に建設（または製造）されたものであり，したがってそれらの属性のなかには特定の建設（または製造）期もふくめられなければならない．そのようなことは現実の世界では，あえてことわるまでもない事柄に属しているけれども，その点を著者が強いて明言せざるをえなかったのは経済理論の実情に起因している．つまり，これまでの大部分の理論モデルにおいては，資本ストックやその追加分（すなわち投資）を構成する，個別の設備は均一であると想定され，したがってそれらが何年製のものであるかという点は問題になりえなかった．たしかに資本の減耗という点は配慮されていたけれども，旧式な，したがってもっとも不効率な設備が毎年，廃棄されてゆくと想定されていたわけでなくて，いわば全部の設備が

均等に(したがって新旧の別なく)磨損してゆくかのごとく想定されるのがつねであった.

著者は従来の,そのような非現実的想定を打破するために,資本ストックへの追加分,すなわち投資がその時点でもっとも高性能の設備によって構成される,と想定しようとしているのであるが,それにともなって資本ストックも異種の(新旧)設備によって構成されていると想定され,したがって均一性の仮定は棄却されるので,モデルはいっそう現実性をおびるにいたる.

なお,これまでは,'vintage'は訳出されないで,ただ「ヴィンテージ」と表記されることがおおかったのであるが,この翻訳では,著者の意図をできるだけ鮮明にするために,あえて「設備建造期」という訳語をあたえ,著者が提示したものは「設備建造期指定モデル」であることを明示したので,そのことをあらかじめおことわりしておく.

2〕 原典の y_t は,活字が不良であるために,後記の ν ないしは γ とまぎらわしくなっている.

3〕 (2)式と第1図との関連をあきらかにするために,つぎの点を補足説明しておく.「技術進歩関数」が $\dot{p}_t/p_t = f(\dot{i}_t/i_t)$ でしめされている点は著者の説明であきらかであるが,それを図示したものが第1図中の曲線である.ところで,図ではその曲線は原点より上の点で縦軸と交差しているが,それは,労働者1人あたり投資が終始,一定であっても,つまり $\dot{i}_0 = 0$,したがって $\dot{i}_0/i_0 = 0$ であっても,労働者1人あたり生産性が増加する,つまり $\dot{p}_0/p_0 = f(0) > 0$ と仮定されているからである.また曲線は右下がりの増加関数として図示されているけれども,それはもちろん $f' > 0$,および $f'' < 0$ という制約条件を反映している.

4〕 賃金財価格とくらべて設備財価格が相対的に上昇する場合,ないしは設備財価格とくらべて賃金財価格が相対的に下落するような事例をかんがえてみると,特定の $\dot{i}/i$ に対応する $\dot{p}/p$ の高さは,相対価格に変化がない場合とくらべれば,相対的にひくくなる,といえる.その点を勘案すれば,ここで想定したような事例では技術進歩関数,つまり f 関数は下方に転位する,と推論できるであろう.

5〕 いま t 期に製造され設置された機械をかんがえてみる.その機械の労働生産性を p_t(かれの仮定にしたがえば,その機械にかんしては一定),τ 時の全般的な期待賃金率を w_τ^*(その大きさは時間の経過,つまり τ の推移にともなって逓増する)とおけば,1人あたり利潤は $p_t - w_\tau^*$ になる.そのような1人あたり利潤が粗利潤率(ここでは本来の利潤率 ρ と設備の減価率 δ を合算して,そのようによんでおく)で連続的に利殖された場合をかんがえると,$\tau - t$ 期間内にはその大きさは $e^{-(\rho+\delta)(\tau-t)}(p_t - w_\tau^*)$ になる.(この計算式にかんしては,

たとえばR. G. D. アレン『経済研究者のための数学解析』(上),256ページ以下などを参照せよ.) ところで,その設備は予想耐用期間 T のあいだは利潤をうみつづける.そこで,それらの1人あたり利潤の合算額,つまり,

$$\int_t^{t+T} e^{-(\rho+\delta)(\tau-t)}(p_t-w_\tau^*)d\tau$$

が1人あたり投資額を下回らないかぎり,企業家は投資をおこなうとかんがえれば,(3)式がえられる.

6〕 はじめの h 期間内に稼得される粗利潤で投資費用を十分に支弁できると仮定すれば,そのような関係は1人あたり粗利潤と1人あたり投資費用の関係にもあてはまる.したがって,

$$i_t \leqq \int_t^{t+h} e^{-(\rho+\delta)(\tau-t)}(p_t-w_\tau^*)d\tau$$

になる.ところが $(\rho+\delta)>0$, $(\tau-t)\geqq 0$, また $e>1$ であるから,

$$e^{-(\rho+\delta)(\tau-t)}(p_t-w_\tau^*) \leqq p_t-w_\tau^*$$

であり,したがってとうぜん,

$$i_t \leqq \int_t^{t+h} e^{-(\rho+\delta)(\tau-t)}(p_t-w_\tau^*)d\tau \leqq \int_t^{t+h}(p_t-w_\tau^*)d\tau$$

になるので,(4)式をもとめることができる.

7〕 ここでは貯蓄はすべて再投資されるとかんがえられているので,

$$I_t = S_t = sP_t = s\pi_t Y_t$$

$$\therefore \pi_t = \frac{1}{s}\frac{I_t}{Y_t}$$

になり,(5)式がえられる.ところが定義にしたがえば,$i_t=I_t/n_t$, $y_t=Y_t/N_t$, $r_t=n_t/N_t$ であるから,その点に配慮して上式を変形すると,

$$\pi_t = \frac{1}{s}\frac{i_t n_t}{Y_t} = \frac{1}{s}\frac{i_t}{Y_t/n_t} = \frac{1}{s}\frac{i_t}{y_t N_t/n_t} = \frac{r_t}{s}\frac{i_t}{y_t}$$

になるので,(5a)式がえられる.

8〕 τ 期に新設された機械の稼働のために雇用される労働者数 n_τ は,仮定にしたがえば機械の陳腐化にともなって漸減する.いま t 期における,別言すると τ 期から $t-\tau$ 期たったのちの τ 期製機械にかんする雇用労働者数 n_τ' を算出すれば,陳腐化が連続的に進行する場合には,つぎのようになる.

$$n_\tau' = n_\tau e^{-\delta(t-\tau)}$$

ところで機械の耐用期数は T 期であるとかんがえられているのであるから,t 期には T 期まえに新設された,つまり $t-T$ 期製の機械からその時点で製造された機械,つまり t 期製の機械までが稼働し,それぞれに労働者が配置されていることになる.そこでそれらの雇用労働者総数 N_t にかんする式をもとめれば,下記のような(6)式がえられる.

$$N_t = \int_{t-T}^{t} n'_\tau d\tau = \int_{t-T}^{t} n_\tau e^{-\delta(t-\tau)} d\tau$$

つぎに各期製機械の稼働にともなう産出高をかんがえよう．まず τ 期製機械の産出高 q_τ にかんしては，

$$q_\tau = p_\tau n'_\tau$$

になる．そこで t 期において稼働中の全機械にかんしてそれらの総産出高 Y_t を集計すれば，

$$Y_t = \int_{t-T}^{t} p_\tau n'_\tau d\tau = \int_{t-T}^{t} p_\tau n_\tau e^{-\delta(t-\tau)} d\tau$$

になり，(7)式がえられる．

9〕 t 期に稼働している最古の機械は $t-T$ 期製の機械である．その機械の t 期における労働者1人あたり産出高が p_{t-T} であり，t 期の賃金率が w_t である点に配慮すれば，その機械にかんしては利潤はゼロであるので，

$$p_{t-T} - w_t = 0$$
$$\therefore p_{t-T} = w_t$$

をみちびきだせる．

10〕 いま過去および将来の賃金率成長率を ν とおく．そして t 期を基準にして $T-t$ 期間後の T 期の賃金率 w_T^* をもとめると，

$$w_T^* = w_t e^{\nu(T-t)}$$

になる．さらに t 期から l 期間まえの $t-l$ 期の賃金率 w_{t-l} を基準にして t 期の賃金率 w_t をしめすと，

$$w_t = w_{t-l} e^{\nu l}$$

になる．

両式を変形すると，$w_T^* = w_t(e^\nu)^{T-t}$ および $w_t = w_{t-l}(e^\nu)^l$ になるが，後者から次式，つまり，

$$e^\nu = \left(\frac{w_t}{w_{t-l}}\right)^{\frac{1}{l}}$$

がえられるので，それを前者に代入すれば，

$$w_T^* = w_t \left\{\left(\frac{w_t}{w_{t-l}}\right)^{\frac{1}{l}}\right\}^{T-t} = w_t \left(\frac{w_t}{w_{t-l}}\right)^{\frac{T-t}{l}}$$

になり，(11)式がえられる．

11〕 ここでは，M. カレツキ Kalecki にしたがって独占度をつぎのように解釈している，とかんがえられる．

$$独占度 = \frac{共通費用 + 利潤}{売上金額}$$

12〕 (12)式を証明するためには(11)式にもとづくよりも，w の期待成長率 ν をも

ちいた，つぎの式に依拠するほうが得策である．
$$w_\tau^* = w_t e^{\nu(\tau-t)}$$
そこで上式を(4)式に導入すれば，
$$i_t = \int_t^{t+h}(p_t - w_\tau^*)d\tau = \int_t^{t+h}\{p_t - w_t e^{\nu(\tau-t)}\}d\tau$$
$$= \left[\tau p_t - \frac{w_t}{\nu}e^{\nu(\tau-t)}\right]_t^{t+h} = hp_t - \frac{w_t}{\nu}\{e^{\nu h} - 1\}$$
$$= hp_t - w_t\frac{e^{\nu h}-1}{\nu}$$
になり，(12)式がえられる．

13〕 (12)式をつぎのようにかきかえよう．
$$\frac{i_t}{p_t} = h - \frac{w_t}{p_t}\frac{e^{\nu h}-1}{\nu}$$
そして上式を時間にかんして微分すれば，
$$\frac{d}{dt}\left(\frac{i_t}{p_t}\right) = -\frac{e^{\nu h}-1}{\nu}\frac{d}{dt}\left(\frac{w_t}{p_t}\right)$$
になる．そこで，
$$\frac{\frac{d}{dt}\left(\frac{i_t}{p_t}\right)}{\left(\frac{i_t}{p_t}\right)} = -\frac{\frac{e^{\nu h}-1}{\nu}\frac{d}{dt}\left(\frac{w_t}{p_t}\right)}{h - \frac{w_t}{p_t}\frac{e^{\nu h}-1}{\nu}} = -\frac{\frac{d}{dt}\left(\frac{w_t}{p_t}\right)\Big/\left(\frac{w_t}{p_t}\right)}{\left(h\Big/\frac{w_t}{p_t}\frac{e^{\nu h}-1}{\nu}\right)-1}$$
になる．ここで，
$$\frac{d}{dt}\left(\frac{i_t}{p_t}\right)\Big/\left(\frac{i_t}{p_t}\right)$$
を $\dot{i}_t/i_t - \dot{p}_t/p_t$，また，
$$\frac{d}{dt}\left(\frac{w_t}{p_t}\right)\Big/\left(\frac{w_t}{p_t}\right)$$
を $\dot{w}_t/w_t - \dot{p}_t/p_t$ とかきあらためれば，
$$\frac{\dot{i}_t}{i_t} - \frac{\dot{p}_t}{p_t} = \frac{1}{\left(h\Big/\frac{w_t}{p_t}\frac{e^{\nu h}-1}{\nu}\right)-1}\left(\frac{\dot{p}_t}{p_t} - \frac{\dot{w}_t}{w_t}\right)$$
になる．したがって，$\dot{p}_t/p_t < \dot{w}_t/w_t$ であれば $\dot{i}_t/i_t < \dot{p}_t/p_t$ になる．

ところでそのような場合にはとうぜん利潤は減少傾向をたどる．そこで機械の有効耐用期間 T の短縮という事態がおこりうるし，もし T が h 以下にまで短縮されざるをえないということであれば，投資費用さえも支弁できないということになるから，T が h まで短縮される以前に失業や停滞がおきるのである．

逆に $\dot{i}_t/i_t > \dot{p}_t/p_t$ であれば，$\dot{p}_t/p_t > \dot{w}_t/w_t$ になるけれども，それによって意味される事態は利潤の増大と，賃金の抑圧である．しかし賃金は最低賃金水準

$w_{\min}$ 以下にはさがりえない，とかんがえるほうが理にかなっているであろう．

ただし $\dot{p}_t/p_t$ と $\dot{w}_t/w_t$ との乖離が小幅な場合には，$\dot{p}_t/p_t$ と $\dot{i}_t/i_t$ の乖離は(4)式ないしは(12)式でしめされる作動機構をつうじ，$\dot{i}_t/i_t$ の増加によって均衡が達成されることになる．

14〕 原文では(13)式と記載されているけれども，それはあきらかに(12)式の誤りと判断されるので，訳文ではそのように訂正した．

15〕 原文では分数記号と判読しにくいような活字が使用されているために誤解を生じやすいのであるが，この訳書では当初の論文における表記にしたがって分数であることを明示した．Cf. "A new model of economic growth", *Review of Economic Studies*, Vol. XXIX, No. 3, p. 181.

16〕 つぎのような方法で(13)式を導出できる．まず(6)式からつぎの式がえられる．

$$N_t = \int_{t-T}^{t} n_\tau e^{-\delta(t-\tau)} d\tau = \int_{t-T}^{0} n_\tau e^{-\delta(t-\tau)} d\tau + \int_{0}^{t} n_\tau e^{-\delta(t-\tau)} d\tau$$
$$= D_1 + D_2$$

ただし $D_1 = \int_{t-T}^{0} n_\tau e^{-\delta(t-\tau)} d\tau$, $D_2 = \int_{0}^{t} n_\tau e^{-\delta(t-\tau)} d\tau$ である．

ここで上式を t で微分して，$\dot{N}$ をえようとする場合には，

$$\dot{N} = \frac{d}{dt}\left(\int_{t-T}^{t} n_\tau e^{-\delta(t-\tau)} d\tau\right) = \frac{d}{dt}D_1 + \frac{d}{dt}D_2$$

の解をもとめればよい．

まず D_1 に注目すると，

$$D_1 = \int_{t-T}^{0} n_\tau e^{-\delta(t-\tau)} d\tau = -\int_{0}^{t-\tau} n_\tau e^{-\delta(t-\tau)} d\tau = -\int_{0}^{t-T} n_\tau e^{-\delta t} \cdot e^{\delta\tau} d\tau$$
$$= -e^{-\delta t}\int_{0}^{t-T} n_\tau e^{\delta\tau} d\tau$$

になるので，その結果に配慮しながら，D_1 を t で微分すると，つぎのような方法で解がえられる．

$$\frac{d}{dt}D_1 = \frac{d}{dt}\left(-e^{\delta t}\int_{0}^{t-T} n_\tau e^{\delta\tau} d\tau\right)$$
$$= \delta e^{-\delta t}\int_{0}^{t-T} n_\tau e^{\delta\tau} d\tau - e^{-\delta t}\frac{d}{dt}\left(\int_{0}^{t-T} n_\tau e^{\delta\tau} d\tau\right)$$

そこで $t-T=x$ とおいて，ライプニッツ－ニュートンの定理を適用すると，

$$\frac{d}{dt}\left(\int_{0}^{t-T} n_\tau e^{\delta\tau} d\tau\right) = \frac{d}{dx}\left(\int_{0}^{x} n_\tau e^{\delta\tau} d\tau\right)\frac{dx}{dt} = n_x e^{\delta x}\left(1 - \frac{dT}{dt}\right)$$
$$= n_{t-T} e^{\delta(t-T)}\left(1 - \frac{dT}{dt}\right)$$

がえられる．それゆえに，

訳者注

$$\frac{d}{dt}D_1 = \delta e^{-\delta t}\int_0^{t-T} n_\tau e^{\delta\tau}d\tau - e^{-\delta t}n_{t-T}e^{\delta(t-T)}\Big(1-\frac{dT}{dt}\Big)$$
$$= \delta e^{-\delta t}\int_0^{t-T} n_\tau e^{\delta\tau}d\tau - n_{t-T}e^{-\delta T}\Big(1-\frac{dT}{dt}\Big)$$

になる.

つぎに D_2 に注目すると,

$$D_2 = \int_0^t n_\tau e^{-\delta(t-\tau)}d\tau = \int_0^t n_\tau e^{-\delta t}e^{\delta\tau}d\tau = e^{-\delta t}\int_0^t n_\tau e^{\delta\tau}d\tau$$

になることがわかるので,ここでふたたびライプニッツ-ニュートンの定理を考慮しながら,上式を t で微分すると,

$$\frac{d}{dt}D_2 = -\delta e^{-\delta t}\int_0^t n_\tau e^{\delta\tau}d\tau + n_t$$

がえられる.

以上の結果にもとづいてふたたび $\dot{N}_t$ を算出すると,

$$\dot{N}_t = \frac{d}{dt}D_1 + \frac{d}{dt}D_2$$
$$= \delta e^{-\delta t}\int_0^{t-T} n_\tau e^{\delta\tau}d\tau - n_{t-T}e^{-\delta T}\Big(1-\frac{dT}{dt}\Big) - \delta e^{-\delta t}\int_0^t n_\tau e^{\delta\tau}d\tau + n_t$$
$$= -\delta e^{-\delta t}\Big(-\int_0^{t-T} n_\tau e^{\delta\tau} + \int_0^t n_\tau e^{\delta\tau}d\tau\Big) + n_t - n_{t-T}e^{-\delta T}\Big(1-\frac{dT}{dt}\Big)$$
$$= -\delta e^{-\delta t}\int_{t-T}^t n_\tau e^{\delta\tau}d\tau + n_t - n_{t-T}e^{-\delta T}\Big(1-\frac{dT}{dt}\Big)$$
$$= -\delta\int_{t-T}^t n_\tau e^{-\delta(t-\tau)}d\tau + n_t - n_{t-T}e^{-\delta T}\Big(1-\frac{dT}{dt}\Big)$$
$$= -\delta N_t + n_t - n_{t-T}\Big(1-\frac{dT}{dt}\Big)e^{-\delta T}$$
$$\therefore n_t = \dot{N}_t + \delta N_t + n_{t-T}\Big(1-\frac{dT}{dt}\Big)e^{-\delta T}$$

になるので,(13)式を証明できる.

17〕 $\dot{Y}_t$ にかんする式も以下のような方法で導出できる.

$$Y_t = \int_{t-T}^t p_\tau n_\tau e^{-\delta(t-T)}d\tau \qquad (7)$$
$$= \int_{t-T}^0 p_\tau n_\tau e^{-\delta(t-\tau)}d\tau + \int_0^t p_\tau n_\tau e^{-\delta(t-\tau)}d\tau = D_1 + D_2$$
$$D_1 = \int_{t-T}^0 p_\tau n_\tau e^{-\delta(t-\tau)}d\tau = -\int_0^{t-T} p_\tau n_\tau e^{-\delta(t-\tau)}d\tau = -e^{-\delta t}\int_0^{t-T} p_\tau n_\tau e^{\delta\tau}d\tau$$
$$\therefore \frac{d}{dt}D_1 = \delta e^{-\delta t}\int_0^{t-T} p_\tau n_\tau e^{\delta\tau}d\tau - e^{-\delta t}\frac{d}{dt}\Big(\int_0^{t-T} p_\tau n_\tau e^{\delta\tau}d\tau\Big)$$
$$= \delta e^{-\delta t}\int_0^{t-T} p_\tau n_\tau e^{\delta\tau}d\tau - e^{-\delta t}\Big(1-\frac{dT}{dt}\Big)p_{t-T}n_{t-T}e^{\delta(t-T)}$$

$$= \delta e^{-\delta t} \int_0^{t-T} p_\tau n_\tau e^{\delta \tau} d\tau - \left(1 - \frac{dT}{dt}\right) p_{t-T} n_{t-T} e^{-\delta T}$$

$$D_2 = \int_0^t p_\tau n_\tau e^{-\delta(t-\tau)} d\tau = \int_0^t p_\tau n_\tau e^{-\delta t} e^{\delta \tau} d\tau = e^{-\delta t} \int_0^t p_\tau n_\tau e^{\delta \tau} d\tau$$

$$\therefore \frac{d}{dt} D_2 = -\delta e^{-\delta t} \int_0^t p_\tau n_\tau e^{\delta \tau} d\tau + e^{-\delta t} \frac{d}{dt}\left(\int_0^t p_\tau n_\tau e^{\delta \tau} d\tau\right)$$

$$= -\delta e^{-\delta t} \int_0^t p_\tau n_\tau e^{\delta \tau} d\tau + p_t n_t$$

$$\dot{Y} = \frac{d}{dt} D_1 + \frac{d}{dt} D_2$$

$$\therefore \dot{Y} = \delta e^{-\delta t} \int_0^{t-T} p_\tau n_\tau e^{\delta \tau} d\tau - \left(1 - \frac{dT}{dt}\right) p_{t-T} n_{t-T} e^{-\delta T}$$

$$\quad -\delta e^{-\delta t} \int_0^t p_\tau n_\tau e^{\delta \tau} d\tau + p_t n_t$$

$$= -\delta \int_{t-T}^t p_\tau n_\tau e^{-\delta(t-\tau)} d\tau - \left(1 - \frac{dT}{dt}\right) p_{t-T} n_{t-T} e^{-\delta T} + p_t n_t$$

$$\therefore \dot{Y} = p_t n_t - p_{t-T} n_{t-T} \left(1 - \frac{dT}{dt}\right) e^{-\delta T} - \delta Y_t$$

ところで(13)式から，

$$n_{t-T}\left(1 - \frac{dT}{dt}\right) e^{-\delta T} = n_t - \dot{N}_t - \delta N_t$$

ということがわかるから，上式と，さらに $p_{t-T} = w_t$ という関係式を考慮すれば，

$$\dot{Y}_t = p_t n_t - w_t(n_t - \dot{N}_t - \delta N_t) - \delta Y_t$$

をみちびくことができる．

18〕 定義によって $Y_t = N_t y_t$ になる．そこで，この式の両辺で $\dot{Y}_t = p_t n_t - w_t(n_t - \dot{N}_t - \delta N_t) - \delta Y_t$ の両辺をわると，

$$\frac{\dot{Y}_t}{Y_t} = \frac{p_t n_t}{N_t y_t} - \frac{w_t}{N_t y_t}(n_t - \dot{N}_t - \delta N_t) - \frac{Y_t}{N_t y_t}$$

$$= \frac{n_t}{N_t} \frac{p_t}{y_t} - \frac{w_t}{y_t}\left(\frac{n_t}{N_t} - \frac{\dot{N}_t}{N_t} - \delta\right) - \delta$$

がえられる．

ここで，定義によって $r_t = n_t / N_t$ であり，また(10)式を導出するさいに $\lambda = \dot{N}_t / N_t$ と仮定した点に配慮すれば，

$$\frac{\dot{Y}_t}{Y_t} = r \frac{p_t}{y_t} - \frac{w_t}{y_t}(r - \lambda - \delta) - \delta$$

がえられる．

さらに $Y_t = N_t y_t$ から，

$$\frac{\dot{Y}_t}{Y_t} = \frac{\dot{y}_t}{y_t} + \frac{\dot{N}_t}{N_t} = \frac{\dot{y}_t}{y_t} + \lambda$$

訳　者　注

を導出できるので，まえにしめした，$\dot{Y}_t/Y_t$ にかんするもうひとつの式に上式を導入して整理すれば，

$$\frac{\dot{y}_t}{y_t}+\lambda+\delta = r\frac{p_t}{y_t}-(r-\lambda-\delta)\frac{w_t}{y_t} \tag{14}$$

をもとめることができる．

19〕(9)式にしたがえば，

$$w_t = p_{t-T}$$

である．したがって両辺を t で微分すれば，

$$\frac{dw_t}{dt} = \frac{dp_{t-T}}{dt} = \frac{dp_{t-T}}{t-T}\cdot\frac{d(t-T)}{dt} = \frac{dp_{t-T}}{d(t-T)}\cdot\left(1-\frac{dT}{dt}\right)$$

になる．ゆえに，

$$\frac{dw_t/dt}{w_t} = \frac{dp_{t-T}/d(t-T)}{p_{t-T}}\left(1-\frac{dT}{dt}\right)$$

つまり，

$$\frac{\dot{w}_t}{w_t} = \frac{\dot{p}_{t-T}}{p_{t-T}}\left(1-\frac{dT}{dt}\right)$$

である．

なお，原文中の 'If' (p. 66, *l*. 1) はあきらかに 'It' の誤植であるので，そのように訂正して訳出した．

20〕 $1-dT/dt=\beta/\gamma$ を整理すれば，

$$\frac{dT}{dt} = 1-\frac{\beta}{\gamma}$$

を導出できる．そこで上式を t にかんして積分すれば，

$$T = \left(1-\frac{\beta}{\gamma}\right)t + T_0 \tag{16}$$

がえられる．

つぎに(16)式を(13)式に代入し，あわせて $r_t = n_t/N_t$，したがって $n_t = r_t N_t$，$n_{t-T} = r_{t-T}\cdot N_{t-T}$ であることに配慮すると，

$$r_t N_t = \dot{N}_t + \delta N_t + r_{t-T} N_{t-T}\frac{\beta}{\gamma}e^{-\delta T}$$

がえられる．そこで両辺を N_t でわると，

$$r_t = \frac{\dot{N}_t}{N_t} + \delta + r_{t-T}\frac{N_{t-T}}{N_t}\frac{\beta}{\gamma}e^{-\delta T}$$

がもとめられるが，さらに $N_{t-T}/N_t = e^{\lambda t}$，$\dot{N}_t/N_t = \lambda$ であることを勘案すれば，

$$r_t = \lambda + \delta + r_{t-T}\frac{1}{e^{\lambda T}}\frac{\beta}{\gamma}e^{-\delta T}$$

つまり，

$$r_t = \lambda+\delta+r_{t-T}e^{-(\lambda+\delta)T}\frac{\beta}{\gamma} \qquad (17)$$

がえられる.

21〕 (16)式を t にかんして微分すれば,

$$\frac{dT}{dt}=1-\frac{\beta}{\gamma}$$

がもとめられるが, $\gamma<\beta$ の場合には, $1<\beta/\gamma$ つまり $1-\beta/\gamma<0$ であるから, $dT/dt<0$ になる. つまり, t の増加にともなって T が減少してゆくのである. そして(16)式を勘案すれば, T は最終的には負値になる, ということもわかる. また T が設備の耐用期間であることに配慮すると, T がそのように変化すれば, 企業利潤もおそかれはやかれゼロになる, と結論づけられるであろう.

22〕 前項で説明したことを利用すれば, $\gamma>\beta$ である場合には, t の増加につれて T は増加する, という結論もえられる.

ところで

$$r_t = \lambda+\delta+r_{t-T}e^{-(\lambda+\delta)T}\frac{\beta}{\gamma} \qquad (17)$$

であるけれども, $r=n/N<1$ であり, また仮定により $\beta/\gamma<1$ である. さらに t の増加にともなって T が増大する点に配慮すると,

$$\lim_{t\to\infty}e^{-(\lambda+\delta)T}=0$$

になる. そこで,

$$\lim_{t\to\infty}r_t=\lambda+\delta$$

になるが, そのことからさらにつぎのこともいえる.

$$\lim_{t\to\infty}\frac{r}{s}\frac{i_t}{y_t}=\frac{\lambda+\delta}{s}\frac{i_t}{y_t}$$

また T の増加につれて利潤が増加すれば, t が無限大になったときには π は1にひとしくなると推論できる. そこで(5a)式に着目すると, t が無限大になれば究極的には,

$$1=\frac{\lambda+\delta}{s}\frac{i}{y}$$

つまり,

$$\frac{i}{y}=\frac{s}{\lambda+\delta}$$

が成立するといえる.

23〕 均衡状態を想定しておけば, (4)式から,

$$i_t=\int_t^{t+h}(p_t-w_t^*)d\tau$$

がもとめられる. さらに T が無限大になり, π が1になるような状態を想定

すれば，究極的には $w_t=0$，また $w_t^*=0$ という想定もなりたちうる．そこで t が無限大になった状態のもとでは，

$$i = \int_t^{t+h} p_t d\tau = [p_t \tau]_t^{t+h} = ph$$

になる．（ただし i_t と p_t の究極的な大いさを i, p とおく．）そこで，

$$\frac{i}{p} = h$$

が成立する．

さらに(5a)式から，

$$r = y\pi s/i$$

がもとめられるので，それを(14)式に代入して整理すれば，

$$\frac{\dot{y}}{y} = \frac{\pi s p}{i} - (r-\lambda+\delta)\frac{w}{y} - \lambda - \delta$$

を導出できるが，これまでの吟味の結果として，t が無限大となったときには $i=ph$，$\pi=1$，そして $w=0$ になることを確認できたので，上式はけっきょく，

$$\frac{\dot{y}}{y} = \frac{s}{h} - \lambda - \delta$$

とかきあらためられる．

24〕 (18)では，究極的には，

$$\frac{i}{y} = \frac{s}{\lambda+\delta}$$

になることがわかった．そこで右辺が常数である点に配慮すればその式から，

$$\dot{y}/y = \dot{i}/i = \gamma$$

であると推論でき，つまり，

$$\gamma = \frac{s}{h} - \lambda - \delta \tag{19}$$

になる．したがって，

$$\gamma + \lambda + \delta = \frac{s}{h}$$

とかけるが，i/p が究極的には h にひとしいという点を勘案すると，

$$\gamma + \lambda + \delta = \frac{sp}{i}$$

とかきなおせるし，さらに $p=\Delta Y/n$，$i=I/n$（ΔY は設備新設にともなう産出高の増分であり，I は企業家が意図する粗投資である）になることを考慮すれば，上式の右辺は，

$$\frac{s\Delta Y}{I} = sC_r = G_w$$

とかきかえられる．（ただしここではハロッドの説明になぞらえて C_r は必要

資本係数，G_w は保証成長率をしめす，とかんがえている．）$\gamma+\lambda+\delta$ は自然成長率を意味しているのであるから，けっきょく(19)式は自然成長率と保証成長率が一致するような状態を意味していることになる．

なおハロッドの定義にかんしては，R.F. Harrod, *Towards a Dynamic Economics* (高橋長太郎・鈴木諒一訳『動態経済学序説』昭和28年，有斐閣刊) などを参照してもらいたい．

25] まえにのべた証明をつかえば，(5)式は(5a)式とかきあらためられる．さらに $\pi \leq 1$ であることに配慮すれば，

$$\frac{r}{s}\frac{i}{y} = \pi \leq 1$$

$$\therefore \frac{i}{y} \leq \frac{s}{r}$$

をもとめることができる．

26] (4)式は下記のとおりである．

$$i \leq \int_t^{t+h}(p_t-w^*)d\tau$$

ここで w，したがって w^* は無視できるほどの大いさであり，したがって $w^*=0$ であると仮定すれば，上式は，

$$i_t \leq \int_t^{t+h} p_t d\tau = p_t h$$

になるので，さらに

$$\frac{i}{y} \leq \frac{ph}{y}$$

とかきあらためられる（なおこの場合には添字の t を省略している）．つまり，賃金が無視できるほどの大いさの場合には i/y は ph/y よりおおきくなりえないので，その最大値をかんがえれば，

$$\frac{i}{y} = \frac{ph}{y}$$

である．この結果を訳注25でえた結論に導入すれば，

$$\frac{ph}{y} \leq \frac{s}{r}$$

したがって，

$$\frac{p}{y} \leq \frac{s}{rh}$$

がえられる．また $w=0$ であるような場合を(14)式にかんしてかんがえると，

$$\frac{\dot{y}}{y}+\lambda+\delta = r\frac{p}{y}$$

になり，したがって，

$$\frac{1}{r}\left(\frac{\dot{y}}{y}+\lambda+\delta\right)=\frac{p}{y}$$

をみちびけるので，まえにもとめた p/y にかんする不等式に上式を代入すると，

$$\frac{1}{r}\left(\frac{\dot{y}}{y}+\lambda+\delta\right)=\frac{s}{rh}$$

になり，したがって，

$$\frac{\dot{y}}{y}+\lambda+\delta \leqq \frac{s}{h}$$

つまり，

$$\frac{\dot{y}}{y} \leqq \frac{s}{h}-\lambda-\delta$$

がえられる．ところでまえに定常的な成長均衡の場合には $\dot{y}/y=\gamma$ になる，と説明した．そこで定常的な成長均衡が達成される場合には，

$$\gamma \leqq \frac{s}{h}-\lambda-\delta$$

という条件が必要になる，と確認できる．

27〕 (16)式，つまり $T=T_0 t(1-\beta/\gamma)t$ に配慮すると，$\beta=\gamma$ の場合には $T=T_0$ になり，したがって T が一定であるといえる．

さらに(17)式に $\beta=\gamma$ という条件を加味すると，

$$r_t = \lambda+\delta+r_{t-T}e^{-(\lambda+\beta)T}$$

がえられる．T が一定値の場合には t が無限大となれば，

$$\lim_{t\to\infty} t-T = t$$

になるから，その点に配慮して $r_t=r_{t-T}$ とおけば，まえにあげた r_t にかんする式は，

$$r_t = \lambda+\delta+r_t e^{-(\lambda+\beta)T}$$

になり，したがって，

$$r_t = \frac{\lambda+\delta}{1-e^{-(\lambda+\beta)T}} \tag{20}$$

になることがわかる．

28〕 (5)式から(5a)式，つまり $\pi_t=r/s \cdot i_t/y_t$ をみちびきだすことができたが，さらに，

$$\pi_t = \frac{y_t-w_t}{y_t}$$

であることに配慮すると，

$$\frac{y_t-w_t}{y_t} = \frac{r}{s}\frac{i_t}{y_t}$$

になり，したがって，

$$y_t = w_t + \frac{r}{s}i_t$$

がえられる。

　ところで，w の成長率は β であり，i の成長率は γ であるけれども，仮定にしたがえば $\beta = \gamma$ であるから，

$$y_t = w_0 e^{\gamma t} + \frac{r}{s}i_0 e^{\gamma t} = \left(w_0 + \frac{r}{s}i_0\right)e^{\gamma t}$$

とかきあらわせる。ところが(20)式の T は実際には一定値，T_0 であるので，r も一定値になるといえる。そこで y_t も成長率 γ で成長することになる。なおまえにかいた y_t にかんする式を整理して脚字を省略すれば，

$$\frac{r}{s}\frac{i}{y} + \frac{w}{y} = 1 \tag{21}$$

がえられる。

29〕(4)式に $w_t^* = w_t = w_0 e^{\gamma t}$，したがって $w_\tau^* = w_\tau = w_0 e^{\gamma \tau}$ という条件をくわえると，

$$i_t = \int_t^{t+h}(p_t - w_0 e^{\gamma \tau})d\tau$$

がもとめられる。そこでその積分値をもとめると，

$$i_t = \left[p_t \cdot \tau - \frac{w_0}{\gamma}e^{\gamma \tau}\right]_t^{t+h}$$

$$= p_t(t+h) - p_t \cdot t - \frac{w_0}{\gamma}(e^{\gamma(t+h)} - e^{\gamma t})$$

$$= p_t \cdot h - \frac{(e^{\gamma h}-1)w_0 e^{\gamma t}}{\gamma}$$

がえられる。また $w_t = w_0 e^{\gamma t}$ であるから，上式は，

$$i_t = hp_t - \frac{(e^{\gamma h}-1)}{\gamma}w_t$$

とかきかえられる。

30〕定常的均衡成長のもとでは p, y, i および w はすべて一定の成長率 γ で成長するが，その点に配慮すると，

$$\frac{i}{y} = \frac{i_0 e^{\gamma t}}{y_0 e^{\gamma t}} = \frac{i_0}{y_0}, \quad \frac{w}{y} = \frac{w_0 e^{\gamma t}}{y_0 e^{\gamma t}} = \frac{w_0}{y_0}, \quad \frac{p}{y} = \frac{p_0 e^{\gamma t}}{y_0 e^{\gamma t}} = \frac{p_0}{y_0}$$

になるので，それらはすべて一定値になる。

31〕p が成長率 γ で成長することに配慮すると，

$$\frac{p_{t-T}}{p_t} = \frac{p_0 e^{\gamma(t-T)}}{p_0 e^{\gamma t}} = e^{-\gamma T}$$

$$\therefore p_{t-T} = p_t e^{-\gamma T}$$

がえられる。そこで上式を(9)式に代入すると，

訳 者 注

$$p_t e^{-\gamma T} = w_t$$
$$\therefore e^{\gamma T} = \frac{p_t}{w_t} = \frac{p_t/y_t}{w_t/y_t}$$

になるので，脚字を省略すれば，(24)式がもとめられる．

32〕(21)式を $i/y = s/r \cdot (1-w/y)$ とかきなおし，(22)式に代入して整理すると，

$$\frac{p}{y} = \frac{1}{h}\frac{s}{r}(1-\frac{w}{y}) + \frac{e^{\gamma h}-1}{\gamma h}\frac{w}{y}$$

がえられる．それを(23)式に代入すると，

$$(r-\lambda-\delta)\frac{w}{y} - r\left\{\frac{1}{h}\frac{s}{r}\left(1-\frac{w}{y}\right) + \frac{e^{\gamma h}-1}{\gamma h}\frac{w}{y}\right\} = -(\gamma+\lambda+\delta)$$

がもとめられる．そしてこの式を整理すると，

$$\frac{w}{y} = \frac{\frac{s}{h}-(\gamma+\lambda+\delta)}{A}$$

を導出できる．ただし，

$$A = (r-\lambda-\delta) + \frac{s}{h} - \frac{r(e^{\gamma h}-1)}{\gamma h}$$

である．

このようにしてもとめられた w/y をこんどは(23)式に代入すると，

$$(r-\lambda-\delta)\frac{\frac{s}{h}-(\gamma+\lambda+\delta)}{A} - r\frac{p}{y} = -(\gamma+\lambda+\delta)$$

になる．この式を整理すると，

$$\frac{p}{y} = \frac{1}{rA}\left[r\frac{s}{h} + \gamma\frac{s}{r} - \frac{(\gamma+\lambda+\delta)r(e^{\gamma h}-1)}{\gamma h}\right]$$

がえられる．したがって，

$$\frac{p/y}{w/y} = \frac{\frac{1}{rA}\left[r\frac{s}{h} + \gamma\frac{s}{h} - \frac{(\gamma+\lambda+\delta)r(e^{\gamma h}-1)}{\gamma h}\right]}{\frac{1}{A}\left[\frac{s}{h}-(\gamma+\lambda+\delta)\right]}$$

$$= \frac{1 - \frac{h(\gamma+\lambda+\delta)}{s}\cdot\frac{e^{\gamma h}-1}{\gamma h} + \frac{\gamma}{r}}{1 - \frac{h(\gamma+\lambda+\delta)}{s}}$$

とかきあらわせる．そして(24)式を考慮すれば，

$$e^{\gamma T} = \frac{1 - \frac{h(\gamma+\lambda+\delta)}{s}\cdot\frac{e^{\gamma h}-1}{\gamma h} + \frac{\gamma}{r}}{1 - \frac{h(\gamma+\lambda+\delta)}{s}} \tag{25}$$

を導出できる．なお原文は数学上の操作にかんして誤解をうむおそれがあるの

で，訳文ではあえて語句を注入している．

33〕 $e^{\gamma T} = e^{\{-(\lambda+\delta)T\}\{-\frac{\gamma}{\lambda+\delta}\}} = [e^{-(\lambda+\delta)T}]^{-\frac{\gamma}{\lambda+\delta}}$

ところが(20)式から，

$$e^{-(\lambda+\delta)} = 1 - \frac{\lambda+\delta}{r}$$

ということがわかるので，それを上式に代入すると，

$$e^{\gamma T} = \left[1 - \frac{\lambda+\delta}{r}\right]^{-\frac{\gamma}{\lambda+\delta}} \tag{26}$$

がえられる．

34〕 $\lambda+\delta=0$ つまり $\delta=-\lambda$ ということは労働人口の減少と，設備の損耗による必要労働力の減少がちょうど一致していることを意味しているが，それは労働人口が一定で，設備の損耗が存在しない場合に照応している．ところで，$r_t = n_t/N_t$，$r_{t-T} = n_{t-T}/N_{t-T}$ であるが，いまのべたような理由で $N_t = N_{t-T} = N_0$ であり，また均衡状態のもとでは $r_t = r_{t-T}$ であるから，$n_t = n_{t-T} = n_0$ になる．ここで(6)式にもどり，さらに前述の理由にもとづいて損耗を捨象すれば，

$$N_t = \int_{t-T}^{t} n_\tau d\tau = \int_{t-T}^{t} n_0 d\tau = n_0 T = n_t T$$

$$\therefore r_t = \frac{n_t}{N_t} = \frac{1}{T}$$

になることがわかるので，$rT=1$ を確認できる．

35〕 i_t にかんする定義と(6)式を考慮すれば，

$$K = \int_{t-T}^{t} i_\tau n_\tau e^{-\delta(t-\tau)} d\tau$$

がえられる（ただし，陳腐化にともなう価値の低下はさしあたり捨象されている）．また Y にかんしては，

$$Y = \int_{t-T}^{t} p_\tau n_\tau e^{-\delta(t-\tau)} d\tau \tag{28}$$

とかける．（なお図式は形式的には(7)式とまったくおなじであるが，均衡値にかんするものを特記した，と解釈できる．）

ここで $i/p=\lambda$ とおけば（なお均衡状態のもとでは，i と p は同率で成長するので，α は一定である），

$$\frac{K}{Y} = \frac{\int_{t-T}^{t} \alpha \cdot p_\tau n_\tau e^{-\delta(t-\tau)} d\tau}{\int_{t-T}^{t} p_\tau n_\tau e^{-\delta(t-\tau)} d\tau} = \alpha$$

したがって，

$$\frac{K}{Y} = \frac{i}{p}$$

36〕(3)式は,
$$i_t \leq \int_t^{t+T} e^{-(\rho+\delta)(\tau-t)}(p_t - w_\tau^*)d\tau$$
であるが,均衡状態を想定しているためにそれは等式に変更され,さらに w^* は w になる(原文では W になっているけれども,それはあきらかに誤植であるので w と訂正した).また t から $t+T$ までの積分を 0 から T までの積分に変更すれば,それにおうじて $\tau - t$ は τ, τ は $\tau + t$ とかきかえられる.そこで上記の(3)式はつぎのように転換できる.
$$i_t = \int_0^T e^{-(\rho+\delta)\tau}(p_t - w_{t+\tau})d\tau \tag{3a}$$

37〕$i = I/n = K/N$ であり,したがって $\dot{i} = \dot{K}/K - \dot{N}/K$ である.その点に配慮すれば,
$$\gamma + \lambda = \frac{\dot{i}}{i} + \frac{\dot{N}}{N} = \frac{\dot{K}}{K}$$
であることがわかる.また,
$$\rho\sigma = \frac{\Pi}{K}\frac{S}{\Pi} = \frac{S}{K} = \frac{\dot{K}}{K}$$
とかける(ただし Π は純利潤,S は純貯蓄であり,$\dot{K} = S$ であるとかんがえられている).そこで,
$$\gamma + \lambda = \rho\sigma$$
を導出できる.

38〕$t - T$ が 0,t が T であるような場合を(28)式にかんしてかんがえると,
$$Y = \int_0^T p_{t-\tau} n_{t-\tau} e^{-\delta\tau}d\tau$$
がえられる.ところが定常的均衡成長のもとでは $\dot{p}/p = \gamma$,$\dot{n}/n = \lambda$ であり,したがって,
$$p_{t-\tau} = p_t e^{-\gamma\tau}$$
$$n_{t-\tau} = n_t e^{-\lambda\tau}$$
である.そこで,
$$\begin{aligned}Y_t &= \int_0^T p_t e^{-\gamma\tau} n_t e^{-\lambda\tau} e^{-\delta\tau}d\tau \\ &= p_t n_t \int_0^T e^{-(\gamma+\lambda+\delta)\tau}d\tau\end{aligned} \tag{28a}$$
がえられる(なお,原文では番号がつけられていないけれども,ここでは上式を(28a)式とよぶことにする).

つぎに(3a)式をつぎのようにかきかえる.

$$i_t = \int_0^T e^{-(\rho+\delta)\tau} p_t d\tau - \int_0^T e^{-(\rho+\delta)\tau} w_{t+\tau} d\tau$$

$$= p_t \int_0^T e^{-(\rho+\delta)\tau} d\tau - \int_0^T e^{-(\rho+\delta)\tau} w_{t+\tau} d\tau$$

ここで $\rho = \gamma + \lambda$ という関係を考慮すれば,

$$i_t = p_t \int_0^T e^{-(\gamma+\lambda+\delta)\tau} d\tau - \int_0^T e^{-(\gamma+\lambda+\delta)\tau} w_{t+\tau} d\tau$$

がえられる.

ところで(28a)式に配慮すれば, 上式の第1項は Y_t/n_t, すなわち y_t/r_t であることがわかる. さらに第2項もつぎのようにかきかえられる (ただし $\dot{w}/w = \beta, \beta = \gamma$ であることを考慮している).

$$\int_0^T e^{-(\gamma+\lambda+\delta)\tau} w_{t+\tau} d\tau = \int_0^T e^{-(\gamma+\lambda+\delta)\tau} w_t e^{\beta\tau} d\tau = w_t \int_0^T e^{-(\beta-\gamma-\lambda-\delta)\tau} d\tau$$

$$= w_t \int_0^T e^{-(\lambda+\delta)\tau} d\tau$$

そこで,

$$i_t = \frac{y_t}{r_t} - w_t \int_0^T e^{-(\lambda+\delta)\tau} d\tau \tag{3b}$$

がもとめられる (なお, 原文では番号がつけられていないけれども, ここでは(3b)式とよぶことにする).

39〕 (3b)式の第2項の積分値をもとめると, つぎの結果がえられる.

$$\int_0^T e^{-(\lambda+\delta)\tau} d\tau = \frac{1}{\lambda+\delta}(1-e^{-(\lambda+\delta)T})$$

この結果と(20)式とを対比すると, 上式は $1/r$ であることがわかる. そこで(3a)式(または, より適切な表現をつかうと(3b)式) は,

$$i = \frac{y_t}{r_t} - w_t \frac{1}{r_t} = \frac{y_t - w_t}{r_t}$$

とかきなおせるが, $s=1$ の場合にかんしてはその結果は(2)式に照応している.

40〕 (3a)式はつぎのように展開できる (なお $\beta = \gamma$ であることを考慮している).

$$i_t = \int_0^T e^{-(\rho+\delta)\tau} p_t d\tau - \int_0^T e^{-(\rho+\delta)\tau} w_{t+\tau} d\tau$$

$$= \int_0^T e^{-(\rho+\delta)\tau} p_t d\tau - \int_0^T e^{-(\rho+\delta)\tau} w_t e^{\gamma\tau} d\tau$$

$$= p_t \int_0^T e^{-(\rho+\delta)\tau} d\tau - w_t \int_0^T e^{-(\rho+\delta-\gamma)\tau} d\tau$$

$$= \frac{p_t}{\rho+\delta}(1-e^{-(\rho+\delta)T}) - \frac{w_t}{\rho+\delta-\gamma}(1-e^{-(\rho+\delta-\gamma)T})$$

さらに上式の両辺を y_t でわれば,

$$\frac{i}{y} = \frac{1-e^{-(\rho+\delta)T}}{\rho+\delta} \cdot \frac{p}{y} - \frac{1-e^{-(\rho+\delta-\gamma)T}}{\rho+\delta-\gamma} \cdot \frac{w}{y} \tag{30}$$

がもとめられる．

41〕 原文では 18.5 とかかれているのであるが，18.75 の誤植とかんがえられる．なぜならば，いま法人税を A，税込み利潤を Π，資本ストックを K とおけば，仮定によると，

$$A = \frac{1}{3}\Pi \qquad \frac{\Pi - A}{K} = 12.5$$

である．ところが，

$$\frac{\Pi - A}{K} = \frac{\Pi}{K}\left(1 - \frac{A}{\Pi}\right)$$

$$\therefore \frac{\Pi}{K} = \frac{(\Pi - A)/K}{1 - A/\Pi}$$

であるから，税込み利潤率 Π/K は 18.75 になるからである．

42〕 原文の p. 79 にかかげられた第 2 図では，曲線 BB' は (26) 式，つまり，

$$e^{\gamma T} = \left[1 - \frac{\lambda + \delta}{r}\right]^{-\frac{\gamma}{\lambda + \delta}}$$

をあらわし，直線 AA' は (25) 式，つまり，

$$e^{\gamma T} = \frac{1 - \dfrac{h(\gamma + \lambda + \delta)}{s} \cdot \dfrac{e^{\gamma h} - 1}{rh} + \dfrac{\gamma}{r}}{1 - \dfrac{h(\gamma + \lambda + \delta)}{s}}$$

をあらわしている．ところが，γ と r がかきわけられていないために誤解をまねくおそれがある．そのためにこの訳書では訂正をおこなった．なお x と y の活字も本文のそれと合致していないために混乱をおこしやすかったので，この点もただした．

43〕 (26) 式をかきかえれば，

$$e^{\gamma T} = \left[1 - (\lambda + \delta)\frac{1}{r}\right]^{-\frac{\gamma}{\lambda + \delta}}$$

になる．そこで $1/r = 0$ であるような場合をかんがえれば，$e^{\gamma T} = 1$ とかくことができる．また，(25) 式は，

$$e^{\gamma T} = \frac{1 - \dfrac{h(\gamma + \lambda + \delta)}{s} \cdot \dfrac{e^{\gamma h} - 1}{\gamma h} + \gamma \dfrac{1}{r}}{1 - \dfrac{h(\gamma + \lambda + \delta)}{s}}$$

とかきなおせるが，$1/r = 0$ であるような場合をかんがえれば，

$$e^{\gamma T} = \frac{1 - \dfrac{h(\gamma + \lambda + \delta)}{s} \cdot \dfrac{e^{\gamma h} - 1}{\gamma h}}{1 - \dfrac{h(\gamma + \lambda + \delta)}{s}}$$

になる．ところが，

$$e^{\gamma h} = 1 + \gamma h + \frac{(\gamma h)^2}{2} + \frac{(\gamma h)^3}{6} + \cdots$$

であるから，$\gamma h \neq 0$ であれば，

$$e^{\gamma h} > 1 + \gamma h$$

$$\therefore \frac{e^{\gamma h} - 1}{\gamma h} > 1$$

がもとめられる．そこで，

$$1 - \frac{h(\gamma + \lambda + \delta)}{s} > 1 - \frac{h(\gamma + \lambda + \delta)}{s} \cdot \frac{e^{\gamma h} - 1}{\gamma h}$$

になるので，$e^{\gamma T} < 1$ であることがわかる．

44〕 $T = h$, $1/r = x$ とおけば，(25)式はつぎのようになる．

$$e^{\gamma h} = \frac{1 - \frac{h(\gamma + \lambda + \delta)}{s} \cdot \frac{e^{\gamma h} - 1}{\gamma h} + \gamma x}{1 - \frac{h(\gamma + \lambda + \delta)}{s}}$$

この式を整理すれば，

$$\gamma x = e^{\gamma h}\left[1 - \frac{h(\gamma + \lambda + \delta)}{s}\right] + \left[\frac{h(\gamma + \lambda + \delta)}{s}\right]\left[\frac{e^{\gamma h} - 1}{\gamma h}\right] - 1$$

がえられる．さらに右辺を展開してゆけば，

$$\gamma x = e^{\gamma h} - 1 - \frac{(\gamma + \lambda + \delta)}{\gamma s}\left[\gamma h e^{\gamma h} - e^{\gamma h} + 1\right]$$

をみちびきだせる．ところで，

$$e^{\gamma h} = 1 + \gamma h + \frac{(\gamma h)^2}{2} + \frac{(\gamma h)^3}{6} + \cdots$$

であるから，この式を上の式に代入すると，

$$\begin{aligned}\gamma x &= \left\{1 + \gamma h + \frac{(\gamma h)^2}{2} + \frac{(\gamma h)^3}{6} + \cdots\right\} - 1 \\ &\quad - \frac{(\gamma + \lambda + \delta)}{\gamma s}\left[\gamma h\left\{1 + \gamma h + \frac{(\gamma h)^2}{2} + \frac{(\gamma h)^3}{6} + \cdots\right\}\right.\\ &\qquad \left. - \left\{1 + \gamma h + \frac{(\gamma h)^2}{2} + \frac{(\gamma h)^3}{6} + \cdots\right\}\right] + 1 \\ &= \gamma h + \frac{(\gamma h)^2}{2} + \frac{(\gamma h)^3}{6} + \cdots - \frac{(\gamma + \lambda + \delta)}{\gamma s}\left[\frac{1}{2}(\gamma h)^2 + \frac{1}{3}(\gamma h)^3 + \cdots\right] \\ &= \gamma h + \frac{(\gamma h)^2}{2}\left[1 - \frac{(\gamma + \lambda + \delta)}{\gamma s}\right] + \frac{(\gamma h)^3}{6}\left[1 - 2\frac{(\gamma + \lambda + \delta)}{\gamma s}\right] + \cdots\end{aligned}$$

を導出できる．

45〕 γ, λ および δ はいずれも正値で，しかも $s \leq 1$ であるから，

$$(1-s)\gamma + \lambda + \delta > 0$$

$$\therefore \gamma + \lambda + \delta > \gamma s$$

であり，したがって，
$$1-\frac{\gamma+\lambda+\delta}{\gamma s}<0 \quad \text{また} \quad 1-2\frac{\gamma+\lambda+\delta}{\gamma s}<0\cdots$$
がもとめられる．したがってまえの注の最後にしめした式にかんしていえば，[ ]内はすべて負値であることがわかる．そこで，
$$\gamma x < \gamma h + \frac{(\gamma h)^2}{2}\left[1-\frac{\gamma+\lambda+\delta}{\gamma s}\right] = \gamma h - \frac{(\gamma h)^2}{2}\left[\frac{\gamma+\lambda+\delta}{\gamma s}-1\right] \tag{28'}$$
がえられる．

また，$(1-s)(\gamma+\lambda+\delta)>0$ である．そこで，$(1-s)\gamma+(1-s)(\lambda+\delta)>0$ になるが，このことから，$(1-s)\gamma+\lambda+\delta>s(\lambda+\delta)$，したがって，
$$\frac{(1-s)\gamma+\lambda+\delta}{\gamma s} > \frac{\lambda+\delta}{\gamma}$$
$$\therefore \frac{\gamma+\lambda+\delta}{\gamma s}-1 > \frac{\lambda+\delta}{\gamma}$$
であることがわかる．そしてこの結果を利用すれば，
$$\gamma h - \frac{1}{2}(\gamma h)^2\left[\frac{\gamma+\lambda+\delta}{\gamma s}-1\right] < \gamma h - \frac{1}{2}(\gamma h)^2\left[\frac{\lambda+\delta}{\gamma}\right]$$
$$\therefore \gamma h - \frac{1}{2}(\gamma h)^2\left[\frac{\gamma+\lambda+\delta}{\gamma s}-1\right] < \gamma h - \frac{1}{2}\gamma h^2(\lambda+\delta)$$
になるが，この結果と(31')式とを対比すれば，とうぜん，
$$\gamma x < \gamma h - \frac{1}{2}\gamma h^2(\lambda+\delta) \tag{31}$$
がもとめられる．なお，原文では(28)式と表示されているが，まえに別の式を(28)式と命名しているので，この訳文では誤解をさけるためにあえて(31)式と改称した．

46〕 $T=h$ に照応する BB' 線上の $1/r$ の大いさ，つまり y をしるために，(26)式のもとになった(20)式に注目することにしよう．そして $T=h$，$1/r=y$ とおけば，(20)式はつぎのようにかきかえられる．
$$y = \frac{1-e^{-(\lambda+\delta)h}}{\lambda+\delta}$$
$$\therefore y(\lambda+\delta) = 1-e^{-(\lambda+\delta)h}$$
ところで，
$$\gamma y = \frac{\gamma}{\lambda+\delta}(\lambda+\delta)y$$
であるから，まえにえられた式をこの式に代入すると，
$$\gamma y = \frac{\gamma}{\lambda+\delta}\left[1-e^{-(\lambda+\delta)h}\right]$$
とかくことができる．また，

$$e^{-(\lambda+\delta)h} = 1 - (\lambda+\delta)h + \frac{(\lambda+\delta)^2 h^2}{2} - \frac{(\lambda+\delta)^3 h^3}{6} + \frac{(\lambda+\delta)^4 h^4}{24} - \cdots$$
$$- \frac{(\lambda+\delta)^{n-1} h^{n-1}}{(n-1)!} + \frac{(\lambda+\delta)^n h^n}{n!} - \cdots$$

になる（ただし n は偶数である）．そこで，

$$\gamma y = \frac{\gamma}{\lambda+\delta} \Big[(\lambda+\delta)h - \frac{(\lambda+\delta)^2 h^2}{2} + \frac{(\lambda+\delta)^3 h^3}{6} - \frac{(\lambda+\delta)^4 h^4}{24} + \cdots$$
$$+ \frac{(\lambda+\delta)^{n-1} h^{n-1}}{(n-1)!} - \frac{(\lambda+\delta)^n h^n}{n!} + \cdots \Big]$$

とかきかえられるけれども，λ, δ および h の実際の値に配慮すれば，

$$\frac{(\lambda+\delta)^3 h^3}{6} - \frac{(\lambda+\delta)^4 h^4}{24} = \frac{(\lambda+\delta)^3 h^3}{24} \{4 - (\lambda+\delta)h\} > 0$$
$$\cdots\cdots\cdots\cdots\cdots\cdots\cdots\cdots\cdots\cdots\cdots\cdots\cdots$$
$$\frac{(\lambda+\delta)^{n-1} h^{n-1}}{(n-1)!} - \frac{(\lambda+\delta)^n h^n}{n!} = \frac{(\lambda+\delta)^{n-1} h^{n-1}}{n!} \{(n-1) - (\lambda+\delta)h\} > 0$$

であるといえるので，

$$\gamma y > \frac{\gamma}{\lambda+\delta} \Big[(\lambda+\delta)h - \frac{1}{2}(\lambda+\delta)^2 h^2 \Big]$$
$$\therefore \gamma y > \frac{1}{2}\gamma y^2 (\lambda+\delta)$$

になることがわかる．この結果と(31)式を比較すれば，

$$\gamma y > \gamma x$$
$$\therefore y > x$$

である，と確認できる．

第3章 限界生産力と巨視経済学的分配理論

1） サムエルソン，モジリアーニ論文にかんしては下記の翻訳が公刊されている．なお，同書中には論争の発端となったカルドア論文をはじめとして，その他関連文献の訳文も収録されているので，あわせて参照ねがいたい．

P. A. サミュエルソン，F. モディリアーニ「新古典派的およびより一般的モデルにおけるパシネッティ逆説」，カルドア他著，富田重夫編訳『マクロ分配理論——ケンブリッジ理論と限界生産力説』3, 昭和48年，学文社刊．

2） 生産関数 $Y = F(K, L)$ が1次同次であれば，
$$Y/L = F(K/L, 1)$$
または，
$$m = f(k)$$

になるが（ただし Y, L および K は生産高，労働量および資本量をあらわし，また $m = Y/L$, $k = K/L$ である），通常の前提，つまり，$f'(k) > 0$, $f''(k) < 0$,

という条件以外に $f(0)=0$, $f(\infty)=\infty$, $f'(0)=\infty$, $f'(\infty)=0$ という条件をみたしている場合には「形状良好 well-behaved」である，とよばれている．
3〕 原文では the absence of "Sraffa effects" となっているが，'the absence of' はあやまって付記されたと判断されるので，訳文ではこの部分を削除した．
4〕 原文では Paanti-sinetti となっているが，これは，再録のさいに anti-Pasinetti をあやまって植字したものであるから，訂正して訳出した．
5〕 「クウ‐メイヤー」効果にかんしては下記の本を参照してもらいたい．
Kuh, Edwin & J.R. Meyer, *The Investment Decision; an empirical study*, 1957.
6〕 参考までにサムエルソン，モジリアーニ論文中の(1)および(2)式を付記しておく．
$$Y = C + \dot{K} = F(K_c + K_w, L) \qquad (1)$$
$$\text{実質賃金率} = w = \frac{\text{賃金総額}}{\text{労働量}} = \frac{W}{L} = \frac{Y - rK}{L} = f(k) - kf'(k) \qquad (2)$$
なおここでは K, K_c および K_w は総資本量，資本家階級所有の資本量および労働者階級所有の資本量であり，C, L, W, Y, そして r は消費財産出高，労働量，賃金総額，実質産出高，そして利子率（ないしは利潤率）をあらわしている．また $k=K/L$ であるが，F 関数が1次同次であると仮定されているので，同関数を $F(k, 1)=f(k)$ とかきなおせる．
7〕 この文章は下記の部分からの引用であるが，「うまい具合に限界生産性が円滑性を保持していると定義できれば」という文章は省略されている．
P.A. Samuelson & F. Modigliani, The Pasinetti Paradox in Neoclassical and More General Models, *Review of Economic Studies*, Vol. 33, No. 96, p. 290. 前掲邦訳，94ページ．
8〕 「オークンの法則」は，1950年代のアメリカにおいて，「完全雇用失業率（4％）よりも失業率が1％減少するとGNPギャップが3.2％減少する」ことを発見した A.M. オークン Okun にちなんでつけられた名称である．「オークンの法則」を式であらわすと，$(Y_p - Y)/Y = 3.2(U - 0.04)$ になる．ただし，U は失業率，Y_p は潜在的産出高，Y は現実産出高である．なお，ここで完全失業率（好況期にあっても構造的に解消できない失業率）は4％であると想定されている．なお詳細については下記の文献などを参照せよ．
A.M. Okun, "Potencial GNP: Its Measurement and Significance", *American Statistical Association, Proceedings of the Business and Economic Statistics Section*, 1962.
A.M. Okun, *Prices and Quantities: a macroeconomic analysis*, 1981. 藪下史郎訳『現代マクロ経済分析』昭和61年，創文社刊．

黒坂佳央・浜田宏一『マクロ経済学と日本経済』昭和59年，日本評論社刊，第2章．

9, 10〕　この文章は下記の部分からの引用である．
　　Samuelson & Modigliani, *op. cit.*, pp. 290, 294（邦訳，94および99ページ）．

11〕　'Ruritania' は「ロシア Russia」と「ブリタニア Britannia」（大英帝国の別称）との合成語，そして 'Solovia' は「ソロン Solon」（ギリシャ七賢人の1人）をもじった新造語である，とおもわれる．また 'Cloud-Cuckooland' はアリストファネス（古代ギリシャの劇作家）作『鳥』のなかにでてくる空想上の国である．

12〕　前掲，訳注9, 10と同じ．（*Op. cit.*, p. 295. 邦訳，101ページ．）

13〕　この文章は，クラッパムがA.C. ピグー Pigou 論文への反論として執筆した文章の一節であるが，カルドアが引用した文章のあとに，さらにつぎのような，エレガントな批判もかかれているので，参考までにその部分も訳出しておく．「わたくしはまたつぎの点をおそれている．商品をもとにする，あまりにもかたくなな思考によって『解析屋』は傾向的には前述の危険にたいして盲目になりがちだ，ということがそれである．実用化の能力を不十分にしかもちあわせないような人びとの，そのような能力に着目して，わたくしは解析屋という仇名をつかってみたいとおもっている．じつはピグー教授やわたくしはともどもそのような部類に属している．わたくしをせきたてたものは価値論にたいする憂慮であったけれども，価値論の複雑な美観もそれと無関係でない．」

14〕　念のために，若干の補足的説明をくわえて，(1)式から(6)式におよぶ数式展開を説明しなおしておこう．
　　ここでは，賃金総額と利潤総額は W と P，法人の利潤留保率，投資支出および新証券発行率は s_c, gK（ただし K は資本で，g は資本の成長率）および i とかかれ，さらに労働者の貯蓄率は s_w，株主の資本からの純経費は cG（ただし G は資本収益で，c は株主の消費性向）とあらわされているのであるが，このような場合に，仮定されたような経緯にしたがって証券市場で需給の均衡が達成されるためには，つぎの式が成立しなければならない．
$$s_w W = cG + igK$$
また株数および株価を N および p とおけば，証券の市場価額は pN であり，資本収益は $N \cdot \Delta p$ とかきあらわされる．ここで株価純資産倍率 v の定義に配慮すると，
$$vK = pN$$
といえるけれども，もし v が一定であれば上式からつぎの式をみちびける．
$$v\Delta K = N\Delta p + p\Delta N$$
$$\therefore G = N\Delta p = v\Delta K - p\Delta N \tag{1}$$

さらに定義にしたがえば,
$$\Delta K = gK$$
であり,またここで想定された事態のもとでは $p\Delta N = i\Delta K$ になるはずであるから,
$$p\Delta N = igK$$
である.この式を(1)に代入すれば,
$$G = vgK - igK \tag{2}$$
がもとめられる(なお原文では(2)の活字が上方に誤植されていたので,訳文では訂正した).この式を,まえにもとめた証券市場の需給均衡条件式に代入すれば,
$$s_w W = c(vgK - igK) + igK$$
$$\therefore s_w W - c(vgK - igK) = igK \tag{3}$$
をみちびくことができる.

ここで貯蓄・投資の均等関係に配慮すると,労働者への証券販売によって調達された資金 igK と資本家の貯蓄 $s_c P$ によって貯蓄は構成されるとかんがえられるから,
$$igK + s_c P = \Delta K$$
であり,さらにまえにもとめた(3)式などを考慮すると,
$$s_w W - c(vgK - igK) + s_c P = gK \tag{4}$$
がえられる.

ところで $W = Y - P$, $P = \rho K$ である(ただし Y は所得総額, ρ は利潤率である).これらの式を(3)式に代入すれば,
$$s_w(Y - \rho K) - cvgK + cigK = igK$$
$$\therefore s_w Y - s_w \rho K - cvgK + cigK = igK \tag{3a}$$
がえられるし,(4)式に代入すれば,
$$s_w(Y - \rho K) - cvgK + cigK + s_c \rho K = gK$$
$$\therefore s_w Y + (s_c - s_w)\rho K - cvgK + cigK = gK \tag{4a}$$
を導出できる.

さらに(3a)式と(4a)式を gK でわると,
$$\frac{s_w}{g}\frac{K}{Y} - \frac{s_w \rho}{g} - cv + ci = i \tag{3b}$$
$$\frac{s_w}{g}\frac{Y}{K} + \frac{(s_c - s_w)\rho}{g} - cv + ci = 1 \tag{4b}$$
がもとめられる.つづいて(4b)式から(3b)式を引き算すると,
$$\frac{(s_c - s_w)\rho}{g} + \frac{s_w}{g}\rho = 1 - i$$

になり，したがって，

$$\rho = \frac{(1-i)g}{s_c} \tag{6}$$

がえられる．
このようにしてもとめた(6)式を(3b)式に代入すると，

$$\frac{s_w}{g}\frac{Y}{K} - \frac{s_w}{g}\frac{(1-i)g}{s_c} - cv + ci = i$$

になるから，そこで，

$$v = \frac{1}{c}\left\{\frac{s_w}{g}\frac{Y}{K} - \frac{s_w}{s_c}(1-i) - (1-c)i\right\} \tag{5}$$

をみちびくことができる．

15〕 原文では括弧が一部脱落しているので補足した．
16〕 著者注 13 の数式の導出方法にかんして，若干の補足をしておくほうが好都合であるようにおもわれるので，以下で説明をおこなう．

著者の仮定にしたがって賃金，配当および資本利得にひとしく適用できるような，家計部門の単一の貯蓄性向を s_h とおけば，証券市場での均衡条件式はつぎのようになる．（なお配当からの貯蓄も存在していると仮定しているので，cG は株主の消費超過額に配当からの貯蓄をくわえた大いさになる．）

$$s_h W + s_h(1-s_c)P = (1-s_h)G + igK$$

ところで，$G = vgK - igK = gK(v-i)$ であるから上式はつぎのようにかきかえられる．

$$s_h\{W + (1-s_c)P\} - (1-s_h)gK(v-i) = igK \tag{3a$'$}$$

つぎに貯蓄・投資の均等関係に留意すれば，

$$s_h\{W + (1-s_c)P\} - (1-s_h)gK(v-i) + s_cP = gK \tag{4a$'$}$$

がえられる．そこで(4a$'$)$-$(3a$'$)をもとめると，

$$s_cP = gK - igK$$

になるけれども，$P = \rho K$ であることに配慮すれば，上式から，

$$\rho = \frac{g(1-i)}{s_c} \tag{6}$$

がえられる．
こんどは(3a$'$)式に $W = Y - P$，$P = \rho K$ という関係式を代入すれば，

$$s_h\{Y - s_c\rho K\} - (1-s_h)gK(v-i) = igK$$

がえられる．そこでこの式にさらに(6)式を代入すれば，

$$s_h Y - s_h gK(1-i) - (1-s_h)gK(v-1) = igK$$

がもとめられるので，これをさらに整理してゆけば，

$$s_h Y - s_h gK - gKv + s_h gKv = 0$$

$$\therefore v = \frac{s_h Y - s_h gK}{(1-s_h)gK} = \frac{gK - s_h gK - gK + s_h Y}{(1-s_h)gK} = 1 - \frac{1 - s_h \dfrac{Y}{gK}}{1 - s_h}$$

を導出できる．

ところで，

$$v = \frac{s_h Y - s_h gK}{(1-s_h)gK} = \frac{s_h(Y - gK)}{(1-s_h)gK}$$

という式に着目すれば，$Y>gK$ である場合には $v>0$ であることを確認できるし，さらに，

$$s_h\left(\frac{Y}{gK}-1\right)>0$$

であるから，

$$\frac{1-s_h}{1-s_h\dfrac{Y}{gK}}>0$$

になり，したがって $0<v<1$ であるといえる．

17〕 著者注14中の数式の導出方法にかんしても補足的説明をおこなっておく．著者はパシネッティ不等式，$gK>s_w Y$ を前提にして議論をすすめているので，その場合にはとうぜん，

$$g - s_w \frac{Y}{K} > 0$$

が成立する．（原文では0は小活字になっているけれども，これはあきらかに再録のさいの誤植である．）したがって，

$$\frac{s_w Y}{gK} - 1 < 0$$

であることがわかる．

ところで，(5)式を展開してゆくと，つぎの結果がえられる．

$$v = \frac{1}{c}\left\{\frac{s_w Y}{gK}-1\right\}+\left\{\frac{s_c-s_w}{cs_c}(1-i)+i\right\}$$

ところが周知のように $1>c>0$ であるから，まえでしめした不等式を勘案すれば，上式の第1項はあきらかに負値である，といえる．そこで上式の第2項が1ないしは1よりちいさい，つまり，

$$\frac{s_c-s_w}{cs_c}(1-i)+i \leqq 1 \tag{i}$$

と仮定できれば，とうぜん $v<1$ という結論をみちびきだせる．

なお，$c=1-s_w$ であれば，(i)式は，

$$\frac{s_c-s_w}{(1-s_w)s_c}(1-i)+i \leqq 1$$

とかきなおせる．そこでいま，

$$\frac{s_c - s_w}{(1-s_w)s_c} \leqq 1$$

である（原文では上式の右辺は1ではなくて0になっているが，それはあきらかに誤植によると判断されるので，訳文では訂正した），つまり $s_c - s_w \leqq (1-s_w)s_c$，すなわち，

$$s_c - s_w \leqq s_c - s_w s_c \tag{ii}$$

であると仮定できれば，(i)式は成立する．さらに(ii)式を整理すれば，

$$s_c \leqq 1$$

という式をみちびきだせるが（原文では等号が欠落しているので，補記した），これは妥当な前提である．そこで，(ii)式は妥当性をもっているし，(ii)式がそうであれば(i)式も十分に成立要件をそなえている，といえる．

第4章 イギリス経済の低成長の原因

1〕 あとの説明をよめばあきらかになることであるけれども，この論文では実証分析にかかわる説明の場合には「工業 industry」と「製造業 manufacturing」は明確に区別されている．念のためにのべると，工業は製造業，公益事業および建設業を包括する産業としてとりあつかわれている．したがって訳文もそのように使い分けをしている．

2〕 産出高，雇用量および生産性をそれぞれ Y, L および g とおけば，$y = Y/L$ であるから，

$$\frac{\dot{y}}{y} = \frac{\dot{Y}}{Y} - \frac{\dot{L}}{L}$$

になる．ところが設問では $\dot{Y}/Y$ は1パーセント，$\dot{L}/L$ は0.5パーセントなっているので，上式から $\dot{y}/y$ は0.5パーセントである，といえる．

3〕 フェルドーン法則にかんしては，カルドアと R.E. ローソン Rowthorn とのあいだで論争がたたかわされた．それについては下記の文献などを参照してもらいたい．

 R.E. Rowthorn, "What remains of Kaldor's Law?", *Economic Journal*, March 1975.

 N. Kaldor, "Economic Growth and the Verdoorn Law: A Comment on Mr. Rowthorn's article", *Economic Journal*, December 1975.

 R.E. Rowthorn, "A Reply to Lord Kaldor's Comment", *Economic Journal*, December 1975.

 なお，この法則にかんするカルドア見解を論評した邦語文献としては下記のものなどが刊行されているので，あわせて紹介しておく．

 大川一司『日本経済の構造——歴史的視点から』昭和49年，勁草書房刊，

訳 者 注　351

　第3章.
4〕　『一般理論』のなかでケインズがおこなった著名な定義をさしていることはいうまでもない．ついては参考までにケインズの説明を引用しておく．「賃金財価格が貨幣賃金とくらべてわずかながら上昇したというような場合に，現行の貨幣賃金のもとで〔あっても〕はたらこうとする労働の総供給量と，そのような賃金のもとで労働を雇用しようとする総需要量がいずれも現在の雇用量よりも増大したとすれば，人びとは非自発的に失業している〔ということになる〕」(The Collected Writings of John Maynard Keynes, Vol. VII, The General Theory of Employment, Interest and Money, p. 15. 塩野谷祐一訳，15〜6ページ)．
5〕　第2表の下段にかかげられた，P および E にかんする回帰方程式をみると，両式の回帰係数は 0.484 と 0.516 であるから両者を合算すればあきらかに 1 になるし，また両式の常数項，つまり 1.035 と -1.028 を合算すると 0.07 となるので，ほぼゼロにひとしい，といえる．
6〕　資本および産出高のそれぞれの増分（ただし粗計値）の比率，つまり粗投資 I を産出高 O の増分 $\varDelta O$ でわった大いさが ICOR であるが，それは粗投資と産出高の比率，つまり I/O を産出高の成長率，つまり $\varDelta O/O$ でわった大いさになることはいうまでもない．
7〕　訳者注 2 で説明した理由を参照せよ．なお，ここでは $\dot{y}/y$，$\dot{Y}/Y$，および $\dot{L}/L$ はそれぞれ P，X および E でしめされている．
8〕　原文では $I=Gv$ とかかれているけれども，それはあきらかに $I=G_K v$ の誤植であるから訂正して訳出した．なお $G_K=\dot{K}/K$，$v=K/Y$，$I=\dot{K}/Y$ である．そこで，とうぜん $G_K v=I$ ないしは $G_K=I/v$ である，といえる．

第5章　地域政策を必要とする事情
1〕　原文中の 'within countries' および 'between them' はそれぞれ 'between countries' および 'within them' の誤植と判断されるので，訂正して訳出した．
2〕　ヘンリー・フォード（1863 年出生，1947 年死去）はいうまでもなくアメリカのフォード自動車会社の初代社長であるが，かれは若年期にエジソン電灯会社の機械工などの仕事をつうじて技術者としての技能を身につけ，1892 年に自動車を組みたてた．その後デトロイト自動車会社を設立してみずから技師長となり，さらに 1902 年にはフォード自動車会社を設立して社長に就任した．そして作業工程の合理化と大量生産方式による大衆車の製造で同社を世界有数の自動車会社に発展させたことは周知の事実である．
　　ナッフィルド，つまりウィリアム・リチャード・モリス・ナッフィルド William Richard Morris Nuffield（1877 年出生，1963 年死去）はイギリスの自動車王

として有名である．かれは農業労働者の子息としてうまれたが，15歳のときには父親の病気のために学業をあきらめて就職した．やがて自動車修理業をはじめたが，その後，モーター・サイクル，さらに自動車を取り扱うようになった．そして1913年には最初のモリス・オックスフォード車をつくりだした．またフォードにみならって大量生産方式の採用を計画し，1919年にはモリス自動車会社を設立した．1952年に同社はオースチン自動車会社と合併してブリティッシュ・モーター株式会社となったが，この間にかれは子爵に任ぜられている．

3〕 原文ではMydralになっているけれども，これはあきらかにMyrdalの誤りであるから，訂正して訳出した．

4〕 フェルドーン法則については第4章を参照してもらいたい．

5〕 この用語はケインズの『貨幣論』J.M. Keynes, *A Treatise on Money*, The pure theory of money, The Collected Writings of John Maynard Keynes, V, p. 123（小泉明，長澤惟恭訳，『ケインズ全集』第5巻，139ページ）中のものであるが，そこでは「人的労力1単位あたりの期間内〔賃金〕収入」と定義されている．

6〕 "R. E. P.",すなわち地域雇用割増金の制度は1967年にイギリスで実施されたが，これは，開発途上地域（スコットランドやイングランド北部など）の製造業にたいして労働補助金を交付しようとするものであって，新企業の誘致と資本にたいする労働の代置によって失業問題を緩和することが目的になっている．

第6章　国民経済の諸目標の確執

1〕 原文では 'which is not be to exceeded' になっているのであるが，'which is not to be exceeded' の誤植と判断されるので，そのように訂正して訳出した．

2〕 この文章は『新約聖書』，「コリント人への第一の手紙」第13章からの引用である．

3〕 原文では 'under full-employment eonditions' になっているのであるが，ここでは 'under full-employment conditions' と訂正して訳出した．

4〕 1930年代の大不況期に各国間の為替相場切り下げ競争に歯止めをかけるために，1936年9月にイギリス，アメリカおよびフランス3国間でむすばれた，為替安定のための協定が三国協定である．そしてこの協定によって為替相場の変更は1国だけの都合ではなくて，3国間の相互協議と同意にもとづかなければならないことになった．

なお，原文では三国協定の締結年次は1935年であると印刷されているけれども，誤植とかんがえられるので，1936年と訂正した．

訳者注 353

第7章 均衡経済学の不当性
1〕 原文では 'cannot be predicted' と印刷されているのであるが，'cannot be predicated' の誤植とかんがえられるので，そのように訂正して訳出した．
2〕 ヤング論文の出版年次は1928年であり，ミュルダールの著書の出版年次は1957年である．したがって，原文ではミュルダールの著書はヤング論文に「25」年間おくれて出版されたように印刷されているけれども，「29」年の誤記と判断されるので，そのように訂正して訳出した．
3〕 物質によって反射した光の場合には入射光とはその成分がことなる．成分の1つの要素は光の振動方向である．そしてある振動方向の成分のみをふくむ光が偏光である．自然光はすべての成分を均等にふくんでいるが，反射光の場合にはその均等性がくずれ，反射角により，また物質によって特有の成分比をもった光になる．しかもある特定の反射光は特定の成分，つまり特定の方向にしか振動しない光（偏光）になる．この特定の角度は偏光角とよばれているが，たとえばガラスの場合にはそれはほぼ58度である．また通過光もある振動方向の成分をふくまない光になるが，この通過光をもう一度別の物質（ここでは鏡）にあてて反射させても，その角度がその物質の偏光角であれば，反射光がでないという結果になる．なぜならばこの場合には，反射されるべき成分が入射光（最初の物質の通過光）に欠如しているからである．

第8章 どこで経済理論はまちがっているか
1〕 原文では 'seqence' と印刷されているのであるが，ここでは 'sequence' と訂正して訳出した．なお一般均衡理論のような，相互依存・同次決定的体系ではなくて，時間をおって経済変化の過程を逐次決定的にとらえる分析方法が継起分析であって，それは北欧学派の「期間分析 period analysis」に由来している．
2〕 原書の Figure 2 では，D_j と印刷されているのであるが，ここでは Figure 1 との統一をはかるために，d_j と変更した．
3〕 労働と資本という両生産要素の相対価格（または実質賃金率と利子率，ないしは利潤率）の変化に対応して，機械化の程度が相違する技術を採用するような場合に，それを技術の転換とよんでいるが，二重転換，または再転換 reswitching という場合には，生産要素の相対価格が変化しても，ある特定の生産技術が再度，採用されることを意味している．なおこのような二重転換の可能性にかんしては，経済学者の間で有名な資本論争がたたかわされた．
4〕 原文では 'are substitutes' と印刷されているのであるが，'are substituted' の誤植とかんがえられるので，そのように訂正した．

第9章 世界経済におけるインフレーションと景気後退

1〕 原文では 'less then' と印刷されているのであるが，ここでは 'less than' と訂正して訳出した．

2〕 「オークンの法則」については第3章，訳者注8を参照せよ．

訳者あとがき

1. 本訳書の冒頭にかかげた本書の著者,故カルドア教授の遺影は,1985年3月22日に本学(中央大学)多摩校舎2号館内の研究所共同会議室で撮影されたものである.

著者はそのしばらくまえに朝日新聞社の招へいをうけて来日された.そしてみじかい在日期間中に同社主催の国際経済シンポジウムや講演会などに出席され,基調報告や記念講演などをおこなわれたのであるが[1],そのような多忙な日程のなかの1日をさいて,夫人同伴でわざわざ多摩丘陵の一角にもおこしくださった.しかも本学経済研究所のケインズ経済学研究会会員や,その他の,本学内外の教員や大学院生などにたいして1時間あまりにもわたって講義をおこない,質問にもおうじられたのであるが,わたくしはいま,写真をみながら,当日の様子をなつかしくおもいだしている.

講義はケインズ革命の意義をめぐる論説からはじまって,資本家・労働者による2階級モデルの特徴などにおよんだ.そしてしだいに現実の経済問題に論点がうつって,最後は輸出の役割や工業発展の重要性を論評されたのであるが,いまにしておもうと,それは本書の内容の再確認でもあったようである.受講者の相当数はケインズ経済学,ないしはポスト・ケインズ派経済学の研究者である,ということを意識されたためであったかもしれないけれども,いかにもうちとけた口調で話をすすめられ,ときには笑いをさそうような説明もつけくわえられた.そしてわたくしは,闘志をしのばせるような話しぶりや,かくしゃくとした歩きぶりを見聞して,高齢にもめげずまだまだお元気,という印象をつよくした.じつをいえば,当時は本書の訳出作業はまだ完了していなかった.そこで当日の印象に力をえて,後日,あらためて本書の内容にかんして質疑をおこない,そのうえで訳出作業をしめくくろ

う，とひそかに目論んだのであるが，これはあきらかに軽率な計画であった．なぜならばそれから1年半ほどのちの1986年9月30日に，著者は忽如(こつじょ)として死去されたからである．著者の訃報を新聞でみてわたくしは惜別の感とともに，悔恨の思いにさいなまれた．もっとも，その後も訳出作業は円滑にすすまなかったけれども，いまようやくその前半部分を完了できた．そこで写真のなかの著者にむかって「先生，おまたせいたしました」と小声で話しかけたいような気持になっている．

2. 著者にかんしては，わが国においてもすでにおおくの紹介文が発表されているが，略歴についてはこの訳書でも念のために説明をおこなうことにしたい[2]．（なお，学問上の業績などにかんしては，後日，公刊予定の本訳書の続編，つまり『貨幣・経済発展そして国際問題』で多少の論評を付記したいとかんがえているので，ここではそれにふれないでおく．）

著者は1908年5月12日にハンガリーのブダペストで著名な弁護士の子息として出生した．そしてブダペスト大学で法学をまなび，法学博士号をえたのちに，ドイツのベルリン大学に入学し，経済学の学習を開始したのであるが，1927年にはイギリスのロンドン大学へ転学して，1930年に学位をうけている．その後，学術奨学金をえて研究をふかめ，1932年にはロンドン大学で教職につくことになったのであるが，1947年にここを辞職して国連欧州経済委員会 Economic Commission for Europe で調査・研究部門の仕事をしたけれども，1949年にはケンブリッジ大学キングス・カレッジの講師資格 Fellowship を取得して同大学に籍をうつした．そして1952年から65年まで経済学担当の講師 Reader をつとめたあと，1966年に同大学の経済学担当教授に就任した．（著者注をみればあきらかになることであるけれど，本書の第4章はそのさいの記念講演がもとになっている．）そして1975年になって教職から引退するときまでその職務を担当した．

この間には，学界でも重要な役職を兼務している．たとえば1970年にはイギリス学術会議F部門（経済部門）Section F, British Association for Advancement of Science の議長をつとめ，1974 年から 76 年にかけては王立経済学会 Royal Economic Society の会長に就任した．

　まえにのべたような予定があるので，ここでは学問上の事柄にはあまりたちいらないけれども，著者の学術面の業績はケインズ理論の継承と発展に関連しており，このような意味で基本的立場はケインズのそれと類似していた，という点についてはとりいそいで付言しておかなければならないであろう．しかしケインズとの類似点はそのような事柄にかぎられていたわけでないということもあわせて承知しておくべきである．つまり，著者はケインズと同様に，現実の諸問題につよい関心をもち，それに関連する業務にも関与したのである．本書に収録をされた後半の論文をみれば，この点を確認できるけれども，学外での調査活動や，とりわけイギリス内外の行政関係の職歴に着目すれば，いっそう明白になるにちがいない．ついてはそのような役職にかんしてもふれておこう．

　つまり，第2次大戦中の 1943 年から 45 年にかけて国立経済・社会研究所 National Institute of Economic and Social Research の非常勤研究員をつとめたことを手始めとして，戦後は利潤・所得にかんする王立租税委員会委員 (1951～55 年) に就任した．さらに労働党内閣のもとで2回 (1964～68 年および 1974～76 年) にわたって大蔵大臣特別顧問として活躍したことは特筆されなければならないであろう．そしてこのような業績が評価されて，1974 年に男爵位がおくられている．保守党内閣の時代にかわってからは，政治上の立場のためもあってか，かつてのような，表立った活躍ができなくなったようであるけれども，爵位にもとづいて就任した上院議員という役職は著者にとってはけっしてたんなる名誉職ではなかった．したがって，サッチャー首相にひきいられた保守党政権の政策にたいして議場できびしい批判をつづけたのであるが，これもまたわすれてはならないエピソードとして注記しておく．

　国外の行政面にかかわる活躍にも目をみはらされるものがある．つまり 1956 年にはインド政府の税制改革にかんする顧問をつとめたが，それ以降，

チリ，セイロン，メキシコ，ガーナ，英領ギニア，トルコ，イラン，ベネズエラのために経済問題や財政問題にかんする顧問などを歴任した．これらの事柄をつうじて，国際問題，とりわけ発展途上国の諸問題にたいする，著者のなみなみならぬ関心をうかがいしることができるであろう．

3. つぎに，本書および本訳書にかかわる事項について説明をおこなう．本書 Nikolas Kaldor, *Further Essays on Economic Theory*, 1978 の内容や執筆の経緯にかんしては，著者自身が「まえがき」のなかで詳細な解説をかいているので，ここで「屋下に屋」をかさねるようなことはつつしみたい．しかし，これらはいずれもかつて雑誌論文やパンフレットとして公刊され，そのために本書の公刊以前から学界でさかんに話題になり，各分野の研究活動や論議におおきな影響をあたえたことだけについてはとくに読者の注意を喚起しておかなければならないであろう．

　もっとも，著者ものべているように，本書に収録されたものは 1958 年以降の公刊文献にかぎられている．別言すると，本書の出版以前に，同系統の著名な論稿を収録した，別の論文集 *Essays on Economic Stability and Growth*, 1960 などを公刊している．本書（そして応用経済学を主題とする，もう１冊の論文集 *Further Essays on Applied Economics*, 1978）に『続論』*Further Essays* という書名がつかわれたのはもちろん，このような事情に由来している．

　したがって，その点を熟知された，関連分野の専門家だけを念頭においてこの訳書を公刊するということであれば，『続論』という訳書名を大書したほうがよかったかもしれない．しかし，そのようなかたがただけを意識して訳書をあえて公刊しようとしたわけでない．本書，つまり本訳書の原本が出版されたときからかぞえてみても，すでにかなりの年月が経過しており，またさきほどのべたような事情もあるので，そのようなかたがたにとっては本訳書の内容はすでに旧聞のものになっているであろう．そうであれば，著者の業績に通暁していない，関連分野以外の研究者や新進の研究者，学生など

のために訳業がすすめられるべきであるし，さらにあえて付言すれば，そのような新規の読者層に本書を紹介することこそが現時点の緊急課題であるようにもおもわれた．その結果として，本書の原名にとらわれずに，むしろ本書の内容を即断できるような訳書名をかんがえるにいたった．（ついでにいえば，すくなくとも本書の前半に関係する論文にかんしてはすでに邦訳が刊行されたけれども，現在では訳書の入手は容易でないので，わが国の新規の読者層は，『続論』という書名によって，唐突の感をおぼえるのではないか，ともおそれた．）さいわい，著者自身が「まえがき」の最初の文章で，本書は「巨視的経済成長論と〔所得〕分配論の分野に属する」論文をまとめたものである，と説明している．そこで『経済成長と分配理論』という訳書名を採用したような次第である．（ついでながら本訳書の続編の場合には，同書の編別構成に配慮して『貨幣・経済発展そして国際問題』という訳書名をつかいたい，とかんがえている．）

4. ところで，本書の訳業はもともとはポスト・ケインズ派経済学研究会で企画され，われわれ両人が本書を担当することになったのであるが，両人で相談した結果，第1，第6，第7，第8および第9の各章にかんしては高木助教授が，そして「まえがき」，第2，第3，第4および第5の各章にかんしてはわたくしが訳出作業をすすめることになった．そして最終段階ではわたくしが訳語や訳文の統一をはかった．なお，そのさいには，まえにのべたような趣旨に配慮して，訳文をできるかぎり平易なものにする，ないしは邦文としての体裁をできるだけ重視するように心掛けた．

それにかかわる事柄として——さまざまな異論がおこりうるとかんがえながらも——あえて専門用語に訳語をもちいたことも付記しておきたい．たとえば "vintage" model にたいしてはしばしば「ヴィンテージ」モデルというような片仮名文字がつかわれてきたけれども，カルドア理論を熟知された専門家の場合ならばいざしらず，それ以外の読者の場合にはこれでは混迷，ないしは拒絶反応をひきおこすおそれがあると判断して，「設備建造期」指定

モデルというような意訳をもちいたので，この点もおことわりしておく．

　さらに，本書中の記述，とりわけそのなかの数学的説明にたいして，できるだけくわしい「訳者注」を追記したことにもふれておきたい．一部の専門家の場合にはおそらくは，それを冗長な，ないしは過保護な説明とうけとられるかもしれない．しかしまえにものべたような新規の読者層を念頭におけば，それもまた必要な措置であると判断した．しかも，本書の数学的展開のなかには関連分野の研究者にとってもかなり難解なものがふくまれている，といってもけっしていいすぎではないであろう．また，複雑な数学で威嚇して論理のぜい弱さを隠ぺいしようとするような所説にたいして，きびしい批判をおこなうことが著者のねらいであった，という点もこのさい想起すべきであろう．つまり著者の数学的展開はあくまでも相手をうちくだく手段にすぎなかったのである．

　あるいはこうもいえるかもしれない．著者は数学的展開を「メドゥーサの首」としてつかおうとしたのではない．現実はもっと複雑であることを顕示しながら，じつは現実問題を直視させようとした．そしてそのための手だてとして，いわば，メドゥーサの姿がうつしだされる「青銅の楯」を用意しようとした．ただし，残念ながら，著者が期待したような状況がうまれてこなかったようにおもわれてならない．おそらくは著者の楯があまりにも重厚すぎて，それを利用しようとする人びとが萎縮してしまったのであろう．もしそうであれば，この訳書ではせめて楯の軽量化がなんとかこころみられなければならない．わたくしはそのようにかんがえた．

　以上のような点にくわえて，もうひとつのかなり重要な事柄にもふれざるをえないであろう．もしわたくしの理解に間違いがなければ，本訳書の原本はいくつかの誤植（ないしは不適切な記述）をふくんでいる，という点がそれである．たしかにそのなかの一部は，注意ぶかい読者ならば，容易にそうとわかるような類のものである．しかし識別の困難なものもふくまれている．とりわけ複雑な数式にかんするものの場合には，かなりの専門家でさえも判別がきわめて困難といえそうである．しかもそれらの相当数は当初の公刊時

以来のものである．つまり当初の誤植が訂正されないで，本訳書の原本でもそのまま印刷されたので，いっそう判断にまよってしまう．正直に告白すると，これらを誤植と断定するまでには，わたくし自身もかなりの日時を要してしまった．それだけに，本訳書の出版にあたっては，誤植の訂正（そして不適当な説明の補修）につとめて，新規の読者が無駄な労力をついやさなくてもよいようにしなければならない，とかんがえた．

　もちろん，わたくし（あるいはわれわれ）の判断に誤りがないという保証はない．そこで誤植などを本書全般にわたって摘出しおえた段階で，率直にわたくしの判断または意見を著者につたえて，著者自身の指示をあおぎたい，とかんがえた．しかし著者が他界されたいまとなっては，このような措置はとれない．そうであれば誤植などをふせて印刷するという方法もありえたかもしれない．しかし，誤解や困惑が今後さらに増幅されてゆくことにかんしてはなんとしてもたえがたかった．そこでわたくし（あるいはわれわれ）が誤植（または不適切）とおもわれたものにかんしては，それを訂正して本訳書を刊行することにしたけれども，わたくし（あるいはわれわれ）の誤解にもとづく場合もありうるので，「訳者注」のなかで訂正の内容と理由を明記した．ついてはそれらも参照ねがえれば，幸いである．

5. 最後に，本訳書の刊行が遅延したことにたいして，著者はもちろんのこととして，読者や出版社のみなさまにもふかくお詫びを申しあげたい．またそれはわたくしの都合に原因しているので，共訳者の高木助教授や，出版業務を担当された日本経済評論社の清達二氏にもお詫びをしなければならない，とおもっている．どうか，ご寛恕をお願いいたしたい．

　なお，第2章の数学説明中の，とくに訳者注の16および17にかんする部分については小林道正教授（本学経済学部）から，第7章の注5および訳者注3にかんする内容については二宮勘輔助教授（日本福祉大学経済学部）からご教示をおうけすることができたので，お礼かたがたそのことを付記しておく．もちろん，とうぜんのことながら，本訳書中の記述内容についてはわ

れわれが責めをおっている．

　末尾になったけれども，著者の写真を提供してくださった本学広報部広報課にたいしても，お礼を申しあげたい．

1) そのさいの発言内容などは『朝日ジャーナル』1985年6月5日号（臨時増刊）に収録されているので，あわせて参照してもらいたい．
2) 次記の文献や，前項で紹介した著者自身の発言内容などを参考にして，略歴をまとめた．*Who's Who, 1984.* Obituary, *The Times*, Thursday, October 2, 1986.

　1988年9月

　　　　　　　　　　　　　　　　　　　　　　　　　笹 原 昭 五

人名索引

ア行

アインシュタイン(Einstein, A.) 275
アロー(Arrow, K.J.) 162, 198
イートウェル(Eatwell, J.L.) 312
ヴィクスティード(Wicksteed, P.H.) 140
ヴィクセル(Wicksell, K.) 34
ウィリアムソン(Williamson, J.) 313
ウィルキンソン(Wilkinson, F.) 314
ウィルソン(Wilson, J.H.) 244
ウェーバー(Weber, B.) 32, 33
ウォースウィック(Worswick, G.D.N.) 276
ウォール(Whale, P.B.) 29
宇沢弘文 92
ウッド(Wood, A.) 27
ウッド(Wood, G.) 313
ウルフ(Wolfe, J.N.) 191, 196, 198, 201
エグレン(Edgren, E.) 313
オードナー(Odhner, C.E.) 313

カ行

カレツキ(Kalecki, M.) 73, 74, 93, 135
クウ(Kuh, E.) 153
クズネッツ(Kuznets, S.) 203, 214
クープマンス(Koopmans, T.C.) 270, 271, 272, 273
クボタ(Kubota, K.) 26
クラーク(Clark, J.B.) 140
クラッパム(Clapham, J.H.) 144
クリップス(Cripps, T.F.) 14, 28
ケインズ(Keynes, J.M.) 1, 6, 24, 27, 29, 46, 56, 133, 192, 212, 224, 230, 232, 244, 261, 267, 279, 283, 285, 289

ケンドリック(Kendrick, J.W.) 202
コルナイ(Kornai, J.) 252, 275

サ行

サムエルソン(Samuelson, P.A.) 4, 8, 9, 11, 29, 87, 90, 129, 130-2, 135, 136, 138, 145, 292, 294
サールウォール(Thirlwall, A.P.) 29
サルター(Salter, W.E.G.) 163
ジャクソン(Jackson, D.) 314
ジョンソン(Johnson, H.G.) 312
ストルパー(Stolper, W.F.) 29
スミス(Smith, A.) 33, 161, 162, 209, 223, 254-7, 259, 261, 266, 267, 276, 287, 288, 290, 298
スラッファ(Sraffa, P.) 255, 276
スリーパー(Sleeper, R.) 27
セイ(Say, J.B.) 259
セイヤーズ(Sayers, R.S.) 244
ソロー(Solow, R.M.) 87, 134, 140

タ行

ターナー(Turner, H.A.) 314
ターリング(Tarling, R.J.) 14, 28, 312
チェンバリン(Chamberlin, E.H.) 270, 273
チャンパーノン(Champernowne, D.G.) 3, 7, 26, 127
ディクソン(Dixon, R.) 29
ティンベルヘン(Tinbergen, J.) 227, 244
デニソン(Denison, E.F.) 202
デブリュー(Debreu, G.) 249, 250, 255
デーン(Dean, R.M.) 202
ドーマー(Domar, E.D.) 34, 134

ナ行

ノイマン(Neumann, J. von)　4, 25, 34, 36, 37, 88, 89, 90
ノードハウス(Nordhaus, W.)　313

ハ行

パシネッティ(Pasinetti, L.L.)　9, 11, 132, 135, 138, 142, 145, 149, 150-3
ハドソン(Hudson, H.R.)　91
ハフバウァー(Hufbauer, G.C.)　276, 277
パレート(Pareto, V.)　258
ハロッド(Harrod, R.F.)　5, 6, 18, 25, 34, 38, 109, 134
ハーン(Hahn, F.H.)　9, 91, 153, 161, 290
ピグー(Pigou, A.C.)　151, 276
ヒックス(Hicks, J.R.)　211, 234, 245, 260, 279, 288, 300, 312
ファクセン(Faxen, K.O.)　313
フィリップス(Phillips, A.W.)　227
フェルドーン(Verdoorn, P.J.)　163, 165
フェルプス・ブラウン(Phelps Brown, E.H.)　32, 33, 276
フォード(Ford, A.G.)　245
フックス(Fuchs, V.R.)　199
ブラック(Black, J.)　128
フリードマン(Friedman, M.)　311
プレテン(Pratten, C.F.)　202, 278
ベイン(Bain, J.S.)　202
ベヴァリッジ(Beveridge, W.H.)　225, 243, 244
ページ(Paige, D.)　160
ベッカーマン(Beckerman, W.)　160, 163
ボェーム・バヴェルク(Böhm-Bawerk, E. von)　33, 34

マ行

マジソン(Maddison, A.)　244
マーシャル(Marshall, A.)　63, 151, 161, 162, 255, 276, 279, 283, 290
マシューズ(Matthews, R.C.O.)　128, 161, 234, 245, 290
マッカラム(McCallum, B.T.)　26
マーリーズ(Mirrlees, J.A.)　7, 125, 153, 277
マルクス(Marx, K.)　3, 4, 11, 34, 36, 42, 45, 89, 134, 268, 287
ミード(Meade, J.E.)　9, 11, 91, 140, 244
ミュルダール(Myrdal, G.)　208, 260, 292
ミル(Mill, J.S.)　17, 259, 285-8, 293
メイヤー(Meyer, J.R.)　153
モグリッジ(Moggridge, D.E.)　244
モジリアーニ(Modigliani, F.)　8, 9, 11, 129, 130-2, 135, 136, 139, 145

ヤ行

ヤング(Young, A.)　19, 20, 161, 162, 196, 209, 240, 255-7, 259, 260-2, 265, 267, 268, 278, 279, 290, 291, 294

ラ行

リカード(Ricardo, D.)　3, 4, 17, 34, 35, 36, 37, 45, 89, 255, 284, 287-9, 293
リトル(Little, I.M.D.)　277
ルイス(Lewis, W.A.)　192, 311, 312
レーウィーレン(Llewellyn, G.E.J.)　312
ロストフ(Rüstow, H.J.)　26, 27
ロビンズ(Robbins, L.C.)　282
ロビンソン(Robinson, E.A.G.)　277
ロビンソン(Robinson, J.V.)　25

ワ行

ワルラス(Walras, L.)　135, 249, 255

事項索引

ア行

一般均衡(general equilibrium)
　――学派　255
　――理論　5, 19, 20, 251, 257, 281, 294
インフレーション(inflation)
　需要主導型――　22
　費用圧力型――　22
　伏行性――　297, 302, 303, 304
黄金時代均衡(Golden age equilibrium)
　113, 115, 126, 134, 135, 149
オークンの法則(Okun's Law)　141, 311

カ行

価格(price)
　――機構　298
　管理――　298, 299
　固定――　288
　市場決済的――　284, 288
　需要決定的――　300
　正常――　276
　費用決定的――298, 300, 314
過剰能力(excess capacity)　63, 86, 169
寡占(oligopoly)　1, 28, 214
加速度因子(accelerator)　97, 98, 211
加速度原理(acceleration principle)　26, 75, 81, 197, 266
価値論(value theory)
　新古典派――　282, 290, 292
稼働期間　⇒耐用期間をみよ
株主(shareholders)　134, 145, 146
株価純資産倍率(valuation ratio)　11, 27, 147, 148
寡婦のつぼ(widow's cruse)　24

貨幣・銀行組織(monetary and banking system)　20, 266, 268
貨幣経済(money economy)　285
貨幣主義学派(monetary school)　216
貨幣数量説(quantity theory of money)　253
貨幣政策(monetary policy)　82, 224, 227, 314
借入金皆済期間(pay-off period)　7, 8
為替政策(exchange-rate policy)　229, 236, 241
為替相場(exchange rate)
　管理された変動――　18
　固定――　226, 237, 239, 241, 296
　変動――　233, 236
緩衝用備蓄(buffer stock)　309, 310
関税貿易一般協定(GATT)　226
管理通貨(managed currency)　232-4
カンリフ委員会(Cunliffe Committee)　232
危険(risk)
　――選好関数　74
　――逓増の原理　75, 91
　――割増料　81, 83, 127
技術進歩(technical progress)
　ハロッド型中立的――　129, 131, 140, 258
技術進歩関数(technical progress function)　3, 69, 72, 74, 78, 90-2, 95, 99, 100, 105, 106, 112, 117, 119, 121, 122, 126, 128
技術の「二重転換」(double-switching)　292
期待(expectations)　4, 77, 91, 107, 299
　インフレ――　308, 314

長期—— 6
投機的—— 299
逆L字型供給曲線(reverse L-shaped supply curve) 58
競争(competition)
　寡占的—— 28, 129
　完全—— 2, 36, 130, 135, 136, 143, 151, 161, 202, 251, 255, 265, 271
　不完全—— 1, 90, 91, 97, 169
金価格(price of gold) 307
金属通貨(metallic currency) 266
金本位制(Gold Standard) 29, 230, 232, 233
金融政策(finantial policy, credit policy) 231, 232
金利生活者的資本家(rentier capitalists) ⇒株主をみよ
継起分析(sequence analysis) 283
経済協力開発機構(OECD) 159, 164, 178, 184, 296, 305, 314
経済成長率(rate of economic growth)
　現実成長率 49
　自然成長率 8, 15, 38, 41, 49, 59, 61, 73, 109
　保証成長率 38, 109
経済発展段階(stage of economic development)
　成熟状態 13, 157, 179, 191, 195, 196, 247
　未成熟状態 157
限界生産力(marginal productivity)
　資本の—— 8, 67, 68
　労働の—— 13, 59, 62, 63, 91, 143, 288
限界生産力原理(説)(marginal productivity principle or theory of marginal productivity) 4, 33, 34, 67, 141, 282
ケインズ革命(Keynesian revolution) 23
交易条件(terms of trades) 210, 218, 235, 289, 298, 300, 302, 308, 314
　工業と農業の生産物間の—— 16, 21
公開市場操作(open market operations) 314

国際通貨基金(IMF) 228, 309
国内総生産(GDP) 158, 164, 200, 240, 246
　——の成長率 12, 155, 158, 159, 181, 182, 194, 195, 235
雇用(employment)
　過少—— 56, 59, 60, 90, 97
　完全—— 1, 2, 15, 16, 45, 53, 54, 56, 59, 61, 62, 97, 135, 143, 151, 152, 223, 225, 226, 236, 238, 244, 246, 247, 291, 293
　——成長率 37, 175, 177, 182, 184, 188, 189, 190, 194, 195, 199, 212

サ行

財(goods)
　設備—— 40, 64, 100
　賃金—— 40, 100
財政政策(fiscal policy) 18, 227, 228, 231, 232, 234, 236, 238, 241, 242, 246
産出高成長率(rate of growth of output)
　製造業の—— 12, 27, 158-60, 170, 171, 175, 181
資金調達(finance) 10, 20, 27, 127, 133, 134, 207, 309
　外部調達比率 27
資源(resources)
　——制約的 2, 14, 21, 284, 285, 294
　——の(最適)配分 1, 13, 19, 23, 192, 260, 274, 283, 291
　天賦の—— 205, 206, 213
資産(assets)
　金融—— 27, 46, 82, 137-9, 152, 153, 301
　固定—— 82, 101
市場の不完全度(degree of market imperfection) ⇒独占度をみよ
自然価格(natural price) 255
　労働の—— 35, 44
失業(unemployment)
　擬装—— 176, 192, 193, 247
　非自発的—— 192
実質賃金面の拮抗力(Real Wage Resistance) 300

実施習得(learning by doing)　129, 131, 199, 256
資本(capital)
　運転——　82, 127, 128
　固定——　46, 83, 95, 98, 105, 116, 127
　——減耗率　8, 103
　——蓄積　4, 7, 31, 33, 34, 42, 49, 53, 55, 68, 70, 81, 90, 126, 127, 198, 206, 265, 267, 293
　——蓄積率(成長率)　8, 35, 37, 39, 40, 42, 45, 48-50, 68, 69, 70, 71, 73, 78, 96, 126
　——利潤率　32, 44, 50-2, 54, 64, 71, 73, 75, 77, 83, 113
　流動——　46, 83, 265
資本の限界効率(marginal efficiency of capital)　18, 127
資本-産出高比率(capital-output ratio)　10, 25, 33, 34, 37, 40, 48, 51, 52, 54, 64, 65, 68, 72, 74, 76, 80, 83, 87, 89, 91, 118, 120, 127, 201, 291, 292
資本-労働比率(capital-labour ratio)　30, 32, 35, 44, 47, 50, 63, 64, 69, 71, 140, 142, 256, 291
収穫逓減(法則)(law of increasing returns)
　規模にかんする——　21, 29, 255, 276
収穫逓増(法則)(law of diminishing returns)
　規模にかんする——　5, 13, 17, 21, 201, 233, 255-8, 272, 273, 280, 290, 292
収穫不変(法則)(law of constant returns)
　規模にかんする——　2, 17, 21, 36, 39, 151, 255, 285, 294
自由貿易(free trade)　17
需要(demand)
　——関数(曲線)　58, 60, 90, 130
　——管理政策　178, 196, 236, 241
　——制約的　284
　有効——　53, 54, 58, 224, 267, 269, 301, 302
　U字型——曲線　60

準地代(quasi-rents)　8, 119
証券(securities)
　——市場　146
　——の市場価格　147
乗数(multiplier)
　外国貿易——　18, 30, 211, 217, 289
　超——　211, 234, 289
　貯蓄・投資——　18, 289
所得効果(income effects)　210, 315
所得政策(incomes policy)　23, 224, 227, 228, 245, 313
所得分配(income distribution)
　賃金および利潤の分け前　3, 6, 8, 33-5, 40-2, 44, 45, 48, 52, 54, 58, 59, 62, 67, 73, 74, 76, 83, 91, 96, 97, 102, 103, 105, 109, 112, 113, 118, 144, 152, 198, 234, 300
　約定所得　52, 53, 210
　余剰所得　53
　個人所得　133, 134
　配当所得　9, 145, 150, 154
商人(merchants)　263-5, 279, 289
消費主導型成長(comsumption-led growth)　18, 236, 238, 240, 242, 243
信用創造(credit creation)　266
スウェーデン学派のインフレ理論(Swedish theory of inflation)　313
スラッファ効果(Sraffa effects)　129
生産関数(production function)
　1次同次——　47, 52, 64, 66, 67, 90, 92, 129, 130, 131, 251, 255, 292
　形状良好な——　129, 131, 135, 151
　コブ・ダグラス型——　34, 66, 92, 152, 196, 277
　サムエルソンの代用——　4
生産性成長率(rate of growth of productivity)　15, 32, 33, 38, 70, 73, 88, 100, 126, 160, 163-8, 175, 184, 186, 188, 189, 193, 195, 212, 221, 227, 233, 235, 236, 239, 240, 303
建造期(vintage)　8, 95, 98, 99, 107, 198
　設備——指定モデル　137

成長均衡(growth equilibrium)
　完全雇用── 86
　定常的── 38, 100, 105, 108, 110, 118, 126
　平衡的── 38, 42, 44, 48, 49, 50, 61, 86, 90, 93
政府(government)　2, 10, 139, 140, 156, 216, 219, 220, 227, 239, 241, 309
セイ法則(Say's Law)　259, 261, 283, 285, 287
石油価格(price of oil)　307
選択的雇用税(SET)　14, 28

タ行

代替の原理(principle of substitution)　283
代替効果(substitution effects)　210
代替率(substitution ratio)
　限界── 52, 118, 132
代表的企業(representative firm)　6, 56, 57, 58, 94, 162
耐用期間(life time)　95, 99, 101
弾力性(elasticities)
　供給の── 278
　需要の価格── 166
　需要の所得── 171, 182, 193, 202
　需要の── 170, 262, 278, 279
　代替の── 277, 283
地域(regions)
　──間関税　213
　──雇用割増金(REP)　218, 219, 220
地方財政の自治権(local fiscal autonomy)　219
貯蓄(savings)
　──関数　3, 78, 90
　──係数　40, 51, 58, 148
　──性向　5, 8, 9, 18, 52, 53, 61, 73, 80, 97, 132, 134, 136, 149, 154, 198
賃金(wages)
　貨幣── 29, 55, 56, 86, 93, 212, 233, 235, 245

　実質── 33, 36, 55, 88, 289
　生存── 3, 36, 40, 44, 45, 49, 54
　能率── 212, 213, 217, 218, 245
陳腐化(obsolescence)
　──期間　105
　──準備引当金　113, 116
　──率　96, 118
通貨統合計画(plans for currency integration)　242
「定型化された」事実("stylised" facts)　34, 71
定常状態(stationary state)　61, 66
投機(speculation)　92, 264, 314
　──的在庫品弾力性　264
投資(investment)
　純── 27, 137
　粗── 27, 95, 96, 98, 99, 137
　──関数　3, 5, 7, 26, 78, 79, 91, 119, 120
　──/産出高比率(投資係数)　8, 10, 33-5, 52, 54, 105, 152
　独立── 90, 234
　誘発── 20, 30, 59-61, 75, 78, 170, 234, 262, 265, 266, 280, 288
独占(monopoly)　213, 292
　──度　57, 59, 61, 104, 135
特別引出し権(SDR)　309
ドルの公的金兌換停止(formal suspension of the gold convertibility of the dollar)　307

ナ行

能力利用度(degree of utilization of capacity)　32, 59, 234

ハ行

パシネッティ定理(Pasinetti theorem)　136, 138, 152
　新── 11, 150, 153
　反── 138
パレート最適(Pareto-optimal)　13, 291
販売業者(dealers)　263

販売利ざや(dealer's margin) 263
備蓄政策(stock-piling policy) 302
費用(costs)
　機会―― 194
　限界主要―― 56
　主要―― 39, 57, 58, 98, 103, 300
　平均主要―― 56, 62, 63
　平均総―― 59
フィリップス曲線(Phillips curve) 253
フェルドーン法則(Verdoorn Law) 13, 28, 163, 165, 175, 184, 188, 189, 198, 209, 212
不確実性(uncertainty) 25, 31, 96, 100-2, 119, 120, 129, 133
不可分性(indivisibilities) 98, 270-4, 277
不完全競争度(degree of imperfect competition) ⇒独占度をみよ
物々交換経済(barter economy) 285
不変性(constancy)
　資本‐産出高比率の―― 33
　相対的分け前の―― 33
ブレトン・ウッズ協定(Bretton Woods Agreements) 226, 227, 237
分業(division of labour) 19, 161, 162, 209, 254, 259, 266, 276
「放射性物質型」物的減価("radioactive" physical-depreciation) 96
　――率 101
保護政策(protection) 217, 218

マ行

マネタリスト学派(monetarist school) 22, 311, 314
目標値(targets)
　経済政策の―― 223, 226, 227, 236
モデル(成長と分配の)(model of growth and distribution)
　ケインズ派―― 95, 97, 102, 120, 137
　古典派―― 4, 34
　新古典派―― 5, 34
　単一部門―― 15, 22

2部門(農業と工業部門で構成される)
　―― 16, 22, 100

ヤ行

輸出(exports)
　――主導型成長 18, 236, 238-41, 243, 246
　――成長率 12, 27, 173-5, 211, 235, 236, 242, 245, 246
　――の価格弾力性 29
　――の所得弾力性 29
輸入(imports)
　――成長率 27, 173, 174, 212
　――代替 172, 174
　――の価格弾力性 29
　――の所得弾力性 29
輸送費(transport costs) 207
〔ヨーロッパ〕共同市場(Common Market) 220, 242
予見(foresight)
　完全―― 76, 77, 132, 251
　静態的―― 77

ラ行

リカード効果(Ricardo effect) 35
利子率(rate of interest)
　貨幣―― 46, 84, 86, 127
　実質―― 86, 93
　短期―― 46
　長期―― 32, 46
利潤(profits)
　期待売上―― 75
　最低売上―― 57, 61, 63, 90
　純―― 113, 114, 116, 117
　正常―― 59
　粗―― 102, 116, 119, 127, 136
　留保―― 10, 11, 27
　――極大化 63, 91, 120, 129, 130-2, 151, 192, 202, 255
利潤率(rate of profits)
　実現―― 76, 77, 91, 114

予想—— 73, 75-7, 79, 81, 91, 101, 120
流動性(liquidity)
　　——選好　81, 120, 285
　　——選好関数(preference function)
　　　81
流動性の緩衝組織(liquidity cushion)
　　153
「累積的因果関係」の原理　(principle of "cumulative causation")　17, 23, 208, 213, 215, 260, 292

労働(labour)
　　——人口の成長(増加)率　41-4, 50, 97, 107, 176
　　——生産性　38, 89, 95, 98, 121, 141, 291
　　——予備軍　36, 42, 49, 179
労働組合(trade unions)　156, 215, 300, 305, 314

ワ行

ワルラス的世界(Walrasian world)　135

訳者紹介

笹　原　昭　五（ささはら・しょうご）

1930年新潟県生まれ．1954年横浜国立大学経済学部卒．1956年一橋大学大学院経済学研究科修士課程修了．現在，中央大学経済学部教授．

論文　「1929年恐慌とフィッシャー——マネタリズムの批判的吟味をかねて」，『経済学論纂』第23巻第3号，1982年，他．

訳書　J.シュタインドル『アメリカ資本主義の成熟と停滞』（共訳），日本評論社，初版1961年，復刊1988年．

高　木　邦　彦（たかき・くにひこ）

1943年広島県生まれ．1966年中央大学経済学部卒，1968年同大学院経済学研究科修士課程修了．現在，日本福祉大学助教授．

論文　「資本主義的ファイナンスと企業の投資決定」——「貨幣的経済理論」としてのケインズ経済学の再構築——，『日本福祉大学研究紀要』第74号第2分冊，1987年，他．

訳書　A.S.アイクナー『巨大企業と寡占』（共訳），日本経済評論社，1983年．

経済成長と分配理論　理論経済学続論

1989年2月5日　第1刷発行Ⓒ

訳　者　笹　原　昭　五
　　　　高　木　邦　彦
発行者　栗　原　哲　也

〒101　東京都千代田区神田神保町3-2
発行所　株式会社　日本経済評論社
　　　　電話 03-230-1661
　　　　振替東京3-157198
　　　　太平印刷社・美行製本

落丁本・乱丁本はお取替いたします

ポスト・ケインジアン叢書
第Ⅰ期＝完結

① クリーゲル　政治経済学の再構築
　　　　　　　　　川口弘監訳　緒方俊雄・福田川洋二訳　3200円

② アイクナー編　ポスト・ケインズ派経済学入門
　　　　　　　　　緒方俊雄・中野守・森義隆・福田川洋二訳　2600円

③ デヴィッドソン　貨幣的経済理論
　　　　　　　　　原正彦監訳　金子邦彦・渡辺良夫訳　6500円

④ ハーコート　ケムブリジ資本論争[改訳版]
　　　　　　　　　神谷傳造訳　5800円

⑤ アイクナー　巨大企業と寡占
　　　　　　　　　川口弘監訳　緒方・金尾・高木・吉川・広田訳　5600円

⑥ カレツキ　資本主義経済の動態理論
　　　　　　　　　浅田統一郎・間宮陽介訳　3800円

⑦ カーン　雇用と成長
　　　　　　　　　浅野栄一・袴田兆彦訳　4500円

⑧ ハリス　資本蓄積と所得分配
　　　　　　　　　森義隆・馬場義久訳　4500円

⑨ リヒテンシュタイン　価値と価格の理論
　　　　　　　　　川島章訳　3800円

⑩ デヴィッドソン　国際貨幣経済理論
　　　　　　　　　渡辺良夫・秋葉弘哉訳　5800円

\multicolumn{3}{l}{経済成長と分配理論（オンデマンド版）}		
\multicolumn{3}{l}{2003年3月10日　発行}		
訳　者	笹原　昭五・高木　邦彦	
発行者	栗原　哲也	
発行所	株式会社　日本経済評論社	
	〒101-0051　東京都千代田区神田神保町3-2	
	電話 03-3230-1661　FAX 03-3265-2993	
	E-mail: nikkeihy@js7.so-net.ne.jp	
	URL: http://www.nikkeihyo.co.jp/	
印刷・製本	株式会社 デジタルパブリッシングサービス	
	URL: http://www.d-pub.co.jp/	

AB194

乱丁落丁はお取替えいたします。　　　　　　Printed in Japan
Ⓒ S.Sasahara and K.Takagi 1989　　　　ISBN4-8188-1601-9
Ⓡ〈日本複写権センター委託出版物〉
本書の全部または一部を無断で複写複製（コピー）することは、著作権法上での例外を除き、禁じられています。本書からの複写を希望される場合は、日本複写権センター（03-3401-2382）にご連絡ください。